THE PAST AND PRESENT OF
PAPUA NEW GUINEA

巴布亚新几内亚
历史与现状

THE PAST AND PRESENT OF
PAPUA NEW GUINEA

卢庆洪 ◎ 编著

社会科学文献出版社
SOCIAL SCIENCES ACADEMIC PRESS (CHINA)

巴布亚新几内亚国旗

巴布亚新几内亚国徽

序

于洪君[*]

太平洋岛国地处太平洋深处，主要指分布在大洋洲除澳大利亚和新西兰以外的20余个国家和地区。太平洋岛国历史悠久，早在公元前8000年前就有人类居住。在近代西方入侵之前，太平洋岛国大多处于原始社会时期。随着西方殖民者不断入侵，太平洋岛国相继沦为殖民地。二战结束后，这一区域主要实行托管制，非殖民化运动在各国随即展开。从1962年萨摩亚独立至今，该地区已有14个国家获得独立，分别是萨摩亚、库克群岛、瑙鲁、汤加、斐济、纽埃、巴布亚新几内亚、所罗门群岛、图瓦卢、基里巴斯、瓦努阿图、马绍尔群岛、密克罗尼西亚联邦和帕劳。

太平洋岛国所在区域战略位置重要。西北与东南亚相邻，西连澳大利亚，东靠美洲，向南越过新西兰与南极大陆相望。该区域还连接着太平洋和印度洋，扼守美洲至亚洲的太平洋运输线，占据北半球通往南半球乃至南极的国际海运航线，是东西、南北两大战略通道的交汇处。不仅如此，太平洋岛国和地区还拥有2000多万平方公里的海洋专属区，海洋资源与矿产资源丰富，盛产铜、镍、金、铝矾土、铬等金属和稀土，海底蕴藏着丰富的天然气和石油。近年来，该区域已经成为世界各大国和新兴国家战略博弈的竞技场。

太平洋岛国也是21世纪海上丝绸之路的自然延伸和亚太一体化的重要组成部分。中国同太平洋岛国的传统友谊和文化交往源远流长，早在

---

[*] 原中国驻乌兹别克斯坦大使、中共中央对外联络部原副部长、全国政协外事委员会委员、中国人民争取和平与裁军协会副会长、聊城大学太平洋岛国研究中心名誉主任。

19世纪中期就有华人远涉重洋移居太平洋岛国,参与了这一地区的开发。近年来,中国与太平洋岛国的合作日渐加强,在政治、经济、文化、教育等领域都取得丰硕成果。目前,中国在南太平洋地区拥有最大规模的外交使团。同时,中国在经济上也成为该地区继澳大利亚和美国之后的第三大援助国,并设立了"中国－太平洋岛国论坛"、"中国－太平洋岛国经济技术合作论坛"等对话沟通平台。2014年11月,中国国家主席习近平在斐济与太平洋建交岛国领导人举行集体会晤,一致决定构建相互尊重、共同发展的战略合作伙伴关系,携手共筑命运共同体,为中国与太平洋岛国关系掀开历史新篇章。

由于太平洋岛国地小人稀,且长期远离国际冲突热点,处于世界事务的边缘,因而在相当长一段时期被视为"太平洋最偏僻的地区"。中国的地区国别研究长时期以来主要聚焦于近邻国家,加之资料有限,人才不足,信息沟通偏弱,对太平洋岛国关注度较低,因此国内学界对此区域总体上了解不多,研究成果比较匮乏。而美、英、澳、新等西方学者因涉足较早,涉猎较广,且有充足的资金与先进的手段作支撑,取得了不菲的成果,但这些成果多出于西方国家的全球战略及本国利益的需要,其立场与观点均带有浓厚的西方色彩,难以完全为我所用。

近年来,随着中国融入世界的步伐不断加快,国际地位显著提高,中国在全球的利益分布日趋广泛。与越来越多的国家和地区进行友好交往并扩大互利合作,是日渐崛起的中国进一步参与全球化进程,开展中国特色大国外交的客观要求,也是包括太平洋岛国在内的国际社会对中国的殷切期待。更全面更深入的地区研究,必将为中国进一步发挥国际影响力,大步走向世界舞台中心提供强有力的支持。2011年11月,教育部向各高校下发《关于培育区域和国别以及国际教育研究基地的通知》和《高等学校哲学社会科学"走出去"计划》,希望建设一批既具有专业优势又能产生重要影响的智囊团和思想库。中共中央政治局委员、国务院副总理刘延东也多次提及国别研究立项和"民间智库"问题,鼓励有条件的大学新设国别研究机构。

在这种形势下,聊城大学审时度势,结合国家战略急需、区域经济社会发展需求及自身条件，在历史文化与旅游学院"南太平洋岛国研究所"的基础上，整合世界史、外国语、国际政治等全校相关学科资源，于2012年9月成立了"聊城大学太平洋岛国研究中心"。中心聘请中国现代国际关系研究院副院长、中央电视台国际问题顾问、博士生导师李绍先研究员等为兼职教授。著名世界史学家、国家级教学名师王玮教授担任中心首席专家。密克罗尼西亚联邦驻华大使苏赛亚等多位太平洋岛国驻华外交官被聘为中心荣誉学术顾问。在有关各方的大力支持下，中心以太平洋岛国历史与社会形态、对外关系、政情政制、经贸旅游等为研究重点，致力于打造太平洋岛国研究领域具有专业优势和重要影响的国家智库，力图为国家和地方与太平洋岛国进行政治、经济、社会、文化等领域的交流与合作，增进中国和太平洋岛国人民之间的了解和友谊提供智力支撑和学术支持，为国内的太平洋岛国研究提供学术交流与互动的平台。

中心建立以来，已取得一系列可喜成绩。目前中心已建成国内最齐全、数量达3000余册的太平洋岛国研究资料中心和数据库，并创建国内首个以太平洋岛国研究为主题的学术网站及微信公众号；定期编印《太平洋岛国研究通讯》，并向国家有关部门提交研究报告；在研省部级以上课题8项。2014年，中心成功举办了国内首届"太平洋岛国研究高层论坛"，论坛被评为"山东社科论坛十佳研讨会"，与会学者提交的20余篇优秀论文辑为《太平洋岛国的历史与现实》，由山东大学出版社于2014年12月正式出版。《太平洋学报》2014年第11期刊载了中心研究人员的12篇学术论文，澳大利亚《太平洋历史杂志》(*The Journal of Pacific History*)对中心学者及其研究成果进行了介绍。这表明，太平洋岛国研究中心的研究开始引起国内外学术界的关注。

因其特殊的地缘特征，太平洋岛国战略价值的重要性毋庸置疑。同时，在中国提出共建"21世纪海上丝绸之路"的重大倡议之后，作为中国大周边外交格局一分子的太平洋岛国的重要性也不言而喻。在众多的太平洋岛国中，巴布亚新几内亚无疑是最耀眼的"明星选手"。巴布亚新几内亚地处太平洋西部，是太平洋岛国中面积最大、人口最多的国家，也是大洋洲地区除澳大利亚之外的最大国家。其优越的地理位置、悠久的历史文化、众多的国际交往和巨大的发展潜力，成为中国"一带一路"倡议中不可替代的角色。此次《巴布亚新几内亚历史与现状》的出版，不仅为我国在巴布亚新几内亚国别研究领域添上浓墨重彩的一笔，同时也为我国涉外机构、高等院校、科研机构及出境旅行人员提供一本学术性、知识性、趣味性、实用性兼顾的专著。一书在手，即可明了这个对国人而言充满神秘色彩的太平洋岛国的历史、民族、宗教、政治、经济和外交等基本情况。希望本书的出版，能够让读者深入了解这个此前知之不多的国家，也希望能够抛砖引玉，推动国内对太平洋岛国，特别是巴布亚新几内亚的深入研究，为我国的国别研究增添一臂之力。

导 言

巴布亚新几内亚位于赤道以南、太平洋的西部，大洋洲的西北部，是太平洋岛国中面积最大、人口最多的土著民族国家。领土包括新几内亚岛东半部以及附近海域中的600多个岛屿，是美拉尼西亚群岛的重要组成部分，陆地面积462840平方公里。海岸线长8300公里，如果连同各岛屿在内，海岸线总长度达1.71万公里。包括200海里专属经济区在内的水域面积达240万平方公里。

巴布亚新几内亚所属各岛屿与欧亚大陆之间有着海洋阻隔，并且各岛屿地形复杂，高山峡谷纵横交错，森林茂密，交通不便，由此形成了文化风俗各异的800多个部族。特殊的地理位置和独特的地形地貌，也使其未能培育起高度发达的宗教、语言、政治体制和法律制度，成为世界上至今仍保留着原始文化的国家之一。全国除海拔1000米以上的地区属山地气候外，其余地区均属热带雨林气候。每年5～10月为旱季，11月～次年4月为雨季。降水丰沛，河流众多，蕴藏着丰富的水力资源和动植物资源。旅游资源多样，是印度洋和太平洋上最后一片没有被污染的净土，开发潜力巨大，适宜四季旅游。经济以铜、金、银、镍和铬等矿产资源，石油和天然气能源资源，森林资源，渔业资源的开发利用，各种热带经济作物的种植为主。黄金和铜的产量分别列世界第十一位和第十三位，已探明原油储量2536万吨，天然气储量1552亿立方米，是南太平洋地区重要的能源输出国、椰油和椰干产量最多的国家以及第三大渔区，金枪鱼的年捕捞量约占世界总量的10％。

近年来，随着巴布亚新几内亚国内政局相对稳定，经济政策趋向合理，澳大利亚、中国、马来西亚、新西兰、韩国、美国、日本等国投资不断扩大，石油、天然气等能源资源和铜、金、镍、钴等矿产资源开发步伐加快，热带经济作物和旅游资源开发力度加大，海洋生物资源和森林资源开发计划性增强，巴布亚新几内亚正如同中东地区的产油国一样，成为资源带动经济发展的典型国家，以及太平洋14个岛国中经济增长的领头羊，被评为太平洋岛国的"明星选手""全球范围内经济发展较为强势的发展中国家"。当前处于"资源热潮"高峰期的巴布亚新几内亚正以其优越的地理位置、丰富的自然资源、悠久的历史文化、原始的民俗风情、复杂的社会结构、众多的国际交往、显著的发展成就以及巨大的发展潜力成为世界瞩目的焦点。

然而，拥有丰富资源的巴布亚新几内亚是目前整个太平洋岛国人均国内生产总值最低的国家之一，许多人仅能维持基本的生计，国民识字率仅有57.8%，位列太平洋岛国倒数第二。从自然环境方面来讲，主要是复杂的地理条件制约了基础设施建设，限制了交通事业的发展；地震、火山、暴雨等自然灾害破坏了有限的道路，阻碍了各地之间的经济往来，增加了企业发展的经营成本。从社会管理方面来讲，一是政府执政能力薄弱。长期以来，巴布亚新几内亚内阁更迭频繁，造成政府对国民经济缺乏宏观的发展规划。同时，文化的多样性使地方政府的公共服务意识淡薄，部门协调能力较差。二是社会治安堪忧。近年来，巴布亚新几内亚人口增速加快，大量农村贫困人口涌向城市。由于没有生存技能，他们被迫以非法手段来谋生，恶化了城市治安环境，影响了外来投资者的信心。三是经济结构畸形发展。巴布亚新几内亚的矿产、林业、渔业及经济作物棕榈油的开发与生产均由外国资本掌握，民族经济仅局限于咖啡、椰干、天然橡胶等，经济缺乏独立性。各部落及成员拥有全国95%以上的土地，传统的土地制度严重制约了工业化发展。四是可持续发展受到严峻考验。目前，巴布亚新几内亚大多数人口依赖于农业、渔业和林业，农业用地日趋紧张，水土流失日益严重，江河水源遭到污染，沿海珊瑚礁受到损坏，导致农副产品和鱼类产品产量下降。因此，巴布亚新几内亚未来发展还面临着巨大的挑战。

导言　The Past and Present of Papua New Guinea

巴布亚新几内亚与中国海运距离约6000公里，自20世纪90年代中期以来，开始成为中国外交工作的重点。两国通过政治、经济、文化、卫生等多领域的密切合作，实现了发展的互补，由此使两国关系成为中国同太平洋岛国关系的典范。中国已成为巴布亚新几内亚第四大出口市场、第五大进口来源国、第二大外资来源国。而巴布亚新几内亚则成为中国在太平洋岛国地区最大的贸易伙伴和最大的投资目的地国。2013年，面对全球政治、贸易格局不断变化的形势，中国国家主席习近平提出了建设"一带一路"的战略构想。在这条新型贸易之路上，巴布亚新几内亚作为太平洋岛国地区最大的发展中国家，以地域辽阔、资源丰富、风光秀美而被称为21世纪"海上丝绸之路"南太平洋段的"明珠""独特延伸""枢纽"，必然会成为中国经济发展的新引擎。而中国"一带一路"的政策必将为巴布亚新几内亚经济的发展注入新的活力，创造一次绝佳的发展机遇。

CONTENTS

目 录

第一章　国家简况 / 1

第二章　自然地理 / 15

　　第一节　地理位置和领土组成 / 15
　　第二节　地形与气候 / 21
　　第三节　生物资源 / 28
　　第四节　自然灾害 / 33

第三章　历史剧变 / 39

　　第一节　文明史的开端 / 39
　　第二节　融入世界近代发展史 / 43
　　第三节　美澳盟军与日军鏖战巴布亚新几内亚 / 65
　　第四节　现代民族独立运动 / 75
　　第五节　当代发展历程 / 83
　　第六节　重要历史人物 / 92

第四章　独立后的政体结构与国防军事 / 97

　　第一节　国体与政体 / 97
　　第二节　司法制度 / 113
　　第三节　主要政党 / 117

CONTENTS

目 录

第四节 行政区划与省区概况 / 124

第五节 国防军事 / 137

第六节 布干维尔分裂活动及布干维尔和平进程 / 143

第五章 经济发展 / 151

第一节 经济简史 / 151

第二节 农业 / 167

第三节 畜牧业和养殖业 / 175

第四节 渔业 / 177

第五节 林业 / 182

第六节 矿业 / 188

第七节 交通运输业 / 205

第八节 旅游业 / 214

第九节 对外贸易 / 225

第十节 金融业 / 228

第六章 社会文化 / 235

第一节 居民生活 / 235

第二节 公共医疗卫生服务 / 245

第三节 文学艺术 / 249

第四节 体育运动 / 260

CONTENTS

目 录

第五节　教育 / 263

第六节　新闻媒体 / 270

第七章　对外关系 / 273

第一节　外交政策 / 273

第二节　与澳大利亚、新西兰及其他太平洋岛国的关系 / 277

第三节　与日本、韩国和东盟的关系 / 290

第四节　与美国、英国和欧盟的关系 / 300

第五节　与中国的密切往来 / 304

大事年表 / 339

参考文献 / 367

第一章

国家简况

一　国名

巴布亚新几内亚独立国（英语：The Independent State of Papua New Guinea，巴布亚皮钦语：Independen Stet bilong Papua Niugini，缩写：PNG），简称"巴新"。巴布亚新几内亚的国名由巴布亚和新几内亚两部分组成。1526年，葡萄牙探险家若热·德·梅内塞斯（葡萄牙语：Jorge de Meneses）在乘船驶往摩鹿加群岛（印尼语：Kepulauan Maluku，又译为马鲁古群岛）时，被海风吹到新几内亚岛西北部的一个海岬，发现土著居民的头发多卷曲，即将该地称之为巴布亚，马来语的意思是"卷发人的土地"（ta na h pepua）。1545年，西班牙（一说葡萄牙）探险家伊尼戈·奥尔蒂斯·德·雷特斯（Yñigo Ortiz de Retez）从摩鹿加群岛赴墨西哥途中，登上新几内亚岛西北海岸，发现当地居民的肤色和自然景观与非洲西部的几内亚十分相似。于是，他将该地命名为新几内亚。从此，这里逐渐被人们称之为巴布亚新几内亚。[①]

二　面积

巴布亚新几内亚国土陆地面积462840平方公里（约合178704平方英

---

① 黄建军：《世界知识手册》，南海出版公司，1991，第442页。

里），海岸线长 8300 公里，包括 200 海里专属经济区在内的水域面积达 240 万平方公里。①

三 人口

巴布亚新几内亚人口总数在大洋洲仅次于澳大利亚。截至 2015 年 12 月 31 日，全国总人口 7619000 人，男女比例为 1.04∶1。20 岁以下人口约占 48.3%，65 岁以上人口约占 3%。人口密度 16.46 人/平方公里。② 全国各地区间人口分布相差悬殊，大部分集中在沿海地带、内地河谷盆地及丘陵地区的城镇附近。

四 民族

巴布亚新几内亚土著族群有 800 多个。由于氏族部落制度的影响，至今尚未形成统一的民族。居民主要是美拉尼西亚人种，约占总人口的 98%，包括两部分：生活在本土南部及东南部各省的巴布亚人，头发长而且非常直，显得舒展，约占人口总数的 35%；生活在本土北部及沿海各省岛屿的新几内亚人，头发浓密而细小，呈卷发状，约占人口总数的 63%。他们血统相同，皮肤为黑色或深褐色，前额后缩，眉脊隆起，鼻翼宽阔，胡须不密，颌部突出。他们既没有非洲黑人的突出厚唇，也没有非洲任何民族的血统，被统称为"太平洋黑人"。其中人数比较多的有恩加人、钦布人、哈根人、马诺人、胡利人、克瓦人等。

另外，生活在布干维尔自治区努库马努群岛（Nukumanu Islands）上的波利尼西亚人、马努斯省西北诸岛上的密克罗尼西亚人，约占人口总数的 1%。生活在沿海地区的欧洲白人及其后裔、澳大利亚人以及定居在各城镇的华人等，约占人口总数的 1%。

---

① 《巴布亚新几内亚国家概况》，外交部网站，http：//www.fmprc.gov.cn/web/gjhdq_676201/gj_676203/dyz_681240/1206_681266/1206x0_681268/，2015 年 3 月 2 日浏览。

② http：//populationpyramid.net/papua-new-guinea/2015/，2016 年 12 月 28 日浏览。

第一章　国家简况　The Past and Present of Papua New Guinea

五　语言

巴布亚新几内亚是世界上语言最复杂、最丰富的国家。官方语言为英语，广泛使用于教育、广播、商业、较高级的管理和社交场合，占全国总人口的22%以上。地方语言有836种，约占世界已知语言的12%。[①] 分为两大语族：讲美拉尼西亚语族语言的人主要居住在沿海和低地地区，讲澳大尼西亚语族语言的人大部分居住在内陆地区和高地一带。[②] 皮钦语和莫土语是全国较为流行的地方语言。其中，新几内亚人多数讲皮钦语，在政府部门、传教团体、私人企业与日常生活中广泛使用，约占全国总人口的45%；巴布亚人多数讲莫土语，是国民议会中使用的官方语言，占全国总人口的9.4%。[③]

六　经济

巴布亚新几内亚的主要产业为椰干与棕榈油加工，胶合板和木片生产，金矿、银矿和铜矿开采，原油生产、石油精炼，天然气开发，建筑，旅游等。

对外贸易在国民经济中占有举足轻重的地位。出口产品主要有黄金、白银、铜、原油、天然气、矿砂、原木和木材、咖啡、棕榈油、可可、椰干、椰油、橡胶、茶、糖、除虫菊、小豆蔻及海产品等初级产品。其中矿产品占出口贸易额的2/3。进口产品主要有机械和运输设备、工业品、食品、燃料、化学品等工业产品。

七　国家元首

1975年9月16日巴布亚新几内亚独立后，加入英联邦，英国女王伊

[①] 巴布亚新几内亚国家概况——语言，http：//fanyi.baidu.com/transpage? query = http%3A%2F%2Fwww.indexmundi.com%2Fpapua_new_guinea%2Fage_structure.html&source = url&ie = utf8&from = auto&to = zh&render = 1&origin = ps，2015年12月14日浏览。
[②] 〔澳〕黛安娜·豪利特著《巴布亚和新几内亚地理》，中山大学地理系经济地理教研室译，商务印书馆，1974，第9页。
[③] 高建中、舒启全：《巴布亚新几内亚》，成都科技大学出版社，1994，第37页。

3

丽莎白二世（Elizabeth Ⅱ）为国家元首。英国女王不在巴布亚新几内亚时，由总督代表英国王室行使和履行国家元首的特权、职责、权利和义务。

八 行政区划

全国共有22个省级行政单位，包括1个国家首都区、1个布干维尔自治区和20个省。根据地理位置，划分为莫马塞、巴布亚、岛屿和高地4个地区。

表1-1 巴布亚新几内亚22个省级单位概况

名称	面积（平方公里）	人口（2011年）	首府	所属地区
东塞皮克省（East Sepik Province）	43426	450530	韦瓦克（Wewak）	莫马塞
马当省（Madang Province）	28886	493906	马当（Madang）	莫马塞
莫罗贝省（Morobe Province）	33705	674810	莱城（Lae）	莫马塞
桑道恩省（Sandaun Province）	35820	248411	瓦尼莫（Vanimo）	莫马塞
国家首都区（National Capital District）	253	364125	莫尔兹比港（Port Moresby）	巴布亚
北部省（Northern Province）	22735	186309	波蓬德塔（Popondetta）	巴布亚
海湾省（Gulf Province Province）	34472	158197	凯里马（Kerema）	巴布亚
米尔恩湾省（Milne Bay Province）	14345	276512	阿洛陶（Alotau）	巴布亚
西部省（Western Province）	98189	201351	基永加（Kiunga）	巴布亚

第一章 国家简况　The Past and Present of Papua New Guinea

续表

名称	面积 （平方公里）	人口 （2011 年）	首府	所属地区
中央省 (Central Province)	29998	269756	莫尔兹比港 (Port Moresby)	巴布亚
布干维尔自治区 (Autonomous Region of Bougainville)	9438	249358	阿拉瓦 (Arawa)	岛屿
东新不列颠省 (East New Britain Province)	15274	328369	科科波 (Kokopo)	岛屿
马努斯省 (Manus Province)	2102	50231	洛伦高 (Lorengau)	岛屿
西新不列颠省 (West New Britain Province)	20387	264264	金贝 (Kimbe)	岛屿
新爱尔兰省 (New Ireland Province)	9557	194067	卡维恩 (Kavieng)	岛屿
东高地省 (Eastern Highlands Province)	11157	579825	戈罗卡 (Goroka)	高地
恩加省 (Enga Province)	11704	432045	瓦巴格 (Wabag)	高地
赫拉省 (Hela Province)	10498	249449	塔里 (Taree)	高地
吉瓦卡省 (Jiwaka Province)	4798	343987	明季 (Minj)	高地
南高地省 (Southern Highlands Province)	15089	510245	门迪 (Mendi)	高地
钦布省 (Chimbu Province)	6112	376473	孔迪亚瓦 (Kundiawa)	高地
西高地省 (Western Highlands Province)	4299	362580	芒特哈根 (Mount Hagen)	高地

备注：

(1) 2012 年 5 月 17 日，根据 2009 年巴布亚新几内亚国民议会通过的法案，分南高地省一部分设立赫拉省，分西高地省一部分设立吉瓦卡省。

(2) 2013 年 2 月，巴布亚新几内亚中央政府与新爱尔兰省政府共同签署了新爱尔兰省自治承诺公告，新爱尔兰将完成实现自治必要的法律程序，成为自治省。

资料来源：http://fanyi.baidu.com/transpage? query = http% 3A% 2F% 2Fen.wikipedia.org% 2Fwiki% 2FEast_ Sepik_ Province&source = url&ie = utf8&from = auto&to = zh&render = 1&origin = ps。

九　首都

莫尔兹比港（英语：Port Moresby；巴布亚皮钦语：Pot Mosbi）位于巴布亚海岸中央省境内的巴布亚湾附近（地理坐标为南纬9°25′，东经147°17′），市区建在费尔法克斯湾东岸。以1873年发现该地的英国"蛇怪"号船长、海军上尉约翰·莫尔兹比（John Moresby）的名字命名。1971年，巴布亚新几内亚政府宣布莫尔兹比港为城市，并成立了第一届市政委员会。1974年被巴布亚新几内亚自治政府确定为首都。总面积253平方公里，人口约31万人（2014年），是巴布亚新几内亚最大的城市、重要的海空军基地。①

十　国家格言、国旗、国徽、国歌、国鸟和国家雅称

国家格言

Unity in Diversity，意思是"殊途同归"。

国旗

1971年7月1日制定并使用。国旗呈长方形，长与宽之比为4∶3。整个旗面由红色和黑色均匀分成右上和左下两个相等的三角形，红色和黑色是巴布亚新几内亚的民族传统颜色。右上方为红色，象征着剽悍、勇敢；内有一只展翅飞翔的黄色极乐鸟，象征着国家、民族独立和自由与幸福；左下方为黑色，代表国家领土处于"黑人群岛"（美拉尼西亚群岛）之中；内有五颗白色五角星，其中一星较小；五颗星的排列位置象征着南十字星座（南天小星座之一，星座虽小，但明亮的星很多），表明该国地处南半球。

国徽

1975年9月正式启用。国徽图案为一只极乐鸟停歇在两只皮鼓和一支长矛上。极乐鸟象征着国家、民族独立和自由与幸福；皮鼓和长矛代表

---

① 《巴布亚新几内亚国家概况》，中华人民共和国驻巴布亚新几内亚独立国大使馆网站，http：//pg.chineseembassy.org/chn/bxgk/，2015年11月19日浏览。

第一章　国家简况　The Past and Present of Papua New Guinea

着国家的传统文化。下方的文字为"巴布亚新几内亚"。

国歌

1976年7月，第二十一届奥运会在加拿大蒙特利尔市（法语：Ville de Montréal，英语：City of Montreal）举办，《啊，起来，祖国全体儿女》作为巴布亚新几内亚国歌首次进行演唱。

词、曲作者：托马斯·沙克莱迪（Thomas Shacklady）

中文歌词	英语歌词
啊全体子民们起来吧，	O arise all you sons of this land,
歌唱自由把欢乐表达，	Let us sing of our joy to be free,
感谢上帝欢呼新国家：	Praising God and rejoicing to be
巴布亚新几内亚。	Papua New Guinea.
从高山到大海把歌唱：	Shout our name from the mountains to seas
巴布亚新几内亚。	Papua New Guinea;
让我们高声宣布独立：	Let us raise our voices and proclaim
巴布亚新几内亚。	Papua New Guinea.
感谢归于无上的天主，	Now give thanks to the good Lord above
他的善良智慧和仁爱，	For His kindness, His wisdom and love
父辈的土地自由重光，	For this land of our fathers so free,
巴布亚新几内亚。	Papua New Guinea.
让世界听到我们呼唤，	Shout again for the whole world to hear
巴布亚新几内亚。	Papua New Guinea.
我们独立并享受自由，	We're independent and we're free,
巴布亚新几内亚。	Papua New Guinea.

国鸟

巴布亚新几内亚的国鸟是极乐鸟。

极乐鸟又名天堂鸟、太阳鸟、雾鸟，是巴布亚新几内亚人民喜爱的、珍贵稀有的特产鸟类。它们生活在深山密林中，喜欢逆风飞行和在雾中群飞觅食。极乐鸟声音洪亮，舞姿优美，全身羽毛五彩斑斓，尾翼硕大艳丽，腾空飞起，犹如满天彩霞，流光溢彩。极乐鸟在求偶时，先是静悄悄

7

地伫立枝头，低声慢吟，随着清脆动听的歌声，逐渐将身子向后仰，最终倒挂在树枝上，将一身美丽的羽毛全部抖开，如千百条彩带迎风招展。在表演求爱独幕剧时，它总是用眼睛盯着对方，观察对方的反应。雄鸟之间还具有谦让精神，在情敌追求自己的"意中人"时会退避一旁，直到情敌失败，才勇敢地展翅上场。极乐鸟对爱情忠贞不渝：一朝相恋，终生相伴，一旦失去伴侣，另一只就会绝食而亡，是一种令人们仰止的高贵生灵。极乐鸟饮食天露花蜜，造物主赋予它们美妙的形体，赐予它们艳丽的华服，为人间带来幸福和祥瑞，被当地人视为来自天堂的神鸟，成为巴布亚新几内亚独立、自由与幸福的象征。它的形象镌刻在巴布亚新几内亚人民的生活、文化、艺术以及物品上，融进了国人的心灵里。[①]

国家雅称

巴布亚新几内亚被称为"极乐鸟之乡""天堂鸟的故乡""地球上最后的原生态天堂""世界鳄鱼之都""铜矿之国""潜水者的天堂""阳光之地"。

十一　重要节日

巴布亚新几内亚全国性的法定节假日都会放假。

元旦：1月1日，庆祝新年的开始，放假1天。

复活节：春分月圆后第一个周日，连同复活节前周五的耶稣受难日、周六的耶稣安葬日，之后周一补休1天，共计放假4天。

国家元首生日（英国女王官方生日）：每年6月第二周的周一为庆祝英国女王生日而放假1天。

国家纪念日（休战纪念日）：7月23日，纪念在太平洋战争中牺牲的巴布亚新几内亚仁人志士。

国家契约日：8月26日。

独立日（国庆日）：9月16日。

[①]《巴布亚新几内亚：飞于天堂之中的极乐鸟》，北方网站，http：//travel.enorth.com.cn/system/2013/10/18/011381786_03.shtml，2015年2月7日浏览。

圣诞节：12月25日。

节礼日：12月26日。

另外，每周六下午和周日全天为公休日。

十二　宗教

宗教是巴布亚新几内亚人民日常生活的一部分，因此，教会委员会规定，各种宗教活动都是自由的。

基督教　受殖民统治的影响，巴布亚新几内亚大多数居民信奉罗马天主教和基督教新教。主要流行的教派有罗马天主教派（27%）、福音派路德教会（19.5%）、联合教会（11.5%）、基督复临安息日会（10%）、五旬节派教会（8.6%）、福音派联盟（5.2%）、英国国教（3.2%）、浸信会（2.5%）、其他新教（8.9%）等。①

原始宗教　巴布亚新几内亚内地土著居民保留着原始部落的生活状态，大多数居民信仰精灵，崇拜图腾和祖先。也有很多人在信仰西方宗教的同时，继续信仰当地的传统宗教或者土著信仰。

伊斯兰教　1978年，巴布亚新几内亚穆斯林成立伊斯兰协会。2001年"9·11"事件后，穆斯林人数大幅增长，国内建立了15个穆斯林教长领导的伊斯兰中心。截至2013年，当地穆斯林信徒达到4000多名，增长率达500%。现为南太平洋地区伊斯兰宣教理事会（The Religional Islamic Da'wah Council for SouthPacific，缩写：IDCSR）组织成员。

十三　民俗

巴布亚新几内亚拥有800多个部族，种族背景和文化形态等差异较大。另外，独特的地理条件，使土著居民的社会整合度很低，成为"地球上最原始的国度"。

（一）婚丧习俗

土著男女恋爱时，不允许用口头或书面语言来表达，而是各自吹

---

① 宗教在巴布亚新几内亚，https://en.wikipedia.org/wiki/Papua_New_Guinea，2015年9月25日浏览。

起一种竹制乐器,那时缓时急、时高时低的优美乐曲,便是他们爱情的心声。泥浆人的求爱方式是咬鼻子或是咬睫毛。按照传统习俗,女人只有把对方的鼻子咬破、眼睫毛咬掉,才能显示出对心爱之人的痴爱之心。①

  土著人结婚时,如果新婚夫妇属于同一个族群,就必须在一位妇女家中通宵达旦地唱祝愿的赞歌,男人们跳起太阳舞或月亮舞。而双方亲属则故意板起面孔,情绪激昂,虽假似真地对骂。歌声、欢乐声与亲属的对骂声交织在一起,婚礼的庆祝活动随之进入高潮。②

  土著人把夫妻间的吵架看作是最好的娱乐方式。全国各地设有专供夫妻吵架的场所,每当有夫妻对阵时,观赏者便会赶来助兴。当地人民认为吵架吵得越凶,娱乐效果就越好,谁能用最尖刻、最恶毒的语言把对方置之窘境,谁就被看成是吵架高手。双方直到唇舌发僵才会停止,夫妻俩最后会愉快地挽臂回家。③

  土著人举行葬礼时,全部落的人集合在坟墓旁,将一只小猪绑在墓边,人们对着它不停地赞颂着死者生前的事迹;同时,另一些人则宰杀、熏烤大猪。最后,人们一边享用烤肉,一边缅怀死者。

  东部高地的土著部落有一种离奇的对死者致哀的习俗。凡家中遇有亲属死亡时,妇女就要砍下一根手指,以向死者致哀。由于每个家庭总会有人去世,所以土著妇女极少有人十指齐全。④

(二) 生活习俗

  高地部族的男孩长到 6 岁时,必须举行入社典礼,用小树枝在鼻孔上穿洞,再将野猪牙或鸟爪等装饰品嵌入洞内。从此,他住进男人集体居住的"公社",学习狩猎、制作弓箭等技术。

---

① 《巴布亚新几内亚 情人示爱咬掉睫毛的泥浆人》,环球网站,http://travel.sohu.com/20110503/n306679358.shtml?1304400970,2015 年 3 月 21 日浏览。
② 金涛:《世界地理全知道》,百花洲文艺出版社,2012,第 416 页。
③ 李刚:《巴布亚新几内亚怪俗》,《中国民族报》2002 年 3 月 12 日。
④ 王丽娟等:《WTO 成员国(地区)经贸概况与礼仪习俗》,中国物价出版社,2002,第 501 页。

土著人以艳装为荣。男人将动物的油脂和各种颜色涂抹在脸上或身上，使黑亮的皮肤光泽美观，以表示自己不辱祖先的美德。他们身穿草裙，用兽皮或鸟的羽毛做成帽子戴在头上，用动物的牙齿、骨骼或贝壳等串成项链，佩挂在胸前，颈上套一个竹片项圈，每一片代表一头猪。女人的服饰是用野生植物纤维或芦苇制作的腰裙，并且各部落的腰裙款式各异。姑娘们用竹筒雕成耳饰，用果核或红绿色的玻璃球串成项链，打扮得花枝招展。[1]

土著人有着特殊的刺青文化，青年男子在面部刺文，老年男人在脸、臂、腿和胸部刺文，而已婚妇女则周身刺花。每个部落都拥有自己独特的文身图案，都是经过"注册"受政府保护的，其他部落的人不得擅自使用，否则会被认为是一种侵权，甚至引发部落间的冲突和战争。[2]

土著妇女有吸烟的习惯，主要是用旧报纸卷烟丝而成。男人喜欢喝啤酒，一个人可连续喝几十瓶，酗酒现象严重。为此政府严格限制酒店营业时间，并规定酗酒滋事要被罚款或坐牢。

土著人有咀嚼槟榔的嗜好，他们的牙齿又黄又红。另外，咀嚼槟榔会形成致癌的化合物亚硝基，并对口腔黏膜造成机械创伤，由此导致巴布亚新几内亚的口腔癌发病率高居世界第二位。[3]

（三）社交习俗

很多土著人迄今仍过着自给自足的原始部落生活，实行"头人"统治，推选德高望重的人做部落首领。那里没有明显的贫富悬殊，成员之间也没有大的矛盾。

土著人信奉平等原则。如果村里某个人是拿工资的，那么他的工资不仅供家人消费，而且村里的亲戚朋友也可享用。当地学校规定足球训练

---

[1] 王丽娟等：《WTO成员国（地区）经贸概况与礼仪习俗》，中国物价出版社，2002，第500页。

[2] 金涛：《世界地理全知道》，百花洲文艺出版社，2012，第416页。

[3] 《专家称槟榔致癌国际公认 6成口腔癌因槟榔引发》，中国广播网站，http://china.cnr.cn/xwwgf/201307/t20130715_513064264.shtml，2015年4月2日浏览。

时，双方必须战成平局，只有正式比赛时才可以例外。

土著人有送礼的习俗，家族之间每隔三年、部族之间每隔十年左右就要举行一次送礼节。其目的是联络感情、消除隔阂。节前，他们将礼物分包，写上送礼人和受礼人的姓名，集中堆在一起。活动开始时，受礼人手持弓箭、长矛等围着礼品堆纵情歌舞，继而做出进攻的姿势，最后点名送礼，其他人呐喊祝贺。

（四）崇猪爱猪

土著人认为猪是驱魔祛邪、保佑平安的神灵。因此，当地人每家都为猪设立神龛，每晚全家人要向猪礼拜，以祈求平安。有的部族酋长为了表示对猪的崇敬，他们在自己鼻子上挖洞，把野猪的爪尖嵌进去，以此既作为权威的象征，又表示对猪的崇敬。[①] 有的酋长还把野猪的睾丸串起来，戴在手腕上，以表明他的信仰和力量。

土著人衡量一个家庭财产的多少是以猪的头数作为标准。男方向女方提亲的礼物就是猪，并且以男方送猪多少来衡量其财富多少。姑娘出嫁时，父母的陪嫁也是猪。数量的多寡以女子的相貌为标准。

土著男女实行分居。每个家庭有男屋和女屋，女人和孩子跟猪同住在女屋里。夜间，人和猪则顺着躺在一起，犹若爱猪如子。[②]

土著人每隔4~6年的1月14日举行一次家猪庆典。庆典仪式上，成百上千的男女放开肚皮，美餐一顿猪肉佳肴，欢庆家族团聚和庆贺家庭成员的成就。[③]

（五）当地禁忌

巴布亚新几内亚人绝大多数信奉基督教新教和罗马天主教，他们忌讳阿拉伯数字"13"，认为"13"不吉利，会给人们带来厄运和灾难。

土著吉米族人忌讳飞狐、猫头鹰和其他长着短嘴的鸟类。因为这些动

[①] 陈洪兰：《古怪的巴布亚新几内亚人》，《世界文化》2001年第3期，第41页。
[②] 《巴布亚新几内亚节日风俗》，中华人民共和国驻巴布亚新几内亚大使馆经济商务参赞处网站，http://pg.mofcom.gov.cn/aarticle/ddgk/zwfengsu/201208/20120808299821.html，2015年4月2日浏览。
[③] 沙女：《中外节日纪念日》，中国青年出版社，1996，第323页。

物没有鼻子，其含义是没有阳性的生殖器。

高地地区的习俗规定男子绝不能提举笨重东西，就是与女人同行时也不例外。如果男子被发现肩负重物，其妻子就要受到惩罚，甚至可能会因此而丧命。

在公共场所，异性之间不能牵手、接吻。与陌生人不能对视、询问姓名。不能从食物或小孩身上跨过。

第二章

自然地理

巴布亚新几内亚是南太平洋地区除澳大利亚之外陆地面积最大、人口最多、自然资源最丰富的国家，其自然地理特征极具区域性特点。

第一节　地理位置和领土组成

巴布亚新几内亚位于赤道以南太平洋的西部，大洋洲的西北部，在地理上属于美拉尼西亚（Melanesians，源自希腊语，意为"黑人群岛"）群岛的一部分。

一　地理位置

巴布亚新几内亚的国土北起赤道，南至南纬12°（南北跨度1570公里），西从东经141°起，东到东经160°（东西跨度2100公里）。东距瑙鲁共和国约3000公里，东南隔布干维尔海峡与所罗门群岛舒瓦瑟尔岛（Choiseul Island）相距50公里，南隔140公里宽的托雷斯海峡与澳大利亚约克角半岛（Cape York Peninsula）相望，西与印度尼西亚共和国巴布亚省接壤，北距美国关岛（The Territory of Guahan）、密克罗尼西亚联邦3000多公里。距离中国最近地点约6000公里。

巴布亚新几内亚地处亚洲、大洋洲海上交通要道，是南、北太平洋的交汇点，以及东南亚人民向太平洋地区航海或迁移的跳板，具有重要的战略地位。

巴布亚新几内亚处于东十区，时间比中国北京时间早2个小时。

二 领土组成

巴布亚新几内亚全境由新几内亚岛东半部以及位于珊瑚海、俾斯麦海、所罗门海之间的600多个岛屿组成。领土包括新几内亚岛东经141°以东地区，东北方向太平洋海域中的俾斯麦群岛（德语：Bismarck Archipelago），以及东南部海域中的路易西亚德群岛（德语：Louisiade Archipelago）、当特尔卡斯托群岛（D'Entrecasteaux Islands）、特罗布里恩群岛（Trobriand Islands，又译为超布连群岛）、伍德拉克群岛（Woodlark Islands）、北所罗门群岛（Northern Solomon Islands）等。

（一）新几内亚岛东经141°以东地区

新几内亚岛又称伊里安岛（印尼语：Irian）或巴布亚岛，是世界上仅次于格陵兰岛（英语：Greenland，丹麦语：Gronland，格陵兰语：Kalaallit Nunaat）的第二大非大陆岛。从地图上看，该岛的外形像一只浮游在太平洋西部的大水鸟。以东经141°为界，西部的"鸟头"部分及前半身属于印度尼西亚；东部的"鸟尾"部分及后半身归属巴布亚新几内亚，约占其国土总面积的85%。

（二）俾斯麦群岛

俾斯麦群岛是以19世纪末期德意志帝国首相奥托·冯·俾斯麦（德语：Otto von Bismarck）的名字命名，位于新几内亚岛东北部的赤道南侧，散落在南纬1°~7°与东经146°~154°之间的俾斯麦海海域。包括新不列颠岛（New Britain Island）、新爱尔兰岛（New Ireland Island）、新汉诺威岛（New Hanover Island）、阿德默勒尔蒂群岛（Admiralty Islands，又译为金钟群岛、海军部群岛），以及约克公爵群岛（Duke of York Islands）、圣穆绍群岛（St Mussau Islands）、维图群岛（Witu Islands）、费尼群岛（Feeney Islands）、维提群岛（Viti Islands）、锡亚西群岛（Siassi Islands）、塔巴尔群岛（Tabar Islands）、利希尔群岛（Lihir Islands）、圣马赛厄斯群岛（St Mathias Islands）、唐阿群岛（Tanga Islands，又译为坦加群岛）、西部群岛（Western Islands）、瓦托姆岛（Watom Island）、贾乌尔岛（Dyaul Island）等大小200多个岛屿，陆地总面积49658平方公里。

新不列颠岛旧称新波美拉尼亚（德语：Neu Pommern），位于新几内亚岛东大陆休恩半岛（Huon Peninsula）以东88公里处。整个岛屿介于南纬4°～7°与东经148°～152°之间，东北—西南走向，大致呈新月形，东西长约480公里，南北宽约80公里，面积35145平方公里，是俾斯麦群岛中最大的岛屿，在世界岛屿排名中列第39位。

新爱尔兰岛旧称新麦克兰堡（德语：Neu Mecklenburg），西南隔圣乔治海峡与新不列颠岛相望。岛形狭长，形似一支火绳枪，自西北向东南延伸322公里，宽度由8公里逐渐增加到48公里，面积7404平方公里，是俾斯麦群岛中的第二大岛屿，在世界岛屿排名中列第93位。

阿德默勒尔蒂群岛由马努斯岛（Manus Island）、洛斯内格罗斯岛（Los Negros Island）、巴卢安岛（Baluan Island）、兰布蒂奥岛（Rambutyo Island）、帕克岛（Pak Island）、洛乌岛（Lou Island）、汤岛（Tong Island，又译为通格岛）、约翰斯顿岛（Johnston Island）等近40个火山岛、珊瑚岛组成，陆地面积2072平方公里。马努斯岛又称大阿德默勒尔蒂岛，东西长96公里，南北宽20～32公里，面积1554平方公里，是该群岛中最大的岛屿。兰布蒂奥岛又称耶稣玛丽亚岛（Jesus Maria Island），长17公里，宽8公里，面积88平方公里，是该群岛中的第二大岛屿。

新汉诺威岛又称拉翁艾岛（Lavongai Island），东南隔32公里宽的海峡与新爱尔兰岛相望，是俾斯麦群岛中的一个火山岛。全岛东西长60公里，南北宽30公里，面积1186平方公里。

约克公爵群岛旧称新劳恩堡（德语：Neu Lauenburg），位于新爱尔兰岛和新不列颠岛之间，由约克公爵岛、马卡达岛（Makada Island）、乌鲁岛（Ulu Island）和米奥科岛（Mioko Island）等12座珊瑚岛组成，面积58平方公里。

锡亚西群岛位于新几内亚岛和新不列颠岛之间，由温博伊岛（Umboi Island）、托洛基瓦岛（Tolokiwa Island）、萨卡尔岛（Sakar Island）、马赖岛（Malai Island）、蒂厄姆岛（Tuam Island）、里特尔岛（Ritter Island）

等约20个岛屿组成，面积870平方公里。其中温博伊岛面积777平方公里。

费尼群岛位于新爱尔兰岛东南部海域，由安比特尔岛（Ambitle Island）和巴巴塞岛（Babase Island）组成，面积110平方公里。

唐阿群岛位于新爱尔兰岛东部海域，由主岛马伦多克岛（Malendok Island）、博昂岛（Boang Island）、利夫岛（Lif Island）、特法岛（Tefa Island）和一些岩礁组成，面积约200平方公里。

利希尔群岛位于新爱尔兰岛东部海域，由利希尔岛、萨纳姆比特岛（Sanambiet Island）、马萨海特岛（Masahet Island）、马利岛（Mali Island）、马胡尔岛（Mahur Island）组成，面积205平方公里。

圣马赛厄斯群岛位于新汉诺威岛西北部海域，包括穆绍岛（Mussau Island）、埃马纳努萨岛（Emananusa Island）、埃米拉岛（Emirau Island）、滕奇岛（Tench Island）等，面积660平方公里。

塔巴尔群岛位于新爱尔兰岛北部海域，由塔巴尔岛、塔塔乌岛（Tatau Island）、辛贝里岛（Simberi Island）和一些较小的岛屿组成，面积270平方公里。

维图群岛位于新不列颠岛北部海域，由加罗韦岛（Garove Island）、乌内阿岛（Unea Island）、蒙杜阿岛（Mundua Island）和5个小岛组成，面积96平方公里。

西部群岛位于马努斯岛以西200~416公里范围内，由阿瓦岛（Aua Island）、武武卢岛（Wuvulu Island）、赫米特群岛（Hermit Islands）、尼尼戈群岛（Ninigo Islands）、卡尼埃特群岛（Kaniet Islands）等岛屿组成，面积约60平方公里。

（三）当特尔卡斯托群岛

当特尔卡斯托群岛是以18世纪末期法国航海家安托万·布吕尼·当特尔卡斯托（Antawn Bruni D'Entrecasteaux）的名字命名，位于所罗门海的西南部，呈西北—东南走向，隔40公里宽的沃德亨特海峡及戈申海峡与新几内亚岛东南海岸相望。主要包括弗格森岛（Fergusson Island）、诺曼比岛（Normanby Island）、古迪纳夫岛（Goodenough Island）、萨纳罗阿岛（Sanaroa Island）、多布岛（Dobu Island）、努阿卡塔岛（Nuakata Island）、安菲莱特群岛（Amphlett Islands）和奥布斯鲁克顿群岛（Obstruction Islands）等，陆地面积约3100平方公里。

弗格森岛是当特尔卡斯托群岛中最大的火山岛，东西长65公里，南北宽48公里，面积1437平方公里。

诺曼比岛是当特尔卡斯托群岛中第二大火山岛，长70公里，宽20公里，面积850平方公里。

古迪纳夫岛旧称莫拉塔岛（Morata Island），呈圆形状，长39公里，宽27公里，面积687平方公里。

（四）路易西亚德群岛

路易西亚德群岛是以18世纪中期法国国王路易十五（Louis XV）的名字命名的，位于新几内亚岛东南200公里的珊瑚海北部，分布在2.6万平方公里的海域内。包括东部地区的塔古拉岛（Tagula Island）、米西马岛（Misima Island）、罗塞尔岛（Rossel Island）、耶伊纳岛（Yeina Island）、雷纳群岛（Renard Islands）、帕纳蒂纳尼群岛（Pana Tinani Islands），中部地区的邦武卢瓦群岛（Bonvouloir Islands）、德博因群岛（Deboyne Islands）、卡尔瓦多斯群岛（Calvados Islands），西部地区的萨马赖岛（Samarai Island）、瓦里群岛（Wari Islands）、锡德亚岛（Sideia Island）、萨里巴岛（Sariba Island）、巴西拉基岛（Basilaki Island，又称莫尔兹比岛）、布鲁梅群岛（Brumer Islands）等100多个岛屿，陆地面积1560平方公里。

塔古拉岛又称瓦纳特奈岛（Vanatinai Island）、苏德斯特岛（Sudest Island）、东南岛，是路易西亚德群岛中最大的火山岛。全岛呈西北—东南走向，长63公里，宽24公里，面积830平方公里。

罗塞尔岛位于路易西亚德群岛最东端，是该群岛中第二大岛屿，全岛东西长34公里，南北宽11公里，面积263平方公里。

米西马岛又称圣艾尼昂岛（St Aignan Island），全岛长40公里，宽9.7～11.3公里，面积203平方公里。

巴西拉基岛又称莫尔兹比岛（Moresby Island），全岛长17公里，宽

10公里，面积101平方公里。

卡尔瓦多斯群岛由巴加曼岛（Bagaman Island）、赫梅纳西岛（Hemenahei Island）、库瓦纳克岛（Kuwanak Island）、莫托里纳岛（Motorina Island）等45个岛屿组成，面积约81平方公里。

（五）特罗布里恩群岛

特罗布里恩群岛又称爱情岛、基里威纳群岛（Kiriwina Islands），是以18世纪末期法国航海家丹尼斯·德·特罗布里恩（Dennis de Trobriand）的名字命名的，位于新几内亚岛东南延伸部分以北145公里处的所罗门海中，包括基里威纳岛、凯莱乌纳岛（Kaileuna Island，西主岛）、瓦库塔岛（Vakuta Island，南主岛）、基塔瓦岛（Kitava Island）、图马岛（Tuma Island）、博马帕乌岛（Bomapau Island）等21个珊瑚岛，陆地面积440平方公里。

基里威纳岛是特罗布里恩群岛中的主岛，南北长45公里，东西宽5~16公里，面积280平方公里。

（六）北所罗门群岛

北所罗门群岛是所罗门群岛的一部分，包括布干维尔岛（Bougainville Island）、布卡岛（Buka Island）等。

布干维尔岛是以18世纪中期法国航海家路易斯·安托万·德·布干维尔（Louis Antoine de Bougainville）的名字命名的。全岛呈提琴状，西北—东南走向，南北长120公里，东西宽64~96公里，面积8646平方公里，是所罗门群岛中最大的岛屿。在世界岛屿排名中列第79位。

布卡岛是所罗门群岛中典型的火山岛。全岛南北长48公里，东西宽10~14公里，面积598平方公里。

（七）伍德拉克群岛

以1836年澳大利亚船只"伍德拉克"号停泊该岛屿而得名，由伍德拉克岛、马道岛（Madau Island）、纳塞岛（Nasai Island）等9个岛屿组成，陆地面积748平方公里。

伍德拉克岛又称穆乌阿岛（Muyua Island），全岛东西长70公里，南北宽19公里，面积739平方公里。

第二节 地形与气候

一 地形特点

巴布亚新几内亚所属各岛屿地形复杂，均以崎岖的山地地形为主，海岸附近有低地和小丘。

（一）新几内亚岛

新几内亚岛东经141°以东地区的南部为平原和低地，中部是山岭重叠的中央山系，北部是与中央山系平行的几个单独的山岭。

北部山岭位于新几内亚岛北部沿海一带，从西到东依次为托里西利山、亚历山大王子山、阿德尔伯特山、菲尼斯特雷山、萨鲁瓦吉德山，均属于断层山，海拔高度大部分在600米左右。因受河流剧烈切割，山脉已不连续。但是东端休恩半岛上的菲尼斯特雷山十分陡峭，有些高峰超过4300米，是巴布亚新几内亚境内最崎岖难行的高山。这一地区地壳活动频繁，地面正在抬升。

中央山系以马勒山脉为主，由西北向东南斜贯全岛，并且山势逐渐降低，海拔由3000多米逐渐下降到1000米左右，山地的宽度也由240公里逐渐缩减到40公里左右，最终形成巴布亚半岛上的欧文·斯坦利山岭。其东端一直延伸入海，突出海面的山峰构成了路易西亚德群岛和当特尔卡斯托群岛，成为珊瑚海与所罗门海的分界线。中央山系由一系列高大的山岭、高山峡谷和高原组成。山岭包括兴登堡山、库博尔山、施拉德山、俾斯麦山、克拉特凯山等。其中位于钦布省、马当省和吉瓦卡省交界处俾斯麦山脉的威廉峰海拔4509米，是巴布亚新几内亚境内的最高点，山顶常年被积雪覆盖。高山峡谷有瓦吉谷地、钦布谷地、戈罗卡谷地、布洛洛谷地，以及凯南图高原等。这些东西走向的高大山岭，到处都是悬崖峭壁，成为全岛南北交通的巨大障碍；但这一区域气候凉爽，是全国人口最稠密的地区之一。

在中央山系南北两侧，有宽窄不等的沿海平原和广阔的沼泽低地。其中南部巴布亚湾一带由弗莱河与里古河（又称迪古尔河）等河流冲积而成的里古—弗莱三角洲平原是新几内亚岛上最大的平原。由于该地地势低平，并在缓慢下沉，因此在河流与海滩之间形成了一望无际的沼泽，成为世界上最大的沼泽地之一。沼泽地上林木茂密，生长着无数的红树林、西谷棕榈和聂柏棕榈。北部沿海地区有狭窄的平原和优良港湾，如休恩湾、马克姆湾、纳索湾、阿斯特罗莱布湾、古迪纳夫湾等。

新几内亚岛属新生代构造区，地壳极不稳定，岛上有许多火山锥，部分山区近期还不时有火山喷发，并频繁发生地震。

（二）俾斯麦群岛

俾斯麦群岛中的大型岛屿地形崎岖多山，有许多活火山；小型岛屿由火山喷发或珊瑚礁形成。

新不列颠岛地形崎岖，岩溶地貌明显，中部有怀特曼山、纳卡奈山、贝宁山等，最高峰为海拔2334米的乌拉旺火山。岛上有3处活火山区，分别是西尽头、濒临奥彭湾和金贝湾的北部沿海以及东北部加泽尔半岛（Gazelle Peninsula）上的马图皮（Matupi）和伏尔甘（Vulcan）火山锥。海岸线蜿蜒1600公里。沿海平原狭窄，多优良港湾，如金贝湾、塔拉塞亚湾、白兰琪湾、卡卡鲍尔湾和贾奎诺特湾等。

新爱尔兰岛以山地地形为主，南部地势崎岖，最高峰塔龙山海拔2379米。西北部为莱姆斯通高地，地势较为平坦。东部沿海地区有珊瑚礁、滤灰层形成的平原，土壤较肥沃。岛上森林茂密，多小河。拥有拉马萨湾、拉尼索湾等优良港湾。

马努斯岛内地多沟谷，最高峰德雷姆塞尔山海拔718米。岛上雨水充沛，多急流短河；森林茂密，大部分属于原生态。沿海岸有红树林、沼泽环绕的海湾和陡崖。

（三）当特尔卡斯托群岛

弗格森岛最高峰是海拔2073米的尤格瓦巴山，山上覆盖着茂密的森林。岛上有3个大型死火山，以及间歇泉和喷气孔。沿海岸地区有肥沃的耕地。

诺曼比岛上有许多死火山、温泉、间歇泉。最高峰为海拔1158米的普雷沃斯特山。东、西海岸分别有塞瓦泰泰湾和塞瓦湾。

古迪纳夫岛海岸线长 116 公里，最高点瓦因乌山海拔 2536 米。中部山脉的四周为平原。

（四）路易西亚德群岛

塔古拉岛地势崎岖，最高峰为海拔 806 米的拉特尔斯内克山，沿海岸环有珊瑚礁，是世界第二大珊瑚礁区。

米西马岛的地形以山地为主，最高峰为海拔 1036 米的奥伊亚陶山。1888 年，在岛的东部发现了沙金。

（五）北所罗门群岛

布干维尔岛多山，有南北大致平行的两列山脉，即北部的皇帝山脉，其中巴尔比峰高达 2745 米，是该岛的最高峰，也是一座休眠火山；南部的王储山脉，地势较低。该岛常年高温多雨，雨林茂密。南部沿海有狭窄的平原，土壤肥沃。沿海岸一带多珊瑚礁。拥有丰富的森林资源、渔业资源和铜矿资源。因处在环太平洋地震带上，故而岛上多火山、地震。

布卡岛内地森林茂密，雨水丰沛，年降水量 2500 毫米，最高点海拔 498 米。西部、南部海岸外有珊瑚礁，拥有丰富的渔业资源。

（六）伍德拉克群岛

伍德拉克岛的地形以低矮的丘陵为主，由珊瑚石灰岩构成。最高峰海拔 410 米，山上覆盖着茂密的热带雨林，以出产乌檀木、黄金而闻名。岛外有环礁，南部海岸有可停泊船只的瓜索泊（Guasopa）港和苏洛加（Suloga）港。

（七）特罗布里恩群岛

基里威纳岛平均海拔 90 米，整个岛屿相对平坦，沼泽区分布较广。温度和湿度较高，月平均降水量达 250～380 毫米。

二 气候

巴布亚新几内亚地处赤道附近，全国海拔 1000 米以上的地区属山地气候。由于山地垂直起伏达数千米，因此，气候垂直差异特别明显，气温及其日较差、年较差均随高度递减。其他地区大部分地区属热带雨林气候，全年高温多雨。① 但由于地形复杂，山脉横贯，河谷相间，高地与低地海拔相差悬殊，加上东南信风和西北季风两大气流的影响，各地区之间的气候存在较大的差异。

巴布亚新几内亚处于太阳光照直射范围，低地和沿海平原光照时间可达 12 小时，年平均气温在 21.1℃～32.2℃，冬夏季节温度变化不大，一年四季气候温和。例如，新几内亚岛东北部莫罗贝省首府莱城（Lae），2 月平均气温 27.5℃，7 月平均气温 24.8℃，年较差不到 3℃。然而，在高地地区，气温则随着海拔的升高而降低，海拔 2000 米处有一个月的时间平均气温在 20℃以下，海拔 4000 米以上地区有几个月的时间平均气温在 0℃以下。总体上讲，高地地区平均气温低于沿海地区 5～6℃。例如，东高地省首府戈罗卡（Goroka），2 月日均最高气温 27℃，最低气温 16℃；7 月日均最高气温 26℃，最低气温 15℃。全年白天温和，夜晚凉爽，气候宜人，并且高山顶部有霜雪出现，甚至还有冰川积雪。

三　降水

巴布亚新几内亚大部分地区降水丰沛，年平均降水量在 2500 毫米以上。但降水量的地区分布极不平衡。南部沿海一带约 1000～2000 毫米，北部沿海一带则为 2500～3000 毫米，而在中部高地的迎风坡可达 3000～4000 毫米。降水时间分布也极不均匀。每年的 5～10 月盛行东南信风，加上南半球冬季气候的影响，温度稍有降低，雨水相对稀少，是为旱季（又称东南信风季节）；11 月～次年 4 月盛行西北季风，降水量增加，以北部居多，年平均降水量达 4000 毫米以上，是为雨季（又称湿季）。

在不同的地区，旱季和雨季的变化程度和时间也有所不同。例如莱城，由于休恩湾背后高山地形的影响，其雨季却在东南信风时期，即在全国多数地区是旱季时期。还有一些地方，虽然所处的地理位置相同，但年降水量却相差悬殊。例如，布干维尔岛西岸的博库（Boku）年平均降水

---

① 王晓方：《世界农业科技发展概览》，中国农业科学技术出版社，2005，第 90 页。

量6350毫米，新不列颠岛南部沿海的波米奥（Pomio）年平均降水量高达8650毫米。而全国旱季和雨季最明显的莫尔兹比港年平均降水量仅有1164毫米。

四 河流

巴布亚新几内亚地处热带雨林地区，降水量大，由此造成岛上河流众多。其特点是较大的河流都发源于新几内亚岛的中部山区，分别由南北坡地流入海洋。河流上游坡陡流急，挟带着大量的泥沙，在中下游两岸形成面积大小不等的冲积平原。全岛河流大部分河水浅急，基本上不具备通航条件，但上游却蕴藏着丰富的水利资源。全国理论水电蕴藏总量约2万兆瓦，技术可开发量约1.5万兆瓦，经济可开发量约4200兆瓦。

（一）中央山系以北地区的河流

主要有塞皮克河、拉姆河、马克姆河，前两条注入俾斯麦海，后一条注入休恩湾。

塞皮克河旧称凯瑟琳奥古斯塔河，发源于中部高地维克托·伊曼纽尔岭斯塔山的北坡，全长1130公里，是巴布亚新几内亚境内最长的河流，流域面积超过10万平方公里，吃水4米深的轮船可以一直上溯到660公里处，是沿海进入内陆开展贸易活动的重要航线。同时，该河蜿蜒于高山荒野、茂密的热带雨林和红树沼泽之中，汇聚了霍登河、梅河、阿普里尔河、斯克鲁河、尤埃特河、凯拉姆河等支流，还有许多牛轭湖、死水、沼泽、湖泊和人工渠道等，成为全球最大的河流之一、亚太地区最大的未受到污染的淡水湿地生态系统。该河下游河道弯曲，河口多泻湖和冲积岛屿，虽然没有形成三角洲平原，但沿岸处于与世隔绝状态的部落，却独创出大洋洲内容古朴、形式多样的原始艺术。河水中生长有282种淡水鱼类，其中75种为塞皮克河所独有。2013年，塞皮克河被美国有线电视新闻网（CNN）评为"全球最美的十五条河流"之一。[①]

---

① 《全球最壮美的十五条河流》，人民网站，http://world.people.com.cn/n/2014/0922/c157278-25704602-4.html，2015年5月2日浏览。

巴布亚新几内亚历史与现状

拉姆河旧称奥特蒂利恩河,发源于凯南图高原的克拉特凯山,全长640公里,平均流量1500立方米/秒。主要支流有索格拉姆河等。该河经常洪水泛滥并改道,无法通航。沿河岸只有杜姆普(Dumpu)、邦迪(Bondi)和阿泰姆布尔(Atemble)等少数居民点。

马克姆河发源于菲尼斯特雷山,全长180公里。主要支流有埃拉普河、瓦图特河。河水落差达2000多米,拥有丰富的水力资源。流域面积比较广,但人口却十分稀少。河口处有巴布亚新几内亚第二大城市莱城。

(二) 中央山系以南地区的河流

主要河流有普拉里河、弗莱河、基科里河,均注入南部的巴布亚湾。

普拉里河发源于俾斯麦山岭的南坡,全长467公里,年平均流入海洋的径流量达45立方米/秒,流域面积达3.1万平方公里。上游在汇集了埃拉韦河、瓦吉河和图阿河三大支流后,穿越高山峡谷,流经人口稠密的地区;中游为原始森林覆盖的大平原;在距离河口40公里处的下游则形成了面积达2600平方公里、人口密集的沼泽三角洲。

弗莱河发源于中部高地维克托·伊曼纽尔岭斯塔山的南坡,全长1040公里。如以支流斯特里克兰河计算,河道全长1290公里。该河是巴布亚新几内亚径流量最大的河流,该河流域面积达13.37万平方公里。主要支流除斯特里克兰河外,还有帕尔默河、泰迪河、奥姆河、拉盖普河、凯姆河、艾丽斯河等。上游两岸雨林茂密;中下游两岸是热带稀树草原和多湖泊的沼泽平原,河道蜿蜒曲折,落差仅有80米,可供吃水深2.5米以下的船只全年通航,通航里程达860公里;河口宽广,海潮可上溯到160公里处。每年10月至次年4月间洪水泛滥,河水携带大量泥沙,沉积在64公里宽的河口附近,形成了基瓦伊(Kiwai)、瓦布达(Wabuda)、普鲁图(Purutu)等沙丘和岛屿,沿河岸地区人烟稀少。

基科里河发源于南高地省首府门迪(Mendi)所在的山区,全长230公里。河口处分裂成众多的通道穿过平原,形成了面积达2.33万平方公里的三角洲,人口密集,建有重要的城镇基科里(Kikori)。

另外,属岛新不列颠岛、新爱尔兰岛、布干维尔岛等岛屿上,也有无数细小而湍急的河流。它们从山脉的两边流入周边的海洋，拥有丰富的水力资源。

五　湖泊

巴布亚新几内亚降水丰沛，地形复杂，高山峡谷中形成了许多湖泊，其中著名的有新几内亚岛上的默里湖和库土布湖。

默里湖位于斯特里克兰河与弗莱河之间，1913年被发现，现由西部省管辖。该湖泊长63公里，宽18公里，水域面积647平方公里，最大水深10米，是巴布亚新几内亚最大的湖泊。

库土布湖位于南高地省首府门迪的南部，1935年被探险家发现。该湖泊长19公里，宽4.5公里，集水区面积250平方公里，最大水深70米。湖中生长着世界上特有的彩虹鱼——蓝美人，其颜色会根据水环境和食物的变化而变化。[①] 现为新几内亚岛上的5个国家公园之一，包含了巴布亚新几内亚高地地区最美的风景，生活着大量的蝴蝶和极乐鸟。

六　土壤

受高温多雨气候的影响，巴布亚新几内亚各地的土壤淋溶作用强烈，肥力较低。只有在沉积土较厚的山间盆地以及有肥沃的火山土地区才适宜于农业的发展。

巴布亚新几内亚约75%的地表是1000米以下的平原和低矮丘陵。由火山灰长期冲积而成的沼泽地遍布于巴布亚新几内亚沿海和内陆盆地，主要为泥炭土，经过取土样化验，富含氮、磷、钾等有机质，在耕种的前几年，可以不施肥或少施肥。除沼泽地外，主要还有山地、坡地，土壤以红壤为主，富含铁、铝氧化物，呈酸性红色，适宜热带树木的生长。森林覆盖率极高，植被茂盛，水土流失微不足道。

---

① 〔英〕戴维·阿尔德顿：《淡水观赏鱼鉴赏养殖手册》，文星、汪青雄等译，科学普及出版社，2012，第154页。

第三节 生物资源

巴布亚新几内亚的自然环境大部分保留在原始状态下，生物物种极具独特性和多样性，拥有南太平洋地区最齐全的陆栖生态物种。植物方面主要是高达数十米的阔叶树木，而动物方面则以鸟类和灵长类动物为主。

一 植物

巴布亚新几内亚地处亚洲和大洋洲之间，属澳大拉西亚生态区，具有两大洲所有植物的特点，其天然植物区系据估计由1.5万～2万种维管束植物和2000种蕨类植物及蕨类同源植物组成。其中兰花种类超过2000种，占世界的50%以上，是天然的兰花基因库。石豆兰属夜来香兰花是唯一在黑夜中持续开放、白天花朵闭合的兰花。

巴布亚新几内亚国土80%以上的地区由热带原始森林覆盖。在低地，特别是发源于高地的江河流域，有宽广的沼泽林。河岸上生长着西谷棕榈、脆蔗和高达7米的野生甘蔗。在被洪水淹没的地方和露天湖周围则生长着睡莲、水生蕨类植物。海岸边和江河河口处生长着高达30米的红树林。

随着海拔高度的变化，巴布亚新几内亚山地植被的垂直分布十分明显：海拔1000米以上的地区，是"低山型"双层林，生长着南美杉树、克林基松树、栎树。海拔2000～3350米之间的地区，是混交山林，生长着山毛榉、常绿针叶树、阔叶树和苔状植物。海拔3350米以上的高山地区，生长着高丛早熟禾草、羊齿植物、小攀缘植物、树蕨（别名桫椤）、灌木丛、苔藓地衣等寒温带植物。苔类植物和蕨类植物极其丰富，与新西兰和澳大利亚塔斯马尼亚岛（Tasmania Island）上的森林掩护物基本相似。

二 动物

巴布亚新几内亚野生动物种类繁多，长吻针鼹、新几内亚鹰、极乐鸟、皇冠鸽、白鹭、七种鸟翼蝴蝶等特有的珍稀动物被列为国家动物，受国家法律保护，不允许过量捕猎。

(一) 哺乳类动物

巴布亚新几内亚已发现的 260 多种哺乳动物中，单孔目动物（又称下蛋类哺乳动物）、有袋类动物和胎盘哺乳动物是三种具有代表性的哺乳动物。

短吻针鼹和长吻针鼹是单孔目动物的代表。长吻针鼹又名三趾针鼹、五趾针鼹或曲喙针鼹，是地球上最原始的现生哺乳动物之一，以及最大的单孔目动物，仅分布于新几内亚岛，生活在海拔 1300～4000 米的潮湿山区森林及高寒草原，体长 80～100 厘米，体重 5～10 千克，能用长达 20 多厘米、布满黏液的舌头舔吸白蚁和蚂蚁。因其栖息地遭到破坏及传统狩猎过度而导致数量急剧减少，现已被世界自然保护联盟（International Union for Conservation of Nature，缩写：IUCN）列为濒危物种。[①] 短吻针鼹又称刺食蚁兽，体长 40～60 厘米，体重 2.5～6 千克，以白蚁为食，擅长挖掘，栖息于多沙石和多灌木丛的低地区域。

沙色小袋鼠、森林小袋鼠、树上大袋鼠、澳大利亚袋狸、小负鼠、袋貂、袋猫、袋鼬等是有袋类动物的代表。其中费岛袋貂、蓝眼斑袋貂是巴布亚新几内亚特有的负鼠类物种，主要以热带森林中的浆果为食。蓝眼斑袋貂被当地人作为宠物饲养，而它们的皮毛也被用于传统服饰的制作之中。

人鱼、海牛等是胎盘哺乳动物的代表，均生活在沿海一带浅水中，以海草为食。人鱼天生胆小，因捕捞过度，现在数量已经很少。海牛外形呈纺锤形，状似小鲸，但有短颈，体长 2.5～4 米，体重可达 360 千克；皮下储存大量脂肪，能在海水中保持体温；前肢退化呈桨状鳍肢，无后肢，但仍保留着退化的骨盆。[②]

(二) 鸟类

巴布亚新几内亚有 762 种鸟类，占世界鸟类品种的 13%，是世界上

[①] 郭豫斌、李胜兵：《濒危的珍稀动物》，东方出版社，2013，第 63 页。
[②] 苏易：《鸟兽寻踪》，河北科学技术出版社，2013，第 153 页。

鸟类种类最多的国家之一。

最著名、最美丽的是极乐鸟。全世界共有43种极乐鸟，巴布亚新几内亚占38种，蓝羽极乐鸟、无足极乐鸟（又称长尾极乐鸟）、带尾极乐鸟、顶羽极乐鸟、镰嘴极乐鸟等是特有物种，大部分属于国家动物。它们的形象印在了国旗上，刻在了国徽上，甚至邮戳上面都有极乐鸟图案。王风鸟（又称王极乐鸟）体长约16厘米，是极乐鸟中体型最小、颜色最鲜艳的一个分支，被称为"活宝石"。雄性王风鸟背羽绯红，腹羽雪白，眼纹上有一簇黑羽，脚为亮蓝色，肩部有绿色点缀的扇状羽毛，尾部装饰着祖母绿色的盘状羽毛。极乐鸟现已被列入世界《濒危野生动植物物种国际贸易公约》（Convention on International Trade in Endangered Species of Wild Fauna and Flora，缩写：CITES）的保护动物。

恐鸮是生活在布干维尔岛一带的猫头鹰，面部呈赤红色，内侧和眼眉是白色；上身呈褐色，下身赭色，有黑色斑纹。栖息在海拔800米以上的密林中，以掠食灰袋貂为生。但因森林砍伐过快、灰袋貂猎杀过度，恐鸮的数量正急剧减少。现已被列入世界自然保护联盟的易危物种。

白颈黑鹭又名斑鹭，分布在巴布亚新几内亚海岸及亚海岸的湿地和潮湿草原。体长48~52厘米，双翼及身体呈深灰色，头及颈部呈白色，顶冠和脑袋后的装饰性羽毛是黑色，眼睛的虹膜、嘴和腿是黄色。在树上以及红树林中筑巢，以昆虫及其它细小的水生动物为生。

紫胸凤冠鸠又称南冠鸠，体长约75厘米，是世界上最大的鸠鸽科鸟。身体呈蓝灰色，丝状冠呈蓝色，有红色的瞳孔及深栗色的胸部。维多利亚凤冠鸠体长超过70厘米，体重约2~3千克，是鸠鸽类中最漂亮的成员。它们头上有彩冠，是鸽子中的女王。这两种凤冠鸠的羽毛极为珍贵，肉味鲜美，曾经被大量捕杀，现已十分稀有，均被列为世界《濒危野生动植物物种国际贸易公约》的保护动物。

棕树凤头鹦鹉是典型的攀禽，体长49~68厘米，翼展70~100厘米，栖息于森林边缘地带、开阔稀树草原地带。目前，它是全世界最昂贵的18种宠物之一。棕脸侏鹦鹉是世界上体型最小的鹦鹉，身长约8厘米，体重仅10克左右,① 基本上与人的大拇指相近,是标准的"小鸟依人"型鸟类。现已被列入世界自然保护联盟的低危物种。

鹤鸵是世界上第三大不能飞行的鸟类,体高170厘米,重约70千克。头顶有高而侧扁、呈半扇状的角质盔;头颈裸露部分主要为蓝色;颈侧和颈背为紫色、红色和橙色,前颈有两个鲜红色大肉垂;体被亮黑色发状羽。它们生活在密林深处,以拥有12厘米长、类似匕首一样锋利的爪子而著称,只需一击便可使狼、野狗等野兽毙命。2007年被《吉尼斯世界纪录》列为"世界上最危险的鸟类"。②

(三) 蝴蝶

巴布亚新几内亚有400多种蝴蝶。③ 最漂亮的是鸟翼蝴蝶,其中亚历山大女皇鸟翼蝶(又称亚历山大凤蝶)是世界上最大的蝴蝶,雌性体长8厘米,翼展31厘米,体重达12克,只分布在新几内亚岛北部省近海岸雨林100平方公里范围内。1951年,由于附近的拉明顿火山爆发,破坏了它们赖以生存的雨林环境,其数量急剧减少,标本在黑市上的价格不断飙升。现已被世界自然保护联盟列为濒危物种。极乐鸟翼凤蝶、天狗凤蝶、金红鸟翼蝶等是世界上稀有的美丽凤蝶,均是被列入世界《濒危野生动植物物种国际贸易公约》的保护动物。④

(四) 爬行类动物或下蛋长鳞类动物

巴布亚新几内亚约有200种爬行类动物或下蛋长鳞类动物。蜥蜴种类齐全,如生活于新几内亚岛南部干燥草原灌木地带的斗篷蜥蜴(又名伞蜥蜴)受到威胁时,颈部的伞状薄膜会张开、口部会张大以吓走敌人。在附近各岛屿上完全树栖性的蜥蜴品种有博氏巨蜥、桃喉巨蜥、黑树巨蜥等。

巴布亚新几内亚有上百种蛇类。最大的是体长7米的紫色蟒,最美丽

---

① 果壳guokr.com:《鸟与兽的通俗生活》,清华大学出版社,2012,第124页。
② 邢逸群:《鹤鸵:世界上最危险的"杀手"》,《旅游世界》2012年第9期,第15~17页。
③ 严景德:《巴布亚新几内亚的蝴蝶饲养业》,《世界农业》1980年第6期,第62~63页。
④ 中国蝴蝶网站,http://www.cnkcw.net/cnhdw/index.asp,2015年2月12日浏览。

的是达尔伯蒂斯蟒蛇，最毒的是体长2米的泰斑蛇，长着7~13毫米的毒牙，每咬一口释放出的烈性毒素可杀死150个人或50万只老鼠，其毒性是眼镜王蛇的9倍，与生活在澳大利亚西部的贝尔彻海蛇齐名。黑钻树蟒又名波氏莫瑞蟒，栖居在海拔2000米以上的山区雨林、草地或沼泽中，体长最大可达2.4米，具有宽阔的头部与身体，大眼睛中有垂直瞳孔，其喉部与颈部有呈乳白色的斜纹，唇部则有黑白相间如琴键般的短条纹。现已被政府列为国家重点保护动物。

龟是巴布亚新几内亚重要的物种。生活在南部河流中的猪鼻龟是长相最奇特的淡水龟，鼻部长而多肉，形似猪鼻；四肢已退化为鳍状肢；背甲长46~51厘米，体重达18~22千克，进化处于软壳龟与海龟之间。2004年，世界自然基金会（World Wide Fund For Nature，缩写WWF）将其列入世界10种濒危动物之中的第五位。① 纹面长颈龟生活在多草的湿地中，最大甲长26.7厘米，头部有蠕虫纹，是龟类中最华丽的一种，近年来成为家庭饲养的高端水龟。海龟有13种，其中最重的是900千克的革质龟。绿蠵龟是体型最大的硬壳海龟，背甲长达153厘米，体重约120千克，是沿海地区居民的重要食物来源。

巴布亚新几内亚是世界上拥有鳄鱼品种最多的国家。据统计，全世界现存有4大类23种鳄鱼，巴布亚新几内亚就有19种之多，由此被称为"世界鳄鱼之都"。其鳄鱼分为咸水鳄鱼和淡水鳄鱼两大类。咸水鳄鱼生活在沿海滨一带的海湾里。淡水鳄鱼则生活在弗莱河与塞皮克河中下游地区，最大的可长到9米以上，易对人类发动攻击。

（五）青蛙

巴布亚新几内亚已发现近200种青蛙。大树蛙是2008年发现的世界上最大的雨蛙，体长约15厘米，有巨大的眼睛。由于它接触任何污染物都会死亡，因此，它被看成当地环境的预警动物。

阿马乌童蛙体长仅有7.7毫米，是目前世界上发现的最小的青蛙，也

---

① 《世界自然基金会公布十大濒危物种"黑名单"》，人民网站，http://www.people.com.cn/GB/keji/1059/2782537.html，2015年2月15日浏览。

是世界上已知6万多种脊椎动物中体形最小的脊椎动物。它们生长在遍布于热带雨林地面上的落叶中，皮肤颜色红黑相间，善于用落叶伪装自己，并且在缓慢的进化过程中，将自己的声音转变为与昆虫十分相似的鸣声。①

岳蛙（Oreophryne）是2004年由美国科学家在塔古拉岛上发现的一种"变色蛙"。其幼年时呈黑色，还点缀着黄斑，成年后却变成桃色，眼睛也变成了蓝色。②

第四节 自然灾害

巴布亚新几内亚地处环太平洋西侧地壳不稳定带，一条活火山山脉沿着新几内亚岛的北部海岸伸向新不列颠岛。因此，火山、地震和海啸等是巴布亚新几内亚主要的自然灾害。

一　令人担忧的活火山

巴布亚新几内亚境内有十多座活火山，其中近年来活动频繁的有拉明顿火山、马纳姆火山、帕戈火山、拉包尔火山、乌拉旺火山、长岛火山、兰季拉火山等。③

东新不列颠省的拉包尔火山海拔688米，它的次火山通道塔乌鲁火山和伏尔甘火山自20世纪以来一直处于活跃状态。1937年5月，两座火山同时喷发，导致507人死亡，并对拉包尔（Rabaul，又译为腊包尔、拉布尔，当地华人称为亚包）造成巨大破坏，新几内亚委任统治地首府被迫迁往莱城。1994年9月19日，沉寂了半个多世纪的拉包尔火山发生大喷发，火山灰掩埋了50%的拉包尔城，摧毁了城内80%的建筑，造成3万

---

① 《世界最小青蛙》，凤凰网站，http：//tech.ifeng.com/discovery/animal/detail_2013_05/31/25927262_0.shtml，2015年2月20日浏览。

② 《美国科学家在南太平洋岛国巴布亚新几内亚发现"变色蛙"》，科学网站，http：//news.sciencenet.cn/htmlnews/2010/3/229368.shtm，2015年2月15日浏览。

③ 《世界著名活火山及其地理坐标》，圣书学习网首页＞地理学竞赛类＞地理奇观，http：//dili.100xuexi.com/view/otdetail/20121215/2d56fa6b-10f1-48c5-9fe0-1df6ac6cde66.html，2016年1月24日浏览。

多人无家可归,东新不列颠省首府被迫迁往科科波(Kokopo)。此后,拉包尔火山一直处于活跃状态。2006年10月7日,塔乌鲁火山喷发,爆炸震碎了12公里以外房屋的窗户,火山灰高达1.8万米,附近约2000名居民被迫疏散。2009年11月20日,塔乌鲁火山又一次喷发,射向空中的烟柱超过山顶1500米,熔岩碎片覆盖了整座火山。2014年8月29日,塔乌鲁火山再度大规模喷发,火山灰升至1.8万米的高空,附近居民紧急撤离,多个航班改道避险。目前,塔乌鲁火山已被评为"全球历史上剧烈喷发的十大火山"之一。①

北部省的拉明顿火山是一座安山岩层状火山,海拔1680米。1951年1月21日突然大喷发,烟雾飘升到1.5万米的高空,山峰标高被削矮了600米。火山灰流以470公里/小时的高速向前冲击,吞没了山脚下的村寨,毁坏了233平方公里的土地,造成2942人遇难,北部区首府哈加图拉(Higaturu)遭到破坏,被迫迁至波蓬德塔(Popondetta)。

东新不列颠省的乌拉旺火山位于拉包尔西南130公里处,1900~2007年发生了30次喷发。②其中1980年的大爆发,火山灰高达1.82万米,火山碎屑流毁灭了方圆20平方公里的土地。目前,该火山在"国际减轻自然灾害十年(1990~2000年)"活动中,被国际火山学与地球内部化学协会(International Association of Volcanology and Chemistry of the Earth's Interior,缩写:IAVCEI)推选为"火山十年"观测计划的16座重点火山之一。

西新不列颠省的帕戈火山海拔742米,1911~2007年发生了5次喷发。③其中2002年8月8日喷发时,火焰高达6000米,附近6000多人被紧急疏散。

西新不列颠省西端的兰季拉火山海拔1189米,1907~2009年先后发生了20次喷发。其中2009年9月喷发的火山灰柱高出火山口达3000米。

---

① 《盘点史上十大最剧烈火山喷发》,新华网站,http://news.xinhuanet.com/photo/2012-12/26/c_124146055_10.htm,2015年3月9日浏览。
② 洪汉净:《火山预测与预警》,地震出版社,2013,第33页。
③ 洪汉净:《火山预测与预警》,地震出版社,2013,第33页。

马当省的马纳姆火山海拔 1830 米，位于距新几内亚岛海岸约 13 公里的马纳姆岛（Manam Island）上。1937 年喷发出了火山弹和大量的火山灰。1996 年 12 月 3 日喷发时，形成一片稀薄、模糊的火山灰羽状物，造成 13 人死亡。① 2015 年 7 月，马纳姆火山再次喷发，火山灰高达 19812 米。

马当省的长岛火山海拔 1304 米，位于距新几内亚岛海岸 48 公里的长岛（Long Island）上。1660 年的喷发是 400 年以来地球上七次最大的火山喷发之一。1933～1993 年连续发生了 9 次喷发。

布干维尔岛上的巴加纳火山海拔 1730 米，1972～1995 年、2000～2010 年连续活动。其中 2009 年发生了 22 次喷发，除熔岩溢出外，还有碎屑喷发，火山灰柱高达 1.8 万～3 万米。

二 频发的地震

巴布亚新几内亚地处澳大利亚板块、南海板块和菲律宾板块交汇处，是印度尼西亚岛弧和所罗门岛弧两种不同弧向构造的转换地区，地壳动力结构复杂，属于板壳活动地带，由此造成该国一直处于地震频发状态。尤其是近年来，该国地震频繁发生，震级越来越高，平均每年都发生近 10 次 6.0 级以上的地震，7.0 级以上的地震则年年出现。②

2010 年 7 月 18 日，在新不列颠岛坎德里安（Kandrian）以东 145 公里处（南纬 6°06′，东经 150°36′）发生 7.2 级地震，震源深度 50 公里。8 月 5 日，再次发生 7.0 级地震，震源深度 81 公里。

2011 年 12 月 14 日，在莫罗贝省莱城市西南部（南纬 7°30′，东经 146°48′）发生 7.1 级地震，震源深度 115 公里。

2012 年 4 月 17 日，在莱城市以北 141 公里处（南纬 5°30′，东经 147°06′）发生 7.0 级地震，震源深度 202 公里。

2013 年 7 月 8 日，在新爱尔兰岛塔龙（Taron）东北 110 公里处（南

---

① 《盘点史上十大最剧烈火山喷发》，新华网站，http://news.xinhuanet.com/photo/2012-12/26/c_124146055_10.htm，2014 年 8 月 2 日浏览。
② 中国地震信息网站，地震频道＞历史地震目录，http://www.cea.gov.cn/publish/dizhenj/468/496/index.html，2015 年 1 月 24 日浏览。

纬3°54′，东经153°54′）发生7.2级地震，震源深度379公里。10月16日，在布干维尔岛潘古纳（Panguna）西南偏西67公里处又发生7.1级地震，震源深度33公里。

2014年4月11日，在布干维尔岛阿拉瓦（Arawa）西南75公里处（南纬6°36′，东经155°）发生7.0级地震，震源深度50公里。4月19日，在潘古纳西南75公里处（南纬6°42′，东经155°）又发生7.5级地震，震源深度31公里。

2015年3月30日，在新不列颠岛科科波以东54公里处（南纬4.7°，东经152.6°）发生7.4级地震，震源深度30公里。5月5日，在科科波西南130公里处（南纬5.5°、东经151.9°）发生7.2级地震，震源深度30公里。5月7日，在布干维尔岛西南部海域（南纬7.22°，东经154.5°）发生7.1级地震，震源深度20公里。

2016年12月17日，在新爱尔兰岛塔龙以东46公里处（南纬4.53°，东经153.47°）发生7.9级地震，震源深度103公里。

巴布亚新几内亚居民的房屋多数是木质结构，抗震能力比较强；再加上多数地震的震源都发生在远离大陆的海域，因此，地震造成的人员伤亡比较小[①]。

三 海啸灾害

海啸是由海底火山、海底地震和海底滑坡、塌陷等活动引起的波长可达数千米的巨浪。巴布亚新几内亚地处大陆板块交界处，是一个地震频发地区，因此也是世界上海啸多发地区之一。

1998年7月17日傍晚，桑道恩省北部25公里的近海海底发生7.0级地震，20分钟后又发生了5.3级的余震。两次地震的震中均在海底20公里处，由此产生的巨大能量，瞬间形成了每小时800公里的激流。位于首府瓦尼莫（Vanimo）东南126公里处艾塔佩（Aitape）附近的7个村庄海拔仅有5米，浪高49米的海啸以排山倒海之势三次席卷近30公里的海岸

---

① 中国地震信息网站，http://www.csi.ac.cn/，2015年1月25日浏览。

地带，凶猛的海啸使4个村庄瞬间变成了海浪中漂浮的碎片，原来建在沙滩上的房子荡然无存，甚至连痕迹也难以寻觅，只留下零星的木桩和光秃秃的地基；原来生长在沙滩上的植被产生了移位，有的位移甚至超过了10米。这次海啸造成2683人罹难，其中大多数是老人和儿童，1000多人受伤，6000多人无家可归，受灾人口超过2万人，居民财产损失殆尽。据有关资料统计显示，20世纪全球共发生7次死亡人数超过千人的大海啸，这次巴布亚新几内亚地震海啸就是其中之一。①

四 洪涝灾害与泥石流

巴布亚新几内亚气候炎热，高温多雨，加之农业垦荒的发展，造成山洪及泥石流等自然灾害发生的频率逐年上升。

2007年11月，受热带飓风"古巴"的影响，巴布亚新几内亚东部地区暴雨成灾，成为该国有史以来最大的洪涝灾害。其中北部省受灾最为严重，大量房屋以及95%的道路和桥梁被冲毁，造成153人死亡，数千人无家可归，直接受灾人口近15万人，经济损失达20亿基那（约合6.7亿美元）。

2008年12月，东高地省遭遇暴雨袭击，并引发泥石流，一座金矿附近的住宅区遭到破坏，造成10人死亡，多人失踪。

2009年3月，东高地省持续暴雨导致泥石流，淹没了2辆大巴车和3座房屋，造成7人死亡，其中包括4名儿童。

2012年1月，莫尔兹比港西北的诺戈里（Nogori）发生山体滑坡，长约1000米、宽约300米的泥石带将两个村庄全部掩埋，造成40人死亡，20人失踪。

2013年9月，冰雹风暴袭击了吉瓦卡省东曼达（East Manda），造成5000多人受灾。11月，东高地省肯纳基村（Kenagi）因强降雨引发山体滑坡，掩埋了8栋住宅，造成9人死亡。

2014年7月，西部省的强降雨引发山体滑坡，导致塔布比尔

---

① 《百年以来最大的七次海啸》，中华人民共和国国土资源部网站，http://www.mlr.gov.cn/wskt/zykx/201112/t20111205_1039978.htm，2015年1月24日浏览。

(Tabubil)至奥克泰迪(Ok Tedi)铜金矿区的道路被冲毁,矿区供水中断,厂房倒塌。

2015年10月,在厄尔尼诺现象的影响下,极端干旱和霜冻灾害袭击了钦布省,造成该省粮食几乎绝收,24人死亡。

五 全球变暖危及巴布亚新几内亚沿海岛屿的安全

科学研究发现,1993年以来,全球变暖使地球南北两极的冰层迅速融化,海平面平均每年上升3毫米,而且这一趋势不断加剧,严重威胁着人类的生存。

布干维尔自治区卡特利特群岛(Carteret Islands,又称基利奈劳环礁Kilinailau Atoll)的平均海拔只有1米,这里即将成为全球第一个被海水淹没的有人居住的岛屿。目前,岛上的道路已经水深及腰,良田变成烂泥地,蚊子、苍蝇丛生,疟疾肆虐,儿童染病严重。为了应对海平面上升,2007年10月,巴布亚新几内亚政府决定提供200万基那(约合73.6万美元),将世代生活在卡特利特群岛上的2600名土著基利奈劳人迁往邻近的廷普茨岛(Tinputz Island)。他们成为历史上的第一批"气候难民"。[1]

根据亚洲开发银行(Asian Development Bank,ADB)发布的最新研究结果,如果太平洋地区各国不能妥善应对气候问题,到2100年,太平洋地区各国因气候变化而造成的经济损失将达到年均国内生产总值的2.9%~12.7%,巴布亚新几内亚可能成为太平洋地区因气候变化遭受经济损失最大的国家,其薯类作物和其他农产品生产受损、经济发展放缓的负担、死亡率和土地消耗,将使其经济损失达到国内生产总值的15.2%。在温室气体中等程度排放的情况下,到2100年,如果温度升高近3℃,巴布亚新几内亚的暴雨天气将更加频繁,海平面也可能因此上升。[2]

---

[1] 《大洋洲小岛被淹,首批"海洋难民"迁移》,中国环保网站,http://www.chinaenvironment.com/view/viewnews.aspx?k=20090514162908757,2015年3月12日浏览。

[2] 《巴布亚新几内亚或将成为太平洋地区因气候变化受损最大国家》,中华人民共和国驻巴布亚新几内亚大使馆经济商务参赞处网站,http://pg.mofcom.gov.cn/article/jmxw/201311/20131100404894.shtml,2015年3月12日浏览。

第三章
历史剧变

巴布亚新几内亚人类活动的历史可追溯到上万年以前。当时人们从事着原始农业、家禽和家畜饲养业、捕鱼业以及物物交换的商业。土地属于氏族或部落所有，人们集体耕作或渔猎，日常交往以互惠互利为原则。16世纪以来，随着新航路的开辟，与世隔绝的巴布亚新几内亚被融入世界文明的发展行列，社会组织结构发生巨变。1941年太平洋战争爆发后，巴布亚新几内亚与外界的交往迅速扩大，当地人民的民族意识开始觉醒，最终在1975年实现了国家独立。

第一节 文明史的开端

大约5万年前，生活在印度尼西亚东部诸岛上的猎人开始进入新几内亚岛，由此拉开了巴布亚新几内亚人类历史的篇章，当地人民创造了丰富多彩的土著文化[1]。但因受到自身发展水平限制以及独特自然环境的影响，这一地区在西方殖民者入侵之前几乎不被外界所知。当世界其他地区已陆续完成近代工业革命时，这里仍处在刀耕火种的时代。

一 农耕文明的起步

考古发掘证实，巴布亚新几内亚最早、最古老的巴布亚人居住在新几内亚岛南部的莎糊（Sahul）大陆（现在部分地区已被海水淹没）。他们

---

[1] 汪诗明、王艳芬：《如何界定太平洋岛屿国家》，《太平洋学报》2014年第11期，第5页。

巴布亚新几内亚历史与现状

以狩猎和采集为生,使用木料和石头制成的简易工具。大约9000年前,他们开始使用磨制的石锛、石斧等生产工具,出现了原始农业和家畜饲养业,居民以园艺、农耕经济为主。同时,饲养家猪,猎取有袋类动物和鸟类,以及捕鱼。① 这里成为世界上最早的农耕文明区之一。南高地省库科早期农业遗址(Kuk Early Agricultural Site)证明土著居民已经开始人工栽培芋头、香蕉、甘蔗等农作物,生活方式也由逐水草而居变成了相对稳定的定居生活,他们在地上用藤本植物织成席墙,覆以茅顶作为住所。

生产工具的改进,使人口数量不断增加,农业村社不断扩大。3500年前左右,为了生存的需要,巴布亚人开始探寻新的陆地,逐渐散居到了新不列颠岛、新爱尔兰岛以及所罗门群岛中的部分岛屿。大洋洲新石器时代文化——拉皮塔文化(1908~1909年由考古学家F. O. 迈尔在新不列颠岛附近的瓦托姆岛首次发现)开始从这里向外扩展。拉皮塔文化时期的人们普遍使用石锛、石锉、石砧、带尖头的投石等磨制工具,以及贝壳刮削器、骨针、骨砧、骨制矛头、文身凿等。饰物以贝壳指环和顶端打孔的贝壳念珠为主。陶器以带有各种花纹的夹砂陶器为主。他们从事渔猎和采集水生贝壳类动物,驯化野生动物,饲养猪、狗和鸡等家畜和家禽。以种植香蕉、野芋、面包果等果树为主的园艺业在经济中占有重要地位。②

约1200年前,红薯、马铃薯等作物开始在巴布亚新几内亚地区种植,成为人口聚居区的主要粮食作物。其中红薯因其适应性强、成熟期短、产量高,在高地地区得到广泛种植。约300年前,原产美洲的甘薯被在印度尼西亚经商的葡萄牙人引种到了巴布亚新几内亚地区,解决了大量人口的食物问题,进而使人口迅速增加,活动范围日益扩大。

巴布亚新几内亚地处热带地区,农作物的种植没有季节限制。人们全年都在耕种土地,收获产品。原始农业生产没有明显的分工,只是在种植的各个阶段,男女职责分工明确。开垦土地时,男女一齐动手。男子负责

---

① 王伯恭:《中国百科大辞典》,中国大百科全书出版社,1999,第165页。
② 《中国大百科全书 考古学—拉皮塔文化》,中国大百科全书出版社,2002,第263~264页。

40

构建围栏，妇女负责砍伐做围栏的甜茅，并运送到新园地。耕耘土地时，男子负责筑垄开沟，妇女则协助整土。种植作物时，男子负责香蕉、甘蔗、木薯、竹子、铁树和木黄麻的种植，妇女则负责甘薯、低地芋头、玉米、豆类和本地蔬菜的种植。农作物实行分层次种植。首先是底层地面作物甘薯和蔬菜。其次是中间层的木薯、爬藤豆、玉米等。最后是高于以上作物的香蕉、甘蔗，从而使各种农作物都能充分地汲取水分，接受阳光的照射。农作物种植后，所有的田间管理和收获工作都由妇女负责。由于他们生产的食物几乎都是易腐产品，因此，人们通常是按一家人的需求量去收获。在低地地区，主食是芋头，其次为木薯。而高地地区的主食则是甘薯。

二 手工产品制作与商品贸易

巴布亚新几内亚早期居民在立足于基本生计以外，还在手工制作方面展示了娴熟的手工技艺和创造能力。胡德湾一带的人们制作了独木舟，东塞皮克省钱布里湖（Chambri Lake）地区的人们烧制了红褐色的陶器，塔米岛（Tami Island）的岛民制造了精雕细刻的盘子，马努斯岛的岛民制作了精美的贝雕装饰品，塞皮克河流域的人们则建造了具有民族特色的房屋。

很久以来，巴布亚新几内亚高地与海湾地区就有贸易往来的线路，主要交换陶器、西米、独木舟、石斧、石刀、石剑、猪、珍珠、贝壳等产品。每年8～11月，莫尔兹比港附近的哈努阿巴达村（Hanuabada，莫土语"伟大村庄"之意）、波雷巴达村（Boleybada）、博埃拉村（Boera）等莫土人村社的村民们，驾驶着由20多只大型双木舟组成的海运贸易船队（即所谓的"希里"），借助于东南信风，向西航行到海湾地区，用自制的石头锛子、陶器等换取西谷棕榈和制作独木舟的大圆木。12月至次年4月，他们又借助于西北季风向东南返航。此举增进了两地人民之间的家族联系，加强了双方的贸易往来，莫尔兹比港逐渐发展成为重要的商业贸易中心。

另外，巴布亚半岛东南部与路易西亚德群岛、特罗布里恩群岛也通过贸易往来建立起了联系。

三 社会组织形式

直到18世纪，巴布亚新几内亚地区土著居民仍旧沿袭着原始的生活方式，过着以自给农业为主的刀耕火种的生活，他们既种植又放牧，既捕鱼又打猎。整个社会还没有发展到统一的国家雏形，只有按亲属关系组成的氏族和以几个氏族结成的部落或部落联盟，即整个社会结构还基本处在原始的部落制状态。社会组织以村社为基础，大小因地而异。沿海地区的村社比较小，社会文化制度比较繁杂，农业没有形成标准类型。高地地区的村社比较大，最大的可达千人或万人，农业技术已走向专业化，村民有争强好胜的习惯。[①] 高地地区大多数的村社和低地地区的部分村社都是父系氏族社会，按父亲的血统确定祖籍和遗传继承。也有个别村社是母系氏族社会，按母亲的血统确定祖籍和遗传继承，男子结婚后住到妻子的氏族中。亲属关系是社会组织、居住关系和聚落形态的最重要依据。氏族是社会结构的支点，氏族土地是农业活动中的基本地域单位。氏族内的所有人都认为自己是一个祖先的后代，大家都是亲属。

私人之间或村社之间的日常往来，总是以互惠互利为重要的原则。在彼此生活密切的社会里，人们所从事的每一项活动，几乎都有发生债务与义务关系的机会，如开垦土地、建造房屋、儿女婚嫁、老人病逝等，人们都相互帮助。无论动手出力，还是赠送食物和贵重礼品，接受者都必须答谢还报。实际上，当一个人为别人付出的时候，他就放出了人情债，得到了声望。一个人能够经常帮助别人，表示他富裕和大方，因而能够提高他的社会地位，就有可能获取村社头目的地位和权力。在村社里，许多有权威的职位供人追求，如管理种地的人，领导打猎的人，负责造船的人，领导械斗的人，为首行巫的人，他们都有极高的社会地位。所有男子不受任何出身的限制，都可以通过竞争获取村社的重要职位。

虽然不同地区、不同氏族、不同村社的土地制度有所差异，但都有着

---

① 〔澳〕黛安娜·豪利特：《巴布亚和新几内亚地理》，中山大学地理系经济地理教研室译，商务印书馆，1974，第12页。

共同的特点：所有的土地都属于整个氏族、部落或村社；每个人从出生就有获得土地的权利；部落土地的分配权由部落首领掌握，分配给各家各户耕种；个人对土地而言只有使用权和管理权。真正属于个人的，只有个人亲自劳动所获得的劳动果实，如庄稼、各种树木和竹子生长期所产出的果实等。

第二节　融入世界近代发展史

巴布亚新几内亚各岛屿与欧亚大陆之间有着海洋阻隔，在相当长的历史时期限制了当地居民与世界其他文明的接触。但随着新航路的开辟，巴布亚新几内亚与外界隔绝的历史从此被打破。

一　欧洲人踏足巴布亚新几内亚

（一）欧洲航海家对巴布亚新几内亚地区的探巡

1511年，葡萄牙探险家弗朗西斯科·塞拉诺（Francisco Serrano）在赴摩鹿加群岛途中，首次发现了新几内亚岛。[①] 1526年，葡萄牙探险家若热·德·梅内塞斯从马六甲（英语：Malacca，马来语：Melaka）乘船驶往摩鹿加群岛时，被海风吹到新几内亚岛西北部的一个海岬。他发现土著居民的头发多卷曲，即将这块陆地称之为巴布亚。若热·德·梅内塞斯被后人普遍认为是登上新几内亚岛的第一个欧洲人。

1528年，西班牙探险家阿尔瓦洛·德·萨维德拉（Alvaro de Saavedra）察看了新几内亚岛北部海岸线，并称之为"黄金岛"。1545年，西班牙（一说葡萄牙）探险家伊尼戈·奥尔蒂斯·德·雷特斯从摩鹿加群岛赴墨西哥途中，发现了卡尔卡尔岛（Karkar Island）、斯考滕群岛（Schouten Islands）、巴加巴格岛（Bagabag Island）和西部群岛等岛屿，登上了新几内亚岛西北海岸，发现土著居民的肤色和头发等体貌特征与非洲西部几内亚湾沿岸的黑人十分相似，并且两地自然景观和气候特征也大致

[①]〔法〕凡尔纳：《海底两万里》，陈筱卿译，外文出版社，2014，第134页。

相仿。于是，他将该地命名为新几内亚。从此，这里逐渐被人们称之为巴布亚新几内亚。1606年，西班牙探险家路易斯·韦兹·德·托雷斯（Luis Vaez de Torres）从秘鲁西行寻找"南方大陆"时，发现了路易西亚德群岛，以及帕拉马岛（Parama Island）、达鲁岛（Daru Island）等岛屿，并考察了巴布亚半岛东部和东北部海岸，将米尔恩湾绘入海图。

17世纪初，荷兰成为欧洲最重要的海上强国后，有"海上马车夫"之称的荷兰开始走进南太平洋海域。1606年，荷兰航海家威廉·詹森（William Jansz）从爪哇岛（印尼语：Jawa，英语：Java）向东航行时，考察了新几内亚岛东南部海岸，并进行了金矿的勘探活动。1616年，荷兰航海家雅各布·勒·梅尔（Jacob Le Maire）和威廉·斯考滕（Willem Schouten）考察了新几内亚岛北部海岸、阿德默勒尔蒂群岛，发现了新不列颠岛、新汉诺威岛、新爱尔兰岛、费尼群岛和穆绍岛等。1643年，奉命寻找"失落的南方大陆"的荷兰航海家阿贝尔·塔斯曼（Abel Tasman）考察了新几内亚岛、新不列颠岛，发现了利希尔群岛和维图群岛。而后，这些荷兰航海家把新几内亚岛的部分海岸线绘成了海图。

17世纪末期，英国和法国成为争夺欧洲霸权的重要竞争对手，并将竞争范围扩展到了北美洲、印度和太平洋地区。由此，他们开始了在南太平洋地区的探险。1693年，英国航海家威廉·丹皮尔（William Dampier）环绕新几内亚岛航行，在新不列颠岛和温博伊岛之间发现了丹皮尔海峡。1699~1700年，威廉·丹皮尔从印度尼西亚的帝汶岛（Timor Island）向东沿新几内亚岛北海岸航行，然后转向北方，发现了埃米拉岛，为新不列颠岛命名，并确定新不列颠岛与新爱尔兰岛、新汉诺威岛是不相连接的独立岛屿。① 1767年，英国航海家菲利普·卡特利特（Philip Carteret）发现了约克公爵群岛、卡特利特群岛、廷翁群岛（Tingwon Islands，又称波特兰群岛 Portland Islands），并为阿德默勒尔蒂群岛命名。1768年，法国航海家路易斯·安托万·德·布干维尔抵达所罗门群岛北部地区，并为布干维尔岛、路易西亚德群岛命名。1793年，法国航海家丹尼斯·德·特罗

---

① 赵书文、段绍伯：《大洋洲自然地理》，商务印书馆，1987，第14页。

布里恩、安托万·布吕尼·当特尔卡斯托分别发现了特罗布里恩群岛、当特尔卡斯托群岛。至此，巴布亚新几内亚地区所属各个岛屿全部被欧洲人发现。

（二）欧洲商人奔向巴布亚新几内亚地区

巴布亚新几内亚地区被欧洲人发现后，直到19世纪早期，一直被称作美拉尼西亚地区。虽然欧洲人曾经在该地的山脉、港湾、海峡和岛屿上留下了他们的足迹，但他们在土著居民中并没有产生影响力。他们登陆上岸考察、探险、做生意、补充淡水和食物时，虽然会受到土著居民的友好款待，但多数时候会遭到土著居民的袭击。

进入19世纪，巴布亚新几内亚丰富的自然资源开始吸引大批欧洲商人开展贸易活动。他们在东南部海域开展商业活动，雇用沿海居民和岛民采集珍贝，捕猎海豹，捕捞海参，开采黄金，砍伐、贩卖檀香木、香柏木等珍贵原木。米尔恩湾附近的萨马赖逐渐发展成为东南沿海地区的商业中心；英国和德国在新不列颠岛加泽尔半岛上建立了贸易站。生活在沿海地区的土著居民开始用他们生产的椰子、食品、鱼产品等换取欧洲人的金属器具、布匹和零碎小物件。到19世纪70年代，巴布亚新几内亚东南沿海一带的岛民已经获取了大量的铁器产品，停止了石斧等磨制石器的制作。

欧洲商人除与土著居民进行贸易往来外，还在新爱尔兰岛、新不列颠岛、新几内亚岛东南部招募数千名土著居民，将他们送到英属澳大利亚殖民区昆士兰（Queensland）自治领、萨摩亚群岛（Samoa Islands）、斐济群岛（Fiji Islands）等地的种植园，从事各种繁重的体力劳动。

（三）西方传教士涌入巴布亚新几内亚地区

随着西方殖民者的到来，基督教也传入巴布亚新几内亚。西方各国教会纷纷建立起各自的传道站。

1847年，罗马天主教传教士开始进入俾斯麦群岛活动。[①] 同年，天主教圣母会传教士在伍德拉克岛建立了第一个传道站。紧接着，又在新不列

[①] 宗教研究中心编《世界宗教总览》，东方出版社，1993，第180页。

颠岛附近的鲁克岛（Rook Island）建立了第二个传道站。后来，他们又陆续在布干维尔岛、布卡岛上建立了传道站，传教士主要是法国人。

1852年，意大利天主教牧师乔瓦尼·巴蒂斯塔·马祖科尼（Giovanni Battista Mazzucconi）进入伍德拉克岛传教。1855年被土著居民杀害。[①] 次年，意大利天主教牧师赴新几内亚岛莱城附近的曼多克岛（Mandok Island）传教。后因疾病困扰而被迫离开。

1871年，英国新教伦敦传道会（简称伦敦会）传教士塞缪尔·麦克法兰（Samuel McFarlane）、阿奇博尔德·默里（Archibald Murray）等在托雷斯海峡忠心岛（Loyalty Island）村社中任命了牧师。[②] 次年，他们将默里岛建成了传教中心，并从新几内亚岛招募土著居民进行培训，而后派他们返回家乡开办了两个教区。1874年，威廉·乔治·劳斯（William George Lawes）夫妇在莫尔兹比港附近的哈努阿巴达村建立了传道站，并逐渐成为新几内亚岛传教中心。1877年，詹姆斯·查默斯（James Chalmers）夫妇在塞皮克地区的苏奥（Suau）建立了传道站，通过学习当地语言，为土著居民提供布匹、珠串和金属用品等，赢得了当地人的信任，使传教工作顺利展开。接着，他们又在海湾地区沿岸和弗莱河口一带开办了传道站。1891年，查尔斯·阿贝尔（Charles Abel）在夸托岛（Quart Island）创办了传道站和寄宿学校，招收80名儿童，向他们传授技艺，改变了土著居民子女传统的生活方式和信仰。

1875年，基督教新教卫理公会（又称美以美会）传教士乔治·布朗（George Brown）在约克公爵群岛建立了中心传道站，在新爱尔兰岛和新不列颠岛沿岸建立了传道站。由于得到了当地土著居民首领托普鲁（Topoulou）的支持，其传教工作得以迅速展开。1891年，威廉·布罗米洛（William Bromilow）进入当特尔卡斯托群岛、路易西亚德群岛，以及巴布亚半岛米尔恩湾一带开展传教活动，在多布岛建立了卫理公会传教总

---

① http://fanyi.baidu.com/transpage? query = http% 3A% 2F% 2Fen. wikipedia. org% 2Fwiki% 2FWoodlark_ Island&from = en&to = zh&source = url&render = 1，2015年10月3日浏览。

② https://www.themonthly.com.au/issue/2014/october/1412085600/thornton - mccamish/island - time，2015年10月3日浏览。

第三章 历史剧变　The Past and Present of Papua New Guinea

部,并成为新几内亚传教会主席。①

1882 年,法国天主教圣心会(又称耶稣圣心会)传教士路易斯·安德烈·纳瓦尔(Louis – Andre Navarre)在新不列颠岛东部的马图皮特(Matupit)建立了传教中心,② 并在乌纳波佩(Oon Pope)创办了培养教理问答士的学校,建立了种植园,开办了锯木场。1885 年,詹姆斯·格里芬·韦尔瑞(James Griffin Verjus)与意大利传教士萨尔瓦托·加斯巴拉(Salvator Gasbarra)、尼古拉·马可尼(Nicolaus Marconi)将珊瑚海中的尤尔岛(Yule Island)建成了天主教圣心会总部。③ 到 19 世纪末,他们在海湾地区、内地山区建立了第一批传道站,并产生了重要影响。

1886 年,德国路德教派传教士约翰·弗莱尔(John Flierl)在新几内亚岛东端芬什哈芬(Finschhafen,今芬什港)一带活动时,通过学习当地语言,在辛邦(德语:Simbang)建立了第一个传道站和学校。截至 1906 年,他们又在芬什哈芬、塔米岛、亚宾(德语:Guest)、瓦雷奥(德语:Valeo)、黑尔德斯巴赫、戴因策赫歇等地建立了传道站。

1890 年,英国新教圣公会(又称安立甘宗)传教士艾伯特·麦克拉伦(Albert Maclaren)、塞缪尔·汤姆林森(Samuel Tomlinson)在巴布亚半岛韦道村(Wedau)登陆后,开始在多古拉(Dogura)一带进行传教活动。1898 年,他们建立了巴布亚新几内亚教区,④ 作为澳大利亚圣公会的传教主教区。

另外,罗马天主教圣经会在塞皮克、马当两个地区的北部沿海建立了传道站和学校,在阿勒西斯哈芬周围创办了一个传教中心。到 1914 年,

---

① 〔美〕迈克尔·扬:《马林诺夫斯基——一位人类学家的奥德赛(1884~1920)》,宋奕、宋红娟、迟帅译,北京大学出版社,2013,第 410 页。
② http://missionaries.griffith.edu.au/mission/missionaries-sacred-heart-msc.,2015 年 10 月 3 日浏览。
③ http://fanyi.baidu.com/transpage?query=http%3A%2F%2Fwww.misacor.org.au%2Femagazine%2Fcurrent-news%2F1829-news-of-bishop-henri-verjus-msc-declared-venerable&source=url&ie=utf8&from=auto&to=zh&render=1&origin=ps,2015 年 10 月 3 日浏览。
④ 宗教研究中心编《世界宗教总览》,东方出版社,1993,第 180 页。

47

在教会学校就读的学生达到 1000 人。

截至 20 世纪初,巴布亚新几内亚所有沿海地区和附近各岛屿都有西方传教士的活动。他们学习土著居民的语言,并写成文字,在他们开办的学校里进行教学。他们住在欧式房屋内,穿着欧式服装,拥有钢制工具和园艺工具,引进新的农作物品种,使用不同的烹调技术,影响着当地土著文化,改变了村社的领导结构。另外,他们从土著部落中选拔执事,管理教堂的事务,讨论决定村社的大事。

(四)欧洲科学家走进巴布亚新几内亚地区

19 世纪,人类对地球和生物界的地质学、植物学和动物学等自然科学的兴趣和知识明显增长。巴布亚新几内亚特殊的地理地貌、丰富的野生动植物资源也吸引着欧洲科学家到此进行科学考察。

1871 年,俄国生物学家尼古拉·米克吕霍·麦克莱(Nicola Mikluho Maclay)在新几内亚岛北海岸(又称麦克莱海岸或雷伊海岸)的马当附近登陆,成为第一个考察巴布亚新几内亚的科学家。在此后 10 多年的时间里,他与当地土著居民融为了一体。

1875 年,英国皇家海军舰艇"挑战者"号在查尔斯·怀维尔·汤姆生(Charles Wyville Thomson)的指挥下进行远洋考察。同行的科学家在马努斯岛西部进行了为期一周的科学考察。

同年,意大利科学家卢伊季·达尔伯蒂斯(Luigi D'Albertis)赴巴布亚湾和西部管理区一带进行科学考察,并深入内陆 900 多公里,多次抵达弗莱河上游。

1884 年,德国鸟类学家和人种学家奥托·芬斯克(Otto Finsch,又译为芬什)考察了新几内亚岛东北海岸以及塞皮克河流域。1896 年,德国植物学家卡尔·劳特巴赫(Carl Lauterbach)深入马当内地和拉姆山谷开展调研活动。

1914~1915 年,波兰裔英国人类学家布罗尼斯瓦夫·马林诺夫斯基(BronisLaw Malinowski)独自一人到特罗布里恩群岛、迈鲁岛(Mailu Island)进行田野调查研究,最终完成了人类学经典民族志著作《西太平洋的航海者》,着重描写了特罗布里恩群岛特有的社会经济活动——

库拉圈。① 这些科学家把他们在新几内亚的旅行见闻写成了详细的报道，还搜集了一些土著居民制成的产品，使西方人对巴布亚新几内亚有了更深刻的了解和认识。

欧洲商人、传教士和科学家的不断涌入，给巴布亚新几内亚土著居民带来了一些西方的思想和观念，最终改变了他们不同群体之间的关系，也使这一地区在世界上的影响力不断扩大。到19世纪中后期，那些在非洲和亚洲地区争夺殖民霸权的欧洲列强，开始将目光转向南太平洋地区，其中一个重要的目标就是巴布亚新几内亚。

二 近代西方列强对巴布亚新几内亚的争夺

欧洲人发现巴布亚新几内亚后，认为土著居民好战，当地也没有具有贸易价值的商品。因此，他们的活动只局限于沿海一带，并未深入内地。19世纪70年代以后，在第二次工业革命的推动下，西方列强掀起新一轮殖民扩张的狂潮。老牌的资本主义强国英国、新兴的资本主义强国德国等开始将目光投向西南太平洋地区各个岛屿。他们垂涎于那里丰富的自然资源以及充足的劳动力资源。封闭了许久的古老岛屿新几内亚岛、俾斯麦群岛、所罗门群岛等岛屿遭到荷兰、德国、英国、澳大利亚等邦外国家的统治，中断了当地独立发展的进程，被纳入资本主义世界体系之中。

1873年2月，英国"蛇怪"号船长、海军上尉约翰·莫尔兹比带领的船队沿巴布亚半岛南部海岸探险航行时，在巴布亚湾发现一处天然良港，他认为这里是"可以住人的世界中最后一条未发现的辽阔海岸线"，立即声明这片新发现的土地归属英国政府，并命名为莫尔兹比港。同时，还将附近的海湾以其父亲费尔法克斯·莫尔兹比（Fairfax Moresby）的名字命名为费尔法克斯湾。随后，英国传教士和商人接踵而至，纷纷在费尔法克斯湾附近土著村庄落脚，成为第一批定居巴布亚新几内亚的欧洲人。1877年，英国政府委派阿瑟·戈登（Arthur Gordon）为西太平洋高级专员，其辖区包括新几内亚岛东部。

---

① 丁岩妍：《传播学定性研究方法》，中国广播电视出版社，2015，第30页。

巴布亚新几内亚历史与现状

1880年2月，德国银行家汉斯·冯·布莱赫罗德尔（Hans Von Bleuchroeder）和阿道夫·冯·汉泽曼（Adolf Von Hansemann）等成立南太平洋群岛商业与种植园公司（德语：Handels – und Plan – tagen. Gesellschaft），并向政府提出了吞并新几内亚岛的建议。此时正在推行扩张政策的德国首相奥托·冯·俾斯麦公开支持该公司在南太平洋地区的商业活动，鼓动他们成立新几内亚公司（New Guinea Company），专注于南太平洋地区种植园的发展，并提出对通往南太平洋地区的航线提供国家补贴。[①] 1882年，德国政府派人到俾斯麦群岛建立椰子种植园，由此迈出了在南太平洋地区殖民扩张的第一步。1883年，约克公爵群岛等18个商站为德国提供了3000吨的椰干。同年，法国政府派军队占领了新几内亚岛东南部，并改名为新爱尔兰，企图建立殖民统治。但旋即被英属澳大利亚殖民区昆士兰自治领驱逐，昆士兰总督托马斯·麦基尔雷思（Thomas Mcllwraith）下令在莫尔兹比港升起英国国旗，宣布吞并巴布亚东南海岸。英国政府认为其野心超出了他的权力范围，即在7月2日撤销了昆士兰自治领对巴布亚东南海岸的吞并。[②] 而后，英国政客开始关注新几内亚岛，鼓吹将英属澳大利亚各殖民区与英属南太平洋群岛合并组成大英南太平洋帝国，将英国以外的商人和农场主驱逐出南太平洋地区。面对英国咄咄逼人的态势，德国政府先发制人。1884年，俾斯麦政府首先派奥托·芬斯克前往新几内亚岛北部和新不列颠岛一带开拓保护地。继而又派帝国专员冯·奥尔岑（Von Oertzen）抵达新几内亚岛北部，以德国皇帝威廉二世（WilhelmⅡ）的名义宣布对该地拥有所有权。10月，德国移民以新几内亚公司的名义，在新几内亚岛马当地区升起德国国旗。11月3日，德国政府宣布新几内亚岛东北部约181650平方公里的三个地区为威廉皇帝领地（德语：Kaiser-Wilhelms Land）。11月6日，英国政府宣布新几内亚岛东南部以及南纬8°以南珊瑚海中各个岛屿为英国的保护领地，统称为英

[①] 邢来顺：《论德国殖民帝国的创立》，《华中师范大学学报》（哲学社会科学版）1996年第3期，第98~102页。

[②] 汪诗明：《20世纪澳大利亚外交史》，北京大学出版社，2003，第158页。

第三章 历史剧变　The Past and Present of Papua New Guinea

属新几内亚（British New Guinea）领地，[①] 面积约 23.4 万平方公里。[②]

1885 年 4 月 6 日，英、德两国发表联合声明，新几内亚岛东半部以马勒山脉的山脊为界，东北部及邻近的俾斯麦群岛等归属德国，东南部为英国的保护领地。同月，德国占领所罗门群岛北部的布干维尔岛、布卡岛、舒瓦瑟尔岛、圣塔伊莎贝尔岛（Santa Isabel Islands）、肖特兰群岛（Short Islands）和翁通爪哇群岛（Ontong Java Islands）等，合称德属所罗门群岛（German Solomon Islands）领地。1886 年，德国政府在俾斯麦群岛建立殖民统治机构，并将这些岛屿与威廉皇帝领地统称为德属新几内亚（德语：Deutsch‐Neu Guinea）领地。1899 年 11 月 14 日，德、英两国签署《柏林条约》，英国将位于南太平洋的萨摩亚群岛西部划归德国，德国则将北所罗门群岛中布干维尔岛、布卡岛之外的岛屿划归英国。此后，布干维尔岛、布卡岛等并入德属新几内亚领地。[③] 该领地面积达到 23.87 万平方公里。[④]

1895 年 5 月，英国与荷兰缔结条约，划定英属新几内亚领地与荷属新几内亚（Netherlands New Guinea）领地以东经 141°为界。1901 年，英国议会通过《澳大利亚联邦法》，同意澳大利亚各殖民区组成联邦政府。同时，英国政府殖民部决定将新几内亚领地移交给澳大利亚。1905 年 11 月，澳大利亚联邦政府正式接管新几内亚领地。1906 年 9 月 1 日，改称澳属巴布亚（Australia Papua）领地。1909 年，澳大利亚与德国边界委员会经过考察，重新树立了澳属巴布亚领地与德属新几内亚领地的界标。

1914 年第一次世界大战爆发后，英国对德国宣战。在南太平洋地区，澳大利亚应英国政府的要求，于 9 月 11 日派遣 1500 名皇家海军在德属新几内亚领地科科波附近的卡卡鲍尔湾登陆。由于德国守军仅有 300 人，德

[①] 《世界各国政治概况——巴布亚新几内亚》，http：//chowkafat.net/Politics/Papuac.html，2015 年 2 月 7 日浏览。
[②] 《世界知识年鉴（1965）》，世界知识出版社，1965，第 1098 页。
[③] 《世界各国政治概况——所罗门群岛》，http：//chowkafat.net/Politics/Solomonc.html，2015 年 2 月 7 日浏览。
[④] 联合国新闻处编《联合国手册（1966～1970）》，北京大学法律系编译组译，商务印书馆，1972，第 255 页。

51

属新几内亚领地代理总督爱德华·哈伯（Eduard Haber）被迫投降。9月26日，澳军攻占俾斯麦群岛全部岛屿。11月11日占领东新几内亚岛的北部。至此，德国在新几内亚地区的殖民统治结束。1919年1月，澳大利亚总理威廉·莫里斯·休斯（William Morris Hughes）在巴黎和会上要求取得原德属新几内亚领地的"委任统治"权。1920年12月17日，国际联盟根据《协约及参战各国对德和约》（即《凡尔赛条约》），决定由澳大利亚"委任统治"原德属新几内亚领地以及赤道以南除德属萨摩亚和瑙鲁岛（Nauru Island）以外的所有岛屿。1921年5月，澳大利亚正式以法律手段接管了原德属新几内亚领地。

1942年年初，随着太平洋战争的扩大，日军南下侵占了新几内亚岛北部沿海地区以及布干维尔岛、新不列颠岛、新爱尔兰岛、马努斯岛等，并与美澳盟军进行了激烈的角逐。1943～1944年，美澳盟军发动了新几内亚战役、布干维尔岛战役等一系列反攻作战，澳大利亚又重新占领巴布亚新几内亚地区。1946年12月，联合国大会决议委托澳大利亚继续托管统治原德属新几内亚领地。1949年7月1日，澳大利亚将巴布亚领地与新几内亚托管地合并为一个行政单位，称巴布亚和新几内亚领地。1973年12月，巴布亚新几内亚实行内部自治，但澳大利亚继续控制其军事和外交等权力。

三 西方列强在巴布亚新几内亚的殖民统治

马克思在1848年发表的《共产党宣言》中指出："资产阶级，由于一切生产工具的迅速改进，由于交通的极其便利，把一切民族甚至最野蛮的民族都卷到文明中来了。它的商品的低廉价格，是它用来摧毁一切万里长城、征服野蛮人最顽强的仇外心理的重炮。它迫使一切民族——如果他们不想灭亡的话——采用资产阶级的生产方式；它迫使它们在自己那里推行所谓文明制度，即变成资产者。"因此，西方资本主义列强的入侵，使处于文明发展初期的巴布亚新几内亚的历史进程出现了大提速，拉开了近现代化的序幕。宗主国派遣的行政官员成为巴布亚新几内亚殖民地的总代表，担任了各级统治机构的职位。他们移植宗主国的政治体制，以武力与

第三章　历史剧变　The Past and Present of Papua New Guinea

法律等手段，使土著居民放弃了原来的生活方式。同时，他们还利用土著权力系统，在传统权威的基础上，建立起立法、行政和司法等机构，促进了教育、医疗卫生等事业的发展，从而在巴布亚新几内亚这块极其原始的土地上，发展了比较先进的近现代行政制度和管理体系，促进了巴布亚新几内亚政府结构的建立。正如美国历史学家西里尔·爱德华·布莱克（Cyril Edward Black）在《现代化的动力：一个比较历史的研究》（景跃进/张静译）一书中述说的那样：西方资本主义国家"作为现代化的始作俑者，它们也担负起现代化的布道者的角色，它们也曾以入侵者的身份将现代的观念和体制传播到地球上的各个角落"。

（一）德国在新几内亚领地的统治（1884～1914年）

1884年10月，德国移民在新几内亚岛马当地区博加德吉姆（Bogarde Jim）与土著居民签署协议，获得长期定居、取得土地、经营农场、自由开矿以及保证德国人生命财产安全等权利。1885年5月17日，新几内亚公司获得管理德属新几内亚领地的权利，[1]由此成为巴布亚新几内亚第一个殖民政府的管理机构，总部设在莫罗贝地区的芬什哈芬（1892年迁至斯蒂芬索特，1897年迁往马当），古斯塔夫·冯·厄尔岑（Gustav Von Oertzen）任第一任专员。而后，新几内亚公司以价值低廉的小物件从土著居民手中骗取了12.14万公顷的土地，建立起椰子、烟草种植园，并从新加坡、苏门答腊（印尼语：Sumatera）一带招募了一批半熟练的中国人、马来人、日本人，经营种植园和贸易行业。然而，由于欧洲人对这块土地及其气候特点认识不足，除种植椰子树受益外，其余庄稼种植全部失败。新几内亚公司对新几内亚领地的行政管理失去了兴趣。

1899年4月1日，德国政府接管了新几内亚领地行政管理权，鲁道夫·冯·贝宁森（Rudolf Von Benningsen）、艾伯特·哈尔（Albert Hahl, 1901～1914）先后被任命为总督。[2]领地行政管理中心迁往新不列颠岛赫

---

[1]《世界百科全书》编写委员会编《世界百科全书（国际中文版）（第1卷）》，海南出版社、三环出版社，2006，第475页。

[2] 新几内亚殖民官员列表，https://en.wikipedia.org/wiki/List_of_colonial_administrators_of_New_Guinea，2016年1月25日浏览。

53

伯特肖赫（Herbertshohe，今称科科波）。他们结合当地实际，强化殖民统治。政治方面，建立了通过村吏行使职权的政府体制。在每个村社任命一名村长（即"路路艾"），负责征收赋税，处理村社内小的纠纷，向上级报告村社大事，传达政府的命令并保证得以实施。每个村社任命一名通讯员（又称翻译，即"图图尔"），以便于上下联系，传递信息，加强统治。将各个村社组织起来，建立了新几内亚岛莫罗贝、马当、艾塔佩、新爱尔兰岛卡维恩（Kavieng）、纳马塔奈（Namatanai）、新不列颠岛拉包尔、布干维尔岛基埃塔（Kieta）、马努斯岛洛伦高（Lorengau）八个行政管理中心，管理沿海大部分地区，每个区派一名专员负责。另外，在新几内亚岛莱城和安戈拉姆（Angoram）建立了次要行政机构。为了地方治安的需要，还建立了警察体制。教育方面，1907年，在拉包尔附近纳马努拉（Namanula）创办学校，讲授德语，以便使土著居民更加"德国化"。同时，培养熟练和半熟练的技术工人，为学生开设工艺技术课。另外，对使用德语传教的教会划拨经费，试图以德语取代其他语言。经济方面，1907年颁布《劳工法令》，规定领地内的所有土著成年男子都要缴纳年税，劳工招募员可任意招募劳工。颁布新的《土地条例》，废除私人购买土地的权利，规定任何人获取土地，都必须经由政府代买。此举使加泽尔半岛和新几内亚岛沿海地区的农村失去大量土地。由此引发了土著居民与欧洲移民的激烈冲突。

1910年，德国人在新不列颠岛北端的红树林沼泽上填土建镇，并将其命名为拉包尔。而后，这里成为德属新几内亚领地的新首府。1912年，德属新几内亚领地的人口达到近60万人。①

（二）英国在新几内亚领地的统治（1884~1905年）

1884年11月英国占领新几内亚岛东南部后，任命彼得·斯克莱奇利（Peter Scratchley，1884-1885）为新几内亚领地特派专员。由于他无权制订新法律或征税，且活动经费只有澳大利亚各殖民区提供的1.5万镑，因此，他的主要职责是熟悉领地的情况。经过实地考察，他将领地的首府设

---

① http：//www.worldstatesmen.org/Papua_New_Guinea.html，2016年1月25日浏览。

第三章　历史剧变　The Past and Present of Papua New Guinea

在莫尔兹比港。在地方管理上，利用各村社的头人实行殖民统治，任命哈努阿巴达村有影响的头人博·瓦吉（B. Wagi）为所有莫土人村社的首领。同时，在传教士熟悉的土著居民村社任命行政长官。继任者约翰·道格拉斯（John Douglas, 1886－1887）在萨马赖、莫土莫土（即托阿里皮，Toalipi）、里戈（Riego）三地设立了管理站。与当时英国在巴布亚新几内亚唯一的大型商业机构伯恩斯—菲尔普公司（Burns, Philp and Company）联合开展贸易活动，开辟了莫尔兹比港、萨马赖与英属澳大利亚殖民区昆士兰自治领星期四岛（Thursday Island）之间的定期航线。

1888年，昆士兰自治领总督塞缪尔·格里菲思（Samuel Griffith）提出与英国政府共管英属新几内亚领地。双方经过协商，英国政府以行政官代替特派专员，威廉·麦格雷戈（William Mac Gregor）成为新几内亚领地第一任行政官。他上任后，成立政务委员会和立法委员会，组建新的领地政府。从此，英属新几内亚领地成为英国直辖殖民地。而后，他通过考察民情，致力于在欧洲人与土著居民之间建立和平关系。在地方管理方面，成立东部、中部、西部三个管理区，由地方行政官负责日常管理。1890年，成立由斐济人和所罗门群岛岛民组成的武装警察队伍，后又补充了部分土著居民。他们有权解决村民间的各种纷争，并负责征收罚款。另外，在村社实行村警制度，选拔善于说辞、工作积极的人担任村社警察。在土地管理方面，制定《土地条例》，实行土地保护制度，规定村民只能向殖民政府出售土地，不准出售给私人，即私人只有通过政府才能购买土地。在劳工管理方面，制定《劳工条例》，禁止招募劳工到他们所属管理区以外的地方去工作。但殖民政府不受此条例约束，必要时还可以征用劳工。在教育方面，鼓励教会办学，并提供廉价土地，协助开辟新教区。

1898年，乔治·勒·亨特（George Le Hunt）接任行政官后，沿袭上届政府的政策，保留常驻地方官、武装警察、村社警察，作为绥靖新区和维护旧区治安的手段。同时，将领地政府控制权向北延伸，成立北部管理区；在萨马赖创办了一所医院。另外，还颁布一系列新条例，对委派劳工督察员、为劳工招募员办理许可证以及在政府中设立医务部等

55

做出了具体规定。

1903年，克里斯托弗·史坦斯费尔德·鲁滨逊（Christopher Stansfield Robinson）继任代理行政官后，修建了从新几内亚岛东北部沿海布纳（Buna）直通约达（Yodda）采金区的公路。次年，当地武装警察司令弗朗西斯·里克曼·巴顿（Francis Rickman Barton）接任代理行政官后，认为英国政府殖民部已准备将新几内亚领地移交给澳大利亚联邦政府。于是，他开始为领地归属做各项准备工作。

（三）澳大利亚在巴布亚领地的统治（1906~1942年）

1905年11月16日，澳大利亚联邦议会通过《巴布亚法》，将英属新几内亚领地改称澳属巴布亚领地，废除1888年以来实行的联合统治制度。巴布亚领地设副总督1名，由澳大利亚总督任命，直接对总督负责。巴布亚副总督是澳大利亚在巴布亚领地的最高行政代表。下设立法委员会和政务委员会，分别行使立法权和行政权。政务委员会由澳大利亚总督任命的6名政府官员组成。立法委员会由政务委员会6名成员和由副总督提名、总督任命的3名非官方成员组成。另外，设立下级法院，隶属于澳大利亚联邦最高法院，在巴布亚领地全境行使司法管辖权。[①]《巴布亚法》于1906年9月1日正式实施，是澳属巴布亚领地的法案，一直沿用到1949年。

弗朗西斯·里克曼·巴顿是澳属巴布亚领地第一任代理行政官。他在重新制定《土地法》时规定：任何人都可以从领地政府手中租赁土地，租期可达99年。

1907年，原英属新几内亚领地首席法官约翰·休伯特·普伦基特·默里（John Hubert Plunket Murray）被任命为澳属巴布亚领地代理行政官。次年，他成为巴布亚领地第一任副总督，制定了许多新政策。政治方面，首先建立了一套忠诚的公务员班子，并从澳大利亚选派行政官员。沿袭英属新几内亚领地时期的分区管理制度、村警制度；新建农村参议会，参议员由村民推选，其职责是向领地政府提出有关改进农村的建议；

---

① 姜士林：《宪法学辞书》，当代世界出版社，1997，第499页。

第三章　历史剧变　The Past and Present of Papua New Guinea

组织相关人员深入内地考察。到 1913 年，领地政府基本上控制了沿海地区，并在内地设置了警察哨所或基本营地，全部由欧洲籍官员负责。经济方面，制定《土著劳工条例》，规定种植园主可以直接与劳工签订合同，对拒绝工作而逃跑的劳工可进行监禁。同时，设立土著居民事务部，监督劳工条例的实施。1918 年，通过《土著居民赋税条例》，规定除警察、传教士及家中人口众多的人之外，凡年龄在 16～36 岁的男子都要缴纳人头税，可采用强制劳动的方式抵偿税款。同年，又通过《土著居民种植园条例》，规定政府有权在各村社附近建立土著居民保留地，推行强制性种植，村民开垦土地，政府提供种子，村民将产品的一半交给政府。教育方面，扶持西方教会办学，推行英语教学和技术教育。如天主教圣心会在尤尔岛创办的学校向男生传授打铁、制靴、印刷和装订技术；伦敦传道会在附设的师范学校设置打字班，在附设的乡村学校传授制作藤器、竹器技术；夸托产业界传道会则注重培养各种技工。同时规定，教会培养的学生通过特定的考试，即可得到政府发放的补助（每人 10 元）。医疗卫生方面，在莫尔兹比港、萨马赖、伍德拉克岛和达鲁设立医院，并派遣巡回医疗队和医务助理。到 30 年代初，医务助理可到各村社独立进行巡回医疗。1933 年，选派学生到澳大利亚悉尼（Sydney）学习物理、化学、解剖学，以及如何对病人展开急救。此外，还向教会划拨经费，帮助其维护医院的正常运转，并承担 50% 的医药费。日常生活方面，规定任何人不得对他人实施暴力行为，不准进行部落战争。同时，西方教会还通过干预土著传统舞蹈和某些宗教仪式，使许多土著居民皈依了基督教。这一切冲击了澳属巴布亚领地农村的传统文化和生活方式，土著居民刀耕火种的生活走向终结，部落之间的冲突也逐渐减少。1939 年，澳属巴布亚领地人口达到 33.86 万人。①

1940 年 2 月约翰·休伯特·普伦基特·默里病逝后，他的侄子休伯特·伦纳德·默里（Hubert Leonard Murray）代理巴布亚领地副总督，基本上沿用了上届政府的有关政策，但与当地驻军的关系比较紧张。②

---

① http：//www.worldstatesmen.org/Papua_New_Guinea.html，2016 年 1 月 25 日浏览。
② http：//adb.anu.edu.au/biography/murray‐hubert‐leonard‐11208，2016 年 1 月 25 日浏览。

57

(四) 澳大利亚在新几内亚委任统治地的统治 (1914~1942年)

1914年澳大利亚夺取德属新几内亚领地后,开始实行军事统治。第一任军事主官威廉·霍姆斯 (William Holmes) 上校对土著居民采取高压政策。1915年1月,当地驻军指挥官塞缪尔·奥古斯都·佩西布里奇 (Samuel Augustus Pethybridge) 上校担任地方官,他与继任者希福斯·辛普森·麦肯齐 (Seaforth Simpson Mackenzie, 1917-1918)、乔治·詹姆逊·约翰斯顿 (George Jameson Johnston, 1918-1920)、托马斯·格里菲思 (Thomas Griffiths, 1920-1921)[①] 继续实行军事统治。政治上,沿袭原德属新几内亚领地政府的法律,规定边远哨所的士兵必须协助警察维持统治秩序。同时,还规定原有的德国人只要保持中立,即可协助澳大利亚管理新几内亚领地,原德国人委任的村长和通讯员可照常开展工作,传教士也可继续传教。经济上,允许德国种植园主继续经营种植园,保留人头税制度,并按最高税率征收赋税。为了保证种植园劳动力,军政府通过了更加严格的劳工法,经常以武力和欺骗的方式到内地搜寻、绑架土著居民。

1920年澳大利亚取得新几内亚委任统治权后,即委派巴布亚领地副总督约翰·休伯特·普伦基特·默里、澳大利亚内务领地部秘书艾特利·亨特 (Atlce Hunt)、伯恩斯—菲尔普公司经理沃尔特·卢卡斯 (Walter Lucas) 三人组成皇家委员会,考察巴布亚与新几内亚的未来关系问题。约翰·休伯特·普伦基特·默里建议两地合并管理,但后两人为了满足渴望接管德国人财产的商人的利益,建议两地分治。最后,澳大利亚联邦议会通过了《新几内亚法》。规定:澳属新几内亚委任统治地单独设立政府,以文官政府取代军政府。拆除军事设施拉包尔炮台。由澳大利亚总督委任的行政官具体负责日常的行政管理工作,其主要职责是提高当地居民的物质生活和精神生活水平,促进社会进步。立法权由澳大利亚总督

[①] 新几内亚殖民官员列表, https://en.wikipedia.org/wiki/List_of_colonial_administrators_of_New_Guinea, 2016年1月25日浏览。

第三章　历史剧变　The Past and Present of Papua New Guinea

掌握，针对新几内亚委任统治地颁布的各种条例，必须严格执行。① 紧接着，澳大利亚联邦政府成立德国人财产征用局，开始接管德国人的种植园、商业机构，并将接管后的种植园出售给澳大利亚退伍军人。

　　1921 年 5 月 19 日，随着《新几内亚法》生效，文官政府取代军人政府，埃文·亚历山大·威兹德姆（Evan Alexander Wisdom，1921 – 1933）、托马斯·格里菲思（1933 – 1934）、沃尔特·麦尼科尔（Walter McNicoll，1934 – 1942）先后担任新几内亚委任统治地行政官，② 并采取了一系列新措施。政治方面，废除原德国人制定的法律。成立七个管理区，其中新几内亚岛三个，附近岛屿四个。派人考察内地，扩大统治区域。建立与原德国统治时期相似的行政管理制度，即在每个村社委派一名村长和一名通讯员，村长负责维持秩序，通讯员担任村长的副手。在个别地区还委任大村长，负责管理几个村社，他们可以得到少量的薪金，但必须服从到各村视察的巡视官员的领导。1932 年，澳大利亚联邦议会修改《新几内亚法》，成立立法委员会和政务委员会，分别行使立法权和行政权。经济方面，制定新的《土地条例》，规定只有政府才有权购买土著居民的土地，欧洲人只能从政府手中租赁土地，租期 99 年。为了解决劳工问题，制定新的《劳工条例》，规定劳工合同期限为 3 年，最低工资每月 1 元，每周工作55 小时。但雇主和部分政府官员却拒绝执行《劳工条例》，甚至采用强迫或欺骗等手段征用劳工。教育方面，将学校教育委托给教会，并给予一定数量的补助金。其中新几内亚岛上有路德教派传道会和罗马天主教圣经会设立的传道站，其他岛屿则有基督教新教卫理公会、罗马天主教圣心会和圣母会传教团体，他们用方言、洋泾浜英语进行教学，个别教会还对学生传授技艺。另外，政府也创办了几所学校。1922 年，在拉包尔创办了培养司机、轮机员、木工的技术学校；在科科波开办了小学。不久，又在卡维恩创办了一所学校。但总体来讲，澳属新几内亚委任统治地的教育是国

---

① 许崇德：《中华法学大辞典·宪法学卷》，中国检察出版社，1995，第 691 页。
② 新几内亚殖民官员列表，https：//en.wikipedia.org/wiki/List_of_colonial_administrators_of_New_Guinea，2016 年 1 月 25 日浏览。

59

际联盟所有委任统治地中发展最慢的一个。医疗卫生方面，在每个管理区至少建立一所医院，由欧洲籍医生负责，招聘当地人担任护理人员。另外，成立巡回医疗队，由一位欧洲籍医生或医务助理领导，逐个村社进行健康状况和卫生设备检查。

1937年5月，拉包尔火山大喷发，造成重大人员伤亡和巨大的经济损失。为了确保安全，新几内亚委任统治地首府从拉包尔迁往莱城。1939年，新几内亚委任统治地人口达到58.76万人。[1]

（五）澳大利亚对巴布亚和新几内亚的统一管理（1942~1975年）

1941年太平洋战争爆发后，日军侵占了澳属巴布亚领地和新几内亚委任统治地的许多地区，并与美澳盟军进行了长达三年的争夺战。澳大利亚联邦政府借助于战争将巴布亚和新几内亚合并管理，并一直延续到当地独立。

1. 军政府在澳属巴布亚和新几内亚的军事统治（1942~1946年）

1942年1月，日军占领拉包尔，澳属新几内亚委任统治地行政官沃尔特·麦尼科尔将行政管理权交给军队，该地文官政府的统治终结。2月15日，莫尔兹比港高级军官巴兹尔·穆尔豪斯·莫里斯（Basil Moorhouse Morris）少将取得了巴布亚领地的统治权。随后，两地合并为澳属新几内亚行政单位（Australian New Guinea Administration Unit，缩写：ANGAU），简称"安高"政府，首府莫尔兹比港，隶属于澳大利亚联邦政府陆军部。[2] 从此，澳大利亚在巴布亚和新几内亚两地采取相同的政策。在没有卷入战争的地区，继续由原政府官员进行统治，并将统治区域划分了级别；建立巡逻营，加强军事巡查；主持法庭，管理劳动力，解决劳动、卫生问题，帮助被战争毁坏的村社恢复家园。在日军占领区，组织政府官员和警察收集情报，为盟军做向导；发动民众，反抗日军的统治。

---

[1] http://www.worldstatesmen.org/Papua_New_Guinea.html，2016年1月25日浏览。
[2] 〔澳〕P. 比斯库普（P. Biskup）等：《新几内亚简史》，广东化工学院《新几内亚简史》翻译组译，广东人民出版社，1975，第211~212页。

第三章　历史剧变　The Past and Present of Papua New Guinea

2. 临时文官政府统一管理巴布亚领地和新几内亚托管地（1946~1949年）

1945年10月30日，随着世界反法西斯战争取得胜利，澳属新几内亚行政单位在马克姆河以南地区的军事统治结束，杰克·基思·默里（Jack Keith Murray）被任命为第一任行政官。1946年6月24日，澳属新几内亚行政单位在巴布亚新几内亚全区的军事统治终结，临时文官政府开始统一管理巴布亚和新几内亚。政治方面，重建管理站，将以前在新几内亚委任统治地工作的官员调往巴布亚领地工作，选派更多的巡逻官去巡视新区和开发高地。整顿公务员队伍，增加公务员数量，设立教育部和劳工部，扩大公共卫生部，将战区善后工作的管理划入管理区事务与土著居民事务部，救助太平洋战争中受害者家属。经济方面，实施新的《土著劳工条例》，将劳工合同时间由3年减为1年，工作时间由每周55小时减为44小时，每月工资由战前新几内亚委任统治地的50分、巴布亚领地的1元，全部增加到1元50分，并规定雇主必须给工人发放一定数量的粮食，工人出现伤亡，雇主必须给予补偿金。公共卫生方面，创办医院，加强医疗救助工作。截至1950年，共创办医院77所、简易医疗站613处，治疗患者85万人次。另外，各地教会医院也参与医疗救助工作。教育方面，除继续向教会划拨教育经费外，还创办了一些学校，用英语教育儿童如何阅读和写字，如何成为良好公民。截至1950年6月，就读于政府学校、教会学校的学生人数分别达到4223名和128665名。

3. 新几内亚政府对巴布亚和新几内亚领地的统治（1949~1973年）

1949年3月25日，澳大利亚联邦议会通过《巴布亚和新几内亚法》。7月1日正式实施，取代了原《巴布亚法》和《新几内亚法》。其内容包括：巴布亚领地和新几内亚托管地合并为一个行政单位，称巴布亚和新几内亚领地，以莫尔兹比港为新领地首府。成立常设的文官政府——新几内亚政府，澳大利亚总督任命的行政官是领地最高长官，行使行政权；由9名非土著官员组成行政官的政务委员会为行政官提供建议和帮助。领地下设立法委员会和地方政府委员会。立法委员会由28名成员组成，是领地的立法机关,其通过的法案须经澳大利亚总督批准后方可生效。地方政府委员会是领地的地方管理机构,成员由行政官提名、澳大利亚总督任命。同时,按自然村设置选举产生的村议事会和乡村警察。设立高等法院和地方法院,在领地内行使司法权;如果对高等法院的判决表示不服,可向澳大利亚联邦最高法院上诉。① 从此,澳属巴布亚领地和新几内亚托管地在法律上实现了合并管理,杰克·基思·默里、唐纳德·克利兰德（Donald Cleland,1952 – 1966）准将、戴维·奥斯本·海（David Osborne Hay,1966 – 1970）、莱斯利·威尔逊·约翰逊（Leslie Wilson Johnson,1970 – 1973）先后担任行政官。② 1951 年 9 月,新几内亚政府将巴布亚和新几内亚领地的行政地位由分区转为区,下设塞皮克、马当、马努斯、西高地、南高地、东高地、西部、海湾、莫罗贝、北部、米尔恩湾、中部、布干维尔、新不列颠和新爱尔兰 15 个管理区。由此奠定了巴布亚新几内亚独立后各省区划分的基础。1953 年,巴布亚、新几内亚两地的人口分别达到 36.4 万人和 109.4 万人。③

在经济方面,1950 年,新几内亚政府做出了支持欧洲人发展企业的若干规定,雇佣工人的期限可以定为 1.5~2 年,撤销特设的劳工部,以雇主与劳工之间签订的合同取代契约。沿袭上届政府的部分政策,如继续巡视新区,建立新的管理站,政府控制椰干生产等。1957 年起,对领地内年满 18 岁的男子征收个人税,每人每年 4 元。1959 年起,开始征收所得税,收入越高,缴纳的税款越多。60 年代初,为解决工矿企业的劳动力问题,颁布实施《土著劳工雇佣条例》,增加工人工资,改善工人的口粮、服装和住房等;重新成立劳工部,允许工人加入工会组织。

在科技和教育方面,1949 年,新几内亚政府成立科技协会,致力于

---

① 许崇德:《中华法学大辞典·宪法学卷》,中国检察出版社,1995,第 27 页。
② 巴布亚新几内亚行政官和国际专员,https：//en.wikipedia.org/wiki/List_of_Administrators_and_High_Commissioners_of_Papua_New_Guinea,2016 年 1 月 25 日浏览。
③ 世界知识手册编辑委员会编《世界知识手册（1955）》,世界知识出版社,1955,第 491 页。

第三章　历史剧变　The Past and Present of Papua New Guinea

推广科学和科技信息等方面的工作。① 1957 年，开始发展中等教育，并逐年增加经费投入。到 1962 年，教育经费达到 494 万元，政府学校和教会学校的在校生人数分别达到 4 万人和 9.5 万人，并派 2 人到澳大利亚的大学留学。1963 年，在莫尔兹比港成立行政学院，培训当地公务人员。60 年代中后期，面对来自国际社会的批评和内部自治呼声的压力，创办了巴布亚和新几内亚大学（1970 年在校生约 800 人）、莱城高等技术教育学院（巴布亚新几内亚科技大学前身）、戈罗卡师范学院（戈罗卡大学前身）三所高等学校，以及医学研究所（1968 年）。截至 1972 年，共创办 1340 所小学、10 所中学、4 所师范学院。② 1973 年，领地的教师达到 9060 人，在校学生达到 25.4 万人。③ 基督教新教和英国新教圣公会也积极参与领地的教育事业。

在医疗卫生方面，新几内亚政府在莫尔兹比港、拉包尔、莱城、戈罗卡建立了规模较大的基础医院，每个管理区设立其他医院，各管理站设立小型医院。在主要的教会中心区兴建新的医院或扩建原有的医院，承担医疗救治工作，政府给予津贴补助。截至 1960 年，政府、教会创办的医院各有 105 所、92 所，简易医疗站分别达到 1200 处和 420 处。

在政治方面，1951 年，巴布亚和新几内亚领地在莫尔兹比港召开第一次一院制议会，成立立法委员会，为新几内亚政府制定有关政策法令。议会 28 名议员绝大多数是由政府委任的，土著议员仅有 2 名新几内亚人、1 名巴布亚人。他们名义上代表着整个领地的村民，但实际上却无法发挥作用。同时，还成立农村协进会、供销合作社、市政咨询会和各行各业的协会或福利会等，冲击了传统社会的政治、经济和组织结构，由此在巴布亚和新几内亚领地形成了一种多元社会。1964 年年初，在联合国的压力下，澳大利亚联邦政府宣布给予巴布亚和新几内亚领地 250 万土著居民选

---

① 商务部国际贸易经济合作研究院编《对外投资合作国别（地区）指南——巴布亚新几内亚》，内部出版物，2015，第 7 页。
② 宗教研究中心编《世界宗教总览》，东方出版社，1993，第 180 页。
③ 巴布亚新几内亚教育部网站，http://www.education.gov.pg/QL_History/index.html，2015 年 11 月 28 日浏览。

举权。3月，举行了有史以来的第一次正式大选，70%有选举权的人参加了投票。在领地第一届众议院（即下议院）64名议员中，10名是由政府指定的官员，10名是西巴布亚、各高地等特别选区选举产生的，并规定必须是非本地人。剩余的44名是由面积相当于管理区的自由选区选举产生。其中土著巴布亚人和新几内亚人有38名。领地众议院虽然取代了原来的一院制议会，但因欧洲人仍掌控着议会大权，他们与领地政府一样反对领地自治，其他议员也不能随便反对政府，所以新几内亚政府仍旧控制着众议院。

然而，面对巴布亚和新几内亚领地人民自治呼声越来越高，亚洲、非洲民族独立运动一浪高过一浪，新几内亚政府也不得不调整政策，让更多的当地人进入政府机构任职。1965年，领地众议院投票通过了成立宪政发展的特派委员会，以便了解人民对议会变革的意见。调查发现，生活在城镇的人，尤其是接受过教育的人，政治要求强烈，希望尽快实现巴布亚新几内亚自治；而生活在农村的人，自第二次世界大战以来，其生产和生活有了较大改善，仍旧依靠氏族或部落其他成员的情谊生存，过着平静而简单的生活，他们安于现状，对政治上的急剧变革不热心。于是，澳大利亚驻联合国代表对外声称巴布亚和新几内亚领地大多数人反对立即实现自治，试图尽可能长久地占据这一地区。1968年3月，巴布亚和新几内亚领地举行第二届众议院选举。在94名议员中，政府委派的官员占10名，地方选区（原特别选区）、自由选区分别选出了15名和69名。此次议会选举时规定被选举人须具有中等以上文化程度，结果许多巴布亚人和新几内亚人丧失了被选举的资格。在94名议员中，欧洲人有30名（包括政府委派的10名，地方选区中的11名，自由选区中的9名），约占议员总数的32%，他们对议会依旧有很强的控制权。1969年，新几内亚政府成立公务人员管理局，取代了原公务人员管理专员。1972年2~3月，巴布亚新几内亚举行第三届众议院选举。接着，成立了巴布亚新几内亚历史上第一个由本地人控制的中央政府及制宪委员会，开始为实现自治而努力工作。但澳大利亚对巴布亚新几内亚新宪法的制定继续采取殖民主义的态度，不断干涉制宪委员会的工作。

4. 巴布亚新几内亚自治时期（1973～1975年）

1973年12月1日，澳大利亚联邦政府同意巴布亚新几内亚自治，原行政官莱斯利·威尔逊·约翰逊改称高级专员，他向新几内亚政府的部长们移交了所有内部事务权力，部长们宣誓就职，组成了政务委员会。

1974年3月，托马斯·金斯顿·奎奇立（Thomas Kingston Critchley）继任巴布亚新几内亚高级专员，自治政府决定独立后的首都设在莫尔兹比港，并将其从原中央区划出，成立国家首都区。

1975年年初，随着巴布亚新几内亚独立的脚步越来越近，澳大利亚将巴布亚新几内亚的外交有效控制权交给了莫尔兹比港，以此来证明巴布亚新几内亚已实现自治，并即将走向独立。

第三节 美澳盟军与日军鏖战巴布亚新几内亚

1941年12月太平洋战争爆发后，为了夺取丰富的自然资源产地，建立"大东亚共荣圈"，日本出动了21个师团的陆军，在海军、空军的配合下，向东南亚及西南太平洋岛屿所属关岛、新几内亚岛、俾斯麦群岛、特罗布里恩群岛、伍德拉克群岛、瑙鲁岛、所罗门群岛、圣克鲁斯群岛（Santa Cruz Islands）、威克岛（Wake Island）、巴纳巴岛（Banaba Island）、吉尔伯特群岛（Gilbert Islands）、埃利斯群岛（Ellis Islands）等发起疯狂进攻，妄图以此为基地，进而夺取萨摩亚群岛、斐济群岛、法属新喀里多尼亚（New Caledonia）等地，切断澳大利亚的海上交通，防止其成为美、英等同盟国军队反攻的基地。而美国确立的对日作战方针是：坚守阿拉斯加半岛（Alaska Peninsula）东岸的荷兰港（Dutch Harbor），经中途岛（Midway Island）到萨摩亚群岛、新喀里多尼亚、新几内亚岛的防线。[①]因此，1942～1945年，新几内亚岛东部和北部高地、俾斯麦群岛、所罗门群岛以及附近海域成为太平洋战争中美澳盟军与日军激战的主战场。处

---

① 李永采：《海洋开拓争霸简史》，海洋出版社，1990，第308页。

于该区域中心的巴布亚新几内亚成为美日争夺的焦点,由此发生了一系列具有决定性意义的战役。

一 日军疯狂进攻巴布亚新几内亚 (1942年1~4月)

1942年年初,日本侵略军在横扫东南亚英国、荷兰和美国殖民地的同时,又派出大批军队进攻西南太平洋地区,作为东南亚进入大洋洲必经之地的巴布亚新几内亚最先遭到了日军的侵略。

新不列颠岛的中心城市拉包尔扼守俾斯麦群岛与所罗门群岛之要冲,北临日本"委任统治"地加罗林群岛(Caroline Islands),向东可俯瞰美国、澳大利亚之间的海上交通线,向西可威胁澳大利亚的北方门户新几内亚岛,向南可控制所罗门海。因此,日军将进攻目标首先对准了拉包尔。1942年1月4日,日军大本营向南海支队下达了"须协同海军……尽速攻占俾斯麦群岛"的命令。① 次日,南海支队支队长堀井富太郎与日本海军第四舰队司令长官井上成美就"进攻拉包尔的陆海军协定"达成共识。1月8日,日本海军第四舰队和参与袭击美国珍珠港基地的第一航空舰队开始远程轰炸拉包尔。为了确保北方战线的安全,澳大利亚迅速向拉包尔增兵1400人。1月23日,日军南海支队5000多人在新不列颠岛布兰奇湾登陆。由于双方力量悬殊,拉包尔陷落,澳军帝国军团第二十三旅二十二营营长霍华德·哈蒙德·卡尔(Howard Hammond Carr)等28人牺牲,驻拉包尔澳军司令约翰·约瑟夫·斯坎兰(John Joseph Scanlan)等约800人被俘,澳属新几内亚委任统治地行政官沃尔特·麦尼科尔率残部1000余人退入热带丛林。日军仅阵亡16人,负伤49人,即打开了盟军在澳大利亚外围的东北防线。② 而后,日军在拉包尔部署了第十七军11万多人,飞机约300架,并从中国战场、南洋战场押送来大批盟军战俘,强迫他们修建地下工事以及储油罐、地下飞机库、机场等军事设施,使之成为仅次于珍珠港要塞的西南太平洋战场指挥中心和重要的海空军基地,日本陆军

---

① 冬初阳:《阻击日轮——从拉包尔到巴布亚》,武汉大学出版社,2013,第16页。
② 冬初阳:《阻击日轮——从拉包尔到巴布亚》,武汉大学出版社,2013,第36页。

第三章　历史剧变　The Past and Present of Papua New Guinea

第八方面军司令部和海军东南方面舰队司令部均驻于此，妄图以此为跳板，进攻莫尔兹比港和斐济、萨摩亚等地，切断澳大利亚与美国的联系。

日军占领拉包尔的同一天，还兵不血刃地占领了新爱尔兰岛，将独立混成第四十旅团部署在岛上。而后，在卡维恩修建了大型海军基地，建成了纳马塔奈、盘纳排（Panapai）、哈里斯（Huris）等陆海军机场，作为防守拉包尔的重要屏障，威胁盟军在所罗门群岛及俾斯麦群岛上的军事行动。

2月初，日军发动了新一轮进攻，占领了整个新不列颠岛以及吉尔伯特群岛和所罗门群岛的大部，在布干维尔岛及所罗门群岛所属第二大岛屿瓜达尔卡纳尔岛（Guadalcanal Midway Island）等地修建了军用机场，将布干维尔岛建成了"南进"太平洋的基地。同时，还对莫尔兹比港发动了空袭。3月8~10日，日军相继占领了新几内亚岛东北部海岸重镇莱城、重要航空基地萨拉莫阿（Salamuna），以及北部地区的主要港口城市韦瓦克（Wewak），将其修建成新几内亚岛上最大的空军基地。4月7日，又占领了马努斯岛，至此，日军第一阶段的战略进攻取得了重大战果，实现了在俾斯麦群岛建立第一道军事防线的目的，形成了进犯澳大利亚的态势。

在日军疯狂进攻巴布亚新几内亚的战争中，美军、英军及澳大利亚军队蒙受了巨大损失。面对德、日两国在欧洲和亚太地区两线作战，美军采取了"先欧后亚"战略，在太平洋战场采取了守势。

二　美澳盟军与日军在巴布亚新几内亚地区的对峙（1942年5月~1943年2月）

日本海陆军在巩固了巴布亚新几内亚北部地区军事占领成果后，决定实施第二阶段作战计划。其中第一期作战的重要目标是攻占莫尔兹比港，守卫拉包尔和新几内亚岛日军要地，进而攻击澳大利亚北部及东部地区，扩大其在南太平洋地区的防卫圈。[1] 由此与美澳盟军的战略防御形成了对决。

---

[1] 吴德成、黄春国、赵国辉：《太平洋大海战》，海潮出版社，2014，第80页。

67

（一）珊瑚海海战

为遏制日军在西南太平洋地区的疯狂扩张，提高防御作战能力，美国在西太平洋地区设立了西南太平洋战区和南太平洋战区，分别由道格拉斯·麦克阿瑟（Douglas MacArthur）上将和切斯特·威廉·尼米兹（Chester William Nimitz）海军上将担任最高指挥官。道格拉斯·麦克阿瑟认为"保卫澳大利亚的前线就在新几内亚"，于是，他命令美澳盟军在澳大利亚北部和莫尔兹比港整修、增建机场，扩建港口；在巴布亚半岛最东端的米尔恩湾修建机场，增派澳军第七、第十八旅，保护莫尔兹比港的侧翼。同时，调集澳大利亚陆军增援莫尔兹比港，并派第八轰炸机中队协助澳大利亚守军。

5月1日，日军在3艘航空母舰、150余架舰载飞机以及7艘重巡洋舰、7艘驱逐舰的掩护下，向莫尔兹比港和所罗门群岛南部的图拉吉岛（Tulagi Island）发起进攻，企图夺取珊瑚海的制海权和制空权，切断美国与澳大利亚的海上交通线。面对来势汹汹的日军，美国海军少将法兰克·杰克·弗莱彻（Frank Jack Fletcher）率领由2艘航空母舰、140余架舰载飞机、8艘巡洋舰、7艘驱逐舰组成的第十七特混舰队进行迎战。5月7～8日，双方在珊瑚海激战两天，日军损失轻型航空母舰和驱逐舰各1艘，飞机105架，死亡1074人；美军也损失了1艘航空母舰和1艘驱逐舰，飞机约70架，阵亡543人。珊瑚海海战是历史上航空母舰之间的首次交锋，日本海军由于损失的舰载飞机和飞行员无法立即得到补充，被迫中止了从海上对莫尔兹比港的进攻。这是日本发动太平洋战争以来遭受到的第一次重大挫折，其南进势头受到遏制，澳大利亚北部海岸的安全得到了保障。

（二）巴布亚半岛战役

日军在珊瑚海及随后的中途岛海战失败后，决定停止进攻新喀里多尼亚、斐济及萨摩亚等地，组建海军第三舰队和第八舰队，重点加强新几内亚岛和所罗门群岛一带的军事防御。西南太平洋战场的战局开始向有利于盟军的方向发展。7月2日，美国参谋长联席会议将西南太平洋地区对日作战计划分为三个阶段：第一阶段占领圣克鲁斯群岛和东所罗门群岛，特

第三章　历史剧变　The Past and Present of Papua New Guinea

别是图拉吉岛和瓜达尔卡纳尔岛；第二阶段夺取所罗门群岛中的其他岛屿和新几内亚岛东部莱城、萨拉莫阿；第三阶段攻占新不列颠岛和新爱尔兰岛，进而夺取拉包尔。①

　　日军在太平洋战场转入守势后，决定集结庞大的陆军，妄图从陆路夺取莫尔兹比港。针对日军调整作战方案，麦克阿瑟指示澳大利亚向莫尔兹比港增兵4000人，加强军事防御力量，将其建成澳大利亚北部抗击日军的陆、海、空基地。同时，还决定向巴布亚半岛北部的布纳、戈纳（Gaune）一带增派澳军一个旅，加强防御能力。7月21日，日军第十七军南海支队先遣队约3000人在戈纳一带登陆。由于澳军兵力有限，布纳、科科达（Kokoda）及附近机场相继失守。至8月中旬，登岛日军达1.3万人。25日，日军海军陆战队1200余人又在米尔恩湾登陆，企图策应陆军作战。但在遭到美澳盟军的顽强反击后，于9月5日退回拉包尔。而日军南海支队却孤军深入，翻越雨林丛生、道路泥泞，有"魔鬼山"之称的欧文·斯坦利山岭，于9月16日进抵莫尔兹比港东北50公里处的伊奥里贝瓦（Ioribaiwa）。此时，美军飞机的轮番轰炸摧毁了日军的补给线，激战正酣的瓜达尔卡纳尔岛战役牵制了日军海空军力量，使其无力支援科科达以南地区的作战部队。南海支队在与澳军第七师对峙了10天后，最终放弃了欧文·斯坦利山岭防线。澳军乘机反击，将日军追赶到布纳与戈纳之间的海岸滩头阵地。随后，盟军抽调3万兵力增援巴布亚半岛。11月16日，西南太平洋战区地面部队司令、澳大利亚陆军总司令托马斯·布莱梅（Thomas Blamey）上将指挥盟军部队发起反攻。经过多次激战，于12月9日、14日相继攻克戈纳、布纳，几乎全歼守敌。1943年1月22日攻占萨纳南达，残敌逃往莱城。此次巴布亚半岛战役，日军派出1.7万人，死亡1.2万人，被俘350人，南海支队支队长堀井富太郎少将溺毙；美澳盟军先后投入3.5万人，伤亡8300余人，其中阵亡3095人，但取得了太平洋战场陆战的首次胜利，粉碎了日军从陆路攻取莫尔兹比港的战略意图，遏制了日军的南下，为盟军的战略反攻提供了必要的前进基地。同

---

① 刘小沙：《瓜岛争夺战》，西苑出版社，2013，第3页。

69

时，美军获得了宝贵的丛林战经验，为以后的胜利奠定了基础。

就在巴布亚半岛战役激战之时，美军还在瓜达尔卡纳尔岛及附近海域歼灭日军 2.46 万人，击沉日军舰艇 30 余艘，击落日机 835 架。瓜达尔卡纳尔岛战役与巴布亚半岛战役标志着日军在西南太平洋战场发动的战略进攻彻底失败。日军大本营下令第十七军退守布干维尔岛，第十八军布防于新几内亚岛东北部莱城、马当及韦瓦克等地，企图在新几内亚岛持久作战。西南太平洋战场发生了重大的战略转折，战争的天平开始向美澳盟军一方倾斜。

三 美澳盟军在巴布亚新几内亚地区的战略反攻（1943 年 3 月~1945 年 9 月）

1943 年 2 月，根据卡萨布兰卡（Casablanca）会议的决议，美国制定了向所罗门群岛、新几内亚岛、关岛等岛屿发动平行进攻的方案，加强了西南太平洋盟军部队的作战力量，地面部队扩大到 17 个师，其中澳大利亚军 14 个师，美军 3 个师，组建美国海军第七舰队，以及由美军第五航空队和澳大利亚空军组成的强大空中力量，拥有作战飞机约 1400 架。紧接着，美国参谋长联席会议制定了新的作战计划。一方面对日本海军及其商船进行激烈的潜艇战。另一方面在西南太平洋地区兵分两路：一路沿所罗门群岛北上，进攻布干维尔岛，从东面和东北两个方向封锁拉包尔；一路进攻新几内亚岛的休恩半岛和新不列颠岛，从西面和西北两个方向包抄拉包尔。[①] 至此，美军已经取得了太平洋战争的主动权，在巴布亚新几内亚周围地区不断出击，采用"蛙跳"战术，使日军对西南太平洋各岛屿的军事防御完全陷入被动状态。[②]

3 月 2~3 日，为了阻止日本联合舰队运送第五十一师团增援莱城，盟军西南太平洋战区空军司令乔治·丘吉尔·肯尼（George Chiurchill Kenney）少将指挥由 110 架轰炸机、50 架战斗机组成的陆基航空兵轰炸

---

① 赵云峰:《全景二战：血战太平洋》，云南教育出版社，2011，第 98 页。
② 李永采:《海洋开拓争霸简史》，海洋出版社，1990，第 311 页。

第三章 历史剧变 The Past and Present of Papua New Guinea

机群，对航行在俾斯麦海南部格洛斯特角一带的日军第八舰队运输船队、护航舰艇进行了水平跳弹攻击。经过两天的轮番轰炸，美军取得了重大战果，以损失6架飞机、牺牲13人、负伤12人的微小代价，一举击落日军护航战斗机59架，击沉日军运输船8艘、护航驱逐舰4艘，摧毁日军运输船队所载运的2500吨作战物资，3664名日军葬身鱼腹，只有820人空手登上新几内亚岛。此战役是美军陆基航空兵首次攻击日军大规模的船队，美军取得了俾斯麦海海域的制海权和制空权，彻底切断了拉包尔基地日军对新几内亚岛守军的补给，战争的天平完全倒向盟军一方。俾斯麦海之战成为重要的战争转折点。

面对战局的急转直下，4月18日，日本海军联合舰队司令、号称"海军之花"的山本五十六大将从拉包尔乘飞机前往布干维尔岛南端的布因（Buin），企图鼓舞日军的士气。美军情报部门截获并破译了山本五十六行程的电文后，切斯特·威廉·尼米兹上将派出18架P-38"闪电"式战斗机在布因城北上空进行拦截，最终使山本五十六机毁人亡，给予在太平洋战场作战的日军以沉重打击，被日本称为"海军甲事件"。随后，美澳盟军开始在西南太平洋地区进行大规模的反攻作战。

6月30日，在第七舰队支援下，美军第六集团军司令沃尔特·克鲁格（Walter Krueger）中将指挥驻守布纳的美军第四十一师和澳军第三师各一部共计2000余人，在新几内亚岛纳索湾登陆，凭借强大的海空军优势，将日军压缩到萨拉莫阿周围10公里以内，断绝了其与外界的联系。8月17日起，乔治·丘吉尔·肯尼指挥美军第五航空队连续空袭莱城和韦瓦克日军机场，击毁日机约200架，摧毁了日军在新几内亚岛的航空力量，美军掌握了新几内亚战场的制空权。同时，美军还陆续击沉日军运输舰艇近150艘，断绝了日军对莱城的补给和增援。9月4日，参加过北非阿拉曼战役的澳军第九师1.4万人在布斯河口登陆，而后，迅速向莱城推进，与空降莱城附近的澳军第七师东西夹击日军，于9月13日夺取萨拉莫阿。9月16日，在美军空降部队的配合下，美澳盟军又攻克莱城，日军残部8650人逃往休恩半岛东端的芬什哈芬。10月2日，在安徒角登陆的澳军第九师占领了芬什哈芬，粉碎了日军的反扑，迫使日军逃往锡奥

(Siau)。1944年1月2日，美军第三十二步兵师7000多人在赛多尔（Saidor）登陆，切断了锡奥与马当之间的联系，迫使日军溃逃至马当、韦瓦克、博吉亚（Bogia）据险顽抗。4月22日，美军绕过日军重兵防守的博吉亚、韦瓦克，向西跃进800公里，在艾塔佩和荷兰迪亚（Hollandia，今印度尼西亚查亚普拉）登陆，全歼日本守军。而后，美军继续向西"蛙跳"，避实就虚，于7月30日夺占了日军在新几内亚岛最后一个据点桑萨波尔（Sansapor，今属印度尼西亚）。而被分割包围的日军第十八军不甘心束手就擒，于7月10日至8月1日集结5.5万人，向防守艾塔佩一带的美军发起了三次疯狂反扑。但因饥饿、疟疾等流行病和疲劳的困扰，最终均被美军击退。至此，日军第十八军龟缩到韦瓦克附近坐以待毙。此次新几内亚战役，美澳盟军采取在敌后登陆或空降、断敌退路的战术，突破了日军拉包尔基地的右翼防线，向西推进1800多公里，在新几内亚岛北海岸建立起一系列海空军基地，掌握了维蒂亚兹海峡（又称勇士号海峡）东西两侧的所有战略要地，取得了该地区的制空权和制海权，使数股残敌陷入孤立无援的绝境，日军俾斯麦群岛防线的主要堡垒拉包尔完全处于盟军的海空军打击范围之内。另外，该战役还打开了通向菲律宾的道路。

在新几内亚岛反攻作战开始的当天，美军第七两栖作战部队指挥官丹尼尔·巴比（Daniel Babbie）海军少将指挥美军两个团，夺取了隔断西南太平洋战区和南太平洋战区的基里威纳岛、伍德拉克岛，并在岛上修建了飞机场，为轰炸拉包尔和布干维尔岛的重型轰炸机护航。10月12日起，乔治·丘吉尔·肯尼少将指挥美军第五航空队、澳大利亚皇家空军和新西兰皇家空军对拉包尔机场和港口实施持续轰炸。最多时每周达1000架次以上，摧毁了日军的基地设施，迫使其舰艇撤至加罗林群岛中部的特鲁克岛（Truk Island）基地，使困守拉包尔的日军成为瓮中之鳖。美澳盟军实现了孤立、封锁拉包尔的战略目的。

为了在布干维尔岛上修建机场，以便持续空袭拉包尔基地，1943年11月1日，盟军南太平洋战区副总司令西奥多·S.威尔金森（Theodore S. Wilkinson）海军少将指挥美军海军陆战队第三师在布干维尔岛西岸日

第三章　历史剧变　The Past and Present of Papua New Guinea

军防守较弱、但地势险要的奥古斯塔皇后湾登陆，摧毁了日军构筑的防御工事，击落日机22架，粉碎了日军的抵抗，迅速建立起滩头阵地，当天即有1.4万人和6000吨补给物资被运送上岸，美军仅伤亡70人。在随后进行的托罗基那（Torokina）、圣乔治角海战中，斯坦顿·梅里尔（Stanton Merrill）海军少将指挥美军第三十九特混舰队连续击退日军的海上增援，击沉日军巡洋舰和驱逐舰各1艘，击伤巡洋舰1艘、驱逐舰2艘。同时，南太平洋战区司令威廉·弗雷德里克·哈尔西（William Frederick Halsey）海军上将派2个航空母舰战斗群、97架舰载飞机袭击了拉包尔基地，重创日军6艘巡洋舰和4艘驱逐舰，粉碎了日军实施的反登陆企图，掌握了附近海域的制海权、制空权。成功登陆布干维尔岛的美军则以优势火力重创了岛上日军的集团冲锋，确保了滩头阵地的安全，迅速修建了三个机场，使整个俾斯麦群岛均处于盟军航空火力控制之下。1944年3月9日，日军第十七军集结1.5万人，向奥古斯塔皇后湾美军阵地发动了历时8天的连续反扑。但在美军海陆空军绝对优势火力的打击下，日军死伤枕藉，战死8500人，残部退入热带丛林，粮弹俱缺，陷入了孤立无援的境地。美军采取围而不打的策略，任其自生自灭。

1943年12月25日，美军南太平洋战区副参谋长福雷斯特·谢尔曼（Forrest Sherman）海军少将指挥由2艘航空母舰、6艘驱逐舰、100多架舰载飞机组成的航母编队，对卡维恩进行空袭，击沉日军运输船、扫雷艇各1艘，击伤运输船多艘。1944年1月1~4日，美军航母编队舰载飞机再次空袭卡维恩，击伤日军巡洋舰1艘、驱逐舰4艘。

1943年12月26日，为消除新不列颠岛日军对新几内亚岛北部沿海美军的威胁，美军第七舰队司令官托马斯·卡森·金凯德（Thomas Cassin Kinkaid）海军中将指挥所部掩护海军陆战队第一、第七师在新不列颠岛西部的格洛斯特角登陆，迅速夺取了日军机场。到1944年1月20日，美军以阵亡248人的代价，歼灭日军3100多人，控制了格洛斯特角地区，切断了拉包尔日军西撤的道路。

1944年2月29日，为了将阿德默勒尔蒂群岛中的马努斯深水港建成美军的海军基地，沃尔特·克鲁格指挥美军第一骑兵师攻占了洛斯内格罗斯岛日军机场。至3月29日，美军以阵亡326人的代价，歼灭日军约3300人，占领了整个阿德默勒尔蒂群岛。随后，美军在此修建了包括港口、码头以及飞机场在内的大型基地，有力地支援了英国太平洋舰队的对日作战。

同年11月以后，随着美军主力转向进攻菲律宾，澳军第六师取代美军，开始向固守在艾塔佩—韦瓦克一线的日军第十八军发起猛攻，歼灭日军7000余人。到1945年7月底，在澳军的军事打击以及饥饿、热带流行疾病的折磨下，日军第十八军锐减到1.3万人，作战能力大大降低。与此同时，澳军第二军接替美军进入布干维尔岛，将日军第十七军包围封锁在基埃塔、布因等几个孤立的据点内。澳军第五师则进入新不列颠岛，包围拉包尔，并断绝了其与外界人员和物资的联系。

1945年8月15日，日本宣布无条件投降，反法西斯同盟国取得了最后的胜利。9月6日，在拉包尔附近洋面的英国皇家海军"光辉"号航空母舰上，日军第八方面军司令官今村均大将、海军东南方面舰队司令官兼第十一航空舰队司令草鹿任一海军中将向澳军第一军军长弗农·斯特迪（Vernon Sturdee）中将投降。① 其中第八方面军约7万人，东南方面舰队约4.7万人。9月8日，日军第十七军司令官神田正种中将、海军第八舰队司令官鲛岛具重海军中将在布干维尔岛托罗基那港口向澳军第二军军长斯坦利·乔治·萨伟绩（Stanley George Savige）中将投降。9月13日，日军第十八军司令官安达二十三中将在韦瓦克向澳军第六师师长霍勒斯·克莱门特·休·罗伯逊（Horace Clement Hugh Robertson）少将投降。9月19日，在纳马塔奈港口附近的澳大利亚"天鹅"号护航舰上，驻新爱尔兰岛日军独立混成第四十旅团旅团长伊东武夫少将向澳军第十一师师长肯尼斯·伊德（Kenneth Eather）少将投降。巴布亚新几内亚地区的抗日斗争最终结束。②

---

① 澳大利亚陆军将军列表，https：//en.wikipedia.org/wiki/List_of_Australian_Army_generals，2016年1月25日浏览。
② 黄力民：《日本帝国陆海军档案》，九州出版社，2012，第310页。

在三年多的西南太平洋战争中，日本派遣到巴布亚新几内亚一带的作战部队高达 30 万人。而战后回到日本的仅剩余 14 万人，损失超过 50%。如在布干维尔战役中，日军第十七军 6.5 万人中，有 1.6 万人被打死，2.6 万人病死，2.3 万人投降。其中包括在中国制造南京大屠杀的第六师团。加上其他部队，有近 6 万人死在了布干维尔岛上。在新几内亚岛上作战的日军第十八军原有兵力 96944 人，战后回国的仅有 8827 人，幸存者不足总数的 1/10。该军最精锐的第二十师团原有 25572 人，而到战争结束时，只剩下奄奄一息的 785 人，仅占师团总兵力的 3%。

这场历时三年多的战争，也使 2/3 的巴布亚新几内亚人民受到了不同程度的伤害：有的被炸死、炸伤；有的被日军残酷杀害；有的被迫服劳役，做苦工，受尽了折磨；有的家园、土地被轰炸，还有许多种植园因修建营地、机场、道路、工事等而被占用，使部分人失去了生存的空间。日军的侵略行径，激起了巴布亚新几内亚人民的极大愤慨，他们拿起长矛、垫牌、斧头等原始武器，加入了反抗日军斗争的行列，约有 5000 人自愿与美澳盟军协同作战，艾哈瓦·卡拉瓦（Aihwa Karava）、皮塔·西莫贡（Pita Simogon）在战斗中以英勇顽强的表现荣获了盟军授予的勋章。据不完全统计，在战争中签约为盟军服务的土著巴布亚人和新几内亚人超过了 5.5 万人。他们一起运送军粮弹药，救治伤员，打扫战场，逐渐变成了同呼吸、共命运的战友。尤其是他们在与美军中的黑人士兵交往过程中，感觉到他们不但对当地人采取友好的态度，而且具有与白人一样的知识和技术，这使他们对外部世界的渴望增加了，一种潜在的民族意识开始觉醒。

第四节　现代民族独立运动

巴布亚新几内亚地区被西方列强瓜分后，土著居民为了保卫家园，争取政治权利，不断地与西方殖民者进行抗争。第二次世界大战以后，在世界各地民族民主运动的影响下，巴布亚新几内亚地区土著居民成立了争取民族自治、国家独立的资产阶级政党，组织发动民众进行了反对澳大利亚统治的斗争。

一　新不列颠岛土著居民的反抗斗争

1929年1月3日，拉包尔城3000多名雇工举行大罢工，217名警察中也有200人参加了这场声势浩大的行动。这是巴布亚新几内亚历史上第一次工人罢工事件。他们要求白人雇主增加工资，改善生活待遇。结果遭到了新几内亚委任统治地政府的镇压，罢工斗争领导人、二桅帆船船主沙马苏马（Samasuma）以及警佐拉米（Rami）等被捕入狱。

1941年年底，在日军入侵巴布亚新几内亚的前夕，为了争取生存权利，科科波附近的村民组织了一个"狗"运动。他们用这个名称，显然是因为他们自己感觉到欧洲人对待他们像狗一样。他们筹集资金，准备赎回失去的土地，并创办了自己的学校。新几内亚委任统治地政府对这一民众运动再次进行了镇压，逮捕了斗争领导人。

二　巴布亚新几内亚地区民族民主运动的兴起

第二次世界大战改变了世界格局。自20世纪60年代起，反对西方殖民统治的民族独立运动风起云涌。世界的非殖民化运动，也推动南太平洋各殖民地走上了争取国家独立的道路。巴布亚新几内亚土著居民的民族民主意识和人权意识开始觉醒。一批留学于澳大利亚、欧美的知识分子，将西方的民主、民权思想等带入巴布亚和新几内亚领地。他们代表着土著新兴阶级，从民族利益出发，要求摆脱澳大利亚的统治。

1962年，联合国派出以休·福特（Hugh Foot）为首的访问团对巴布亚和新几内亚领地进行考察，并发布澳大利亚管理巴布亚和新几内亚领地的报告（即《福特报告》）。该报告就巴布亚和新几内亚领地实行自治提出三点建议：第一，由于经济稳定和自给自足是独立的先决条件，所以，应由世界银行（World Bank Group，WBG）对这一地区的经济形势作一客观、全面评估。第二，应把大学教育和更高级的教育作为培养有潜质领导人的手段，这是"当务之急"。这样，土著居民就可以在管理自己的事务中发挥领导作用。第三，朝着"立即准备代表制议会选举"方向尽最大努力。议会将由通过选举产生的100名白人和土著居民组成。报告还提出

第三章 历史剧变 The Past and Present of Papua New Guinea

给予地方政府委员会在处理地方事务中更大的权威，土著居民应更广泛地参与更高一级的公务员队伍，发展教育，消灭各种形式的种族歧视，如白人和土著居民之间存在不同的酒法和电影检察制度等。[①]

面对巴布亚和新几内亚领地内部自治呼声日益高涨，国际社会的批评与日俱增，澳大利亚联邦政府深感自己的处境与欧美老牌殖民国家在亚洲和非洲的殖民统治越来越相似。为此，他不得不在统治政策方面作出一定的让步，逐渐实现巴布亚和新几内亚领地公务人员班子的地方化，创办行政学院，培训当地公务员，将外籍官员和本地官员的分类薪给标准一律改为"单一"的薪给标准。1963年，当印度尼西亚政府宣布接管原荷属新几内亚领地后，澳大利亚联邦政府修改了《巴布亚和新几内亚法》，宣布废除欧洲白人控制的领地一院制议会，通过了扩大领地立法会议权限和建立议会的决议。[②] 1964年3月，巴布亚和新几内亚领地举行历史上首次真正意义上的大选，70%有选举权的当地人参加了投票选举，选出了以土著巴布亚人和新几内亚人为主体的众议院。虽然这个组织当时只是一个软弱无能的机构，但却开启了巴布亚新几内亚走向自治和独立的大门。

三 争取民族独立政党的建立

随着南太平洋地区民族民主运动不断发展，巴布亚和新几内亚领地内部致力于民族独立的民族主义者活跃起来，资产阶级政党应运而生。

1966年，塞皮克地区韦瓦克附近的布特（Boort）地方行政委员会副主席彼得·莫特（Peter Mort）、众议院议员皮塔·西莫贡等创建了基督教联合民主党（Christian United Democratic Party，两年后改称联合民主党），9000多名成员主要来自塞皮克地区。成立之初，该党主张巴布亚和新几

[①] 汪诗明：《20世纪澳大利亚外交史》，北京大学出版社，2003，第161页。
[②] 汪诗明：《20世纪澳大利亚外交史》，北京大学出版社，2003，第162页。

巴布亚新几内亚历史与现状

内亚领地合并成为澳大利亚的一个州，因得不到支持而改为主张独立。①1967年6月13日，巴布亚新几内亚第一个土著人领导的政党——领土国家党（Territory Country Party，不久改称联合党）在莫尔兹比港成立，临时中央执行委员会由伊恩·唐斯（Ian Downs）、约翰·沃茨（John Watts）、迈克·凯西（Mike Casey）、西纳科·吉尔吉尔（Sinake Giregire）四人组成，他们轮流担任主席。政治上，主张实现自治，最终摆脱外国的殖民统治，争取国家独立。同时，还提出以洋泾浜英语作为该地区的语言。该党代表着高地农民和种植园主的利益，口号是"一个名称，一个国家，一个民族"，与澳大利亚乡村党（Rural party）关系密切。②同月，巴布亚和新几内亚领地众议院议员迈克尔·索马雷（Michael Somare）、巴里·霍洛韦（Barry Holloway）、艾伯特·毛利·基基（Albert Maori Kiki）、伊格内休斯·基拉奇（Ignatius Kilage）等创建巴布亚新几内亚联盟党（Papua and New Guinea Union Party，简称潘古党）。其宗旨是争取巴布亚和新几内亚领地逐渐从内部自治走向政治独立。具体纲领是：对内主张"民族化"，协调统一，发展民族经济；强调人力资源的开发，改善社会服务，使教育和卫生处于优先地位；增强巴布亚新几内亚人民的尊严和政治独立，结束对白人政府官员唯命是从的时代，实行自治；加强国防建设。对外奉行以"民族利益为主"的政策。该党成员主要是来自沿海地区的民族主义者和知识分子等，在工会中颇具影响力。③

1968年3月，巴布亚和新几内亚领地举行第二届众议院选举，联合党赢得了议会94个席位中的18个席位，巴布亚新几内亚联盟党获得了11个席位，迈克尔·索马雷当选为众议院议员，但他拒绝了新几内亚政府提出的联合组阁的邀请，拒绝接受部长的任职，要求迅速实现巴布亚新几内亚的自治，由此成为巴布亚新几内亚历史上第一位反对党领袖。华裔朱利叶斯·陈（Julius Chan）也在当年成为巴布亚新几内亚历史上第一位

---

① 张宏儒：《二十世纪世界各国大事全书》，北京出版社，1993，第1058页。
② 张宏儒：《二十世纪世界各国大事全书》，北京出版社，1993，第1059页。
③ 李鑫生、蒋宝德：《对外交流大百科》，华艺出版社，1991，第160页。

第三章　历史剧变　The Past and Present of Papua New Guinea

华人议员。在随后召开的众议院第一次会议上，土著巴布亚人约翰·吉斯（John Guise）被推选为众议院议长。

5月，澳大利亚联邦议会修改了《巴布亚和新几内亚法》，给予巴布亚和新几内亚领地更多的自治权。此后，一大批争取民族独立的资产阶级政党相继成立。

7月，全民党（National Party）创立，领导成员大多数是塞皮克河和拉姆河流域的欧洲商人和其他实业界人士，政治基地主要在塞皮克、马当和高地地区。他们没有任何正式组织，提出必须等一切条件具备后，才能实现巴布亚新几内亚的自治和独立。① 1970年11月12日，朱利叶斯·陈创建了人民进步党（People's Progress Party）。政治上，主张建立强大、稳定和进步的政府，维护国家独立和议会民主、法治。经济上，鼓励和保护私有制，实行自由办企业；积极引进外资，实行"外资平衡"政策，即不让一个国家的资本占据统治地位。文化上，主张保持传统的语言文化，发展科学技术，促进劳动就业和文化教育。外交上，主张逐步摆脱对澳大利亚的依赖，发展同东盟等亚洲国家的关系。② 该党代表着大中型企业主和商人的利益，得到了各大岛屿和沿海地区华人、土著居民的大力支持，迅速成为巴布亚和新几内亚领地第二大政党。同月，以安东·帕拉奥（Antone Parao）为书记、汤姆·莱希（Tom Leahy）和泰·阿巴尔（Thai Abal）为领袖的"联合政治协会"（又名指南针，1972年3月改称统一党）成立。政治上，主张在各个领域加快地方化，加强各级政府和法治建设，以使所有的人，不管种族、肤色、宗教和个人信仰，都能受到公正、平等的待遇；经济上，主张发展民族经济，提高人民的生活水平；鼓励吸引外国资本；教育上，主张扩大教育，加速培养各种人才；外交上，主张吸引外国人服务于本国的公共事业。该党代表着中西部高地白人农场主和部落酋长的利益，与澳大利亚的关系比较密切。巴布亚新几内亚一系列资产阶级政党的相继建立，使当地不同阶级、不同阶层的人受到了一定

---

① 张宏儒：《二十世纪世界各国大事全书》，北京出版社，1993，第1059页。
② 孟淑贤：《各国概况——大洋洲》，世界知识出版社，1997，第24页。

79

的影响，使得过去人们对氏族和村社的忠诚越来越被民族国家的归属感所取代，民族主义和民族国家的观念深入人心；平民走出村庄，参与到政治事务中来，通过政党和利益集团、各种社会团体和组织，广泛地参与各种政治活动。

四 巴布亚新几内亚走向独立

20世纪60年代，随着巴布亚新几内亚人民的民族意识逐渐增强，他们要求民族自决、国家独立的愿望越来越强烈。1969年5月16日，生活在新不列颠岛东部加泽尔半岛上的1万多名托莱人在拉包尔举行示威游行，反对新几内亚政府转让他们的土地，强烈要求脱离澳大利亚的统治，实现国家独立自主。12月29日，澳大利亚反对党领袖爱德华·高夫·惠特拉姆（Edward Gough Whitlam）为了总理竞选的需要，带着由亲信组成的调查团抵达莫尔兹比港，向巴布亚和新几内亚领地人民宣传非殖民主义化思想，声称巴布亚新几内亚的独立根本不需要谈判，独立的日期也不需要谈判，只是独立的形式应该由巴布亚新几内亚人民自己决定。建议澳大利亚联邦政府以太平洋关系部取代原有的国外领地部，巴布亚新几内亚应该争取在1972年实现内部自治，1976年实现独立。1970年7月，澳大利亚总理约翰·戈顿（John Goton）考察巴布亚和新几内亚领地时，面对当地人民的独立呼声，被迫同意扩大新几内亚政府的权力，提高部长级议会议员的地位。1971年年初，惠特拉姆提出澳大利亚在联合国的义务是尽快将巴布亚和新几内亚领地作为一个统一的整体移交出去。巴布亚和新几内亚领地只有尽快实行自治才有机会保持统一。民族自治是巴布亚和新几内亚领地真正团结的力量，拖延自治就是加速巴布亚和新几内亚领地的分裂。

3月11日，在巴布亚新几内亚人民的强烈要求下，巴布亚和新几内亚领地众议院宣布将领地升格为自治领，改名为巴布亚新几内亚，并宣布在1972~1976年实行自治。同时，确定了新的旗帜（即现在使用的国旗）。从此，巴布亚新几内亚开始作为一个政治实体闻名于世。

1972年2月19日至3月11日，巴布亚新几内亚举行第三届众议院选

第三章　历史剧变　The Past and Present of Papua New Guinea

举。在605名候选人中，有政党标记的共计150人，约占总人数的25%。选民的年龄降到18岁。议员的平均年龄只有35岁，受过正规教育的达到70%。从他们的个人身份看，商人占40%，原政府官员占30%，教师占17%。在选举过程中，统一党（Unity Party）获得了议会103个席位中的40个席位，巴布亚新几内亚联盟党和人民进步党分别赢得了31个、10个席位。① 在随后召开的众议院第一次会议上，巴里·霍洛韦当选为众议院议长。新几内亚政府也从第三世界许多国家独立的"时代精神"中吸取教训，同意巴布亚新几内亚联盟党与人民进步党、统一党、独立人士等组成联合政府。在17位部长中，巴布亚人占6个，新几内亚沿海人占4个，高地人占4个，马努斯、新爱尔兰、新不列颠、布干维尔等岛屿人占3个。巴布亚新几内亚历史上第一次组成了由本地人控制的中央政府。其中迈克尔·索马雷任部长首脑，约翰·吉斯任部长副首脑，朱利叶斯·陈任财政部部长，托马斯·卡瓦利（Thomas Cavalli）任农业、畜牧业及渔业部部长，多纳斯·莫拉（Dones Mora）任企业发展部部长，保罗·拉普恩（Paul Rapne）任矿产资源部部长，艾伯特·毛利·基基任土地与环境部部长。新政府宣布奉行与各国人民特别是与邻国友好的对外政策。在国内推行民族化，培养和任用本国人才，反对地方分裂，注意发展经济，改善农村落后面貌。②

6月，迈克尔·索马雷宣布不接受宗主国起草的宪法，决定成立一个由所有巴布亚新几内亚政党都参与的制宪委员会，起草"一部土生的宪法"。制宪委员会由16名议员组成，依据职权，迈克尔·索马雷任主席，新当选的众议院议员约翰·莫米斯（John Momis）任副主席（事实上的主席）。而后，他们将制定宪法当作是一项使国家摆脱新殖民主义统治，并建立自力更生的地方分权国家的手段，也是一次群众性的政治教育运动。他们在全国100多个中心地点召开了200多次会议，进行了深入细致的考察，广泛征求民众意见。1973年5月，制宪委员会宣布巴布亚新几内亚

---

① 熊复：《世界政党辞典》，红旗出版社，1986，第557页。
② 张宏儒：《二十世纪世界各国大事全书》，北京出版社，1993，第1059页。

81

的自治分为两步：第一步，12月1日前，移交所有内部事务权力，建立自治政府，原殖民政府行政官改为高级专员，澳大利亚仍保留国防、外交和司法方面的权力。第二步，由制宪委员会于1974年2月向议会提交最终报告和宪法草案；4月召开议会特别会议，讨论通过；5月，澳大利亚联邦议会可能批准变换原《巴布亚和新几内亚法》，然后确定巴布亚新几内亚的独立日期。

1973年12月1日，澳大利亚联邦政府宣布：自本日起，巴布亚新几内亚正式实行内部自治。巴布亚新几内亚获得了除国防和外交大权之外的所有自治权。原新几内亚政府行政官莱斯利·威尔逊·约翰逊成为巴布亚新几内亚自治政府高级专员，并向各部部长移交了所有内部事务权力。随后，各部部长宣誓就职，组成了政务委员会。1974年12月1日，澳大利亚向联合国宣布对巴布亚新几内亚的托管统治完全结束。

1975年4月19日，巴布亚新几内亚开始发行国家货币——基那（Kina，符号：K），规定原来所用的澳元和新货币基那一起通用到年底。5月5日，巴布亚新几内亚众议院宣布国家独立后将加入英联邦。6月18日，众议院宣布将9月16日确定为国庆日。7月，制宪委员会制定的《巴布亚新几内亚独立国宪法》各条款陆续得到了众议院的批准。8月15日，众议院正式通过《巴布亚新几内亚独立国宪法》，以英国女王伊丽莎白二世为巴布亚新几内亚国家元首，其权利、职责、义务都通过女王任命的总督来行使。9月12日，众议院通过了《领导人员义务与责任组织法》。

9月15日下午5时，在莫尔兹比港休伯特·默里体育场举行了澳大利亚降旗仪式。澳大利亚国旗降下后，由巴布亚新几内亚第一任总督约翰·吉斯交给了澳大利亚总督约翰·克尔（John Kerr）。约翰·吉斯在随后进行的讲演中说："巴布亚新几内亚人民和世界其他人民都了解我们正在降下我们殖民者的国旗是很重要的。我们正在降下它，而不是扯下它"。约翰·克尔接过折叠的国旗后说："在长期的殖民时期，巴布亚新几内亚和澳大利亚都很幸运，我们设法避免了在其他地方证明是悲惨的政策和关系"。

第三章　历史剧变　The Past and Present of Papua New Guinea

9月16日上午10时25分，巴布亚新几内亚独立国政府在莫尔兹比港新政府大楼附近的独立山举行了隆重的升旗仪式。中国驻新西兰大使裴坚章代表中国政府与世界其他33个国家的代表应邀参加了这一具有历史意义的盛事。巴布亚新几内亚由此正式宣告独立，新国家首都定在莫尔兹比港。同时，宣布加入英联邦。随后，巴布亚新几内亚的总督、总理、部长、首席法官等举行了宣誓就职仪式。首届政府由19人组成，其中迈克尔·索马雷任总理，艾伯特·毛利·基基任副总理兼国防、外交与外贸部部长，朱利叶斯·陈任财政部部长，保罗·拉普恩任矿产资源部部长，托马斯·卡瓦利任土地部部长，布鲁斯·杰夫科特（Bruce Jeffcott）任自然资源部部长，埃比亚·奥莱·瓦勒（Ebia Ole Wale）任司法部部长。[①] 英国王储查尔斯（Charles）王子代表国家元首伊丽莎白二世主持召开了巴布亚新几内亚独立后的第一届国民议会（National Parliament），巴里·霍洛韦当选为国民议会议长。

巴布亚新几内亚的独立，结束了巴布亚新几内亚仅仅是英国、德国、澳大利亚等国原材料产地、商品倾销地和军事基地的历史。同时，也宣告了巴布亚新几内亚殖民地历史的终结。由此，巴布亚新几内亚获得了独立自主的发展权，从世界的角度来讲，克服了孤悬于太平洋、与其他各大洲隔绝的地理障碍，加强了与世界其他民族的密切交往和联系，引进了世界现代文明。从国内来讲，终止了各岛屿社会、经济和文化的独立发展状态，打破了各部落、各村社、各地区之间的隔阂，使人们之间的交往日益增多，国家意识越来越强烈，经济往来越来越密切，为巴布亚新几内亚国家现代化发展提供了政治保障。

第五节　当代发展历程

1975年巴布亚新几内亚独立后，根据其政治、经济等发展状况，划分为三个历史阶段。

---

① 王新全、徐鹏堂：《1975年的故事》，延边大学出版社，2005，第126页。

巴布亚新几内亚历史与现状

一 以独立自主的姿态走向世界（1975~1990年）

巴布亚新几内亚独立后，立即收回了澳大利亚控制的外交、行政、司法等主权。根据《巴布亚新几内亚独立国宪法》直接过渡条款规定，独立前的第三届众议院直接变成了第一届国民议会，议长、议员和各委员会委员不变；独立前的部长首脑变成独立后的第一任总理，其他所有部长变成独立后的各部第一任部长；独立前的首席法官、高级陪席法官分别变成了独立后的第一任首席法官、副首席法官，每位在职的临时法官也变成了国家法院的临时法官。由此，巴布亚新几内亚国家政权机构正式成立。

（一）政治方面

为了摆脱对西方国家的依附性状态，在国际社会中求得一席之地，巴布亚新几内亚政府实行了"本土化"政策，以本国人取代外国人担任政府或行政公职。到1988年，在政府各部门充当公务员的外国人由1972年的7900名减少到1719名，政府与行政权力完全控制在了本国人的手中。

1977年8月，巴布亚新几内亚召开第二届国民议会，巴布亚新几内亚联盟党赢得了40个席位，而后与人民进步党、统一党、美拉尼西亚联盟（Melanesian Alliance，又名进步和地区发展联盟）等政党组成联合政府，迈克尔·索马雷任总理，朱利叶斯·陈任副总理兼初级工业部部长。1980年3月，国民议会通过反对党联盟对索马雷政府的不信任案，而后成立了由人民进步党与民族党、统一党、美拉尼西亚联盟、自由巴布亚运动（Papua Besena）组成的联合政府，朱利叶斯·陈任总理，民族党领袖艾姆巴基·帕尔马·奥库克（Iambakey Palma Okuk）任副总理兼民航与运输部部长。[①] 1982年6月，在第三次全国大选中，巴布亚新几内亚联盟党赢得国民议会103个席位中的61个席位，与民族党、统一党和美拉尼西亚联盟等政党组成联合政府，迈克尔·索马雷重新担任总理，帕亚斯·温蒂（Paias Wingti）任副总理兼国家计划部部长。1985年3月，巴

---

① 《世界人物大辞典》编委会编《世界人物大辞典（下）》，国际文化出版公司，1990，第1619页。

第三章　历史剧变

布亚新几内亚联盟党发生分裂，帕亚斯·温蒂等16名党员另建人民民主运动党（People's Democratic Movement Party）。迈克尔·索马雷解除了帕亚斯·温蒂的职务，任命美拉尼西亚联盟领袖约翰·莫米斯为副总理兼公共服务部部长。[①] 11月，国民议会通过对索马雷政府的不信任案，人民民主运动党与人民进步党、民族党、统一党、美拉尼西亚联盟组成联合政府，[②] 帕亚斯·温蒂任总理，朱利叶斯·陈任副总理兼财政部部长。1987年7月，在第四次全国大选中，人民民主运动党赢得了26个席位，与人民进步党、联合党、人民行动党（People's Action Party）等政党组成联合政府，帕亚斯·温蒂继续担任总理，朱利叶斯·陈任副总理兼贸易与工业部部长。1988年7月，国民议会通过反对党对温蒂政府的不信任案，巴布亚新几内亚联盟党新领袖拉比·纳马柳（Rabbie Namaliu）出任总理，阿科卡·多伊（Akoka Doi）任副总理兼文官事务部部长。[③] 1990年政府改组后，泰德·迪洛（Tide Dilo）任副总理兼文官事务部部长。[④]

（二）军事方面

1975年巴布亚新几内亚独立后，将三个独立兵种的国防军管理权全部收回，统一整编，由爱德华·迪罗（Edward Diro）任少将旅长。而后，在全国范围内招募具有两年以上中等教育经历的新兵，开展公民学训练，重点进行军队作用教育。为了提高国防军的作战能力，巴布亚新几内亚聘请了200多名澳大利亚军官从事专业技术教育工作。同时，国防军还参与了修桥筑路、建设学校、营救服务等民用工作，提高了军队的威信。增加警察数量，并加强培训，使之成为国防军的辅助力量；重新组织成立四个区域性的管理区，给予各省有力的支持。

[①] 熊复：《世界政党辞典》，红旗出版社，1986，第557页。
[②] 潘光、张家哲：《各国历史寻踪》，上海辞书出版社，2001，第1149页。
[③] 世界知识出版社编《世界知识年鉴（1989～1990）》，世界知识出版社，1990，第777页。
[④] 世界知识出版社编《世界知识年鉴（1991～1992）》，世界知识出版社，1992，第752页。

（三）经济方面

独立后的巴布亚新几内亚政府在尊重传统社会风俗习惯和土地使用制度的基础上，鼓励发展商品作物生产，增加出口商品；发展交通运输，修筑公路，开辟航空和航海线路；鼓励国内外私人投资，兴办工矿企业，广开就业门路；鼓励发展林业和渔业；大力发展广播通信、文教卫生、旅游娱乐；在城镇实行高工资的现代西方生活方式。巴布亚新几内亚开始从传统社会向现代社会过渡。

为了实现经济上的独立，巴布亚新几内亚政府采取了一系列措施：建立国家投资和发展局控制外国投资；政府投资侧重于开发国内资源的生产部门；银行为企业提供优惠贷款；注重渔业、小规模加工制造业及小型私人企业的发展；将澳大利亚航空公司（Qantas Airways，又称澳洲航空）控股的新几内亚航空公司（Air Niugini）收归国有；限制工资，管理物价；建立健全金融货币体制，减少出口价格波动。

（四）外交方面

巴布亚新几内亚独立后，历届政府采取了一系列"民族化"措施，以加强自身的独立自主。迈克尔·索马雷总理提出了"普遍主义"的外交政策，即走中间道路，对有关政治思想、主义纲领或政治制度等问题，不转向任何一边。1981年，巴布亚新几内亚政府及国民议会重新检讨和确定了对外政策，提出了"以民族利益为基础，积极而有选择地开展对外关系"的方针，注重加强与南太平洋各国、东南亚邻国以及东亚各国、欧美国家的联系。

二 在动荡中丧失发展机遇的十年（1990~2001年）

20世纪90年代，巴布亚新几内亚国内党派纷争加剧，政局变动频繁，社会秩序混乱，分裂势力猖獗，经济发展滑坡。

（一）频繁变动的政局

1992年7月，人民民主运动党在第五次全国大选中再次胜出，帕亚斯·温蒂取代拉比·纳马柳出任总理，朱利叶斯·陈任副总理兼财政部部长。1994年8月，国民议会通过反对党提出的对温蒂政府的不信任案，朱利叶斯·陈出任总理,并兼任外交与贸易部部长,巴布亚新几内亚联盟党领袖克里斯·海维塔(Chris Haiveta)任副总理兼财政与计划部部长。1997年7月,在第六次全国大选中,人民全国代表大会党(People's National Congress Party,缩写:PNCP)借助于布干维尔危机胜出,党的领袖、莫尔兹比港市市长比尔·斯卡特(Bill Skate)出任总理,成为巴布亚新几内亚独立以来第一位担任总理的巴布亚人。人民进步党领袖迈克尔·纳利(Micheal Nali)任副总理兼贸易与工业部部长。比尔·斯卡特执政期间,多次改组内阁。1998年10月将人民进步党逐出内阁,任命人民民主运动党领袖亚伊罗·拉萨罗(Iairo Lasaro)为副总理兼国库与计划部部长。1999年7月,为摆脱财政危机,比尔·斯卡特与台湾当局签署所谓的"建交"公报,因遭到朝野各界的强烈反对而辞职,人民民主运动党主席梅克雷·莫劳塔(Mekere Morauta)继任总理兼财政与国库部部长,巴布亚新几内亚先驱党(Papua New Guinea pioneer party)领袖约翰·蓬达里(John Pundari)任副总理兼妇女、青年与教会部部长,与人民进步党、人民行动党、国民联盟党(National Alliance Party)等政党组成联合政府。12月,梅克雷·莫劳塔总理解除了约翰·蓬达里的职务,任命本党副领袖马奥·泽明(Mao Zeming)为副总理兼农业部部长,并对政府进行了部分改组。2000年12月,为巩固执政基础,梅克雷·莫劳塔总理将人民进步党逐出内阁,以巴布亚新几内亚联盟党取而代之,并免除了马奥·泽明和外交与布干维尔事务部部长迈克尔·索马雷等人职务,以本党副领袖迈克尔·奥吉奥(Michael Ogio)为副总理兼林业部部长。2001年5月,又将国民联盟党逐出内阁,使人民民主运动党在29人的内阁中占有26人。10月,梅克雷·莫劳塔总理再次调整内阁,撤销了外交部部长约翰·蓬达里和其他四位部长职务,并任命了五位新部长。巴布亚新几内亚政局日趋稳定。[①]

(二)社会秩序的动荡

1997年年初,朱利叶斯·陈政府采用削减教育和健康预算的办法,

---

① 石门等:《世界各国简介精选(北美大洋洲卷)》,远方出版社,2005,第33页。

筹集3600万美元，试图借助英国桑德林公司（Sandline Company）组织的南非雇佣军解决布干维尔危机，此举引起国防军和民众的强烈不满。3月17日，国防军司令辛基·洛克（Sinji Roc）准将扣押了南非雇佣军，并要求朱利叶斯·陈总理辞职。朱利叶斯·陈以叛国罪将辛基·洛克革职，但遭到了国防军和民众的抵制。3月19日，莫尔兹比港爆发了数千人的示威、暴乱及抢掠事件。3月22日，陆军少校沃尔特·艾努马（Walter Enuma）宣布全国4600名军人效忠辛基·洛克，同时要求朱利叶斯·陈下台。3月26日，迫于巨大的政治压力，朱利叶斯·陈总理辞职，执政联盟任命矿产与石油部部长约翰·吉海诺（John Giheno）代理总理，林业部部长安德鲁·贝英（Andrew Baing）代理副总理，看守政府正式组成。

1998年11月下旬，巴布亚新几内亚国民议会通过了1999年度节支预算，决定实行经济改革，推行私有化，削减政府开支，促进金融稳定，结果引发了一场全国性的工人大罢工。

2001年3月，巴布亚新几内亚政府提出军队改革计划，部分国防军士兵抢夺武器同政府对抗，在莫劳塔政府宣布停止军队改革并对滋事士兵无条件特赦后，局势方才恢复正常。而后，政府又开始深化经济体制改革，加快国有资产私有化。由此引发了一场大规模的抗议活动。6月中旬，巴布亚新几内亚银行（Bank of Papua New Guinea）公司职工举行罢工，反对政府的私有化政策。6月下旬，莫尔兹比港爆发了大规模的大学生游行示威，反对政府私有化政策和土地登记计划，呼吁驱逐世界银行和国际货币基金组织（International Monetary Fund，缩写：IMF）驻巴布亚新几内亚代表，并与警察发生冲突，导致3名大学生死亡。事件造成政府办事处、学校和公共交通系统陷入瘫痪状态。巴布亚新几内亚政府随后在莫尔兹比港实行宵禁，动荡的局势渐趋缓和。①

（三）分裂势力的猖獗

布干维尔是巴布亚新几内亚潘古纳铜矿所在地。由于中央政府、地方

---

① 石门等：《世界各国简介精选（北美大洋洲卷）》，远方出版社，2005，第33页。

政府、开发公司、矿区土地主之间的矛盾不断激化，1989年起，围绕着潘古纳铜矿的开采，布干维尔分离主义分子的分裂活动不断升级，他们组建"布干维尔共和军"与政府对抗。1990年5月，分裂势力宣布布干维尔岛独立，成立了"布干维尔共和国"（Republic of Bougainville）及"临时政府"，并得到了所罗门群岛政府的公开支持。巴布亚新几内亚政府向布干维尔岛派遣军队和警察武力弹压，并实行经济封锁，结果导致巴布亚新几内亚陷入内战状态。布干维尔的商业和种植园经济遭受重创，1.2万人死于非命，4万多人流离失所。

（四）经济发展的滑坡

由于政局变动频繁，社会动荡不安，分裂势力猖獗，加之国际市场商品价格波动较大，造成巴布亚新几内亚的经济发展出现了极大的不稳定性，通货膨胀处于高位运行状态，多数年份在10%以上。1993年曾出现过高达近20%的经济增长率。① 尤其是1997年以来，受特大旱灾及亚洲金融危机影响，经济面临严重困难。出口大幅下降，基那比价暴跌，通货膨胀居高不下，政府开支大量增加，外汇储备急剧减少。在财政支出增长的同时，外部官方融资及税收收入锐减，造成严重的财政危机。1999年，国民经济增长率仅1.5%。人均国内生产总值由90年代初的1400美元下降到630美元；通货膨胀率高达21.3%；人口失业率（1998年）达42.5%；财政收入25.36亿基那（约合8.648亿美元），支出26.93亿基那（约合9.183亿美元），财政赤字达1.57亿基那（约合5350万美元）。②

三 经济快速发展时期（2002年以来）

（一）政局的相对稳定

2001年8月，巴布亚新几内亚政府与布干维尔各派政治力量签署

---

① 韩锋、赵江林：《巴布亚新几内亚》，社会科学文献出版社，2012，第64~65页。
② 世界知识年鉴编辑委员会编《世界知识年鉴（2000~2001）》，世界知识出版社，2000，第1025~1026页。

《布干维尔和平协定》，布干维尔最终走上了恢复和重建道路。2002年8月，在第七次全国大选中，国民联盟党赢得19个席位，与巴布亚新几内亚联盟党、人民进步党、人民行动党等政党联合组阁，国民联盟党领袖迈克尔·索马雷任总理，人民进步党领袖艾伦·马拉特（Allan Marat）任副总理兼贸易与工业部部长。2005年5月，莫伊·阿韦（Moi Avei）继任副总理兼石油与能源部部长。新一届政府大力推行国家公务部门改革，争取党派合作，化解社会矛盾，巩固执政地位，使巴布亚新几内亚社会秩序渐趋稳定。2007年8月，在第八次全国大选中，国民联盟党赢得27个席位，与巴布亚新几内亚联盟党、联合资源党（United Resources Party）、人民民主运动党、人民行动党、人民全国代表大会党等政党联合组阁，迈克尔·索马雷任总理兼自治与自治区事务部部长，普卡·特姆（Puka Temu）任副总理兼土地、城市规划与矿业部部长。2011年8月，人民全国代表大会党领袖彼得·奥尼尔（Peter O'Neill）联合反对党议员扳倒了代总理萨姆·阿巴尔（Sam Abal）领导的内阁，并当选为总理兼自治与自治区事务部部长，巴布亚新几内亚党（Papua New Guinea Party）领袖贝尔登·纳马赫（Belden Namah）任副总理兼林业与气候变化部部长。① 2012年8月，在第九次全国大选中，人民全国代表大会党赢得27个席位，与胜利、传统与实力党（Triumph Heritage Empowerment Party），国民联盟党，联合资源党，人民党（People's Party），人民民主运动党，人民进步党，巴布亚新几内亚联盟党等政党组成联合政府。彼得·奥尼尔继续担任总理，胜利、传统与实力党的利奥·戴恩（Leo Dion）任副总理兼政府间关系部部长。十余年来，巴布亚新几内亚的政局进入了一个相对稳定的时期。

（二）经济持续稳定发展

2002年索马雷政府成立后，开始集中精力发展国民经济，相继制订了《2005～2010年中期发展战略》《2011～2015年中期发展规划》《2010～2030年发展规划》《2050年远景规划》等一系列战略发展规划。同时，放缓了私有化改革的步伐，实行"以出口带动经济复苏"的战略，加大

---

① https://en.wikipedia.org/wiki/Belden_Namah，2015年7月5日浏览。

第三章 历史剧变 The Past and Present of Papua New Guinea

矿产资源勘探和开发力度；采取谨慎的货币政策，压缩财政开支，降低企业税收，发展私营企业，鼓励企业出口，积极吸引外资。由此带动了经济的复苏，物价指数逐渐回落，基那汇率稳定，外汇储备增加，就业指数提高，财政管理良好，年通货膨胀率被控制在较低水平。截至 2006 年年底，巴布亚新几内亚经济增长率已连续四年超过人口增长率；通货膨胀率由 11.8% 降至 1.7%；基那兑换美元汇率由 1 基那兑换 20 美分升值为兑换 33 美分；贷款利率从 12% 降至 6%；外汇储备达到 14.8 亿美元，为历史最高点；就业率提高了 20%。[①] 2012 年，人均国内生产总值达到 2225 美元。

2012 年 8 月，奥尼尔政府提出了刺激中小企业发展的一揽子计划，与国家发展银行（National Development Bank）合作管理资金流动，并大幅增加基础设施建设投资，降低企业发展成本，支持发展新兴行业。计划到 2050 年，中小企业由目前的约 5 万家增加到 50 万家，新增就业岗位 200 万个。具体措施包括两个方面。第一，全面支持本土企业发展。加大金融和财税优惠，国家发展银行对国民贷款年利率由 22% 降至 6.5%；成立信贷保证公司（Credit guarantee company），为企业提供贷款担保。加强国际贸易推广，推动本土中小企业与外商开展贸易合作；简化企业注册程序，推出在线公司注册系统，降低公司注册成本和门槛；启动商业奖励和培训。第二，严格限制外国企业的发展。立法确定本土保留商业领域，防止外国企业在宏观层面控制巴布亚新几内亚的经济；成立外国投资和审查委员会，负责外国投资监管；外国企业在巴布亚新几内亚经商必须签订合资协议，巴布亚新几内亚一方所有权需达到 52%。[②]

2013 年 9 月，针对国际市场商品价格走低，外部环境不可控性增强，彼得·奥尼尔总理在巴布亚新几内亚 2013 年国际投资峰会上提出，为实

[①] 《2002～2006 年巴布亚新几内亚主要经济指标情况》，中华人民共和国驻巴布亚新几内亚大使馆经济商务参赞处网站，http://pg.mofcom.gov.cn/aarticle/ztdy/200612/20061203964295.html，2015 年 2 月 14 日浏览。

[②] 《巴布亚新几内亚促进中小企业发展新政策》，中华人民共和国驻巴布亚新几内亚大使馆经济商务参赞处网站，http://pg.mofcom.gov.cn/article/ztdy/201303/20130300041389.shtml，2015 年 2 月 14 日浏览。

现城市经济发展规划,提高城市工商业竞争力,决定新建4座经济发展中心城市,以科科波作为主要旅游中心,戈罗卡作为区域服务中心,韦瓦克和马当作为渔业发展中心。①

(三) 外交方面的新突破

2002年8月索马雷政府成立后,提出了"以出口带动复苏"的经济发展战略,主张以"有选择性的交往"作为外交政策的主轴,制定了"向北看"的方针,重点发展与中国、日本、韩国等亚洲国家的关系,能源、交通领域的合作不断扩大,为其社会经济发展提供了相对稳定的外部环境。

第六节 重要历史人物

迈克尔·索马雷爵士,被誉为巴布亚新几内亚"国父"。1936年4月9日出生于东新不列颠省拉包尔市卡罗村(Karau Village),是世袭酋长拉包尔一世的后裔。先后就读于卡罗日语民办小学、宝蓝小学、索盖里中学、巴布亚和新几内亚领地行政学院。1957年起,在新爱尔兰、韦瓦克、马当等地任小学、中学教师。1962年任马当地区教育助理官员。1963年开始在韦瓦克新闻及附属部门任发布官员。1967年创建巴布亚新几内亚联盟党,开始领导民族独立运动。1968年当选为巴布亚和新几内亚领地第二届众议院议员,并成为反对党领袖及议会党团领袖。1972年任巴布亚新几内亚行政委员会副主席、政府部长首脑、制宪委员会主席,1973年任行政委员会主席、自治政府首席部长。1975~1980年、1982~1985年、2002~2010年三次出任总理,并先后兼任国家资源部部长、公共事务委员会主席、国家计划部部长、自治与自治区事务部部长。1988~1992年、1999年7~12月、2000年11~12月三次担任外交部部长(第二、第三次时兼布干维尔事务部部长),1999年12月~2000年11月任矿业与布

---

① 《巴布亚新几内亚新增4座经济发展中心城市》,中华人民共和国驻巴布亚新几内亚大使馆经济商务参赞处网站,http://pg.mofcom.gov.cn/article/jmxw/201309/20130900300580.shtml,2015年2月14日浏览。

第三章 历史剧变　The Past and Present of Papua New Guinea

干维尔事务部部长。1980~1982年、1985~1988年两次出任反对党领袖。1993年退出巴布亚新几内亚联盟党。1996年创建国民联盟党，并担任领袖一职。2012年任东新不列颠省省长。另外，还曾任联合国托管巴布亚新几内亚委员会主席、巴布亚新几内亚第二次制宪特别委员会委员、澳大利亚委托顾问委员会委员。著有《萨那传记》一书，标志着巴布亚新几内亚自传文学达到顶峰。

约翰·吉斯爵士，巴布亚新几内亚政治家，著名的土著领袖人物。1914年8月29日出生于米尔恩湾省多古拉附近格杜拉拉腊村（Gedulalara Village）。早年就读于米尔恩湾省安吉利查恩学校。1928年到萨马赖港口当码头工人。日军侵占巴布亚新几内亚期间，任澳属新几内亚行政单位信息员，参加了当地政府组织的反日斗争。1946年加入澳属巴布亚领地皇家军事警察部队，逐步升任少校警长。1953年代表巴布亚和新几内亚领地警察，参加了伊丽莎白女王的加冕典礼。两年后退役。1958年任莫尔兹比港混合种族协会会长。1961年被推选为巴布亚和新几内亚领地立法会议议员，在米尔恩湾地区建立了工会组织。1962年，代表领地政府参加了在美属萨摩亚帕果帕果（Pago Pago）召开的南太平洋委员会会议。1964年当选为巴布亚和新几内亚领地众议院第一届议员后，大力推广教育，扶助乡村农民，实行同工同酬，任用土著人担任行政官员，反对种族歧视。1968年，在巴布亚和新几内亚领地第二届众议院选举中，当选为议长，成为担任该重要职位的第一个巴布亚人。1972年2月任巴布亚新几内亚政府部长副首脑，并相继兼任内政部部长、农业部部长。1975年巴布亚新几内亚独立后，当选为第一任总督。1977年3月卸任。同年8月，以独立人士的身份当选为第二届国民议会议员。在与迈克尔·索马雷竞选总理失败后，参加了联合党，并成为国民议会反对党副领袖。1982年任国家旅游局局长。1987年任巴布亚新几内亚椰干市场公司董事长。1991年2月7日病逝。莫尔兹比港修建有以其名字命名的体育馆和道路。[①]

艾伯特·毛利·基基爵士，巴布亚新几内亚政治元老、工会大会创建

---

① 杨元恪、陈有进：《世界政治家大辞典（上册）》，人民日报出版社，1993，第200页。

人。1931年9月21日出生于海湾省奥罗科洛村（Orokolo Village）。1951~1957年就读于斐济医科学校和伦敦教会学校。1965年毕业于巴布亚和新几内亚领地行政学院。1958年任凯里马（Kerema）福利基金协会主席。1961年任布卡岛助理福利官、巡查员。1962年创建了巴布亚新几内亚第一个工会，并出任理事会主席。1967年，与迈克尔·索马雷等共同创建巴布亚新几内亚联盟党，并任全国总书记。1971年任莫尔兹比港市政委员会委员。1972年当选为巴布亚新几内亚第三届众议院议员，先后任新几内亚政府土地与环境部部长，国防、外交与贸易部部长。1975年9月巴布亚新几内亚独立后，任副总理兼国防、外交与外贸部部长，参加了一系列重要的国际活动。1977年8月以后，相继任宪法委员会主席、杂工联合会主席和建筑工人联合会秘书、新几内亚汽车有限公司董事长、第一金融公司信贷合作有限公司董事长、克维拉保险合作有限公司（Kevlar Insurance Cooperation Ltd.）合伙人兼董事长。1993年3月13日病逝。著有大型自传文学作品《基基，万年人生》（1968年），标志着巴布亚新几内亚新文学的开端。

保莱阿斯·马塔内爵士，1931年9月21日出生于东新不列颠省约克公爵群岛莫洛特村（Molot Village）。早年致力于教育工作，历任教师、小学校长、学校巡视员、国家师范教育督察、商业开发部秘书长，创建了美拉尼西亚联合新闻社。1975年巴布亚新几内亚独立后，出任驻美国、墨西哥大使，常驻联合国代表及驻加拿大高级专员、外交与贸易部秘书长。1985年荣获联合国和平奖，而后开始致力于教会、慈善、大众传媒事业，出版了44部著作，向当地居民传播文化知识。2004年6月当选为巴布亚新几内亚第八任总督。2010年12月，因连任选举被最高法院裁定无效而去职。

朱利叶斯·陈爵士，被誉为巴布亚新几内亚"政治明星"。系巴布亚新几内亚第二代华人，中文名陈仲民，祖籍中国广东省台山市斗山镇江潮村。1939年8月29日出生于新爱尔兰省纳马塔奈区坦戈岛（Tanga Island）。先后就读于阿什格罗夫教会学校、澳大利亚昆士兰大学、韩国丹谷大学。1961年任巴布亚和新几内亚领地行政机构合作官。1968年当选为巴布亚和新几内亚领地第二届众议院议员，任沿海航运控股有限公司经理、董事以及公

第三章 历史剧变　The Past and Present of Papua New Guinea

共会计委员会副主席。1970年创立人民进步党，并任该党领袖。1972年任巴布亚新几内亚政府财政部部长。1975年巴布亚新几内亚独立后，任财政部部长兼国家银行总裁与亚洲开发银行副董事长。1977～1978年、1985～1988年、1992～1994年三次任副总理，其间还曾兼任农业部部长、初级工业部部长、外交与贸易部部长、财政部部长。1980～1982年、1994～1997年两次组阁，出任总理（第二次时兼外交与贸易部部长），是该国历史上第一位华人议员、华人总理。2012年任新爱尔兰省省长。

梅克雷·莫劳塔爵士，巴布亚新几内亚"建国四君子"之一，著名的经济学家。1946年6月12日出生于海湾省凯里马市库基皮村（Kukipi Village）。先后就读于凯里马小学、索盖里中学、巴布亚新几内亚大学和南澳大利亚弗林德斯大学。1970年进入巴布亚和新几内亚领地劳工部，从事人力计划研究工作，先后参与了巴布亚新几内亚自治政府和独立政府的筹建工作。1975年9月任巴布亚新几内亚财政部秘书长。1983年任巴布亚新几内亚银行公司执行董事。1992年任巴布亚新几内亚银行行长。1997年7月，以独立人士身份当选为第六届国民议会议员。随后加入人民民主运动党，并被推选为党的主席，先后任国家计划与发展部部长、渔业部部长。1999年6月，再次当选为人民民主运动党主席。7月当选为巴布亚新几内亚第九任总理，并相继兼任财政与国库部部长、家庭事务部部长、布干维尔事务部部长、信息与通讯部部长，开始着手计划经济和选举制度改革。2002年创立巴布亚新几内亚党，成为国民议会反对党领袖。2011年任公共企业部部长。

拉比·纳马柳爵士，巴布亚新几内亚"建国四君子"之一。1947年4月3日出生于东新不列颠省科科波市拉卢阿纳村（Raluana Village）。先后就读于东新不列颠省凯拉瓦特（Keravat）中学、巴布亚新几内亚大学、澳大利亚国立大学和加拿大维多利亚大学。1973年毕业后，任巴布亚新几内亚大学历史系教师。1974年当选为巴布亚新几内亚联盟党执行委员，并任自治政府首席部长迈克尔·索马雷的私人首席秘书。1975年巴布亚新几内亚独立后，先后任东新不列颠省政府特派专员，公共事务委员会主席，总理府首席研究官员。1982年8月当选为第三届国民议会议员，相

95

继任外交与贸易部部长、初级产品工业部部长。1985年以后，相继担任巴布亚新几内亚联盟党副领袖、领袖。1988年7月当选为巴布亚新几内亚第五任总理。1992年7月任满离职。1993年退出巴布亚新几内亚联盟党。1994年8月当选为巴布亚新几内亚第八任国民议会议长。1997年起，先后任高级国务部部长、石油与天然气部部长。2002年，重新担任巴布亚新几内亚联盟党领袖，先后任外交与移民事务部部长、财政部部长。2007~2011年任沃达尔大学（Vudal University）校长。

帕亚斯·温蒂，1951年2月2日出生于西高地省哈根山（Hagen, Mt.）附近莫伊卡村（Moikep Village）。先后就读于哈根山社区学校、哈根山高中和巴布亚新几内亚大学政治经济学系。大学期间，曾任校学生会主席，并加入巴布亚新几内亚联盟党。1977年8月当选为第二届国民议会议员，并任国民议会议长助理和公共账目委员会委员。1978年任交通与民用航空部部长。1980年任巴布亚新几内亚—中国友好协会主席。1982年8月任巴布亚新几内亚副总理，并相继兼任国家计划发展部部长、教育部部长。1985年3月退出巴布亚新几内亚联盟党，另建人民民主运动党，自任主席。同年11月至1988年7月、1992年7月~1994年9月两次当选为巴布亚新几内亚总理。1988~1992年、1994~1997年两次任国民议会反对党领袖。1995~1997年、2002~2007年、2012年三次任西高地省省长。

彼得·奥尼尔，1965年2月13日出生于南高地省亚利布（Ialibu）—庞亚（Pangia）区赖亚更（Laiagam）镇。先后就读于庞亚中学、亚利布高中、戈罗卡高中、巴布亚新几内亚大学。曾在政府部门、私营企业和金融机构任职，担任了巴布亚新几内亚注册实习会计师学会主席。2002年当选为第七届国民议会议员，历任劳工与产业关系部部长、公共服务部部长等职。2004年5月成为国民议会反对党领袖，并任人民全国代表大会党主席。2007年当选为第八届国民议会议员，任财政与国库部部长。2011年8月，与反对党议员联手扳倒了代总理萨姆·阿巴尔领导的内阁，当选为总理兼自治与自治区事务部部长。2012年8月组成巴布亚新几内亚第九届政府，并继续担任总理。

第四章

独立后的政体结构与国防军事

巴布亚新几内亚被西方国家殖民统治长达90年之久。殖民及独立运动时期政治制度的建构，为其政治现代化的发展奠定了初步基础。随着殖民统治的结束，主权国家的建立，接受过西方民主思想洗礼的独立运动领导人直接移植了西方资本主义国家的各种制度，政治体制仿效英国、澳大利亚等英联邦国家，实行君主立宪制下的议会民主制，巴布亚新几内亚从原始社会直接跨入资本主义的世界体系之中。但由于其政党政治的历史比较短，政党缺少强有力的组织架构，导致其政党结构不稳定，政党体制极其脆弱。多个政党通常是围绕着主要任务组织在一起，进而导致政府通常也是由多个零散的政党联盟组建而成。政府内频繁的不信任投票是巴布亚新几内亚政治的一大特点，历届政府总理绝大多数都是因为不信任投票而提前结束任期的，由此造成独立后的巴布亚新几内亚在政治上一直政局动荡，被外界称之为"混乱民主"。

第一节 国体与政体

巴布亚新几内亚独立后，在政治体制方面实行资产阶级君主立宪制之下的议会民主制，即立法、行政、司法三权分立。

巴布亚新几内亚的法律体系由宪法、基本法、议会法令、紧急条例、根据宪法制定的法律、宪法采用的法律、所有前述法律采用的法律、根据宪法和所有前述法律制定的附属性法规、不成文法等构成。宪法与基本法是巴布亚新几内亚的最高法律，所有法律均须服从宪法。

巴布亚新几内亚历史与现状

1975年8月，巴布亚新几内亚众议院颁布《巴布亚新几内亚独立国宪法》，建立起新政府运行的法律体系，规定国家政权由三大分支组成，即权力与职能相互独立的三大权力机关：立法机关、司法机关和行政机关，并且赋予公民基本权利和自由。宪法规定：巴布亚新几内亚人民的行政权力赋予国家元首，其代表人是总督。国家行政机关由国家元首、国家行政委员会组成。国家行政委员会由全体部长组成，负责巴布亚新几内亚的行政机构以及宪法和其他法律赋予它的其他职权。设立国家行政委员会秘书一职，其职权和责任由该委员会在国民议会法令的约束下自行确定。一院制的国民议会行使立法权，总理领导下的内阁行使行政权，总理由国民议会从议员中选举产生，各部部长由总督根据总理的推荐任命。《巴布亚新几内亚独立国宪法》明确规定：司法体系完全独立于政府之外，具有完全的独立性，不受政治干预，法院在做任何决定时也不受或抵制来自政治的压力。

一 国家元首

巴布亚新几内亚独立后加入了英联邦，享受与英国相同的主权国家资格，以英国女王伊丽莎白二世为国家元首。《巴布亚新几内亚独立国宪法》规定，国家元首没有实权，其本身也要遵守法令。英国女王不在巴布亚新几内亚时，可以根据国民议会的选举，任命总督代表英国王室行使和执行国家元首的特权、职责、权利和义务，总督即成为女王的代表。宪法还规定：除非出现相反的含义，法律中凡提及国家元首之处皆可读作总督。

总督的确定程序通常是国民议会议长在总督正常任期届满前三个月内召开国民议会，指定下一届总督候选人。国民议会提名某人担任总督，由国民议会以简单的多数票通过，投票过程应是符合基本法规定的绝对秘密的无记名投票。随后，国家行政委员会根据国民议会的决议向英国女王提出建议，由女王进行任命。国家行政委员会可以依据自身的决议或国民议会以完全多数通过的决议，提出解除总督职务的建议，然后英国女王根据国家行政委员会的建议解除总督的职务。除独立日以前任命的第一任总督

第四章　独立后的政体结构与国防军事

外,总督的担任者必须具有成为议员的资格(但不能是国民议会的议员)。

总督是巴布亚新几内亚最高级别的官员。根据《巴布亚新几内亚独立国宪法》的规定,总督有权任命总理、部长、首席法官和高级公务人员,有权宣布国家紧急情况或要求大选。总督还负责主持国民议会年度会议的开幕式。但所有这些权利只能根据宪法规定的权限行使。总督的任职条件之一必须是巴布亚新几内亚公民,任期6年,一般只担任一届。如果国民议会有超过2/3的议员投票赞成任命某人连任第二届总督,则可连任。但是任何人都不能连任三届。巴布亚新几内亚独立以来的历任总督及其任期参见表4-1。

表4-1　巴布亚新几内亚独立以来的历任总督

	总督	任期
第一任	约翰·吉斯(John Guise)	1975年9月16日~1977年3月1日
第二任	托尔·洛科洛科(Tore Lokoloko)	1977年3月1日~1983年3月1日
第三任	金斯福德·迪贝拉(Kingsford Dibela)	1983年3月1日~1989年3月1日
第四任	伊格内休斯·基拉奇(Ignatius Kilage)	1989年3月1日~12月31日
	(代理)丹尼斯·扬(Dennis Young)	1990年1月1日~2月27日
第五任	塞雷·艾里(Serei Eri)	1990年2月27日~1991年10月4日
	(代理)丹尼斯·扬(Dennis Young)	1991年10月4日~11月11日
第六任	维瓦·科罗维(Wiwa Korowi)	1991年11月11日~1997年11月20日
第七任	西拉斯·阿托帕尔(Silas Atopare)	1997年11月20日~2003年11月21日
	(代理)比尔·斯卡特(Bill Skate)	2003年11月21日~2004年5月28日
	(代理)杰弗里·纳佩(Jefferg Nape)	2004年5月28日~6月29日
第八任	保莱阿斯·马塔内(Paulias Matane)	2004年6月29日~2010年12月13日
	(代理)杰弗里·纳佩(Jefferg Nape)	2010年12月13日~2011年2月25日
第九任	迈克尔·奥吉奥(Michael Ogio)	2011年2月25日~

如果总督一职暂时出现空缺、总督被停职,总督休假、出国,或不能履行职责等情况,则由国民议会议长暂时担任代理总督,如果议长一职也

出现缺位或议长也正在停职、休假、出国、无法迅速取得有效联系或出现其他议长不能履职或不便履职的情况，则由首席法官（必须是巴布亚新几内亚公民）担任代理总督。议长或首席法官担任代理总督期间，不得行使或履行议长，首席法官之职之外的所有其他权利、职责和义务。

二 国民议会

巴布亚新几内亚独立后，设立一院制的国民议会。根据《巴布亚新几内亚独立国宪法直接过渡条款规定》，独立前的第三届巴布亚新几内亚众议院从独立之日起，直接成为巴布亚新几内亚第一届国民议会，原议长、议员和各委员会委员不变。国民议会是巴布亚新几内亚最高权力机关、立法机构，享有立法权和预算审批权。

（一）议员的构成及选区的划分

1977年8月，巴布亚新几内亚召开第二届国民议会。自本届议会起，国民议会的席位数由103个增加到109个，其中20个席位分别代表着全国19个省和国家首都区，当选该议席者自动成为该省的省长和国家首都区行政长官；另89个席位产生于按人口平均划分的公开选区。由于巴布亚新几内亚的国民整体属于美拉尼西亚人种，社会结构比较原始，居民的国家观念不强，因此在国民议会选举时，巴布亚新几内亚政府以巴布亚地区、高地地区、莫马塞地区、岛屿地区为基础划分为四个选区。除法定的经选举产生的109名议员外，国民议会还可随时指定1人（非议员）担任议会的指定议员，此项任命须经国民议会全体议员2/3多数票通过；总督可以任命3名议员，以代表某些特别利益。投票方式由选举人在选票中注明对被选举人的优先选择顺序，改为只在选票上注明他选定的候选人。每年的国民议会会期一般分为3月、5月、11月三个阶段，其余时段为休会期。每次会议总时间不得少于9个周。各类法案的通过都实行举手表决制，国民议会工作人员负责计票。通过任何法案必须至少有83票为赞成票。

2012年5月，随着赫拉省、吉瓦卡省的增设，国民议会的议席数增加到111个，其中22个席位被20个省的省长、布干维尔自治区自治政府主席以及国家首都区行政长官所拥有，其他89个席位的产生途径不变。6月23日至7月6日，巴布亚新几内亚召开第九届国民议会，人民进步党的西奥多·佐伦诺克（Theodore Zurenuoc）当选为新一届国民议会议长。巴布亚新几内亚独立以来国民议会历届议长及任期参见表4-2。

表4-2　巴布亚新几内亚独立以来国民议会历届议长

	议长	任期
第一任	巴里·霍洛韦（Barry Holloway）	1975年9月～1977年8月
第二任	金斯福德·迪贝拉（Kingsford Dibela）	1977年8月～1980年3月
第三任	塞弗塞·莫雷亚（Severse Morea）	1980年3月～1982年11月
第四任	蒂莫西·邦加（Timothy Bonga）	1982年11月～1985年11月
第五任	布朗·西纳莫伊（Brown Sinamoi）	1985年11月～1987年8月
第六任	丹尼斯·扬（Dennis Young）	1987年8月～1992年7月
第七任	比尔·斯卡特（Bill Skate）	1992年7月～1994年8月
第八任	拉比·纳马柳（Rabbie Namaliu）	1994年8月～1997年7月
第九任	约翰·蓬达里（John Pundari）	1997年7月～1999年7月
第十任	伯纳德·纳罗柯比（Bernard Narokobi）	1999年7月～2002年8月
第十一任	比尔·斯卡特（Bill Skate）	2002年8月～2004年5月
第十二任	杰弗里·纳佩（Jefferg Nape）	2004年5月～2012年8月
第十三任	西奥多·佐伦诺克（Theodore Zurenuoc）	2012年8月～

（二）议员的产生及权利

国民议会所有议员都是通过普选产生的。由于国民议会每5年召开一届，因此，议员每一届任期为5年。

关于选民资格，宪法规定凡18岁以上的巴布亚新几内亚公民都享有选举权，无任何财产限制。但下述人员不能参加选举：被判处死刑和徒刑者；从选举的第一个投票日往前推算3年以内曾被判有罪者；根据基本法或国民议会法令的规定，犯有与选举有关的罪行者。

关于议员候选人的资格，宪法规定议员候选人法定年龄为25岁，且必须出生在其参加竞选的选区内，或者在选举前已在该选区连续居住2年以上或以前曾连续在该选区居住5年以上。候选人还需事先向选举委员会缴纳1000基那的提名费。属下列情形之一者，没有资格成为或继续作为国民议会的议员：无权参加国民议会投票选举者；精神病患者；因渎职被解职者；已经判处死刑或9个月以上徒刑者。

巴布亚新几内亚的议员选举办法与澳大利亚基本相似，是在经修改过的优先投票制的基础上进行的。每个选民投两次票，一次投给省级选区的候选人，一次投给地方选区的候选人，实行非强制性投票。在投票过程中，选民有权同时投选票上列出的所有候选人的票，并在选票上将候选人按优先顺序来进行排列。如果在第一轮投票中，没有一个候选人能获得绝对多数票，则该轮得票最少的候选人即被淘汰。在第二轮投票中，相同的程序会在剩下的候选人中再次进行。这一过程不断重复，直到有一个候选人获得绝对多数票为止，获得最多选票的人当选为议员。巴布亚新几内亚对于议员的连选、连任都没有任何限制。关于改选，只有当法院裁决选举无效时才进行。

议员的权利主要包括提案权、主持国民议会讨论权、投票权、质询权等。议员在行使其职权时，可以向国民议会提出请求、问题、议案、动议等，在国民议会内享有言论自由，在行使权利或履行职责、义务时免受司法管辖、免受民事和刑事司法程序，在国民议会召开期间、会期以前3天由其所在选区出发出席国民议会途中，或国民议会闭会后返回选区途中，不得因民事债务问题而被逮捕。

议员遇有下列情形之一时，其议员资格即丧失：议员被任命为总督；议员以书面形式通知议长辞去其议员职务，议员未经国民议会准假，连续三次会期不出席国民议会会议（除非国民议会认为理由充分，决定免予执行此项规定）；议员直接或间接地利用其在国民议会的服务，领取过或同意领取报酬（除非根据国民议会法令的授权）；议员去世；议员在担任公职过程中，因渎职罪而被解职。

（三）国民议会的组织结构

巴布亚新几内亚国民议会的议长、副议长由国民议会根据议会议事规则从议员中秘密投票选出。国民议会的议长每届任期5年，其职权包括：

根据宪法性法律、国民议会法令与议会议事规则并在它们的约束下，维护国民议会的尊严，维持国民议会秩序，控制国民议会程序，管理国民议会事务。如果议长职务出现缺位或议长出国、议长暂时离开国民议会，以及出现宪法性法律、议会法令或议会议事规则规定的其他类似情况，副议长享有议长的一切权利、特权、职责和义务。议长本人如果提出辞职申请，应将辞呈送交给国民议会秘书。

国民议会设立公共账目委员会等常设委员会，对应于政府的各个主要部门。国民议会可随时决定建立有关议会常设委员会，并可在宪法规定的范围内通过基本法、国民议会法令、议会议事规则或其他法令。国民议会常设委员会均设立主席和副主席，原则上一人是国民议会中公认的致力于支持政府的议员，另一人则是被国民议会公认为不支持政府的主要政党、团体或党团联盟的成员。国民议会常设委员会的主席和副主席有权充分接触其责任与本委员会权限和职责有关的各个部长，有权通过部长的安排，充分接触下属部门负责人。政府各部门在重大政策问题上应向相关的国民议会常设委员会的主席和副主席通报和协商，主席和副主席应将重大政策问题扼要通报给本常设委员会的成员。

国民议会还出于某些特殊的原因，建立专门委员会、特别委员会或其他委员会，如在国家紧急状态时期，成立处理紧急状态事务的国民议会紧急状态委员会，可随时召集会议。在保证该委员会成员能够随时出席会议的前提下，该委员会原则上应该在全国各个地区或国民议会各党派团体中具有广泛的代表性。如果紧急状态开始时国民议会不处于会期中，尚未依照规定建立起紧急状态委员会，则国民议会应成立临时紧急状态委员会来承担紧急状态委员会的相关工作。

（四）国民议会的职权

《巴布亚新几内亚独立国宪法》明确规定，国家立法权授予国民议会，宪法性法律的任何规定都不能使国民议会永久性地转让立法权或者使国民议会放弃立法权。在遵从宪法的前提下，国民议会可制定有利于国内外和平、秩序和建立好政府、为人民谋福利的各种法律。议会法令在国内和国外均具有效力，可以在不违背宪法的情况下，规定便于执行或贯彻宪法的所有事项。议长将根据议会议事规则证明某项法律系由国民议会制定，法律自立法证书签发之日起生效。就宪法而言，国民议会制定的由宪法明确授权、由基本法作出规定的事项，且与宪法不相违背，以基本法名义颁布的法律属基本法。基本法只能以基本法加以修正或由宪法加以修正。基本法可以作出本来可由议会法令作出的规定，也可以要求议会法令作出本来可由基本法作出的规定，但是任何类似规定都可以凭其他议会法令所要求的同样多的票数加以修正。

（五）国民议会选举改革

为稳定政治局势，解决因采用简单多数原则而导致议员选举的大起大落、议员和政府更换频繁等问题，1991年7月，国民议会修正不信任案，规定了"政治安全期"制度，即新政府组成后的18个月内，以及政府即将届满前的18个月内，国民议会内的反对党联盟不得提出任何针对政府的不信任案。

2000年11月，梅克雷·莫劳塔总理推动国民议会通过《政党行为规范法案》，对议员跳党、议员投票权等作出明确规定。[①]

2002年8月索马雷政府成立后，进行了国民议会选举改革，废除简单的多数票制度，加强政党体制建设，限制独立的小党联盟的影响。

2013年2月，国民议会再次通过延长"政治稳定期"法案，规定新政府成立30个月内，任何人不得在国民议会内发起针对总理的不信任投票。9月，该法案被写入宪法，并规定提出对政府不信任案须由1/3以上的议员联署并在表决前公示3个月。[②]

三 内阁

内阁是国民议会的执行部门，担负着妥善行使政府行政权力以及完成国家行政委员会授权的一切工作，并通过国民议会集体对全体国民负责。

[①] 王成家：《各国概况——美洲 大洋洲》，世界知识出版社，2002，第258页。
[②] 《巴布亚新几内亚国家概况》，中华人民共和国驻巴布亚新几内亚大使馆网站，http：//pg.china-embassy.org/chn/bxgk/t1288434.html，2015年12月27日浏览。

第四章　独立后的政体结构与国防军事

内阁设立的总理必须从国民议会选出的若干名议员中选任内阁部长，由总督根据总理的建议予以任命。部长人数（不包括总理）由基本法确定，但最少不得少于6人，最多不得超过当时国民议会议员总数的1/4。非议会成员没有资格被任命为部长，所有内阁成员及各省省长均由议员担任。各部部长一律不得担任议长或副议长职务，也不得成为国民议会常设委员会或议会其他委员会的成员。如果议长或副议长成为部长，则其所遗留的议长或副议长职务缺位。

根据《巴布亚新几内亚独立国宪法》的不信任动议规定，如果国民议会通过对总理或某位部长的不信任动议，则由总督解除他们的职务。对总理、内阁或某位部长的不信任案动议，应至少提前1周通知国民议会全体议员，由不少于议员总数1/10的议员签名，按照议会议事规则提出。如果议长通知国民议会，由负责全国执业医生登记或发照工作的全国主管部门指定的两名执业医生，根据他们的职业经验，认为总理在身体和精神方面不再适合履行其职务，总督可以根据国民议会的决议免除总理的职务。内阁成员除去世、辞职、失去担任内阁成员的资格、被免职外，须一直任职到任命下一任总理时为止。内阁成员如果由于大选的原因不再担任国民议会议员，但又在其他方面仍然具备议员资格者，应继续担任内阁职务直到任命下一任总理时为止。

四　政府

根据《巴布亚新几内亚独立国宪法》的规定，在国民议会选举中获得多数票的政党组成政府，席位最多的政党领袖担任政府首脑。如果没有一个单一政党获得多数，则可以由多个政党组成政党联盟，共同组阁，并对国民议会负责。

政府首脑是内阁总理。总理由选举中获胜的政党领袖担任。总理职位要在国民议会提出人选的基础上，由总督根据国民议会的决议任命产生，任命时间通常在大选之后国民议会的第一次会期，也可以在其他应该任命总理的特殊情形下即时任命。准备任命总理时，国民议会应在完成所有程序性事项、任命总督与议长之后的下一个会议日，将总理的任命问题作为

巴布亚新几内亚历史与现状

第一个事项来考虑。

巴布亚新几内亚自独立以来,迈克尔·索马雷在1975~1980年、1982~1985年、2002~2010年三次当选为总理;朱利叶斯·陈在1980~1982年、1994~1997年两次当选为总理;帕亚斯·温蒂也在1985~1988年、1992~1994年两次当选为总理。现任总理是2011年8月当选的彼得·奥尼尔。巴布亚新几内亚独立以来的历任总理及其所属党派和任期参见表4-3。

表4-3 巴布亚新几内亚独立以来的历任总理

	总理	所属党派	任期
第一任	迈克尔·索马雷 (Michael Somare)	巴布亚新几内亚联盟党	1975年9月16日~1980年3月11日
第二任	朱利叶斯·陈 (Julius Chan)	人民进步党	1980年3月11日~1982年8月2日
第三任	迈克尔·索马雷 (Michael Somare)	巴布亚新几内亚联盟党	1982年8月2日~1985年11月21日
第四任	帕亚斯·温蒂 (Paias Wingti)	人民民主运动党	1985年11月21日~1988年7月4日
第五任	拉比·纳马柳 (Rabbie Namaliu)	巴布亚新几内亚联盟党	1988年7月4日~1992年7月17日
第六任	帕亚斯·温蒂 (Paias Wingti)	人民民主运动党	1992年7月17日~1994年8月30日
第七任	朱利叶斯·陈 (Julius Chan)	人民进步党	1994年8月30日~1997年3月27日
	(代理)约翰·吉海诺 (John Giheno)	人民进步党	1997年3月27日~6月2日
	(代理)朱利叶斯·陈 (Julius Chan)	人民进步党	1997年6月2日~7月22日
第八任	比尔·斯卡特 (Bill Skate)	人民全国代表大会党	1997年7月22日~1999年7月7日

第四章　独立后的政体结构与国防军事　The Past and Present of Papua New Guinea

续表

	总理	所属党派	任期
	（代理）亚伊罗·拉萨罗 （Ialro Lasaro）	人民民主运动党	1999年7月7~14日
第九任	梅克雷·莫劳塔 （Mekere Morauta）	人民民主运动党	1999年7月14日~2002年8月5日
第十任	迈克尔·索马雷 （Michael Somare）	国民联盟党	2002年8月5日~2010年12月13日
	（代理）萨姆·阿巴尔 （Sam Abal）	国民联盟党	2010年12月13日~2011年8月2日
第十一任	彼得·奥尼尔 （Peter O'Neill）	人民全国代表大会党	2011年8月2日~

目前，巴布亚新几内亚的政府机构分为中央政府、省级政府和地方政府三级。

（一）中央政府

2012年6月23日至7月6日，巴布亚新几内亚召开第九届国民议会，人民全国代表大会党获得议会111个席位中的27个席位，而后与国民联盟党、联合资源党、人民党、人民进步党，以及胜利、传统与实力党等组成最新一届内阁，开始了以人民全国代表大会党为执政党的联合执政时期。内阁成员共有33名，其中人民全国代表大会党13名，胜利、传统与实力党4名，国民联盟党和联合资源党各3名，人民党和人民进步党各2名，联合党、人民民主运动党、土著人民党（Indigenous People's Party）、社会民主党（Social Democratic Party）、我们发展党（Our Development Party）、独立人士（Independent）各1名。巴布亚新几内亚新一届政府机构各部门负责人及所属党派参见表4-4。

奥尼尔政府成立后，制定了2012~2017年主要发展议程：推动宪法和法律改革，消除政治不稳定性；促进政府各部门的和谐、团结并保持各自独立性；促进与澳大利亚和新西兰的投资和自由贸易；成立反腐独立委员会；审核中长期发展规划，为各省、区和地方政府提供年度资金用于有

表4-4 巴布亚新几内亚新一届政府机构及负责人

政府机构名称	负责人	所属党派
总理	彼得·奥尼尔(Peter O'Neill)	人民全国代表大会党
副总理兼政府间关系部	利奥·戴恩(Leo Dion)	胜利、传统与实力党(2014年转入人民全国代表大会党)
外交与移民部	伦宾克·帕托(Rimbink Pato)	联合党
国防部	费边·伯克(Fabian Pok)	联合资源党
司法与律政部	克兰加·库阿(Kerenga Kua)	国民联盟党
警察事务部	尼克松·杜邦(Nixon Duban) (后)罗伯特·艾特雅法(Robert Atiyafa)	人民全国代表大会党 独立人士
教养事务部	吉姆·斯玛塔比(Jim Simatab)	国民联盟党
宗教、青年与社区发展部	罗吉亚·托尼(Loujaya Tony,女) (后)黛利拉·戈尔(Delilah Gore,女)	土著人民党 人民全国代表大会党
自治区事务部	史蒂文·卡马(Steven Kamma)	联合资源党
国家计划与监控部	查尔斯·阿贝尔(Charles Abel)	人民全国代表大会党
财政部	詹姆斯·马拉佩(James Marape)	人民全国代表大会党
国库部	唐·波利(Don Polye) (后)帕特里克·普鲁埃奇(Patrick Pruaitch)	胜利、传统与实力党 国民联盟党
土地与城市规划部	本尼·艾伦(Benny Allan)	人民全国代表大会党
工程与执行部	弗朗西斯·阿韦萨(Francis Awesa)	人民全国代表大会党
石油与能源部	威廉·杜马(William Duma) (后)尼克松·杜邦(Nixon Duban)	联合资源党 人民全国代表大会党
矿业部	拜伦·詹姆斯·陈(byron James Chan)	人民进步党
国营企业与国家投资部	本·迈卡(Ben Micah)	人民进步党
贸易、商业与工业部	理查德·马鲁(Richard Maru)	独立人士
农业与畜牧业部	阿西克·汤米·汤姆斯科尔(Asik Tommy Tomscoll)	人民民主运动党
渔业与海洋资源部	马奥·泽明(Mao Zeming)	人民全国代表大会党
林业与气候变化部	帕特里克·普鲁埃奇(Patrick Pruaitch) (后)道格拉斯·汤姆里萨(Douglas Tomuriesa)	国民联盟党 人民全国代表大会党

第四章　独立后的政体结构与国防军事

续表

政府机构名称	负责人	所属党派
交通运输部	阿诺·帕拉(Ano Pala) (后)威廉·杜马(William Duma)	人民全国代表大会党 联合资源党
民用航空部	戴维斯·史蒂文(Davis Steven)	人民党
环境保护部	约翰·蓬达里(John Pundari)	人民党
教育部	帕鲁·艾希(Paru Aihi)	人民全国代表大会党
高教、研究与科技部	戴维·阿罗拉(David Arore) (后)黛利拉·戈尔(Delilah Gore,女) (后)马拉凯·塔巴尔(Malakai Tabar)	胜利、传统与实力党 人民全国代表大会党 美拉尼西亚自由党
通信与信息技术部	吉米·米瑞托罗(Jimmy Miringtoro)	人民全国代表大会党
旅游、艺术与文化部	博卡·孔德拉(Boka Kondra)	人民全国代表大会党
卫生与艾滋病防控部	迈克尔·马拉巴格(Michael Malabag)	人民全国代表大会党
体育与太平洋运动会部	贾斯汀·特卡琴科(Justin Tkatchenko)	社会民主党
劳动与产业关系部	马克·马伊帕卡伊(Mark Maipakai) (后)本杰明·波波纳瓦(Benjamin Poponawa)	胜利、传统与实力党 人民全国代表大会党
公共服务部	普卡·特姆(Puka Temu)	我们发展党
住房与城市发展部	保罗·伊塞克拉(Paul Isikiel)	人民全国代表大会党

影响力的项目；国家优先考虑教育、医疗、反腐和基础建设项目；液化天然气项目；法律秩序；公共部门改革；推动公民从事商业、体育和文化事业；公私合作政策；外交政策等。①

（二）省级政府

巴布亚新几内亚独立后，原有的行政区划——区全部改为省。1976

---

① 《巴布亚新几内亚第九届国会召开　新政府发展议程公布》，中华人民共和国驻巴布亚新几内亚大使馆经济商务参赞处网站，http://pg.mofcom.gov.cn/article/jmxw/201208/20120808297288.shtml，2015年3月26日浏览。

年6月，国民议会同意把建立省政府的条款写进宪法。1977年2月，国民议会又通过一项组织法，规定了省政府的权力和职责，作为宪法修正案附在宪法上。目前，巴布亚新几内亚全国有22个省级行政单位。根据1997年巴布亚新几内亚政府颁布的《省政府行政管理法》规定，各省都有自己独立的政府和议会，分别依照巴布亚新几内亚组织法规定的程序产生，包括省长。各省民众地位平等，享有宪法所规定的宗教、思想意识和言论自由，有政治选择权。特别规定妇女有完全的政治权利，可以参加政治选举，也可以当选为省议员。根据法律规定，各省政府可以制定有关村社学校、销售酒水和汽车执照颁发、公共娱乐、供给住宅、文化中心、运动委员会、村社法庭等法律。在村社和农村发展、农业和家畜、捕鱼、卫生、省级中学和职业培训中心、旅游、家庭和婚姻法、宣传工具（报纸、杂志、广播、电视等）、交通、通信、省级法庭等方面，省议会与国民议会共同分享立法权。如果省政府提出的法规与国家制定的法律有抵触或重复则无效。各省政府有权指示公务人员贯彻执行省的法规。中央政府也可授权省政府加强对该省有影响的国家法规的贯彻执行。

各省政府由经过选举产生的省议会、省行政委员会、省秘书处组成。省议会至少要有15名选举产生的议员，负责制定省内法律，决定省内政策。省行政委员会行使省内的执行权。省长和副省长由省议会议员选举产生。省长担任省行政委员会主席，委任其他行政委员会委员。省秘书处首脑为行政书记，负责管理所有在该省工作的公务人员，直接对省行政委员会负责。省级公务人员仍属国家公务机构中的一部分，国家公务委员会虽分权给省管理秘书处，但他们还是要给予省级公务人员专业技术培训和经济支持。各省政府还有权建立和管理处理地方事务的地方政府。

（三）地方政府

巴布亚新几内亚的每个省下设若干个行政区，但各省所设立的区的数量并不相同，如莫罗贝省下设9个区，东高地省下设8个区，海湾省、西新不列颠省、新爱尔兰省、北部省各设立2个区，而马努斯省仅设立1个区。目前，全国共设有86个区、283个地方政府。

地方政府代表若干村社，负责维修所辖地区的道路、桥梁、房屋、供水和其他集体服务事业,其资金来源,除中央政府和省政府补助外,还可以自己征收地方税、公用费、捐税和罚款。

五 权力之争

近年来,巴布亚新几内亚政府内部矛盾不断凸显,权力争夺不断升级,并引发了军队的骚乱。

(一)迈克尔·索马雷与普卡·特姆的争斗

2002年8月以来,迈克尔·索马雷为首的国民联盟党连续两次组阁。但随着副总理兼土地、城市规划与矿业部部长普卡·特姆人气的上升,最终引发国民联盟党的严重分裂。2010年7月19日,普卡·特姆与文化部部长查尔斯·阿贝尔、林业部部长贝尔登·纳马赫、司法部部长阿诺·帕拉(Ano Pala)公开站到反对党一边,普卡·特姆自任反对党领袖,召开秘密会议,准备争取更多的执政党议员在次日的国民议会上对索马雷政府提出不信任案,进而取代总理迈克尔·索马雷。7月20日,普卡·特姆采用巴布亚新几内亚政治对决的传统方式,在莫尔兹比港搭建阵营,挑战迈克尔·索马雷。而迈克尔·索马雷却在国民议会复会时增补了5名内阁部长,并任命唐·波利(Don Polye)为副总理兼交通与民航部部长,继续保持在国民议会的支配地位。普卡·特姆为首的反对党没有取得超过半数的55票,对政府的不信任案没有通过。普卡·特姆与迈克尔·索马雷决裂后,又准备在7月21日的国民议会上与迈克尔·索马雷一决雌雄。而迈克尔·索马雷却要求国民议会议长杰弗里·纳佩(Jefferg Nape)休会,直到11月16日,不给普卡·特姆投票表决的机会。以萨姆·布拉希尔(Sam Brashear)为代表的部分反对派议员离开议会时,称迈克尔·索马雷是"独裁者",还侮辱了他的儿子、公共企业部部长阿瑟·索马雷(Arthur Somare)。普卡·特姆请求国民议会驳回迈克尔·索马雷的要求,但遭到杰弗里·纳佩的拒绝。由此,索马雷政府挫败了反对党不信任投票动议,由萨姆·阿巴尔继任副总理兼工程部部长。

(二)迈克尔·索马雷与彼得·奥尼尔的政治角力

2011年8月起,巴布亚新几内亚国内发生了迈克尔·索马雷与彼得·奥尼尔关于总理合法性之争。

8月2日,人民全国代表大会党领袖、时任巴布亚新几内亚财政与国库部部长的彼得·奥尼尔与反对党议员联合国民联盟党部分议员,以迈克尔·索马雷总理连续三次缺席国民议会会议、总理职位出现空缺为由,扳倒代总理萨姆·阿巴尔领导的内阁,国民议会以70:24的优势票,选举彼得·奥尼尔为总理。然而,最高法院却于12月12日裁决彼得·奥尼尔当选无效,宣布恢复原总理迈克尔·索马雷的职务。但国民议会拒绝执行最高法院的裁决,再次以绝对多数票优势选举彼得·奥尼尔为总理。由此造成政治僵局,迈克尔·索马雷与彼得·奥尼尔均声称自己是合法总理。

2012年1月26日,支持迈克尔·索马雷总理的前驻印度尼西亚武官原国防军退役上校约拉·萨萨(Yaura Sasa)带领10多名武装人员,攻入国防军总部默里军营,控制陶洛马军营,软禁了支持彼得·奥尼尔总理的国防军司令弗朗西斯·阿格威(Francis Agwi)准将,自任国防军司令。次日,这场不流血的兵变被平息。5月21日,最高法院再次裁决彼得·奥尼尔当选总理无效,迈克尔·索马雷为合法总理。5月24日,副总理兼林业与气候变化部部长贝尔登·纳马赫带人拘捕了最高法院首席大法官萨拉莫·因吉阿(Salamo Injia),并以煽动叛乱罪名提起诉讼。5月25日,约30名警察封锁了通往国民议会的道路,旨在阻止以彼得·奥尼尔为总理的政府召集议员开会。随后,政府方面调集40多名警察,维持秩序。5月30日,国民议会再次选举彼得·奥尼尔为总理。

巴布亚新几内亚立法部门和行政部门刻意削弱司法部门的权力,对巴布亚新几内亚的司法独立产生了负面影响。2012年3月,巴布亚新几内亚国民议会通过《司法行为法》,授权政府可建立独立的机构专门处理法官的不当行为。这项新法规是一部被用来专门干预司法程序以确保现行政府合法性的法律文件。当最高法院指出建立此类机构属于违反宪法后,国民议会旋即又通过另一项法律,规定不执行前法的法官将被施以刑事制裁。对此,联合国人权事务高级专员纳威·皮莱(Navi Pillay)认为巴布亚新几内亚政府的做法已经违反了国际人权标准,声称"必须消除外在压力,消除威胁或是来自立法、行政方面的影响,以确保司法权的独立运行，这在国际法中是有明确规定的。"①

（三）奥尼尔政府中的争斗

2014年3月，奥尼尔政府内部发生了一场剧烈的权力角逐。彼得·奥尼尔总理以"秘密开会商议要推翻总理奥尼尔""制造不稳定"的理由，撤销了石油与能源部部长威廉·杜马（William Duma）、国库部部长唐·波利、劳动与产业关系部部长马克·马伊帕卡伊（Mark Maipakai）和高教、研究与科技部部长戴维·阿罗拉（David Arore）的职务，分别以警察部部长尼克松·杜邦（Nixon Duban）、林业与气候变化部部长帕特里克·普鲁埃奇（Patrick Pruaitch）、本杰明·波波纳瓦（Benjamin Poponawa）、黛利拉·戈尔（Delilah Gore，女）取而代之，任命罗伯特·艾特雅法（Robert Atiyafa）、道格拉斯·汤姆里萨（Douglas Tomuriesa）分别为警察事务部和林业与气候变化部部长。唐·波利、马克·马伊帕卡伊、戴维·阿罗拉3人是执政联盟中第二大党胜利、传统与实力党成员，并且唐·波利被视为未来总理的可能人选。不久，巴布亚新几内亚副总理兼政府间关系部部长利奥·戴恩等6人转而加入人民全国代表大会党，胜利、传统与实力党在国民议会中的席位由12个减至6个，9月被逐出执政联盟，成为国民议会中的反对党，唐·波利取代贝尔登·纳马赫成为新的反对党领袖。而人民全国代表大会党成员在内阁中增加到16人，议席增至近60个，执政联盟占国民议会111个席位中的100个席位。② 巴布亚新几内亚政局进入稳定期，为社会经济的发展奠定了政治基础。

第二节　司法制度

巴布亚新几内亚作为英联邦成员国之一，其法律体系完全仿效英国。

---

① 《联合国：关切巴布亚新几内亚法治现状》，《人民法院报》2012年6月8日，第8版。
② 《巴布亚新几内亚国家概况》，中华人民共和国驻巴布亚新几内亚大使馆网站，http://pg.china-embassy.org/chn/bxgk/t1288434.htm，2015年12月26日浏览。

巴布亚新几内亚历史与现状

《巴布亚新几内亚独立国宪法》明确规定：司法体系完全独立于政府之外，具有完全的独立性，不受政治干预，法院在做任何决定时也不受政府和国民议会政治压力的影响。司法体系在没有国家宪法专门规定和授权的情况下，无论是负责全国司法工作的部长，还是全国司法体系之外的其他任何人员或主管部门（国民议会通过立法程序不在此限），都无权就司法权力或司法职能的行使、对司法体系内的任何法院或任何法院的成员发布指示。与此同时，巴布亚新几内亚也采用一些传统的理念，特别是与土地有关的法律案件，通常依据当地的习惯做出裁定。

巴布亚新几内亚的司法管理部门有最高法院、国家法院、地方法院、少年法院等。现任最高法院首席大法官为萨拉莫·因吉阿。

一　最高法院

最高法院由首席法官、副首席法官及国家法院28名法官（不含代理法官）组成。在开庭审问时，必须有3名法官一同出庭，其中1人负责审问。

最高法院又称上诉法院，是巴布亚新几内亚的国家最高司法仲裁机构和最高司法机关，是国家的最高级法院，也是上诉的终审法院，有权审查国家法院的所有决定，有权解决应用和解释宪法的有关问题，也有权惩处违抗法院的行为（通常称为"蔑视法庭罪"），但该项权力的行使须受国民议会法令的约束。在国民议会法令或最高法院规程规定的案件中，最高法院的司法权限可以由该法院的一名法官行使，也可由多名法官共同行使；既可以在法庭上行使，也可以在法官议事室行使，可根据议会法令与最高法院规程的具体规定确定。

最高法院的规程由最高法院的法官按最高法院的惯例和程序来制定，但不得与宪法性法律或议会法令相矛盾。如果最高法院规程与生效的议会法令有分歧，则须将与议会法令不一致的地方停止生效。最高法院规程应于制定之后，在可行情况下尽快由首席法官送交给国民议会议长，再由议长提交给国民议会，国民议会对最高法院规程拥有否决权。

最高法院的法官需定期向总督送交国家司法系统的工作报告，以及他们认为适当的改进建议，总督审阅后，再提交给国民议会。送交报告的时间由议会法令规定，或在这种法令的约束范围内由总督根据国家行政委员会的建议加以规定，但每年至少要提交一次报告。此外，法官还可以主动或根据国民议会、国家行政机关的要求，就国家司法系统的工作提出其他报告。

最高法院对于解释和运用宪法性法律条款的有关问题拥有司法审判权。最高法院以外的任何法院或裁决庭如果遇到涉及宪法性法律的解释或运用问题，应将问题提交最高法院，并采取暂停诉讼等其他适当步骤。国民议会和议长有权请求最高法院就涉及宪法性法律条款的解释和运用问题发表意见，最高法院就此发表的意见与最高法院的其他裁决具有同等的约束力。

二　国家法院

国家法院是国家的第二高级法院，由首席法官、副首席法官和 4 至 6 名其他法官组成。在开庭审问时，单独 1 名法官即可行使无限的裁判权。另外，根据议会法令的规定还可以有更多的法官（称代理法官），具备议会法令确定的法官任职资格者，可以被任命为国家法院的代理法官。他们在国家法院因故不能履行职责时填补空缺、应付医疗之外的临时性工作任务或国家法院其他紧急工作。代理法官的任命可以不受数量的限制。

国家法院拥有对一切运用司法权力的案例进行复审的固有权力，及宪法或其他法律赋予的其他司法权限和权力，但宪法性法律或议会法令所剥夺或限制的复审权除外。对于宪法性法律或议会法令所剥夺或限制的复审权，如果国家法院认为在某一特定案件的特殊情形下，公共政策方面的考虑具有压倒一切的意义，则国家法院在复查此类案件中仍然拥有其固有的权力。

国家法院对确定某人竞选议员或留任议员的资格问题、国民议会选举的合法性问题拥有司法权。国家法院有权惩处"蔑视法庭罪"，但该项权力的行使必须受议会法令的约束。

国家法院的法官可以就国家法院的惯例和程序、涉及国家法院的惯例和程序来制定国家法院规程，但不得与宪法性法律或议会法令相矛盾。如果国家法院规程与开始生效的议会法令有不一致的地方，则须将与议会法令不一致的地方停止生效。国家法院规程应于制定之后在可行情况下尽快由首席法官送交议长，再由议长提交给国民议会，国民议会对国家法院规程拥有否决权。

三　地方法院

巴布亚新几内亚的地方法院分为乡村法院和区域法院，它们都是较低级的法院，权力有限，由专职地方法官掌管。

乡村法院的法官从村民中选举产生，对他们的任命没有法定资格的限制。他们主要在农村进行司法活动，审问乡村发生的人身伤害事件或抢劫之类的简单案件，通常依据习惯法，由乡村法官在当事双方都在场的情况下进行判决或调解。

区域法院主要在城市进行司法活动。

四　司法部

巴布亚新几内亚的司法部负责与国家司法组织职责有关的所有事情，也负责司法部管辖的分支机构，包括国家律师处、户籍注册部门、公共管理机构、监狱机构、酒类审批发证委员会、公共检查员办事处、公共律师事务所等。

五　其他法律部门

根据实际工作需要，巴布亚新几内亚还建立了一些辅助性法庭和法律机构，如司法和法律工作委员会、公证机构、土地法庭、法律修正委员会等。

司法和法律工作委员会负责任命除首席法官、乡村法院法官以外的所有法官、公共检察员和公共律师。该委员会由司法部长牵头，包括副首席法官、巡视官首领和一个国民议会指定的成员。

公证机构由一个大法官和所有任命的、专职的地方法院的法官组成，管理并掌握所有的地方法院。

土地法庭是解决传统土地所有权纷争问题的法院。

法律修正委员会负责检查巴布亚新几内亚法律，还研究并采用对新的简化的管理法律和实施司法的新方法，也推荐能使那些法律适合巴布亚新几内亚不断变化需要的新方式和新思想。

近年来，为提高民众的生活质量，巴布亚新几内亚政府决定将维持法律和社会秩序列为中期发展战略的优先领域，通过实施法律与司法部门项目，加强正式法律和司法机构协调、运作，并将重点放在预防犯罪和恢复公正方面。2003年，成立了国家协调机构，由法律和司法部门的行政长官、警务处、惩教署等司法工作人员组成，其职责是执行政策和制订行动计划。政府拨付资金用于加强司法的基础设施建设。

第三节　主要政党

澳大利亚和新西兰是大洋洲实行两党制最典型的国家，基本上按照英国的政党模式建立。而巴布亚新几内亚则是大洋洲实行多党制最典型的国家。代表着不同阶级、不同阶层利益的政党层出不穷，直接影响着国家的政治走向和政局的稳定。《巴布亚新几内亚独立国宪法》规定，任何有政治目的的，并要提名候选人参加国民议会竞选或公开支持代表自己观点的候选人的政党或组织，都必须按组织法的详细规定在选举委员会登记；任何登记的政党或组织都必须向巡视官委员会申报财产收入及来源、与选举有关的或支持候选人的经费开支情况；禁止非巴布亚新几内亚公民参加任何巴布亚新几内亚政党或组织，也禁止非巴布亚新几内亚公民向巴布亚新几内亚政党或组织捐赠资金；为此，对非巴布亚新几内亚公民的公司和组织要作明确规定；严格限制政党或组织可接收的从任何来源的捐款数量；对政党或组织捐赠者，可将捐赠交给巡视官委员会或其他有关当局，以保证选举的公平，防止候选人受到外部，特别是外国和隐藏势力的各种影响。

《巴布亚新几内亚独立国宪法》规定，政党成立需要在政党注册处登记备案。每个政党须设有主席、秘书长和司库。在国民议会选举中获得2个或2个以上席位的政党须设立领袖。政党活动经费来自中央基金、个人捐款和政党的其他合法活动收入。政党可以在本党多数党员和四分之三议员同意的情况下与其他政党合并。①

《巴布亚新几内亚独立国宪法》规定各个政党可以单独或联合其他政党进行国民议会竞选,最终由在竞选中获得多数席位的政党或党派联盟组成政府。2000年11月,国民议会以压倒性多数票通过《政党行为规范法案》,规定各政党在每个选区只能提名一位候选人,当选后不得在任期内退出所属政党或加入其他政党,不得在总理选举、总理不信任案、全国预算审议、修宪等投票中违背本党意志,需服从该党对相关议题的集体决议。②

截至2012年3月13日,巴布亚新几内亚全国注册登记的政党共计41个。同年6月23日至7月6日,巴布亚新几内亚召开第九届国民议会,参加竞选的候选人(含独立候选人)共3097人。③ 其中人民全国代表大会党89人,巴布亚新几内亚党88人,国民联盟党75人,胜利、传统与实力党72人,巴布亚新几内亚联盟党60人,人民行动党51人,人民党49人,联合资源党48人,巴布亚新几内亚国家党(Papua New Guinea Country Party)46人,土著人民党44人,人民进步党和社会民主党各40人,巴布亚新几内亚宪政民主党(Papua New Guinea Constitutional Democratic Party)39人,人民联合议会党(People's United Assembly Party)29人,新一代党(New Generation Party)27人,我们发展党和明星联盟党(Stars Alliance Party)各22人,联合党20人,人民民主运动党19人,改革联盟党(Coalition for Reform Party)15人,美拉尼西亚自由党(Melanesian Liberal Party)5人,独立人士2197人。④ 在国民议会111个席位中,人民全国代

---

① 王家瑞:《当代国外政党概览》,当代世界出版社,2009,第1064页。
② 王家瑞:《当代国外政党概览》,当代世界出版社,2009,第1064页。
③ 巴布亚新几内亚的政治,https://en.wikipedia.org/wiki/Politics_of_Papua_New_Guinea,2015年3月20日浏览。
④ 巴布亚新几内亚的政治,https://en.wikipedia.org/wiki/Politics_of_Papua_New_Guinea,2015年3月20日浏览。

第四章　独立后的政体结构与国防军事

表大会党赢得 27 个席位，成为议会中的第一大党。胜利、传统与实力党有 12 个席位，巴布亚新几内亚党有 8 个席位，国民联盟党、联合资源党各有 7 个席位，人民党、人民进步党各有 6 个席位，社会民主党有 3 个席位，人民民主运动党、人民行动党、新一代党、美拉尼西亚自由党、改革联盟党、人民联合议会党各有 2 个席位，巴布亚新几内亚联盟党、土著人民党、我们发展党、巴布亚新几内亚宪政民主党、巴布亚新几内亚国家党、明星联盟党、联合党各有 1 个席位，独立人士有 16 个席位。[①]

其中在政坛上比较活跃的政党主要有以下十二个。

人民全国代表大会党　1994 年，由国民议会议长比尔·斯卡特创建。该党的宗旨是：团结全国人民，发展农业，实现自给，努力向农村地区提供政府公共服务；大力发展教育，加强卫生保健；改革公务员、国家财政和议员特别拨款制度，提高政府工作效率；通过和平手段解决布干维尔问题，实现民族和解。[②] 1997 年，在第六届国民议会选举后，与人民进步党联合组阁，比尔·斯卡特任总理。2002 年，在第七届国民议会选举中赢得 2 个席位，比尔·斯卡特任国民议会议长，彼得·奥尼尔任公共事务部部长。2004 年 5 月，比尔·斯卡特、彼得·奥尼尔因策划对索马雷政府的不信任案而被解职。之后，人民全国代表大会党加入反对党阵营，成为国民议会中最大的反对党，并由彼得·奥尼尔担任领袖。2007 年，在第八届国民议会选举中赢得 4 个席位，成为国民联盟党的联合执政党，党的领袖彼得·奥尼尔担任了财政与国库部部长；2011 年 8 月担任总理。2012 年 8 月，在第九届国民议会选举中赢得 27 个席位，成为议会中的第一大党，以其为核心组建了新一届联合政府，彼得·奥尼尔继续任总理。2013 年 5 月，国民议会中反对党的力量进一步削弱，人民全国代表大会党的议席增至 46 个。[③]

[①]　2012 年巴布亚新几内亚大选结果，http：//en. wikipedia. org/wiki/Papua_ New_ Guinean_ general_ election, _ 2012，2014 年 12 月 20 日浏览。
[②]　王家瑞：《当代国外政党概览》，当代世界出版社，2009，第 1067 页。
[③]　《巴布亚新几内亚反对党议席减至 6 位》，中华人民共和国驻巴布亚新几内亚大使馆经济商务参赞处网站，http：//pg. mofcom. gov. cn/article/jmxw/201305/20130500136228. shtml，2015 年 2 月 25 日浏览。

胜利、传统与实力党 2012年,由原国民联盟党副领袖、巴布亚新几内亚副总理兼交通与民航部部长唐·波利等创建。该党对内主张发展多元化经济,对外建立现代化的战略合作伙伴关系。在第九届国民议会选举中获得12个席位,成为执政联盟中第二大成员党。利奥·戴恩任副总理兼政府间关系部部长,唐·波利任国库部部长,戴维·阿罗拉任高教、研究与科技部部长,马克·马伊帕卡伊任产业关系部部长。2014年9月被驱出执政联盟后,成为国民议会中的反对党,唐·波利任反对党领袖。

巴布亚新几内亚党 2002年,由巴布亚新几内亚前总理、原人民民主运动党领袖梅克雷·莫劳塔创立。该党对内主张优先发展农业,改善农民生活;实行免费教育;减少政府对企业的干预,鼓励国有企业私有化,主张通过减税和加强经济与财政管理促进国家经济发展;加强公务员管理,提高政府工作效率;推行政治制度改革,促进国家的政治稳定。对外主张外交关系多元化,减少对澳大利亚的依赖,加强美拉尼西亚国家之间的合作,发展同东盟和其他亚洲国家的关系。① 2004年加入执政联盟,成为国民联盟党的联合执政党。2007年,在第八届国民议会选举中赢得8个席位,成为国民议会中最大的反对党。2012年,在第九届国民议会选举中再次获得8个席位,党的领袖贝尔登·纳马赫成为国民议会中反对党领袖。

国民联盟党 1996年,由原巴布亚新几内亚联盟党领袖、前总理迈克尔·索马雷创建。1999年合并了美拉尼西亚联盟、大自治运动党及独立人士。该党对内主张实行良政,通过权力下放实现国内发展;提倡发展私营企业和个体经营;提倡公有部门改革;发展金融部门,完善社会各层次的金融管理,保障公民有融资渠道从事本地经营;促进可再生农业和渔业的发展,实现国民经济的可持续发展;提倡本国自然资源的加工和制造在本地进行;保护土地和自然资源;改变土地部族所有制度,实行部分土地国有化;住房和城市化应当得到优先重视;采取综合措施减贫扶贫;大力发展教育、医疗、文娱和精神文明事业;打击违法犯罪行为,维护法制

---

① 王家瑞:《当代国外政党概览》,当代世界出版社,2009,第1066页。

和社会安定。对外奉行中立与和平共处的外交政策，积极参与地区和国际事务；支持国际联合反恐行动；主张加强太平洋岛国之间的政治、经济合作，并把外交重点转向中国、日本、韩国和东盟各国。[①] 2002 年，在第七届国民议会选举中赢得 19 个席位，成为议会中第一大政党，以其为核心组建了新一届政府，迈克尔·索马雷任总理。2006 年，西蒙·卡伊维（Simon Kaivi）、史蒂文·普卡文（Steven Pukawen）分别担任党的主席和总书记，由此引发国民联盟党的内讧，党的副领袖巴特·费利蒙（Bart Philemon）投奔反对党新一代党。2007 年，在第八届国民议会选举中赢得 27 个席位，仍保持着第一大党的地位，迈克尔·索马雷继续担任总理，并兼任自治与自治区事务部部长。2012 年年初，党的副领袖唐·波利另立胜利、传统与实力党，党的力量再度削弱，在第九届国民议会选举中仅获得 7 个席位，成为人民全国代表大会党的联合执政党，党的领袖帕特里克·普鲁埃奇任森林与气候变化部部长，克兰加·库阿（Kerenga Kua）任司法与律政部部长，吉姆·斯玛塔比（Jim Simatab）任教养事务部部长。

联合资源党 2002 年，在第七届国民议会选举中仅获得 1 个席位。2007 年，在第八届国民议会选举中赢得 5 个席位，成为国民联盟党的联合执政党，党的领袖威廉·杜马任石油与能源部部长。2012 年，在第九届国民议会选举中获得 7 个席位，成为人民全国代表大会党的联合执政党。威廉·杜马继续任石油与能源部部长，费边·伯克（Fabian Pok）任国防部部长，史蒂文·卡马（Steven Kamma）任自治区事务部部长。

人民党 2006 年，由约翰·蓬达里、戴维斯·史蒂文（Davis Steven）创立。该党主张建立一个公正、和平与健康教育的社会，改善人们的生活方式，给予人民真正的民主。党的基础是知识分子、企业家。2007 年，在第八届国民议会选举中赢得 3 个席位。2012 年，在第九届国民议会选举中获得 6 个席位，成为人民全国代表大会党的联合执政党。约翰·蓬达里任环境保护部部长，戴维斯·史蒂文任民用航空部部长。2013 年 1 月

---

① 王家瑞：《当代国外政党概览》，当代世界出版社，2009，第 1064 页。

14日，该党与人民全国代表大会党合并。

人民进步党 自1970年成立以来，党的领袖朱利叶斯·陈在1980～1982年、1994～1997年两次担任总理，1977～1978年、1985～1988年、1992～1994年三次担任副总理。后因受到指控，党的力量大大削弱，开始参与巴布亚新几内亚联盟党的政治活动。1997年，在第六届国民议会选举中赢得16个席位，迈克尔·纳利继任党的领袖，并任副总理兼贸易与工业部部长。2002年，在第七届国民议会选举中赢得9个席位，成为议会第三大政党，党的领袖艾伦·马拉特任副总理兼贸易与工业部部长。2003年艾伦·马拉特加入美拉尼西亚自由党后，安德鲁·贝英继任党的领袖，并担任渔业部部长。2007年，在第八届国民议会选举中仅获得3个席位，投入反对党阵营。2012年，在第九届国民议会选举中获得6个席位，成为人民全国代表大会党的联合执政党。党的领袖拜伦·詹姆斯·陈（Byron James Chan）任矿业部部长，本·迈卡（Ben Micah）任国营企业与国家投资部部长。

社会民主党 2010年，由国家首都区行政长官帕维斯·帕卡普（Powes Parkop）创立。2012年，在第九届国民议会选举中获得3个席位，成为人民全国代表大会党的联合执政党，贾斯汀·特卡琴科（Justin Tkatchenko）任体育与太平洋运动会部部长。

人民民主运动党 1985年3月，巴布亚新几内亚联盟党部分党员力主让年富力强的副总理帕亚斯·温蒂担任政治领袖，以保证该党在第四届国民议会选举时继续执政，但却遭到另一部分人的强烈反对。帕亚斯·温蒂即与15名党员退党，另建人民民主运动党。该党对内主张发展农业、林业和渔业，鼓励发展私人企业，改善劳资关系，减少政府对企业的干预，逐步实现工商业民族化，促进国家经济繁荣。对外奉行中立政策，主张外交关系多元化，推行面向亚洲的"北进政策"，同时注重发展同西方及澳大利亚的传统关系。该党具有较强的民族主义色彩，体现了年青一代人的思想，代表着国内中、下层人民的利益，得到知识界人士的大力支持。11月，与人民进步党、民族党等组成联合政府，帕亚斯·温蒂任总理。1988年7月成为国民议会中的反对党。1992年7月，在第五届国民

第四章 独立后的政体结构与国防军事　The Past and Present of Papua New Guinea

议会选举中,与人民进步党等联合组阁,帕亚斯·温蒂再次担任总理。1994年8月,该党失去执政地位,再次成为国民议会中的反对党。1997年7月,在第六届国民议会选举中,成为人民全国代表大会党的联合执政党。1998年10月,党的领袖亚伊罗·拉萨罗（Iairo Lasaro）继任副总理兼国库与计划部部长。1999年7月,该党与巴布亚新几内亚先驱党、人民进步党等组成联合政府,党的主席梅克雷·莫劳塔任总理兼财政与国库部部长。2002年,在第七届国民议会选举中赢得8个席位,成为国民议会中的反对党,帕亚斯·温蒂重新任党的领袖。2007年,在第八届国民议会选举中获得5个席位,成为国民联盟党的联合执政党,党的领袖迈克尔·奥吉奥任高教、研究与科技部部长（2011年任总督）。2012年,在第九届国民议会选举中获2个席位,阿西克·汤米·汤姆斯科尔（Asik Tommy Tomscoll）任农业与畜牧业部部长。

　　巴布亚新几内亚联盟党　1975~1980年、1982~1985年两次组阁,迈克尔·索马雷两次担任总理,该党为国民议会中的第一大党。1985~1986年,帕亚斯·温蒂、托尼·西亚古鲁（Tony Siaguru）等分别成立人民民主运动党和民族促进联盟,该党力量受到严重削弱,成为国民议会中的反对党。1988年拉比·纳马柳继任党的领袖后,担任了总理。1992年7月,在第五届国民议会选举中失败,丧失执政地位,杰克·吉尼亚（Jack Genia）继任党的领袖,再次成为国民议会中的反对党。1993年,迈克尔·索马雷、拉比·纳马柳相继退党,杰克·吉尼亚病逝,党的影响力下降。1994年8月成为人民进步党的联合执政党,党的领袖克里斯·海维塔任副总理兼财政与计划部部长。1997年7月,在第六届国民议会选举中,党的副领袖约翰·蓬达里当选为国民议会议长（两年后另建巴布亚新几内亚先驱党）,同时成为人民全国代表大会党的联合执政党。2000年12月,参加了人民民主运动党为执政党的联合政府。2002年,在第七届国民议会选举中赢得6个席位,成为国民联盟党的联合执政党,重新担任党的领袖的拉比·纳马柳先后任外交与移民事务部部长、财政部部长。2007年,在第八届国民议会选举中获得5个席位,继续与国民联盟党联合执政,党的领袖安德鲁·库姆巴卡（Andrew Kumbakor）任住房

123

及城市发展部部长。2012年,在第九届国民议会选举中仅剩1个席位。

联合党(United Party) 自1967年成立以来,一直活跃在巴布亚新几内亚政坛上。20世纪90年代起,由于内部分裂,势力逐渐削弱,在国民议会选举中连连失利。2002年,在第七届国民议会选举中赢得3个席位。2007年,在第八届国民议会选举中获得2个席位,成为国民联盟党的联合执政党,党的领袖鲍勃·达达埃(Bob Dadae)担任国防部部长。2012年,在第九届国民议会选举中仅剩1个席位,党的领袖伦宾克·帕托(Rimbink Pato)任外交与移民部部长。

人民行动党 1986年,由文森特·艾里(Vincent Eri)创立。2002年,在第七届国民议会选举中赢得5个席位,成为国民联盟党的联合执政党,党的领袖摩西·马拉迪纳(Moses Maradiener)任农业与畜牧业部部长。[①] 2007年,在第八届国民议会选举中获得6个席位,继续与国民联盟党联合执政,党的领袖加布里埃尔·卡普里斯(Gabriel Kapris)任商业与工业部部长。2012年,在第九届国民议会选举中仅获得2个席位。

由于巴布亚新几内亚党派政见差异不大,为了能够进入执政方,许多议员经常跳党。因此,巴布亚新几内亚各党派成员变化很快,很难统计各党党员人数。一些反对党成员为了在政府中获得职位或出于其他政治目的,还会在保持原有党籍的前提下加入执政党阵营。

第四节 行政区划与省区概况

目前,巴布亚新几内亚全国共划分为22个省级单位、86个区、283个地方政府。各省区的基本概况如下。[②]

一 中央省

位于新几内亚岛南方海岸。东接米尔恩湾省,南濒珊瑚海,西邻海湾

---

① 王成家:《世界知识年鉴(2003~2004)》,世界知识出版社,2003,第982页。
② 巴布亚新几内亚的省份,https://en.wikipedia.org/wiki/Provinces_of_Papua_New_Guinea,2016年1月5日浏览。

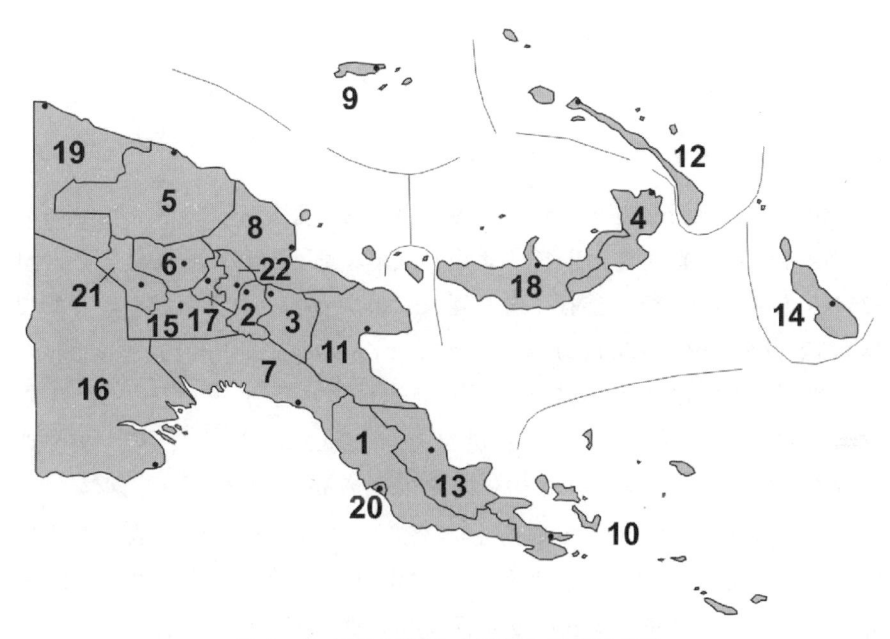

第四章　独立后的政体结构与国防军事　**The Past and Present of Papua New Guinea**

图4-1　巴布亚新几内亚行政区划示意图

巴布亚新几内亚22个省区示意图（阿拉伯数字代表省区及位置）
1. 中央省　　　2. 钦布省　　　3. 东高地省　　　4. 东新不列颠省
5. 东塞皮克省　6. 恩加省　　　7. 海湾省　　　　8. 马当省
9. 马努斯省　　10. 米尔恩湾省　11. 莫罗贝省　　　12. 新爱尔兰省
13. 北部省　　 14. 布干维尔自治区　15. 南高地省　 16. 西部省
17. 西高地省　 18. 西新不列颠省　　19. 桑道恩省　 20. 国家首都区
21. 赫拉省　　 22. 吉瓦卡省

资料来源：http://fanyi.baidu.com/transpage?query=https%3A%2F%2Fen.wikipedia.org%2Fwiki%2FPapua_New_Guinea&source=url&ie=utf8&from=auto&to=zh&render=1&origin=ps。

省，北部与莫罗贝省、北部省接壤，包括珊瑚海中的尤尔岛、迈鲁岛等。面积29998平方公里，人口269756人（2011年），首府莫尔兹比港。下设阿包（Abau）、戈伊拉拉（Goilala）、凯鲁库（Kairuku）—希里（Hiri）、瑞格（Rigo）4个区，13个地方政府。现任省长为独立人士基拉·浩达（Kila Haoda）。

中央省水资源丰富，盛产鱼类、蔬菜、木材，是巴布亚新几内亚主要的橡胶产地。矿产资源蕴藏量巨大，有著名的托鲁库马（Tolukuma）金

125

银矿、莫兰（Moran）油田。科科达足迹（Kokoda Trail）是徒步旅行的理想之地，也是太平洋战场历史遗迹游的重要场地之一。

二 钦布省

位于巴布亚新几内亚中部高原的中心地区。东接东高地省，南邻海湾省，西界西高地省、吉瓦卡省，北连马当省。面积6112平方公里，人口376473人（2011年）。首府孔迪亚瓦（Kundiawa），人口11553人（2013年）。下设丘阿韦（Chuave）、克罗瓦吉（Kerowagi）、古米内（Gumine）、卡里穆伊（Karimui）—诺马内（Nomane）、孔迪亚瓦—根博格尔（Gembogl）、西纳（Sina）—尤格穆格尔（Yonggomugl）6个区，19个地方政府。现任省长为独立人士诺亚·库尔（Noah Kool）。

钦布省地形以崎岖的山地为主。经济发展相对于其他高地省份比较慢。主要经济形式是山区农业种植，农作物有红苕、玉米、咖啡、除虫菊、烟草等，是巴布亚新几内亚有机咖啡的重要产地。牛、猪、鸡等饲养业比较发达。矿产资源以石灰石为主，储量巨大。

三 东高地省

位于巴布亚新几内亚中部高原的东部。东邻莫罗贝省，北界马当省，南连海湾省，西接钦布省。面积11157平方公里，人口579825人（2011年），首府戈罗卡。下设戈罗卡、达乌罗（Daulo）、亨格诺菲（Henganofi）、凯南图（Kainantu）、鲁法（Lufa）、奥布拉（Obura）—沃内纳拉（Wonenara）、奥卡帕（Okapa）、尤格盖（Unggai）—本纳（Bena）8个区，11个地方政府。现任省长为胜利、传统与实力党的朱莉叶·索索·阿凯克（Julie Soso Akeke）女士。

东高地省经济以农业为主。主要农作物有咖啡、茶叶、土豆、蔬菜等，是全国最大的咖啡生产省份。此外，还拥有丰富的石油和天然气资源。2000年5月，该省与中国福建省建立友好关系。

戈罗卡市现为高地各省商业中心。城内有基督教电台使团、巴布亚新几内亚医疗研究所、戈罗卡大学、国立电影学院、美拉尼西亚学院等许多国立研究机构和高校，以及"泥人"阿撒罗族博物馆。该地气候宜人，是著名的避暑游览胜地。每年国家独立日时都举办戈罗卡秀，100多个部落的土著居民会在此展示各自独特的音乐、舞蹈及文化等。戈罗卡市与澳大利亚昆士兰州图文巴（Toowoomba）和布里斯班（Brisbane）结成了友好城市。

四 东新不列颠省

位于新不列颠岛的东部，包括附近的约克公爵群岛、瓦托姆岛和乌拉拉岛（Urara Island）等。面积15274平方公里，人口328369人（2011年）。新首府科科波距旧首府拉包尔约30公里。下设科科波、拉包尔、加泽尔、波米奥4个区，18个地方政府。现任省长为人民全国代表大会党的艾瑞曼·托拜宁（Ereman Tobaining）。

东新不列颠省处于西北季风和东南信风交汇区，年平均降水量大，农业基础较好，棕榈、椰子、可可种植业发达，是巴布亚新几内亚椰油和椰干的主要产地之一。该省有美丽的自然风光、独特的传统文化，具有发展旅游的潜力。另外，渔业资源、森林资源也十分丰富，是巴布亚新几内亚金枪鱼的主要产区之一。2006年，该省与中国海南省建立了友好关系。

五 东塞皮克省

位于巴布亚新几内亚的西北部。东连马当省，南抵中央山系，与赫拉省和恩加省接壤，西邻桑道恩省，北濒俾斯麦海，包括近海岸的斯考滕群岛、凯里鲁岛（Kairiru Island）、穆舒岛（Mushu Island）、瓦利斯岛（Walis Island）、塔拉瓦伊岛（Tarawai Island）。总面积43426平方公里，人口450530人（2011年），首府韦瓦克。下设安戈拉姆、韦瓦克、安本蒂（Ambunti）—德雷基基尔（Dreikikir）、马普里克（Maprik）、沃塞拉（Wosera）—加维（Gawi）、扬奥鲁（Yangoru）—绍西亚（Saussia）6个区，29个地方政府。现任省长为前总理迈克尔·索马雷。

东塞皮克省的经济以农业为主，种植可可香草、椰子、咖啡和水稻，是巴布亚新几内亚可可产量最多的省份,香草是主要的出口产品,近海一些小岛以产椰干著称。境内塞皮克河的水上运输极为方便。该省海岸线总长 304 公里,专属经济区海域面积 4.06 万平方公里,是巴布亚新几内亚重要的捕鱼区。内陆自然风光优美,主要旅游景点有马楚(Muschu)和凯里鲁岛温泉公园、韦瓦克西部沃姆角半岛(Cape Wom Peninsula)日军受降纪念馆、塞皮克河中段地区的原生态村落。[①] 1998 年,该省与中国山东省建立了友好关系。

六 恩加省

位于巴布亚新几内亚中部高原的西部,1973 年由南高地省和西高地省的部分地区合并而成。东连西高地省、马当省,南界南高地省,西靠赫拉省,北邻东塞皮克省。面积 11704 平方公里,人口 432045 人(2011 年),首府瓦巴格(Wabag)。下设瓦巴格、坎德普(Kandep)、孔皮亚姆(Kompiam)、拉盖普(Lagaip)—波格拉(Porgera)、瓦佩纳曼达(Wapenamanda)5 个区,14 个地方政府。现任省长为胜利、传统与实力党的彼得·伊帕塔斯(Peter Ipatas)。

恩加省地形多山,湍急的河流将高地冲刷成若干谷地,形成了肥沃的土壤。山坡上是茂密的森林,山顶为高山草原。农作物以土豆、红苕、咖啡等为主,盛产可可和椰干。饲养业主要以牛、羊、猪和家禽为主。拥有丰富的黄金矿藏,波格拉金矿是全国最大的金矿。

七 海湾省

位于新几内亚岛南部海岸。东连中央省,西邻西部省,北与南高地省、钦布省、东高地省、莫罗贝省接壤,南濒巴布亚湾,包括近海岸的格阿里巴里岛(Goaribari Island)、莫里吉奥岛(Morigio Island)。面积 34472 平方公里,人口 158197 人(2011 年)。首府凯里马,人口 6551 人(2013

---

① 东塞皮克省景点简介,http://www.tuniu.com/guide/d-dongsaipike-43000/jianjie,2015 年 4 月 29 日浏览。

年)。下设基科里和凯里马2个区，10个地方政府。现任省长为人民全国代表大会党的哈维拉·卡沃（Havila Kavo）。

海湾省拥有广阔的沿海平原和沼泽。主要经济作物有槟榔、西米、椰子、橡胶、咖啡等。境内基科里一带石油、天然气资源蕴藏量巨大，戈贝（Gobe）油田探明原油储量6700万桶，现已进入全面开采阶段。森林资源、水力资源、渔业资源也十分丰富，其中海产品有螃蟹、对虾、草龙虾等。另外，当地人民根据各自的传统和信仰，就地取材，制成了风格迥异的陶器、贝雕、木雕和乐器、面具、渔具等工艺美术作品，创意新颖，具有一定的纪念价值。

八　马当省

位于新几内亚岛的东北部。东南接莫罗贝省，南部与东高地省、钦布省、吉瓦卡省接壤，西南与西高地省、恩加省相连，西北邻东塞皮克省，北濒俾斯麦海，包括近海岸的长岛、马纳姆岛、卡尔卡尔岛、巴加巴格岛、克洛温岛（Crown Island）等。总面积28886平方公里，人口493906人（2011年）。首府马当市，人口29339人（2013年）。下设马当、博吉亚、赛多尔、拉姆河中游（Middle Ramu）、拉埃海岸（Rai Coast）、尤西诺（Usino）—本迪（Bundi）6个区，16个地方政府。现任省长为巴布亚新几内亚党的吉姆·卡斯（Jim Kas）。

马当省地形复杂，有山地、平原、海滩、岛屿等。原生态雨林中拥有丰富的动植物资源。经济以农业、林业为主，主要农作物有椰子、可可、咖啡、水稻、蔬菜和水果，是巴布亚新几内亚食用糖、可可、椰子的主要产地。拥有丰富的镍、钴、铜矿资源，如拉姆（Ramu）镍钴矿、杨德拉（Yandera）铜矿等。海岸线长273公里，有著名的马当港和亚历克西斯（Alexis）港。

马当市旧称弗里德里希·威廉哈芬（德语：Friedrich Wilhelmshaven），是一座风景如画的海滨城市，有"南太平洋最美的城市"之称。沿海岸附近的岛屿礁石丛中生长的珊瑚种类相当于加勒比海所有珊瑚种类的总和。外海边缘形成的珊瑚礁堤，使内海水流保持平静，海水清澈见底，马当市由此成为巴布亚新几内亚著名的潜水胜地,以及远足、漂流、观赏野生动植物、丛林探险、探洞、探索土著部落文化的绝佳之地。

九 马努斯省

位于巴布亚新几内亚北部的俾斯麦海域,由阿德默勒尔蒂群岛、西部群岛及周围一系列小岛屿组成。面积2102平方公里,是全国面积最小的省份,人口50231人(2011年),首府洛伦高。下设1个马努斯区,12个地方政府。现任省长为人民全国代表大会党的查利·本杰明(Charlie Benjamin)。

马努斯省所属各岛屿沿海地区有较肥沃的土壤,农作物有椰子、木薯、红苕、可可、咖啡等。海域面积超过22万平方公里,拥有丰富多元的海洋生态、珊瑚礁、海滩以及清澈的水质,是世界级优良潜水胜地。同时,海洋捕捞业是主要产业,盛产金枪鱼、礁脉鱼、珍珠等。

十 米尔恩湾省

位于巴布亚新几内亚东南部。南濒珊瑚海,北濒所罗门海,西北连接北部省,西南邻中央省。包括新几内亚岛东南端,以及当特尔卡斯托群岛、路易西亚德群岛、伍德拉克群岛、特罗布里恩群岛、马歇尔·本尼特群岛(Marshall Bennett Islands)、布迪布迪群岛(Budi Budi Islands)、奥尔斯特群岛(Alcester Islands)、卢桑凯群岛(Lusancay Islands)等,其中有人居住的岛屿约160个。面积14345平方公里,人口276512人(2011年)。首府阿洛陶(Alotau),人口15939人(2012年)。下设阿洛陶、埃萨阿拉(Esa'ala)、基里威纳—古迪纳夫、萨马赖—穆鲁阿(Murua)4个区,16个地方政府。现任省长为人民进步党的泰特斯·费利蒙(Titus Philemon)。

米尔恩湾省地形以岛屿为主,沿海岸土壤肥沃,自然条件优越,适宜种植农作物,出产油棕、甘薯、芋头、木薯、大薯、椰干、咖啡、橡胶、可可等,是巴布亚新几内亚可可的主要产地。萨马赖是重要的商业中心。米西马岛蕴藏有丰富的黄金资源,开采历史悠久。海域面积25.3万平方

第四章　独立后的政体结构与国防军事　The Past and Present of Papua New Guinea

公里,盛产鱼类、虾类、海参、贝类、珍珠等海产品。同时,还是世界著名的潜水胜地。

十一　莫罗贝省

莫罗贝省旧称阿道夫湾(德语：Adolfhafen),位于新几内亚岛北部海岸。南与北部省、中央省接壤,西南与海湾省相连,西邻东高地省,西北界马当省,东面和北面濒休恩湾、俾斯麦海,包括休恩半岛和锡亚西群岛等。面积33705平方公里,人口674810人(2011年),是全国人口最多的省。首府莱城,人口100667人(2012年)。下设芬什港、休恩、莱城、布洛洛(Bulolo)、卡布武姆(Kabwum)、马克姆(Markham)、梅尼亚米亚(Menyamya)、纳瓦埃(Nawae)、特瓦埃(Tewae)—锡亚西9个区,28个地方政府。现任省长为独立人士凯利·纳鲁(Kelly Naru)。

莫罗贝省地势相对平坦,土壤肥沃,既是良好的农业区,又是重要的畜牧区。经济以农业、林业和畜牧业为主,农作物有咖啡、椰子、可可、香蕉、茶叶、水稻等,是巴布亚新几内亚重要的咖啡产地之一,也是饲养菜牛最多的省份之一。东部海岸有莱城和芬什哈芬两个重要的港口。该省拥有丰富的矿产资源,如著名的瓦菲(Wafi)—戈尔普(Golpu)铜金矿、希登瓦利(Hidden Valley,又称藏金谷)金银矿、瓦乌(Wau)金矿等。该省教育事业发达,拥有巴布亚新几内亚科技大学(Papua New Guinea University of Technology)、柏罗普师范学院(Balop Teachers College)、瓦乌生态学院(Wau Ecology College)等。

莱城市位于马克姆河口处,现为全国第二大城市、第一大工业城市和主要货物港口,市内有巴布亚新几内亚科技大学、物种齐全的植物园,以及化工厂、火柴厂、啤酒厂、方便面厂、炼油厂和钢铁公司。公路网向西可达高地各省,向南可到穆孟(Mumeng)和布洛洛。海、空航线可通往近海各岛屿及高地地区。与澳大利亚北昆士兰州凯恩斯(Cairns)结成了友好城市。

131

十二　新爱尔兰省

位于巴布亚新几内亚东北部海域中。西濒俾斯麦海，东面是浩瀚的太平洋。由新爱尔兰岛、新汉诺威岛以及附近的贾乌尔岛、唐阿群岛、塔巴尔群岛、利希尔群岛、费尼群岛、埃米劳岛、圣穆绍群岛、圣马赛厄斯群岛、廷翁群岛等149个岛屿组成。面积9557平方公里，人口194067人（2011年）。首府卡维恩，人口19849人（2012年）。下设纳马塔奈、卡维恩2个区，9个地方政府。现任省长为前总理朱利叶斯·陈。

新爱尔兰省各岛屿都有沿海平原，年平均降水量3800毫米，具有良好的种植条件。主要农作物是椰子和可可，是巴布亚新几内亚椰油和椰干的主要产地之一。该省拥有专属海洋经济区23万平方公里，渔业资源十分丰富，盛产金枪鱼、螃蟹、龙虾等。利希尔岛、辛贝里岛蕴藏有丰富的黄金资源。此外，该省开始利用太平洋战争遗迹资源、纯净的海水资源发展旅游业。

十三　北部省

位于新几内亚岛东南部，欧文·斯坦利山岭北麓。东邻米尔恩湾省，南接中央省，西北连莫罗贝省，北濒所罗门海。面积22735平方公里，人口186309人（2011年）。首府波蓬德塔，人口49097人（2013年）。下设艾吉维塔里（Ijivitari）、苏赫（Sohe）2个区，8个地方政府。现任省长为人民民主运动党的加里·朱法（Garry Juffa）。

北部省河流众多，土地相对平坦，适合棕榈、咖啡、椰子、可可等经济作物的种植，是全国棕榈油的主要产地。拥有丰富的森林资源，是重要的木制品出口地。该省动物资源丰富，亚历山大女皇鸟翼蝶、侏鹤鸵（世界最小的三种鹤鸵之一）、巴布亚犀鸟、王凤鸟等是特有物种，旅游观光正逐渐成为重要的产业。

十四　布干维尔自治区

位于巴布亚新几内亚的最东部。西濒所罗门海，东面是浩瀚的太平

第四章　独立后的政体结构与国防军事

洋，由布干维尔岛、布卡岛、努库马努群岛、卡特利特群岛、格林群岛（Green Islands）、努古里亚群岛（Nuguria Islands）、莫特洛克群岛（Mortlock Islands）、马卢姆群岛（Malum Islands）等组成。面积9438平方公里，人口249358人（2011年），首府阿拉瓦是最大的城镇。下设北布干维尔、中布干维尔、南布干维尔3个区，12个地方政府。现任自治区领导人为联合资源党的乔·莱拉（Joe Lera）。

全区有火山作用形成的肥沃土壤，雨量充沛，盛产可可豆、椰子、咖啡、香蕉、红薯、芋头、柚子、芒果、红毛丹、花生等各种热带农产品。该地拥有丰富的铜、金、铁、镍、锌、稀土、石油、天然气等矿产资源，以及旅游资源和森林资源等。

十五　南高地省

位于巴布亚新几内亚中部高原的西南部。东邻钦布省，南靠海湾省，西连西部省，西北接赫拉省，北接恩加省，东北部与西高地省、吉瓦卡省接壤。面积15089平方公里，人口510245人（2011年）。首府门迪，人口56055人（2013年）。下设伊姆博古（Imbonggu）、亚利布—庞亚、卡瓜（Kagua）—埃拉韦（Erave）、门迪—穆尼休（Munihu）、尼帕（Nipa）—库土布（Kutubu）5个区，19个地方政府。现任省长为人民全国代表大会党的威廉·波维（William Powi）。

南高地省地形以山地为主。农作物有红苕、香蕉、土豆、甘蔗及各种豆类，经济作物主要是咖啡、茶叶。拥有丰富的石油资源，如著名的库土布油田群。

十六　西部省

位于巴布亚新几内亚西南部。东南濒巴布亚湾，东北部与海湾省、南高地省、赫拉省接壤，北邻桑道恩省，西连印度尼西亚巴布亚省，南濒托雷斯海峡，包括托雷斯海峡群岛中的帕拉马岛、达鲁岛、基瓦伊岛、普鲁图岛、瓦布达岛、布里斯托岛（Bristow Island）、卡瓦伊群岛（Kawai Islands）等。面积98189平方公里，是全国面积最大的省份，人口201351

133

人（2011年）。首府基永加（Kiunga），人口56055人（2013年）。下设北部弗莱（North Frye）、中部弗莱（Central Frye）、南部弗莱（Southern Frye）3个区，14个地方政府。现任省长为人民联合议会党的阿提·沃比洛（Ati Wobiro）。

西部省2/5的地区是雨季林、热带草原和草地，年平均降水量2030毫米；3/5的地区是赤道雨林型气候，终年多雨，年平均降水量2500~7500毫米。河流众多，耕地较少，农作物主要有橡胶、咖啡、可可、椰子等。鳄鱼饲养业发达，数量约占全国的一半。捕鱼业占有重要地位，盛产龙虾、鲱鱼、鲨鱼、澳大利亚肺鱼、马鲅科鱼、大马哈鱼等。矿产资源丰富，有著名的奥克泰迪铜金矿，斯坦利（Stanley）、埃莱瓦拉（Elevala）和克图（Ketu）天然气产地。该省有巴布亚新几内亚最大的湖泊—默里湖、最大的自然保护区——通达野生动物保护区。

十七　西高地省

位于巴布亚新几内亚中部高原的西部。东接吉瓦卡省，南连南高地省，西邻恩加省，北部与马当省接壤。面积4299平方公里，人口362580人（2011年）。首府芒特哈根（Mount Hagen），人口46256人（2013年）。下设芒特哈根、德尔（Dei）、穆尔（Mul）—贝耶里（Baiyer）、坦布尔（Tambul）—尼比尔耶里（Nebilyer）4个区，9个地方政府。现任省长为前总理帕亚斯·温蒂。

西高地省经济以农业为主，农作物有咖啡、茶叶、红苕、土豆等。牛、羊、猪等饲养业较发达。

芒特哈根现为全国第三大城市。每年这里都举办具有传统民俗特点的哈根山文化节，不同省份、地区、部落，甚至国家的部落舞蹈团聚集在一起举行庆祝活动。该项目已成为国家最吸引游客的旅游项目之一。1985年，与澳大利亚新南威尔士州奥伦治（Orange）结成了友好城市。

十八　西新不列颠省

位于新不列颠岛的西部。东邻东新不列颠省，南濒所罗门海，北濒俾斯麦海，包括附近海域的维提群岛、维图群岛、洛洛巴乌岛（Lolobau Island，又称达波泰尔岛，Duportail Island）、阿拉韦群岛（Arawe Islands，又称可爱群岛，Liebliche Islands）等。面积20387平方公里，人口264264人（2011年），首府金贝（Kimbe），人口27191人（2013年）。下设坎德里安—格洛斯特（Gloucester）、塔拉塞亚（Talasea）2个区，11个地方政府。现任省长为改革联盟党的萨斯德安·穆图韦尔（Sasindran Muthuvel）。

西新不列颠省经济以农业为主，盛产棕榈、椰子、可可、咖啡等经济作物，是全国主要的棕榈油产区。维提群岛是巴布亚新几内亚重要的椰子核产地。拥有丰富的森林资源和渔业资源。

十九　桑道恩省

1989年由西塞皮克省改为现名。位于巴布亚新几内亚的西北部。东连东塞皮克省，东南接赫拉省，南邻西部省，西部与印度尼西亚巴布亚省接壤，北濒太平洋。面积35820平方公里，人口248411人（2011年）。首府瓦尼莫是一座天然海港，人口11863人（2013年）。下设艾塔佩—卢米（Lumi）、特莱福明（Telefomin）、努库（Nuku）、瓦尼莫—格林里弗（Green River）4个区，18个地方政府。现任省长为胜利、传统与实力党的阿克马特·麦（Akmat Mai）。

桑道恩省地形复杂，山地众多，平原和低地较少，除一些沼泽外，均覆盖着茂密的热带雨林，是巴布亚新几内亚最大的林区。主要产业是木材业和农业。农作物有水稻、椰子、咖啡、可可、橡胶、辣椒等。省内的弗里达河（Frieda River）铜金矿是目前巴布亚新几内亚最大的铜金矿资源库。

二十　国家首都区

位于新几内亚岛东南部。1974年从中央区分离出来；1983年成立了临时委员会。西南濒巴布亚湾，包括格莫岛（Gemo Island）、道戈岛（Daugo Island）、马努巴达岛（Manubada Island）。面积253平方公里，人口364125人（2011年），首府莫尔兹比港。下设港湾、布罗科

(Boroko)、霍霍拉（Hohola）、韦盖尼（Waigani）、科基（Koki）、纽敦（Newtown）、戈顿斯（Gordons）7个区。现任行政长官为社会民主党的帕维斯·帕卡普。

国家首都区是全国最大、最先进的城市地区，工业经济占据主导地位。农业主要以种植橡胶为主。作为巴布亚新几内亚的政治、经济及文化中心，其交通、运输及信息网络均位居南太平洋地区前列。

莫尔兹比港整个城市以北部的欧文·斯坦利山岭为屏障，两面环水，一侧是天然良港费尔法克斯港湾，另一侧是珊瑚丛生的大海，山水相依，港湾套港湾，美不胜收。城市内热带自然风光景色迷人，是"天堂雨林""花的海洋"，人称"无处不树，无处不花，无花不美"。在近海的海面上建有"水上村庄"。一幢幢茅草屋距海面 2~3 米高，用细木桩做屋脚从水中架起，远远望去，仿佛悬在空中，成为莫尔兹比港一道独特的风景线。城市内除自然景观之外，在韦盖尼区还有政府部委大楼、国民议会大厦、最高法院、国家博物馆、档案馆、艺术展览馆、国家图书馆、农业银行、邮政总部、巴布亚新几内亚大学、行政学院、市政厅、总理府、国宾馆、体育中心及各国驻巴布亚新几内亚使馆等许多独具特色的建筑群。港湾区、布罗科区、霍霍拉区则是商业中心，科基区则拥有当地知名的新鲜农产品市场。土著文化是莫尔兹比港又一处给人留下深刻印象的地方，热情奔放的歌舞让人流连忘返，原始的面具、陶器、渔具是值得收藏的工艺品。莫尔兹比港与中国山东省济南市、澳大利亚昆士兰州汤斯维尔（Townsville）、新西兰惠灵顿（Wellington）、美国加利福尼亚州帕姆迪泽特（Palm Desert）和斐济苏瓦（Suva）结为友好城市，与中国广东省深圳市结为友好交流城市，与印度尼西亚巴布亚省查雅普拉（Jayapura）是结盟城市。

二十一 赫拉省

2012年5月分出南高地省一部分设立的新省，位于巴布亚新几内亚中部高原的南部。东北连恩加省，东南接南高地省，西南邻西部省，西北与桑道恩省和东塞皮克省接壤。面积10498平方公里，人口249449人

(2011年)。首府塔里（Taree），人口15413人（2013年）。下设塔里—波里（Pori）、科莫（Komo）—马加里马（Magarima）、科罗巴（Koroba）—柯比亚戈（Kopiago）3个区，11个地方政府。现任省长为人民联合议会党的安德森·阿吉鲁（Anderson Agiru）。

赫拉省地形以山地为主。拥有丰富的石油、天然气资源，以朱哈（Juha）、马南达（Mananda）油气田为代表。

二十二　吉瓦卡省

2012年5月分出西高地省一部分设立的新省，位于巴布亚新几内亚中部高原的西部。东连钦布省，南接南高地省，西靠西高地省，北邻马当省。面积4798平方公里，人口343987人（2011年），首府明季（Minj）。下设安加林普（Anglimp）—南瓦吉（South Waghi）、北瓦吉（North Waghi）、吉米（Jimi）3个区，6个地方政府。现任省长为新一代党的威廉·托卡普（William Tongkamp）。

吉瓦卡省的地形以山地为主。农业经济占据主导地位，是全国茶叶、咖啡和可可的主要产地之一。

第五节　国防军事

巴布亚新几内亚的军事历史始于1940年。随着国家的独立，国防和军队建设逐步走上正轨。但力量有限的国防军主要作用是稳定社会秩序、参与经济建设以及应急活动。进入21世纪以来，面对恐怖主义的威胁，国防军开始参与国际维和行动以及多国联合军事演习，旨在提高作战能力。

一　建军简史

1940年5月27日，澳属巴布亚领地政府创建了巴布亚步兵营，其中550名士兵全部是土著巴布亚人和新几内亚人，军官则由澳大利亚人担任。太平洋战争爆发后，巴布亚步兵营整编为太平洋岛屿团，下辖5个营

巴布亚新几内亚历史与现状

共 3500 人,随澳大利亚军队参加了科科达小径、艾塔佩、韦瓦克等战斗。1946 年 8 月,部队被解散。① 1951 年,新几内亚政府重建太平洋岛屿团,下辖 2 个营,分别驻扎在巴布亚和新几内亚两地,隶属于澳大利亚陆军。② 1973 年 1 月 26 日更名为巴布亚新几内亚国防军,包括陆军、海军和空军三个兵种,总兵力 3500 人。

1975 年巴布亚新几内亚独立后,国防军成立三个训练机构。新兵初期在莫尔兹比港戈尔迪河兵营新兵职业训练站训练。部分职业兵和军官的提升训练也在此进行。学员在新兵职业训练站结业后,再进入默里兵营职业训练队培训两年,主要在工程总工场学习实际经验。如果是空军机务人员,则必须通过机务人员的严格考试,到莱城市伊加姆兵营接受联合服务学院组织的公民学培训、军事和民用职业培训。另外,优秀学员还被保送到巴布亚新几内亚大学、巴布亚新几内亚科技大学以及美国、澳大利亚、中国等国外大学进行深造,并送到澳大利亚、新西兰、法国、美国等国参与国防军的训练任务。尤其是澳大利亚,每年向巴布亚新几内亚提供 4920 万澳元的军事援助,用以解决裁军人员经费和军队设施建设等,并提供政策、管理、海军、陆军、工程兵人员、后勤等领域的军事培训和技术咨询。

1992 年 1 月 25 日,针对"布干维尔共和军"不断袭击驻布干维尔的武装力量,巴布亚新几内亚政府发动"高速 2 号"军事行动,派遣 500 名国防军打击"布干维尔共和军"的分裂行径,阻止布干维尔独立。但其军事行动未能成功。1997 年 10 月,随着《伯恩哈姆停火协议》的签署,国防军撤出布干维尔地区。

2001 年 3 月,巴布亚新几内亚政府提出军队改革计划,部分国防军士兵反对改革,抢劫武器,对抗政府。在莫劳塔政府宣布停止军队改革计划,并对滋事士兵无条件特赦后,局势逐渐恢复正常。2002 年 8 月索马

---

① 巴布亚步兵营,https://en.wikipedia.org/wiki/Papuan_Infantry_Battalion,2015 年 7 月 26 日浏览。

② 太平洋岛屿团,https://www.awm.gov.au/unit/U56156/,2015 年 7 月 26 日浏览。

第四章　独立后的政体结构与国防军事　The Past and Present of Papua New Guinea

雷政府成立后，为了适应国际形势的变化，配合国内经济建设，开始实施国防军重建计划，包括采用新军服样式、重振空军和海军力量、改善军队基础设施和改进行政管理。

2008年，巴布亚新几内亚政府决定加强国防军的专业化建设，以抵御外来势力对国家主权的威胁。经过改革，国防军更加机动灵活，其职责包括打击偷猎、非法武器贩运和毒品走私，打击恐怖主义，处理难民事务等。

2012年，巴布亚新几内亚国防部制定新的军队建设方案，计划在未来10年内将其兵力增长5倍。2014年，巴布亚新几内亚政府宣布贷款1.9亿基那（约合7750万美元），购买新式武器装备和军队的制服等。同时，在国防白皮书中还准备为国防军配备现代化的飞机和船只。[1]

二　国防体制

《巴布亚新几内亚独立国宪法》规定，总督为全国武装力量最高统帅，通过国防部统率全军。国防部是武装力量最高领导机构，通过国防军司令部管理军队。国防军是由国家行政委员会通过国防部长实行管理和控制的国家服务机构。根据国家行政委员会的建议，总督可以命令国防军执行任务。国防部长除宪法所授予的权力外，在国防军内部没有指挥权。对国防军的所有命令和指示都必须通过司令官下达。国防军内设司令部办公室，作为国防部长的主要军事顾问；在国家服务机构中，设一名服务官作为国防部长的民政顾问。

国防部长、国防军司令官和国防部秘书组成国防委员会，负责国防军和国防部的监督管理，决定国防军人员的服务期限和条件，发布国防委员会命令。

---

[1]　巴布亚新几内亚国防军，http：//fanyi.baidu.com/transpage?query=https：//en.wikipedia.org/wiki/Papua_New_Guinea_Defence_Force&source=url&ie=utf8&from=auto&to=zh&render=1，2015年12月24日浏览。

139

国防部下设五个部门：政策和规划、财政和编制两个部门是非军职人员，直接向国防部秘书报告工作；军事行动、人事、后勤三个部门属于军事机构，直接隶属于国防军司令部领导。

国防军作为正规的武装力量，其职责是负责保卫国家领土和主权的完整；在政府和民众遇到灾害或需要恢复公共秩序和安全时提供支持；参与国家建设活动；协助国家履行国际义务等。[1]

巴布亚新几内亚现任国防部长是费边·伯克，国防军司令是吉尔伯特·托罗波（Gilbert Toropo）准将。[2]

三　武装力量及装备

截至2011年，巴布亚新几内亚国防军总兵力3100人，分为陆军、海军、空军三个兵种。实行全民义务兵役制与合同制相结合的兵役制度。[3] 2014年，国防军费开支1.131亿美元，约占国内生产总值的0.7%。[4] 2015年，巴布亚新几内亚政府允许女性以非战斗人员身份参加国防军，从事医务、运输等工作。[5]

1. 陆军

陆军是国防军的核心，总兵力约2500人。编制有陆军司令部（驻莫尔兹比港）、两个皇家太平洋岛屿团轻型步兵营、一个工程兵营、一个国防军信号中队、一个军用爆炸物品处理单位、一个预防性医疗排、一所军

---

[1] 高建中、舒启全：《巴布亚新几内亚》，成都科技大学出版社，1994，第195页。
[2] 巴布亚新几内亚国防军，http：//fanyi.baidu.com/transpage? query = https：//en.wikipedia.org/wiki/Papua_ New_ Guinea_ Defence_ Force&source = url&ie = utf8&from = auto&to = zh&render = 1，2015年12月24日浏览。
[3] 军事科学院《世界军事年鉴》编辑部编《世界军事年鉴（2012）》，解放军出版社，2013，第316页。
[4] 巴布亚新几内亚国防军，http：//fanyi.baidu.com/transpage? query = https：//en.wikipedia.org/wiki/Papua_ New_ Guinea_ Defence_ Force&source = url&ie = utf8&from = auto&to = zh&render = 1，2015年12月24日浏览。
[5] 巴布亚新几内亚国防军，http：//fanyi.baidu.com/transpage? query = https：//en.wikipedia.org/wiki/Papua_ New_ Guinea_ Defence_ Force&source = url&ie = utf8&from = auto&to = zh&render = 1，2015年12月24日浏览。

第四章　独立后的政体结构与国防军事

官学校。① 主要军事基地有莫尔兹比港、莱城、韦瓦克、瓦尼莫。指挥官为彼得·伊劳（Peter Ilau）准将。② 步兵的职能是抵御外来入侵和协助警察稳定国内安全，为社会活动和灾害救援提供支持，参与道路、桥梁和其他基础设施建设。

巴布亚新几内亚地形复杂，交通落后，陆军只配备了80毫米和120毫米的迫击炮以及9毫米FN35半自动手枪、9毫米Sterling冲锋枪、M16突击步枪、5.56毫米Steyr自动步枪、7.62毫米FAL战斗步枪、7.62毫米MAG58机关枪、5.56毫米FN Minimi机关枪、M60机关枪、M79榴弹发射器、M203榴弹发射器等③轻型武器，没有装甲车、火炮等重武器以及反坦克和防空武器，机动作战能力有限。④ 2003年，陆军开始装备数字卫星通信网络，以保证各基地之间的通信安全。2007年，又装备了32套高频巴雷特无线通信设备。2013年，借助于中国的军事援助，装备了部分装甲车和运兵车。

2. 海军

海军的职能包括：支持陆军的军事行动；保护巴布亚新几内亚经济特区，防止他国渔船非法捕捞金枪鱼；为军事和民用提供后勤帮助。指挥官为马克斯·阿勒阿勒（Max Aleale）海军上尉。

目前，海军总兵力约400人。装备有4艘太平洋级轻型巡逻艇、2艘巴厘巴板级登陆艇。巡逻艇分舰队驻拉包尔、德尔格（Draeger）、马努斯岛的希亚德勒（Seeadler）、莫尔兹比港基地，登陆艇分舰队驻萨拉莫阿和

---

① 军事科学院《世界军事年鉴》编辑部编《世界军事年鉴（2012）》，解放军出版社，2013，第316页。

② 巴布亚新几内亚国防军，http：//fanyi.baidu.com/transpage? query = https：//en.wikipedia.org/wiki/Papua_ New_ Guinea_ Defence_ Force&source = url&ie = utf8&from = auto&to = zh&render = 1，2015年12月24日浏览。

③ 巴布亚新几内亚国防军，http：//fanyi.baidu.com/transpage? query = https：//en.wikipedia.org/wiki/Papua_ New_ Guinea_ Defence_ Force&source = url&ie = utf8&from = auto&to = zh&render = 1，2015年12月24日浏览。

④ 巴布亚新几内亚国防军，http：//fanyi.baidu.com/transpage? query = https：//en.wikipedia.org/wiki/Papua_ New_ Guinea_ Defence_ Force&source = url&ie = utf8&from = auto&to = zh&render = 1，2015年12月24日浏览。

布纳。2015年7月，澳大利亚赠给巴布亚新几内亚一艘"拉布安"号重型巴厘巴板级登陆艇。①

3. 空军

空军的职能包括：为陆军提供空运服务；搜索、营救、民用活动和军事训练等。未来还将在保证边界安全和海上侦察方面发挥作用。指挥官为彼得·阿摩司（Peter Amos）空军中校。

目前，空军兵力约200人。有小型空军编组，由直升机和轻型运输机构成，编为1个中队，基地设在莫尔兹比港。装备有2架CN—235型CASA运输机、2架N—22B"搜索能手"海上侦察机、2架N—22B"办事能手"运输机、3架IAI—101型运输机、4架UH—1H型"易洛魁"直升机、1架NBO—105型直升机。②

四　对外军事活动

1980年7月瓦努阿图宣布独立后，以吉米·斯蒂芬（Jimi Stephen）为首的分裂势力发动武装叛乱。8月18日，巴布亚新几内亚400名国防军奉命出兵瓦努阿图，对叛乱分子活动中心卢甘维尔（Luganville）实行戒严。而后，在瓦努阿图警察部队协助下，开始搜捕叛乱分子，并将活动范围逐步扩展到乡村地区。8月31日，吉米·斯蒂芬投降，叛乱被平息。

进入21世纪，面对日益严重的恐怖主义威胁，巴布亚新几内亚国防军积极参与国际维和活动以及联合军事演习。2003年2月，与法国驻新喀里多尼亚部队进行了联合军事演习。同年7月，所罗门群岛发生骚乱，巴布亚新几内亚国防军随澳大利亚和新西兰主导的"地区援助部队"进入该国维持治安。2005年7月，与澳大利亚、印度尼西亚、马来西亚、新加坡、新西兰在澳大利亚北部地区首府达尔文市（Darwin City）以北海域举行代号"卡卡杜7"（Kakadu 7）的联合军事演习，旨在增进

---

① 《菲律宾频繁抛军购大单　实际军费开支捉襟见肘》，http://mil.chinaso.com/detail/20150818/1000200032732801439858565999381021_1.html，2016年12月22日浏览。

② 军事科学院《世界军事年鉴》编辑部编《世界军事年鉴（2012）》，解放军出版社，2013，第317页。

各国之间的军事合作。2008年3月,与法国、澳大利亚、新西兰、汤加、瓦努阿图在法属新喀里多尼亚附近举行"南十字座(Croix Du Sud) 2008"联合军事演习,旨在加强各国对地区紧急事态和危机的快速反应能力。2012年6月,巴布亚新几内亚作为观察员参加了在美国夏威夷群岛举行的"环太平洋—2012"联合军事演习。2015年10月,巴布亚新几内亚国防军参加了在新西兰南岛附近举行的"南方卡提波(Southern Katipo) 2015"九国联合军事演习。2016年4月和9月,又参加了在印度尼西亚巴东港(Pandang port)海域举行的"科摩多(Komodo) 2016"十六国联合军事演习和在澳大利亚达尔文市海域举行的"2016卡卡杜"海上联合军事演习。

第六节 布干维尔分裂活动及布干维尔和平进程

布干维尔岛地处南纬6°,东经155°,作为所罗门群岛中最大的岛屿,连同附近的布卡岛等统称为北所罗门群岛,陆地面积9438平方公里,[①]阿拉瓦为行政中心,基埃塔为商业中心。岛上森林资源、铜矿资源丰富,农产品有甘薯、可可、咖啡等。1899年11月,根据英德两国签署的《柏林条约》,布干维尔岛和布卡岛等成为德属新几内亚领地的一部分。1914年被澳大利亚武力夺取。1942~1945年,美澳盟军与日军在布干维尔岛及附近海域进行了三年的角逐。1946年12月,根据联合国大会的决议,澳大利亚取得布干维尔岛及附近岛屿的托管统治权,属于新几内亚托管地的一部分。

一 布干维尔第一次"独立"运动

布干维尔岛西距巴布亚新几内亚本土1000多公里。土著居民虽然

---

① 〔美〕盖伊主编《自治与民族:多民族国家竞争性诉求的协调》,张红梅等译,东方出版社,2013,第234页。

巴布亚新几内亚历史与现状

也属于美拉尼西亚人种,但他们肌肤乌黑,有别于本土巴布亚人和新几内亚人浅黑色的肌肤。地域的阻隔,种族的差异,使布干维尔在地理上、种族上和思想观念上更接近于所罗门群岛。20世纪50年代,他们产生了与巴布亚和新几内亚领地分离的强烈意识,由此埋下了分离的隐患。

20世纪60年代,当世界各殖民地掀起争取民族独立的浪潮时,布干维尔岛土著居民也发起了反对澳大利亚托管统治的斗争。1962年,当联合国视察团赴布干维尔岛视察时,1000多名土著居民集会要求由美国托管布干维尔岛。1966年布干维尔岛发现潘古纳铜矿资源后,新几内亚政府立即决定进行开采。当地学生组织出版《对话》杂志,猛烈抨击殖民政府、种植园主和传教团体,反对开采铜矿。1967年,新几内亚政府与国际矿业巨头、澳大利亚力拓集团(Rio Tinto Group)旗下的布干维尔铜业有限公司(Bougainville Copper Ltd.)签署开采铜矿的《布干维尔协定》,规定铜矿总收入的1.25%作为补偿金归布干维尔政府,而土地所有者仅获得补偿金的5%,由此引发土著居民的强烈抗议。1968年,布干维尔岛出生的巴布亚和新几内亚领地第二届众议院议员保罗·拉普恩、多纳斯·莫拉、利奥·汉内特(Leo Hannett)以及另外22人强烈要求就布干维尔的政治前途举行全民公决。同年底,美拉尼西亚独立战线成立,主张布干维尔岛、俾斯麦群岛等脱离巴布亚和新几内亚领地,单独成立以拉包尔为首都的美拉尼西亚联邦。

1969年4月,新几内亚政府不顾当地人民的强烈反对,同意布干维尔铜业有限公司开采铜矿,引起他们的极大愤慨。8月,以当地专员为首的抗议行动迅速发展起来,国际舆论轰动一时。最后,澳大利亚联邦政府不得不同意布干维尔铜业有限公司直接与土著居民商谈铜矿开采。而新几内亚政府却派警察保护布干维尔铜业有限公司勘探铜矿。此举再次激起当地居民的强烈抵制,分离主义思想迅速蔓延,分裂组织应运而生。他们发出号召:即使布干维尔不能独立,至少也应寻求自治。1971年3月,保罗·拉普恩等在巴布亚和新几内亚领地众议院发起布干维尔公民自决投票,但遭到关于宪政发展的特派委员会的强烈谴责。最后,众议院以57

第四章　独立后的政体结构与国防军事　The Past and Present of Papua New Guinea

票对 14 票的绝对多数票否决了保罗·拉普恩的动议。同年底，随着保罗·拉普恩、多纳斯·莫拉的升职，他们认为布干维尔与巴布亚和新几内亚领地联合更有利于当地的发展。至此，布干维尔政治领袖放弃了分离活动，但当地分离主义者的活动并没有停止。

1972 年，布干维尔铜业有限公司开始进行潘古纳铜矿开采。投产第二年即产精铜 18 万吨，其产值占巴布亚新几内亚生产总值的 30% 和出口总值的 64%。[①] 但由于环保措施不到位，当地的自然环境遭到破坏，当地居民的食物来源减少，日常生活受到严重影响。加之开矿者只对矿区的土地所有者进行补偿，而对广大民众没有利益回馈机制，由此激起当地居民的强烈不满，反抗情绪迅速蔓延。布干维尔岛长期被视为一个独立实体，岛上具有影响力的罗马天主教会和基督教新教卫理公会公开支持土著居民的分离运动。1975 年 5 月 28 日，布干维尔临时政府决定脱离巴布亚新几内亚。6 月 13 日，巴布亚新几内亚自治政府与布干维尔分离主义者之间的谈判破裂。9 月 1 日，布干维尔单方面宣布独立，成立"北所罗门共和国"（North Solomons Republic），定都于阿拉瓦，领土包括布干维尔岛、布卡岛及附近岛屿，并将 9 月 16 日定为独立日，开始与巴布亚新几内亚国防军对抗。此举引起连锁反应，约占所罗门群岛 1/3 人口的英属所罗门群岛领地西岛区（Western Islands District）要求加入"北所罗门共和国"。巴布亚新几内亚、澳大利亚、英国以及联合国等均认为布干维尔独立是分裂国家的行径，一致反对布干维尔独立。1976 年 8 月 9 日，在国际社会的调解下，布干维尔取消独立，归并到巴布亚新几内亚独立国版图，并更名为北所罗门省，首府设在索哈诺城（Sohano，1978 年迁往阿拉瓦）。同时，选举成立北所罗门省政府，下设布卡、库努阿（Kunua）、廷普茨、尼桑（Nissan）、基埃塔、瓦库奈（Wakunai）、布因、博库、托罗基那、珊瑚岛（即阿托尔斯，Ators）10 个地区和潘古纳联络办公室。

---

① 朝阳出版社编辑部编《世界各国风貌》，香港朝阳出版社，1976，第 160 页。

145

二 布干维尔第二次"独立"运动

1976年布干维尔重新并入到巴布亚新几内亚版图后,潘古纳铜矿开始进入生产的高峰期,雇佣工人1万多人,年产精铜矿砂60万吨,占世界铜产量的7%,创造了巴布亚新几内亚40%以上的出口额以及政府17%~20%的财政收入。据巴布亚新几内亚官方数据统计,从1972年至1989年5月,潘古纳铜矿共生产铜310万吨、黄金1080万盎司、白银783吨,总产值达53亿美元,成为"世界五大铜金矿"之一,与"铜矿之国"赞比亚不相上下。但是铜矿收入的80%归属布干维尔铜业有限公司,20%归属巴布亚新几内亚政府,布干维尔人民分文未得,政府也没有改善当地居民的生活,相反铜矿的开采破坏了当地的生态环境。由此导致巴布亚新几内亚中央政府、地方政府、铜矿开发公司、矿区土地主之间的矛盾不断激化。

1987年,潘古纳的土地所有者成立地主协会,原布干维尔铜业有限公司雇主弗朗西斯·欧纳（Francis Ona,女）任书记,佩佩图阿·塞雷罗（Pepetua Serero）任主席。[1] 他们要求布干维尔铜业有限公司进行经济补偿,并负责整治环境。在遭到布干维尔铜业有限公司和当地政府拒绝后,弗朗西斯·欧纳于1988年11月组建"布干维尔共和军",以武力破坏铜矿,骚扰矿工,迫使潘古纳铜金矿停产。1989年3月,阿拉瓦发生数起外来移民与当地居民之间的仇杀事件,由此激起布干维尔分离主义分子的极大仇恨,当地民众开始支持"布干维尔共和军"的行动。巴布亚新几内亚政府试图与"布干维尔共和军"谈判解决争端,但未能阻止暴力和杀戮的发生。4月12日,《新几内亚新闻》刊登弗朗西斯·欧纳的一封信,要求巴布亚新几内亚政府提供120亿美元的环境破坏补偿,将铜矿利润的50%分给布干维尔人民;撤出国防军;并呼吁建立独立的"布干维尔共和国"。她的声明,得到当地居民的广泛支持。当月,北所罗门省代

---

[1] 布干维尔岛历史,https://en.wikipedia.org/wiki/History_of_Bougainville,2015年4月6日浏览。

第四章 独立后的政体结构与国防军事　The Past and Present of Papua New Guinea

表与当地村社领导代表召开会议，布干维尔人民代表大会党（Bougainville People's Congress Party）领袖，原北所罗门省省长约瑟夫·卡布伊（Joseph Kabui）强调在民族基础上的叛乱，并声称自远古以来，在地理、文化上，布干维尔就是一个独立存在的地方。① 约翰·拜卡（John beika）领导的北所罗门省代表虽然不支持独立，但呼吁布干维尔除防务、货币、外交事务外实现完全自治。此后，潘古纳铜矿完全关闭。

1990年5月17日，弗朗西斯·欧纳打着维护民族利益的旗号，宣布布干维尔独立，成立"布干维尔共和国"及"临时政府"，自任"临时总统"，约瑟夫·卡布伊任"副总统"，定都于布卡。巴布亚新几内亚政府宣布其独立为非法和无效，一面派国防军和警察武力弹压，一面进行经济封锁，由此导致巴布亚新几内亚陷入内战状态。1991年1月，在澳大利亚和新西兰等国的调停下，巴布亚新几内亚外交部部长迈克尔·索马雷与约瑟夫·卡布伊代表交战双方在所罗门群岛首都霍尼亚拉（Honiara）签署和平协议。但协议很快被撕毁，双方重新开战。由于所罗门群岛与巴布亚新几内亚之间存在领土纠纷，所罗门群岛政府公开支持布干维尔的分裂行径，并准许他们在霍尼亚拉设立办事处。此举使布干维尔武装冲突进一步升级，布干维尔的商业和种植园经济遭受重创，北所罗门省由巴布亚新几内亚最富裕、最稳定的省份变成政局动荡、政府权威受到严重挑战的省份，首府阿拉瓦的政府大楼、医院、银行、图书馆、百货大楼等公共建筑和大量民房被毁，百姓深受其害。1992年1月，巴布亚新几内亚政府增派500名国防军发动"高速2号"军事行动，打击布干维尔的分裂行径，结果却被"布干维尔共和军"打败。1994年8月，在澳大利亚、新西兰、联合国等国际力量的调停之下，交战双方再次签署停火协议，所罗门群岛政府也关闭了"布干维尔共和军"在霍尼亚拉的办事处。

1996年，巴布亚新几内亚政府再度派国防军进驻布干维尔岛，由此引发新一轮政治危机。北所罗门省政府宣布恢复原名布干维尔省，并将首

---

① 〔英〕米歇尔·E. 布朗、〔法〕苏米特·甘古力主编《亚太地区的政府政策和民族关系》，张红梅译，东方出版社，2013，第435页。

147

府迁往布卡。1997年年初,巴布亚新几内亚政府筹集3600万美元,试图借助英国桑德林公司组织的南非雇佣军解决布干维尔问题,结果遭到国内外各种政治势力的强烈反对。比尔·斯卡特继任总理后,于10月10日在新西兰伯恩哈姆(Burnham)签署《伯恩哈姆停火协议》。11月,新西兰和澳大利亚军事人员开始监督停火,布干维尔武装冲突步入和平发展轨道。1998年1月,交战双方又在新西兰基督城(Christchurch,音译为克莱斯特彻奇)林肯大学签署《关于布干维尔和平、安全与发展的协议》(即《林肯协议》),布干维尔重新归并到巴布亚新几内亚,和平进程向前推进了一大步。[1] 4月30日,在澳大利亚、新西兰、斐济、瓦努阿图、所罗门群岛组成的国际和平监督团及联合国秘书长代表的监督下,布干维尔交战双方在阿拉瓦签署持久停火协议。这场旷日持久的内战,造成1.2万人死于非命,约占布干维尔总人口的7%,4万多人流离失所。9月,巴布亚新几内亚国民议会决定布干维尔过渡政府延迟至12月31日,为各派谈判成立和解政府赢得了时间。

1999年4月,随着《马拉卡纳和奥卡泰纳谅解》的签署,布干维尔各派政治力量同意在新西兰和联合国观察员的监督下处理武器,并起草布干维尔未来政府的权力、作用、组成、地位等一揽子计划。[2] 7月12日,巴布亚新几内亚政府与布干维尔人民代表大会党领袖约瑟夫·卡布伊签署《赫特吉纳备忘录》,同意给予布干维尔除外交和国防权力以外最大限度的自治,并以公民投票方式决定布干维尔的未来。2000年3月,在联合国监察小组及澳大利亚、新西兰的斡旋下,巴布亚新几内亚政府与布干维尔各派政治力量签署《罗罗阿塔协议》和《盖特韦公报》,同意布干维尔实行自治。3月30日,布干维尔省临时政府成立,约翰·莫米斯任省长,

---

[1] 《巴布亚新几内亚常驻联合国代表团临时代办给安全理事会主席的信》,联合国安全理事会网站,http://www.un.org/News/Press/docs/2003/sc7839.doc.htm,1998年3月31日报道。

[2] 世界知识年鉴编辑委员会编《世界知识年鉴(2000~2001)》,世界知识出版社,2000,第1024页。

省议会成员同日宣誓就职。① 2001 年 8 月 30 日，双方正式签署《布干维尔和平协定》，巴布亚新几内亚政府同意布干维尔省建立自治政府，并在自治政府成立 10~15 年内就未来政治地位举行公投，决定是否脱离巴布亚新几内亚独立。该协定的签署，标志着长达 12 年之久的布干维尔战争最终结束，布干维尔和平进程进入具体实施阶段。

2002 年 3 月，巴布亚新几内亚国民议会通过布干维尔实行内部自治的法案，从法律上为成立自治政府、举行独立公投铺平了道路。2003 年 7 月，联合国驻布干维尔政治事务处宣布收缴武器阶段结束，布干维尔开始走上销毁武器、恢复重建的道路。2004 年 1 月，联合国布干维尔观察团取代了到期的驻布干维尔政治事务处。② 2005 年 1 月，在联合国的斡旋下，巴布亚新几内亚政府批准《布干维尔宪法》。5 月 17 日，拒绝接受和平协议的原"布干维尔共和军"领导人、强硬派代表弗朗西斯·欧纳宣称自己是"布干维尔岛之王"，加冕为弗朗西斯·多米尼克（Francis Dominic）国王，并以布干维尔旧部落之名将国名改为"梅卡穆伊王国"（Me'ekamui Kingdom），③ 继续在其控制区与巴布亚新几内亚政府对抗。6 月 15 日，布干维尔自治政府正式成立，约瑟夫·卡布伊当选为自治政府第一任主席。7 月 24 日，随着弗朗西斯·欧纳死于伤寒，布干维尔危机的隐患最终消除。

---

① 钱其琛：《世界外交大辞典》（上册），世界知识出版社，2005，第 346 页。
② 《联合国和平行动——巴布亚新几内亚》，联合国和平与安全简介，http://www.un.org/chinese/peace/issue/papua.html，2015 年 3 月 2 日浏览。
③ http://en.wikipedia.org/wiki/Francis_Ona，2015 年 6 月 5 日浏览。

第五章
经济发展

德国、英国以及澳大利亚统治巴布亚新几内亚期间，强占土著居民的良田，发展种植园经济，使之融入了世界市场；同时，开采金矿，为本国工业生产提供生产原料。由此导致当地传统经济发展停滞，二元经济结构越来越明显。巴布亚新几内亚独立后，农业、渔业、畜牧业和养殖业得到一定的发展。近年来，随着现代经济元素的渗入，采矿业、森林工业等逐渐成为国民经济的支柱产业，巴布亚新几内亚开始向新型资源型国家转变。但高地各省经济相对落后，迄今在深山中仍有一部分人过着自给自足的原始部落生活。根据联合国开发计划署（The United Nations Development Programme，缩写：UNDP）在东京发布的"2014年度人类发展指数（HDI）"报告，巴布亚新几内亚的人类发展指数仅为0.491，在被统计的187个国家中排名第157位，与中国相差66位（中国排名第91位，发展指数为0.719）。[①] 巴布亚新几内亚经济发展还面临着巨大的压力，难以完成联合国千年发展目标中任何一项指标。

第一节　经济简史

19世纪以前，巴布亚新几内亚处在原始社会末期，土著居民从事的是以原始农业为基础的、自给自足的自然经济。19世纪末，随着西方殖民势力的侵入，西方先进的生产技术、商品贸易形式、经济作物种植为巴

---

① 世界排行榜网站，http://www.phbang.cn/general/144511.html，2015年12月18日浏览。

布亚新几内亚传统经济注入了新的活力，改变了当地传统的生活方式和经济模式。同时，西方殖民势力的入侵还极大地冲击了土著居民的思想观念，促使一部分人开始从事资本主义的生产方式。当地的经济社会发生了根本性的变化，逐渐被纳入到资本主义世界市场。巴布亚新几内亚开始从古老的土著部落走向现代社会，开启了经济近现代化的步伐。

一　殖民地时期的经济

欧洲殖民者瓜分巴布亚新几内亚地区后，他们根据当地的自然环境和自然资源条件，强迫土著居民种植热带经济作物，开采金矿，并出口到宗主国以换取当地所需的其他生活用品，巴布亚新几内亚形成了单一的经济结构，使当地经济发展蒙上了浓厚的殖民地色彩。在第二次世界大战前，在巴布亚新几内亚经济结构中，采矿业和种植园经济等初级产业均由外国资本势力控制，当地的经济基础十分脆弱。第二次世界大战以后，新几内亚政府开始更多地关注当地农村经济的发展。

（一）教会经济的产生

欧洲传教士进入巴布亚新几内亚地区后，在传道站和传教中心周围建立起椰子种植园、锯木场等基督教会的经济组织，为土著居民提供了一定数量的就业机会。同时，还向他们传授农业耕作方法、牲畜饲养方法、产品加工技术，把一部分人纳入到近现代文明的生产方式中来。

（二）德属新几内亚领地的经济

1879年，德国人开始在新不列颠岛马图皮特进行椰干贸易。1882年起，他们将附近没有村庄或园圃的土地据为己有，以廉价的衣料或小饰品骗取土著居民的土地，建立椰子、可可种植园。为解决劳动力不足的问题，他们在东南亚和东亚一带招募了1000多名中国人、马来人、日本人到种植园做工，制作椰干；后来又从华人中招募了一批木匠、裁缝、商人、船舶建造师、工程师等。1900年，德属新几内亚领地政府颁布条例，不许村民出售成个的椰子，必须出售加工后的椰干。种植园经济的建立，使劳动力逐渐成为紧俏商品，而招募劳工则在客观上促进了各岛屿之间的交流。在经济上，虽然宗主国不愿意让殖民地获得自由发展的空间，但在西方生产方式的影响下，德属新几内亚领地的经济发展水平得到一定程度的提高，椰干成为主要的出口产品，棉花、木棉、可可、海参、海龟壳及珍珠贝等也有少量出口。此外，还修建了贯穿新爱尔兰岛东部沿海的公路；开辟了到香港的定期远洋航线。在殖民地经济的影响下，一部分土著居民也开始从事商业生产，向拉包尔、科科波等地销售自己生产的粮食。

（三）英属新几内亚领地的经济

英国占领新几内亚岛南部地区后，传教士和商人蜂拥而至，在费尔法克斯湾附近建成了规模化的小城镇。同时，商人不断地到附近海域土著岛民那里寻找货源。1888～1897年，英属新几内亚领地进口贸易额增长了4倍多，出口则增长了9倍多。其中黄金是出口增长的主要因素，占出口总额的50%以上。同时，英属新几内亚领地政府还建起种植园。1894年，又颁布条例，允许常驻管理区的地方官强迫土著居民种植椰子；以简单便宜的小物件为诱饵，贩卖土著居民到种植园充当廉价劳动力，在路易西亚德群岛、伍德拉克岛、米尔恩湾和曼巴雷河（Mambare）一带开采金矿。英国人的商业活动、矿山开采和贩卖劳工等行为促进了商品贸易的发展，并且与欧洲市场建立了联系，促进了当地向近现代社会的转变。

（四）澳属巴布亚领地的经济

澳大利亚取得巴布亚领地后，出租土地30万英亩（约合12.14万公顷），其中耕地4.4万英亩（约合1.78万公顷），主要种植椰子、橡胶、西沙尔麻（即剑麻）。1914年第一次世界大战爆发后，该领地的一些农产品失去了国际市场，部分种植园主又应征服役，由此影响了种植园经济的发展。战后，针对外来资金短缺，经济发展缓慢的问题，澳属巴布亚领地政府颁布《土著居民种植园条例》，规定领地政府有权在各村社附近建立土著居民保留地，强迫村民开垦土地，围以篱笆，种植椰子、橡胶、咖啡等经济作物，以及稻谷等粮食作物。领地政府负责提供种子，但收取一半的收成。1924年起，在莫尔兹比港北面的阿斯特罗拉贝（Astrolabe）山区开采铜矿。两年后，矿工达到1000多人，铜的出口额约占总出口的1/3。同时，澳大利亚联邦政府还规定从澳属巴布亚领地运往澳大利亚的咖啡、椰子免征进口税,对可可、香草及各种香料出口进行补助奖励,由此促进了澳属巴布亚领地经济的发展。1929年世界性的经济危机爆发后,澳属巴布亚领地政府将采矿业作为重点发展的产业,黄金和铜分列出口商品第一位和第三位,石油钻探也拉开序幕。1931年,澳属巴布亚领地生产的橡胶获准免税出口澳大利亚。但直到1941年,该地区的经济增长一直比较缓慢,主要的增长点都集中在巴布亚半岛上。

(五)澳属新几内亚委任统治地的经济

1920年澳大利亚取得原德属新几内亚领地委任统治权后,当地经济发展陷入畸形状态。澳大利亚首先将原德国人经营的种植园和商业机构全部接管。紧接着,又将种植园出售给澳大利亚退伍军人,并制定了许多保护性的措施。1931年,新几内亚委任统治地所产的橡胶获准免税出口澳大利亚。欧洲人的种植园发展比较快,面积达到24.3万英亩(约合9.834万公顷),其中23.3万英亩(约合9.429万公顷)种植椰子,种植园工人达到2.1万人。1938年,椰干出口达到73716吨,价值168.55万澳镑。由于大量的土著劳动力被大种植园所占有,导致当地居民的椰子园荒芜,农村生活陷入困境。随着新几内亚委任统治地发现金矿,黄金开采业逐渐成为该地区新兴产业。1938年,矿工达到7000多人,黄金产量达41万盎司,价值405.8万澳镑。1939年,新几内亚委任统治地政府的税收达到100万澳镑,远远超过澳属巴布亚领地。

1927年,为加强各地之间的联系,新几内亚委任统治地政府修建了两条从沿海到内地采金区的公路。

(六)巴布亚和新几内亚领地的经济

第二次世界大战以后,巴布亚和新几内亚两地开始由澳大利亚统一管理,新几内亚政府开始更多地关注农村经济的发展。

1946年,临时文官政府成立农业、畜牧与水产部,建立4个指导站和10个指导中心,为农民提供技术咨询,推广农作物良种,改进畜牧品种。在农业方面,给予土著居民一定的土地所有权或土地使用权,引导种植咖啡、椰子、可可等永久性经济作物。到1962年,农村小块种植园有

第五章 经济发展　The Past and Present of Papua New Guinea

椰子树1000万棵，超过大种植园50万棵；咖啡出口5000吨，其中50%产自于农村的小土地所有者；可可出口14万吨，其中24.3%由土著居民生产。另外，还引种了花生、西番莲果等新作物，将甘薯、西米等农作物出售给政府各管理站、教会和医院。在畜牧业方面，土著居民开始仿效欧洲人繁殖自己的小牛。在工业方面，对高地和莫罗贝管理区的金矿进行了大规模开采，黄金收入由1950年的4868澳镑增加到1962年的17.7万澳镑。1962年制定了发展木材工业的计划，在已被砍伐的林区重新栽植树木，以确保木材供应源源不断。在对外贸易方面，北部新几内亚地区出口产品主要有椰干、黄金、白银、木材等。1962年度，出口1278.13万澳镑，进口1607.85万澳镑。南部巴布亚地区出口产品主要有椰子、咖啡、橡胶、黄金、锰等，进口产品主要有食品、机器、制成品、运输装备等。1962年度，出口311.97万澳镑，进口985.1万澳镑。[①]　在交通运输方面，整修战时修建的公路和简易机场，尤其是高地各管理站都建立了小型机场，并用公路连接起来，形成小型公路网络。到1962年，从莱城到内地几百公里处、马勒山脉的瓦吉谷地尽头都可以通行车辆。交通运输业的改善，促进了经济作物的栽培，也使一些相对孤立的氏族和部落组成的封闭社会走向终结。

　　1968年，新几内亚政府公布经济发展的五年计划，着重加强经济的"本地化"。大力推广农业生产技术、牲畜饲养计划，推广种植茶树、除虫菊等新型作物。经过改进的种植方法在绝大多数农村得到推广。1974年，巴布亚新几内亚热带木本经济作物的产量有了大幅度的提高，椰干达到13.7万吨、可可豆3万吨、咖啡3.8万吨、天然橡胶6000吨。[②] 但农作物加工设备、机械运输设备以及木材采伐、铜矿开采等几乎全部由外国势力控制。二元经济结构越来越明显，外国资本势力与土著势力的矛盾越来越突出。如国际采矿公司在布干维尔岛开采铜矿，遭到土著居民的强烈

[①] 世界知识年鉴编辑委员会编《世界知识年鉴（1965）》，世界知识出版社，1965，第1098页。
[②] 王建堂、姜乃刚：《巴布亚新几内亚农业及其发展初探》，《河南师范大学学报》1982年第1期，第113页。

155

反对，即是土著居民的土地传统需要和信仰风俗与现代工业建设占地之间矛盾的真实反映。

二 现代经济状况

巴布亚新几内亚的二元经济结构是以矿产资源、油气资源为代表的资本密集型及出口导向型经济，与覆盖全国85%人口的自然经济的结合。黄金、铜、石油、天然气的开采，林木采伐，渔业捕捞及加工，主要经济作物棕榈的生产等基本控制在外国资本手中，民族资本生产仅限于咖啡、椰干、天然橡胶等产品。

（一）经济成分

巴布亚新几内亚的经济成分包括农业和畜牧业、林业、矿业和石油天然气、旅游和酒店管理、渔业和海洋资源、制造业、商品零售和批发、建筑及建筑材料、交通运输、金融和对外贸易等。

其中矿产、石油、天然气和经济作物种植是国民经济的支柱产业。据有关资料显示，2007年，巴布亚新几内亚国内生产总值构成中，农业、林业和渔业约占34%，矿业和石油天然气行业占28%。2015年，农业、工业和服务业所占比重分别为23%、37.8%、39.2%。[1]

（二）优先发展的产业领域

棕榈、咖啡、可可、椰子种植；农产品加工。

石油和天然气的开发；铜、镍、钴及海底硫化物资源勘探开发。

林业和林产品加工。

捕鱼业和鱼产品加工。

旅游产业开发。

制造业。

基础设施建设。[2]

---

[1] 《世界概览——巴布亚新几内亚》，美国中央情报局网站，https：//www.cia.gov/library/publications/resources/the-world-factbook/geos/pp.html，2016年12月20日浏览。

[2] 商务部、国家发展和改革委员会、外交部关于发布《对外投资国别产品指引（2011版）》的通知，第283页。

(三) 外国资本

巴布亚新几内亚是中低等收入国家，基础建设、教育、医疗等发展落后，经济发展受到资金方面的制约。近年来，巴布亚新几内亚政府积极鼓励外国投资，根据《投资促进政策法案》的规定，投资促进局是主管巴布亚新几内亚外国投资的政府部门。

1. 优先投资领域

包括能够促进经济发展、提供就业机会、利用国内资源、扩大出口量和出口额、发展农村地区经济、引进科技和技能的领域；涉及采矿和石油产业、木材加工、食品、纺织服装、造纸、塑料、化工、建材、汽车配件和旅游设施等行业。[1] 其中矿产、油气、林业等资源产业为重点投资领域，投资额占巴布亚新几内亚吸收外资总额的70%以上。

2. 外国投资的鼓励政策

农业：投资某些农村地区的农业、建筑业、酒店业、制造业等项目的企业，免除10年所得税；某些农业项目开发投入税收减免；农业推广服务、农业研究和开发支出的税收减免；农业、渔业资产投入税收减免；降低渔船柴油燃料消费税；免除农用拖拉机消费税；减免农业项目股东个人所得税；免除与农业相关的设备和物资进口关税。[2]

制造业：获得国内税务委员会"新产品证明"的企业，免除前3年出口关税及随后4年高出前3年利润平均部分的出口关税；出口市场发展费用从收入中加倍扣除后计算收入税；公司运营前5年，本地雇员每年享有部分工资补贴等。

旅游业：第一年酒店设施55%的加速折旧；减免员工培训税；投资超过100万美元、房间超过150间、2007～2011年间建造的旅游项目纳税人，第一年所得税降至20%，最多可持续9年。

矿产和油气开发领域：免除用于矿产项目开发的货物和服务投资的货

---

[1] 《研究报告：中国在巴布亚新几内亚的投资机会与风险分析》，http://hen1.ccpit.org/Contents/Channel_ 2118/2015/0811/478832/content_ 478832.htm，2015年12月12日浏览。

[2] 《对外投资合作国别（地区）指南——巴布亚新几内亚》，2015，第29页。

物服务税；持有2007年批准的石油勘探许可和2017年12月31日前批准的石油开发许可项目，收入税降至30%；勘探时间为20年的油气、矿产项目，投产后扣除其最初勘探费用后再纳税。

其他鼓励性政策包括：第一，加速折旧。首次在巴布亚新几内亚出现的新项目工厂设备享有100%的加速折旧；节能厂房首年享有20%的折旧；农业和特定旅游设施享有100%的加速折旧；出口市场发展支出和研发支出享有加倍折旧。第二，避免双重征税。对与其签订避免双重征税协定的国家和居民投资的企业，免除所得税的双重征税部分。第三，培训税。每年发放工资超过20万基那的企业需要支付工资额2%的培训税。对当地雇员进行培训，计算培训税时可以从培训费中加倍扣除培训支出。

3. 禁止外资涉足的领域

根据巴布亚新几内亚《投资促进政策法案》的规定，外国资本不得投资以下6个领域。

农业领域：年销售额低于5万基那的种植业、农畜业；

林业领域：部分树种和植被的采伐；

渔业领域：3海里近海商业捕捞；部分海洋动植物的捕捞和开采；

矿业领域：冲击矿床的开采；

公共饮食业领域：移动式食物零售；

批发零售业领域：野生动植物批发零售、二手服装批发零售、街头贩卖、手工艺品批发零售、修鞋店等。[1]

4. 外资利用

根据联合国贸易和发展会议（United Nations Conference on Trade and Development，缩写：UNCTAD）发布的《2015年世界投资报告》显示，截至2014年年底，巴布亚新几内亚吸引外资存量为38.8亿美元。[2] 目前，巴布亚新几内亚的主要投资来源国和国际组织有澳大利亚、马来西亚、欧盟、巴哈马、中国、加拿大、印度尼西亚等。

---

[1] 《对外投资合作国别（地区）指南——巴布亚新几内亚》，2015，第27页。
[2] 《对外投资合作国别（地区）指南——巴布亚新几内亚》，2015，第18页。

（四）财政状况

巴布亚新几内亚的财政收入主要来自于税收收入、非税收入和国际社会的捐赠与援助。2014年，政府财政收入126.74亿基那（约合50.38亿美元），比2013年增加28.41亿基那（约合11.29亿美元）。①

1. 税收收入

巴布亚新几内亚的税收收入包括个人所得税、公司税、进出口关税、销售税、消费税、培训税、预扣税、货物服务税、强制缴纳国民发展资金等。

个人所得税：2004年，巴布亚新几内亚通过《新税法》，规定本国居民和外国居民所得税税率相同；对年收入6000基那（约合2400美元）以下居民的免征所得税，个人所得税税率从免征额的25%逐渐增加到收入超过9.5万基那（约合3.77万美元）的47%。2012年7月1日起，巴布亚新几内亚公民免税门槛提高到1万基那（约合3975美元），国民个人税率为30%。②

公司税：1997年，巴布亚新几内亚通过《公司法》，规定国营企业和私人企业都要缴纳公司税。当地居民创办的公司税率为25%；当地居民创办的采矿公司税率为25%~35%；非当地居民创办的公司税率为48%；当地居民和非当地居民创办的矿产、天然气公司税率为30%，石油公司的税率为45~50%。③

进口关税：2002年，巴布亚新几内亚政府通过《海关法》，规定所有进口货物都要缴纳进口税，税率分为5%、11%、40%和55%四档。2007年1月1日起，巴布亚新几内亚主要商品进口税率执行表5-1的标准：

---

① 《巴布亚新几内亚国家概况》，外交部网站，http://www.fmprc.gov.cn/web/gjhdq_676201/gj_676203/dyz_681240/1206_681266/1206x0_681268/，2016年1月2日浏览。

② 《巴布亚新几内亚税法修正 商业成本提高》，中华人民共和国驻巴布亚新几内亚大使馆经济商务参赞处网站，http://pg.mofcom.gov.cn/article/jmxw/201207/20120708236925.shtml，2015年6月14日浏览。

③ 《对外投资合作国别（地区）指南——巴布亚新几内亚》，2015，第28页。

表 5-1　主要商品进口税率*

商品类别	关税税率(%)	商品类别	关税税率(%)
食品	0~40	机械设备	0
日用消费品	0~25	工业用品	0~25
燃料	0	汽车及零配件	0~15

注：对部分木材、鱼类、蔬菜、水果、糖、烟草、水泥、贵金属、珠宝、工艺品、预置房等收取40%的保护关税。

*《对外投资合作国别（地区）指南——巴布亚新几内亚》，2015，第26页。

另外，自1999年7月1日起，巴布亚新几内亚政府对特定奢侈品征收进口消费税。其中对酒类、酒精饮料、烟草、燃油、香水、照相器材、珠宝、电器、汽车及零配件、扑克机等征收最高150%的消费税。自2012年起，巴布亚新几内亚政府推行适度的关税减免计划，在3年内逐步降低限制进口商品和受保护商品的关税税率至15%的中间税率，新鲜水果和蔬菜、酒精饮料、烟草等不在关税减免之列。[1]

出口关税：巴布亚新几内亚大部分出口商品无须缴纳关税，但以下产品出口须缴纳关税：椰子、咖啡豆、茶叶、花生、椰干、椰仁、甘蔗、棕榈油、可可、椰干油、橡胶等出口税率为2.5%；矿产品、鲸鱼皮、贵金属、珠宝的出口税率为5%；原木出口税率为28.5%。

销售税：由各省政府在零售方面征收，是各省政府收入的主要来源。征收范围包括啤酒、红酒、白酒、烟草制品、石油和轮胎等，税率为1.5%~5%。

消费税：巴布亚新几内亚政府规定居民首套房屋价格在21万~28万基那之间，须缴纳2%的消费税，超过28万基那的部分缴纳5%的消费税。自2011年1月1日起，居民消费税免征额进行调整，房屋金额低于50万基那无须缴纳消费税，超出部分缴纳5%的消费税。

培训税：收入超过10万基那的业务都要缴纳2%的培训费，对当地职工的培训超过收入2%的任何业务都不缴纳培训费。

---

[1]《对外投资合作国别（地区）指南——巴布亚新几内亚》，2015，第26页。

第五章 经济发展

预扣税：公司向非居民企业或个人支付红利时，需缴纳17%的红利预扣税，石油、天然气公司因实行较高的税率，不再缴纳预扣税。

货物服务税：巴布亚新几内亚政府规定销售商品需缴纳10%的货物服务税。年营业额超过10万基那的企业或个人需注册税号。①

强制缴纳国民发展资金：巴布亚新几内亚政府规定雇用20人及以上人员的雇主必须缴纳国民发展资金，除非从事可免除国民发展资金的领域。

2. 非税收收入

非税收收入是指由各级政府及其所属部门、事业单位、代行政府职能的社会团体及其他组织依法提供特定的公共服务，取得并用于满足一定社会公共需要的财政资金。近年来，巴布亚新几内亚的非税收收入在财政收入来源中逐年下降，所占比重在5%左右。

3. 国际社会捐赠与援助

巴布亚新几内亚作为发展中国家，当财政收入出现危机时，国际机构捐赠与援助就成为解决危机的主要手段。

澳大利亚是援助巴布亚新几内亚最多的国家，每年约2.25亿美元，约占巴布亚新几内亚财政预算的15%。新西兰、日本、中国、美国、英国、韩国、欧盟也是重要的援助来源地。亚洲开发银行、世界银行、联合国开发计划署和国际货币基金组织是向巴布亚新几内亚提供多边援助的主要机构。巴布亚新几内亚是亚洲开发银行在南太平洋地区最大的借款方。1971～2015年，亚洲开发银行共向巴布亚新几内亚提供了11亿美元的资金，其中包括向11个项目提供22笔贷款、8个援助项目、9个技术援助项目、2个私营部门的贷款和股权投资业务。② 2011～2015年，亚洲开发银行对巴布亚新几内亚的重点援助领域包括基础设施领域、私有企业的发

---

① 《对外投资合作国别（地区）指南——巴布亚新几内亚》，2015，第28页。
② 《亚洲开发银行通过巴布亚新几内亚2016～2020合作战略》，中华人民共和国驻巴布亚新几内亚大使馆经济商务参赞处网站，http：//pg.mofcom.gov.cn/article/ztdy/201504/20150400944335.shtml，2016年1月13日浏览。

展、金融部门发展和卫生领域。①

根据亚太经合组织的统计,2008~2012年,巴布亚新几内亚接受的援助从3.02亿美元增至6.65亿美元,约占其国民总收入的4%左右。②

(五) 经济发展成就

进入21世纪以来,巴布亚新几内亚国民经济实现了连续14年的正增长,已成为世界上增长最快的经济体之一。2002~2006年,巴布亚新几内亚国内生产总值年均增幅2.8%,速度低于巴布亚新几内亚人口的增速。2007~2013年,巴布亚新几内亚国内生产总值年均增幅达到8%,增速超过了该国人口增幅的2倍。③世界银行副行长、首席经济学家林毅夫称巴布亚新几内亚是"全球范围内经济发展较为强势的发展中国家"。④2015年,巴布亚新几内亚凭借丰富的资源优势,借助于液化天然气等矿产项目投资带动,实现了经济的强劲增长,国内生产总值由2000年的37.54亿美元增加到204.7亿美元,人均国内生产总值由780美元增加到2900美元,经济增长率达9%。⑤截至2015年1月19日,外汇储备达到22.96亿美元。⑥而同一时期,太平洋岛国整体经济增长率为5.5%。巴布亚新几内亚成为太平洋14个岛国中经济增长的领头羊,被评为太平洋

---

① 喻常森、常晨光、王学东:《大洋洲发展报告 (2013~2014)》,社会科学文献出版社,2014,第307页。

② 喻常森、常晨光、王学东:《大洋洲发展报告 (2013~2014)》,社会科学文献出版社,2014,第300页。

③ 《巴布亚新几内亚经济保持平稳增长》,中华人民共和国驻巴布亚新几内亚大使馆经济商务参赞处网站,http://pg.mofcom.gov.cn/article/jmxw/201406/20140600639475.shtml,2016年1月2日浏览。

④ 《世界银行副行长林毅夫对巴布亚新几内亚经济表示肯定》,中华人民共和国驻巴布亚新几内亚大使馆经济商务参赞处网站,http://pg.mofcom.gov.cn/aarticle/ddgk/zwjingji/200908/20090806455966.html,2014年10月20日浏览。

⑤ 《世界概览——巴布亚新几内亚》,美国中央情报局网站,https://www.cia.gov/library/publications/resources/the-world-factbook/geos/pp.html,2016年12月20日浏览。

⑥ 《巴布亚新几内亚国家概况》,外交部网站,http://www.fmprc.gov.cn/web/gjhdq_676201/gj_676203/dyz_681240/1206_681266/1206x0_681268/,2016年12月20日浏览。

第五章 经济发展

岛国"明星选手"。① 按照世界银行 2009 年的划分标准,巴布亚新几内亚已经摆脱了低收入国家的发展阶段,进入中低等收入国家行列(详见表5-2)。

表 5-2 2005~2014 年巴布亚新几内亚宏观经济数据

年份	经济增长率(%)	人均 GDP(美元)
2005	3.4	798
2006	2.6	878
2007	6.2	977
2008	6.7	1306
2009	4.5	1272
2010	8.0	1488
2011	9.5	1649
2012	9.9	2225
2013	5.1	2283
2014	8.4	2404

资料来源:《对外投资合作国别(地区)指南——巴布亚新几内亚》,2015。

(六)环境保护与管理

保护自然生态环境是《巴布亚新几内亚独立国宪法》规定的义务。负责环境保护的主要政府机构是环境保护部,其职责包括:制定环境保护政策;对环境进行评估、监控和保护;对重大资源投资项目进行评估,并颁发项目环保许可。巴布亚新几内亚独立后,采矿业得到较快发展。尤其是进入 21 世纪以来,矿产资源、油气资源的大规模开发使自然环境受到了不同程度的破坏。为了有效管理、监督所有资源开发项目,巴布亚新几内亚政府颁布了一系列环境法规。

1978 年制定《环境规划法》,要求对自然环境具有较大影响的项目,

---

① 《巴布亚新几内亚经济增长得到联合国肯定》,中华人民共和国驻巴布亚新几内亚大使馆经济商务参赞处网站,http://pg.mofcom.gov.cn/article/ddgk/zwjingji/201105/20110507552972.shtml,2014 年 12 月 26 日浏览。

必须向政府提交环境保护计划。

1978年制定《环境污染法》，要求企业排污者必须领取许可证，以减少对自然环境的破坏。

1978年制定《自然保护区法》，通过对具有特殊的生物、地形、地质、历史、科学和社会重要性地点和地区的保护，实现对自然环境和国家文化遗产的保护。

1982年制定《水资源法》，对于向水资源所有者支付补偿金、正式进入权、取水权和用水权作出详细规定。

另外，《海洋废物倾倒法》规定企业向海洋倾倒废物需要领取许可证。

2000年，巴布亚新几内亚政府颁布《环保法》，该法案综合了先前颁布的《环境污染法》（1978年）和《水资源法》（1982年），用于与环境（水、土地和大气）相关的所有项目，对环境保护作出如下规定：

第一，投资矿产、石油、农业、畜牧业、渔业和林业的外国投资者需严格遵守巴布亚新几内亚政府环保法律法规。根据环境污染程度不同，环保部门将开发项目分为三个等级，第一、第二级项目需要在开工前或者更改设计前向环保部门申请环境许可，否则将对公司处以最高10万基那、对个人处以最高5万基那的罚款。对于涉及国家利益或可能带来严重环境危害的第三级项目，需在申请环境许可前向环保部门提交环境评估报告。

第二，污染物排放、噪声排放需获得环保部门许可，向水资源中排放物质需获得水局颁发的许可，否则公司将被处以最高5万基那、个人被处以最高1万基那的罚款。导致水、大气、土地污染的个人，将被处以最高5000基那的罚款。排放不合理噪声的公司将被处以最高1万基那的罚款，个人将被处以最高5000基那的罚款。

第三，进口、销售、制造、排放有毒污染物质需获得环保部门许可，否则公司将被处以最高5万基那的罚款，个人将被处以最高1万基那的罚款。有毒污染物质限制出口，出口时需先向环保部门申请许可证。①

---

① 《对外投资合作国别（地区）指南——巴布亚新几内亚》，2015，第34页。

另外，根据《环保法》（2000 年）和《环境许可证法规》（2002 年）的规定，在巴布亚新几内亚开展碎石、承包工程、勘探、采矿、石油、天然气等投资项目，需提交环评报告，并获得环境部门签发的环境许可证。

2013 年 8 月，巴布亚新几内亚资源联合会呼吁政府加强矿产行业的环境保护。声明指出，采矿和矿石加工过程中会产生大量废弃排放物，许多矿业公司每年都将储量数百万吨的危险矿井废弃物倾倒入巴布亚新几内亚的河流、湖泊和海域，严重破坏了全国 700 万人口的生存环境和生态系统，纯净淡水资源面临污染和消耗的威胁。因此，巴布亚新几内亚的矿产行业必须保护水资源和水生生态系统，禁止尾矿垃圾污染河流和海洋。[①]

（七）中长期发展战略

2009 年 11 月，巴布亚新几内亚政府公布了《巴布亚新几内亚 2050 年规划》（PNG VISION 2050）。该规划预计，随着巴布亚新几内亚液化天然气项目的投产以及土地改革的实施，巴布亚新几内亚的国内生产总值将从 2010 年的 120 亿基那（约合 51.6 亿美元）增加到 2050 年的 2000 亿基那（约合 860 亿美元），人均年国内生产总值增加到 1.3 万基那（约合 5590 美元）。该规划涵盖了人力资本、性别、年青一代和民权（Human Capital Development, Gender, Youth and People Empowerment）；财富创造（Wealth Creation）；机构发展和服务交付（Institutional Development and Service Delivery）；安全和国际关系（Security and International Relations）；环境可持续发展和气候变化（Environmental Sustainability and Climate Change）；精神文化和社区发展（Spiritual Culture and Community Development）；战略整合（Strategic Integration and Control）7 个重点领域。该规划认为如果项目全部得到落实，巴布亚新几内亚在联合国开发计划署人类发展指数中的排名将会从第 156 位上升至第 50 位，服务和基础设施

---

① 《巴布亚新几内亚资源联合会呼吁巴布亚新几内亚矿产行业加强环境保护》，中华人民共和国商务部网站，http://www.mofcom.gov.cn/article/i/jyjl/l/201308/20130800256219.shtml，2014 年 11 月 26 日浏览。

建设也会随之改善，国民平均寿命将从57.9岁提高至77岁；政府可以为初中及以下的学生提供免费和广泛的基础教育，非正式部门成年人识字率在未来15年达到100%；艾滋病、肺结核、疟疾等疾病感染率降低，确保指定医院有充足的符合国际标准的医疗设备，每个病房区域建立救护站，改善医务工作者的健康条件等。① 迈克尔·索马雷总理在公布《规划》时表示，巴布亚新几内亚独立34年来的发展已经偏离了原有轨道，《规划》将对其进行修正。

2010年年初，巴布亚新几内亚政府出台《2010～2030年战略发展规划》，预计到2030年，国内生产总值由230亿基那（约合98.9亿美元）增至980亿基那（约合421.4亿美元），年经济增长率保持在8%左右；创造200万个就业岗位；犯罪率降低55%；税收达到330亿基那（约合141.9亿美元）；公路里程增加到2.5万公里；电力覆盖率达到70%；农业产出增长5倍；渔业产能增长3倍，成为世界金枪鱼中心；80%的林业产品经加工后出口，争取进入中等收入国家行列。②

为了落实《2010～2030年战略发展规划》，2010年10月，巴布亚新几内亚内阁批准了《2011～2015年中期发展规划》，投入652.34亿基那（约合280.5亿美元），其中发展预算363.41亿基那（约合156.26亿美元），经常预算288.93亿基那（约合124.24亿美元），优先发展土地、法律与正义、医疗、交通、初级和中级教育、技术和高等教育、供水和卫生七大领域。③

2013年4月，在巴布亚新几内亚-斐济贸易代表团活动启动仪式上，巴布亚新几内亚贸易、商业与工业部部长理查德·马鲁（Richard Maru）表示：将停止向海外市场供应椰子、咖啡、可可和渔业产品等未加工原材料和大宗商品，向提供加工产品方向转变，争取成为太平洋地区重要的制

---

① 《巴布亚新几内亚政府公布〈巴布亚新几内亚2050年规划〉》，中华人民共和国驻巴布亚新几内亚大使馆经济商务参赞处网站，http://pg.mofcom.gov.cn/article/ddgk/zwjingji/200911/20091106627300.shtml，2015年1月6日浏览。
② 《对外投资合作国别（地区）指南——巴布亚新几内亚》，2015，第13页。
③ 《对外投资合作国别（地区）指南——巴布亚新几内亚》，2015，第13页。

造业中心。同时,他还表示政府将推出新的工业化政策,指导发展强大的制造业和服务业。商业发展目标是新增就业岗位 200 万个;增加国民收入;实现本国产品替代所有进口商品。①

第二节 农业

巴布亚新几内亚长夏无冬,热量充足,降水丰沛,沿海低地和山间盆地表面覆盖着肥沃的火山灰土壤,是发展喜湿、喜热作物,特别是热带木本经济作物的理想场所。

一 耕地的种类及特点

巴布亚新几内亚的农业生产能力与生产技术比较落后,基本呈自然状态。人们选好要开垦园地的地方,就先放火烧掉草木,再耕种农作物。一般实行轮作,但高地和沿海地区的耕种方法不同。据统计,巴布亚新几内亚 24% 的国土面积能够在无严重土壤问题的情况下用于密集农业生产活动,农业用地占全国土地面积的 2.6%(耕地、永久性作物、永久牧场各占 0.7%、1.5%、0.4%)。②

根据气候和土壤条件的差异,以及各种农作物对自然、经济条件等外部环境的不同要求,巴布亚新几内亚农作物的种植区域划分明显。总体来讲,椰子、可可、油棕、天然橡胶等分布在海拔较低的沿海地带,咖啡、茶叶等分布在海拔较高的中部高地地区。具体情况如下:

北部省、中央省、米尔恩湾省、马当省、桑道恩省和西新不列颠省的土地适合甘薯、芋头、木薯、大薯、香蕉等热带农作物的生长;东、西新不列颠省、北部省、马当省的土地适合咖啡、可可、椰子等热带木本经济作物的生长;桑道恩省、莫罗贝省、东塞皮克省和布干维尔自治区的土地

---

① 喻常森、常晨光、王学东:《大洋洲发展报告(2013~2014)》,社会科学文献出版社,2014,第 338~339 页。
② 《世界概览——巴布亚新几内亚》,美国中央情报局网站,https://www.cia.gov/library/publications/resources/the-world-factbook/geos/pp.html,2015 年 12 月 20 日浏览。

适宜种植水稻；海湾省、北部省、中央省、桑道恩省和布干维尔自治区适合改良牧草的生长。

二 农业生产的分类

根据生产目的，巴布亚新几内亚的农业可分为自给性农业和商品性农业两大类型。①

(一) 自给性农业

由本地人生产经营，产品主要用于满足自身的消费。其特点是农作物种类较多，专业化程度和生产力水平较低；生产分散落后，呈现出孤立状态；产量小，商品率低，尤其是深山、边远交通闭塞的地方尤为突出。根据自然条件和各类作物生长对外部环境的要求以及耕作方式的差异，自给性农业又分为低地农业和高地农业。

低地农业：包括低地森林、热带稀树草原和沼泽地区的农业。低地森林区的经营方式是在小范围内通过砍伐森林并用火焚烧后，使用掘土棒松土、挖坑、点种作物。在作物生长期间很少进行田间管理。由于密植的粮食作物和杂草很快耗尽了土壤中的养分，加上病虫害的滋生蔓延，每块土地耕种一两年后就被抛荒。热带稀树草原区，草根盘结，根系很深，开垦难度较大，主要用于狩猎和野生根茎的采集。低地森林、热带稀树草原区栽培的农作物以芋头、甘薯、大薯等为主。在沿海和海拔 500 米左右的弗莱河、塞皮克河沿岸的沼泽和半沼泽地区，西谷是主要作物。

高地农业：分布在海拔 1000~2200 米之间，从西部边境向东一直延伸到凯南图高原，全长约 900 公里，多属高山谷地和缓坡地。这里的河流阶地、河谷冲积扇分布着许多田园。高地农业主要位于草原地区，田园大部分筑有围栏，以防止动物破坏庄稼。在土壤比较肥沃的地区，种植期则取决于篱笆寿命的长短。高地地区人口较多，劳动力充裕，整地、除草、开畦、挖沟修渠、施肥、防止水土流失等田间管理比较精细，单位面积产

---

① 王建堂、姜乃刚：《巴布亚新几内亚农业及其发展初探》，《河南师范大学学报》1982 年第 1 期，第 111~112 页。

量高，养活了比低地更多的人口。其主要作物是甘薯，其次是香蕉、玉米、芋头、大薯、木薯、豆类、甘蔗等。

（二）商品性农业

包括小农业生产的可供出售和自身消费的两用作物（包括木本科和禾本科）部分，以及完全为了出售而种植经济作物的种植园农业[①]，是对传统自给自足经济的重大突破。种植园农业始于19世纪末，现已从最初的新爱尔兰和新不列颠东北部沿海地区扩大到米尔恩湾沿岸、莫尔兹比港、马当、波蓬德塔，以及高地地区的戈罗卡、芒特哈根、明季、邦兹（Bonz）、瓦沃（Wawo）等地。商品性农作物主要有咖啡、可可、椰子、油棕、茶叶、橡胶等。

三　农作物的种植

农业是巴布亚新几内亚国民经济的支柱产业，既要为国内人民的生活提供必要的食物，又要出口换取外汇。

（一）农作物的引种

19世纪末，随着欧洲人不断涌向巴布亚新几内亚地区，小麦、水稻、玉米等6种粮食作物，数十种蔬菜、水果，以及坚果等大量作物相继被引种，提高了农作物的多样化，新品种生长期缩短，耕种时间延长，提高了土地利用率，粮食产量得到提高。1940年以后，以甘薯和木薯为代表的农作物在巴布亚新几内亚得到广泛种植。

（二）粮食作物

目前，巴布亚新几内亚可作为食用的粮食作物有251种，主要以番薯、木薯、玉米、芋头、花生等为主，几乎涉及每个家庭，但种植面积比较小。由于当地气候条件优越，土壤肥沃，使得这些作物的生长基本能够满足当地人的生存需求。[②] 菲律宾和中国援助的水稻种植已试种成功。但

[①] 高放：《万国博览——美洲大洋洲卷》，新华出版社，1998，第1076页。
[②] 刘昭华：《巴布亚新几内亚农业发展现状与展望》，《热带农业工程》2010年第1期，第74页。

因水稻种植和加工相对繁琐,当地人一般不热衷种植,播种后基本上不进行施肥和病虫害防治。加之巴布亚新几内亚政府重视经济作物的生产,对粮食和蔬菜的生产未能给予足够的关注,致使粮食、蔬菜和肉类等农副产品需要大量进口。

(三) 经济作物

热带木本经济作物在巴布亚新几内亚的国民经济中占有重要地位。目前,全国各地有 600 多个种植园区,主要以椰子、油棕、可可、咖啡、甘蔗、橡胶等为主,吸纳了全国 60% 的劳动力,是主要的出口农产品。2012 年,椰干、可可豆、咖啡、天然橡胶和棕榈油的出口额达 26.77 亿基那 (约合 10.63 亿美元)。出口目的地主要有美国、新加坡、印度尼西亚、德国、英国、马来西亚等。

巴布亚新几内亚是南太平洋地区最大的椰油和椰干生产国。主要产地有东新不列颠省、新爱尔兰省、马努斯省、马当省、中央省、米尔恩湾省和布干维尔自治区,种植户有 10 万多家。2011 年,椰油、椰干出口总额分别为 1.74 亿基那 (约合 6883 万美元) 和 7000 万基那 (约合 2769 万美元)。[①] 椰干出口量仅次于印度尼西亚,居世界第二位。出口市场主要有澳大利亚、德国、菲律宾和新加坡。2013 年,面对国际市场椰肉价格的下跌,巴布亚新几内亚开始着眼于椰子生物燃料、木材和椰油等其他副产品的开发,发展下游增值加工产业。2014 年,椰子产量 70 万吨,产值 6 亿基那 (约合 2.385 亿美元)。[②]

棕榈油产业始于 20 世纪 60 年代,主要产区为西新不列颠省,种植面积 5.8 万公顷。其中庄园区的产量占 65%。20 世纪 90 年代起,棕榈油成为巴布亚新几内亚第一大出口农产品。目前,该产业每两周大约支付 600 万~800 万基那用于商铺间的货币流通。约有 2 万个家庭依靠棕榈油产业

[①] 《国际市场农产品价格持续走低 巴布亚新几内亚农业出口受损》,中华人民共和国商务部网站,http://www.mofcom.gov.cn/article/i/jyjl/l/201305/20130500128373.shtml, 2015 年 12 月 12 日浏览。

[②] 《巴布亚新几内亚椰子加工项目招商》,巴布亚新几内亚招商投资网站,http://www.cnzsyz.com/aozhou/381452.html, 2015 年 12 月 12 日浏览。

第五章 经济发展　The Past and Present of Papua New Guinea

维持生计。2014年，棕榈油出口64万吨，出口总量居世界第三位，① 收入超过10亿基那（约合3.975亿美元），主要出口欧洲市场。

咖啡是1927年从美洲地区牙买加蓝山引种而来。20世纪50年代初期，开始在高地和莫罗贝地区海拔1300~1800米的丘陵地带广泛种植，60~80年代，产量约占世界的27%，曾经是巴布亚新几内亚出口收入最多的农产品，后被棕榈油所取代。目前，东、西高地省75%的耕地用于咖啡种植。政府设立的咖啡开发局负责协调全国咖啡业的科研、种植、购销等。农民以小块田地的方式种植，由数以千计的咖啡农组成合作社经营咖啡的产销，产量占全球的1%以上。2013年，从业人员约250万人，种植面积约8.7万公顷。出口咖啡100万袋，金额达5亿基那（约合1.8亿美元）②，是巴布亚新几内亚第二大出口农产品、第二大高利润作物。出口对象主要是澳大利亚、美国、德国和日本。

可可是19世纪末由德国人和欧洲传教士带入巴布亚新几内亚的。由于当地自然条件优越，可可质地优厚，质量上乘，超过65%的可可由农村家庭生产，成为世界第九大可可生产国。2010年，可可占农产品出口额的22%，主要出口美国、新加坡、印度尼西亚、德国、英国、马来西亚等。2013年，由于种植面积扩大、生产效率提高和收益向种植者倾斜等原因，巴布亚新几内亚的可可总产量达到39236吨，比上一年增长183吨。东塞皮克省、布干维尔自治区、马当省、东新不列颠省分别占总产量的32.1%、32%、15%、12%。出口38994吨，收入2.068亿基那，同比增长11.7%。③

1903年，橡胶开始在巴布亚新几内亚种植。目前是大洋洲唯一的天然橡胶生产国协会（Association of Natural Rubber Producing Countries，缩写：

---

① 《2011~2015年全球棕榈油生产及消费情况分析》，中国产业信息网站，http://www.chyxx.com/industry/201511/362495.html，2015年12月12日浏览。

② 《巴布亚新几内亚计划扩大在全球咖啡市场份额》，http://www.chinairn.com/news/20140625/180416498.shtml，2015年12月12日浏览。

③ 《2013年巴布亚新几内亚可可出口收入达2.068亿基那》，中华人民共和国驻巴布亚新几内亚大使馆经济商务参赞处网站，http://pg.mofcom.gov.cn/article/jmxw/201407/20140700664055.shtml，2015年12月12日浏览。

171

ANRPC）成员国，主要集中在中央省和国家首都区等地，也是巴布亚新几内亚唯一由国家控制的产业，约有 8000 个家庭以此为生。2011 年，出口收入 4000 万基那（约合 1580 万美元）。① 2013 年，产量近 8000 吨。

20 世纪 30 年代，茶叶在莫罗贝地区海拔 600 米的加莱纳（Galena）一带进行试种。1962 年以后，开始在高地地区广泛种植。1969 年，首次出口即达到 289 吨。② 当地的云雾茶清香可口，在亚洲、欧洲和美洲占据重要的市场份额。2011 年，茶叶种植面积达到 4500 公顷，产量 5041 吨，③ 出口收入 720 万美元（约合 1820 万基那），在大洋洲三大茶叶生产国中排名第一位，是"世界三十六个茶叶主产区"之一。④

（四）热带水果

热带水果是巴布亚新几内亚人民的重要食物来源，也是百姓收入的主要来源。常见的水果有香蕉、木瓜、芒果、椰子、西瓜等。在山地原始森林中有野龙眼、野香蕉等大量的野生果树。在低海拔和沿海地区，椰子树随处可见，椰子是当地居民重要的饮料和食物。⑤ 2010 年，巴布亚新几内亚水果（不含瓜类）收获面积 20.2 万公顷，总产量 242 万吨，单产达 11964 千克。⑥

（五）蔬菜

巴布亚新几内亚的蔬菜种植主要集中在新几内亚岛的北部高地地区，种类以西红柿、胡萝卜、蛇瓜、黄瓜、苦瓜、茄子、大葱、生姜、蒜、甘蓝、生菜、花菜、四季豆、豇豆等瓜果类蔬菜为主。番茄、辣椒、南瓜、黄瓜等蔬菜种子主要引自新西兰，而白菜、卷心菜等来自于日本。当地人

---

① 杨进昌：《巴布亚新几内亚的农业》，《世界农业》1995 年第 10 期，第 17 页。
② 〔澳〕Nick Hall：《茶》，王恩冕等译，中国海关出版社，2003，第 264 页。
③ 国家统计局农村社会经济调查司编《中国农村统计年鉴（2013）》，中国统计出版社，2013，第 402 页。
④ 苏锦平、朱仲海：《2011 年全球茶叶产销形势分析》，《中国茶叶加工》2012 年第 4 期，第 8 页。
⑤ 刘昭华：《巴布亚新几内亚农业发展现状与展望》，《热带农业工程》2010 年第 1 期，第 74 页。
⑥ 国家统计局农村社会经济调查司编《中国农村统计年鉴（2012）》，中国统计出版社，2012，第 401 页。

第五章 经济发展

种植技术落后，蔬菜品种质量较差，产量较低，很多蔬菜都不是在最佳收获期采收，而是在最大时采收，致使四季豆、茄子等常因过期采摘而无法食用。

四 农业生产展望及对策

（一）发展目标

根据自然条件、历史基础优势以及国内外市场的需求动向，巴布亚新几内亚确立的农业发展目标是：提高个体农户产量及农产品质量，增强传统农产品的国际市场竞争力；鼓励多种经营，支持农户发展出口作物种植基地；促进各地区农业的平衡发展，坚持农业可持续发展战略，实现减少贫困、增加就业、维护粮食安全。[①] 农业生产的发展方向放在热带木本经济作物和国内人民需要的粮食作物生产方面。热带木本经济作物以咖啡、可可、椰子、油棕、茶叶等为重点。粮食作物以水稻、豆类等为重点。高地地区扩大种植水稻、玉米、豆类等粮食作物，以及高质量的水果和蔬菜；低地地区的中央省、海湾省、米尔恩湾省、莫罗贝省、东塞皮克省、桑道恩省的沿海冲积平原，试种或扩大种植水稻。

（二）发展对策

巴布亚新几内亚独立后，成立农业与畜牧业部，其职责包括：负责与农业和畜牧业相关的立法管理；促进农业发展和生产就业；帮助省政府提高农业管理能力；根据主要农产品和畜产品的需求，实施相关投资项目；负责与农业开发银行和国家计划管理局进行沟通；管理试验站和实验室，推进试验和产品的市场化生产；为公众提供农牧业的延伸服务和科技信息；为农业机构提供服务。

2013年，针对矿产、油气产业对巴布亚新几内亚出口的贡献不断增大，农业生产的重要性受到影响，农业与畜牧业部开始实施《2013~2017

---

① 商务部、国家发展和改革委员会、外交部关于发布《对外投资国别产品指引（2011版）》的通知，第283页。

巴布亚新几内亚历史与现状

年战略和总体规划》，计划将农业从生存及半商业性产业转变为气候应变、商业导向的产业，并为未来 20~40 年巴布亚新几内亚建立世界级农业产业奠定坚实基础。①

在经济作物种植方面，2013 年 2 月，巴布亚新几内亚政府决定与世界银行合作，投资 4621 万美元恢复和改善咖啡、可可的生产能力。11 月，又推出促进咖啡生产新政策，保护咖啡种植者，实施农业补贴计划，促进咖啡产量提高和扩大出口。② 2014 年 4 月，争取到世界银行 3000 万美元的援助，资助 6 万名小规模的可可和咖啡种植者，使他们在未来 5 年内产量翻一番。③ 5 月，巴布亚新几内亚政府宣布小型咖啡种植者可直接出口咖啡，以增加他们的收入。④ 2015 年 7 月，为了鼓励咖啡种植业发展，巴布亚新几内亚政府拨款 700 万基那，淘汰老旧咖啡种苗，培育新种苗。⑤

在传统农业发展方面，2013 年 12 月，巴布亚新几内亚政府决定减少大米进口，鼓励外国公司和谷物投资者到巴布亚新几内亚从事商业水稻种植，其最低投资基准为 2 亿基那（约合 7200 万美元）。同时，建议从事谷物贸易的大米进口商进行谷物种植。国家行政委员会还批准了未来引入"大米配额制度"，意味着巴布亚新几内亚将在 10 年内由大米净进口国转

---

① 《全球农产品需求有利于巴布亚新几内亚农业发展》，中华人民共和国驻巴布亚新几内亚大使馆经济商务参赞处网站，http：//pg.mofcom.gov.cn/article/jmxw/201303/20130300043692.shtml，2015 年 10 月 12 日浏览。

② 《巴布亚新几内亚政府推出促进咖啡生产新政策》，中华人民共和国驻巴布亚新几内亚大使馆经济商务参赞处网站，http：//pg.mofcom.gov.cn/article/jmxw/201311/20131100381384.shtml，2015 年 10 月 12 日浏览。

③ 《巴布亚新几内亚总理欢迎世界银行对巴布亚新几内亚的援助》，中华人民共和国驻巴布亚新几内亚大使馆经济商务参赞处网站，http：//pg.mofcom.gov.cn/article/jmxw/201404/20140400561744.shtml，2015 年 10 月 20 日浏览。

④ 《巴布亚新几内亚允许小型咖啡种植者直接出口产品》，中华人民共和国驻巴布亚新几内亚大使馆经济商务参赞处网站，http：//pg.mofcom.gov.cn/article/jmxw/201405/20140500602199.shtml，2015 年 10 月 20 日浏览。

⑤ 《巴布亚新几内亚政府拨款 700 万基那鼓励咖啡产业发展》，中华人民共和国驻巴布亚新几内亚大使馆经济商务参赞处网站，http：//pg.mofcom.gov.cn/article/catalog/ddqy/201507/20150701042893.shtml，2016 年 12 月 20 日浏览。

变为大米出口国。① 2015年8月，政府又决定禁止进口大米和土豆、洋葱、辣椒、南瓜、豆子、中国白菜、胡萝卜、生菜等生鲜农产品，从而扶持本地农场主及中小企业的发展。②

为了确保农业发展战略的顺利实施，2014年3月，巴布亚新几内亚政府决定免去与农业相关的化肥、除草剂、拖拉机、工具、水泵和农业机械等物资和设备的进口关税。③

第三节 畜牧业和养殖业

巴布亚新几内亚许多地区水草茂盛，生长迅速，拥有510万~550万公顷的天然牧场。其中75%的牧场是放牧牛羊、发展畜牧业和养殖业的良好场所。畜牧业和养殖业以牛、猪为主，其次是绵羊、山羊、兔子和家禽等。家畜占整个国内食物产品的13%。

一 养牛业

巴布亚新几内亚的养牛业拥有广阔的发展前景。在地域辽阔、人烟稀少、肥力较低、不宜种植农作物的草原地区，如中央省沿海、马克姆河两岸、东高地省与西高地省之间的部分盆地、塞皮克河流域北部地区均可作为天然牧场放牧牛群，实行"敞开放牧、定期围捕"的养殖方法。在农作物种植密度较大的地区，可采取围栏放牧，以防止牲畜啃食庄稼。目前，巴布亚新几内亚的养牛业以菜牛为主，主要分布在莫罗贝省、中央

---

① 《巴布亚新几内亚政府计划采取措施减少大米进口 推动大米出口》，中华人民共和国驻巴布亚新几内亚大使馆经济商务参赞处网站，http://pg.mofcom.gov.cn/article/jmxw/201312/20131200423078.shtml，2015年10月12日浏览。
② 《巴布亚新几内亚政府将禁止进口大米和生鲜农产品》，中华人民共和国驻巴布亚新几内亚大使馆经济商务参赞处网站，http://pg.mofcom.gov.cn/article/jmxw/201508/20150801079120.shtml，2016年12月20日浏览。
③ 《巴布亚新几内亚将免去与农业相关的设备和物资进口关税》，中华人民共和国驻巴布亚新几内亚大使馆经济商务参赞处网站，http://pg.mofcom.gov.cn/article/jmxw/201403/20140300509584.shtml，2015年12月12日浏览。

省、马当省和西高地省。奶牛只占总头数的 1/17，全部集中在城镇郊区，主要是利用食品工业的渣滓和郊区生产的块根菜类等发展乳牛饲养业。目前，每年需要进口大量的牛肉、牛奶、乳制品等，其中进口牛肉占全国消费的 50%。①

二 养猪业

猪在巴布亚新几内亚不仅是一种食品，更重要的是一种财富的象征，在社交场合中起着极其重要的作用。因此，养猪业在巴布亚新几内亚养殖业中占有特殊的地位。生猪养殖主要集中在高地各省广大农村，那里猪与人的比例高达 3∶1。近年来，巴布亚新几内亚还建立了一些中小型养猪场，基本满足了国内的市场需求。但由于猪的养殖不设圈，加之品种低劣，卫生条件差，所以生长缓慢，患病率较高，严重影响了生猪产量和质量。

三 鳄鱼养殖业

巴布亚新几内亚南部的巴布亚平原地区气候湿润，地势低平，沼泽遍布于河流与海滩之间，十分适宜鳄鱼的生长。鳄鱼皮具有很高的使用价值，可用来制作皮包、箱子、皮带或者皮鞋。因此，巴布亚新几内亚独立前，欧洲商人为获取鳄鱼皮，大肆捕杀鳄鱼，使野生鳄鱼数量急剧减少。国家独立后，新政府十分重视鳄鱼的保护与养殖。一方面采取措施，限制野生鳄鱼的捕杀量，严禁外国人入境捕猎；另一方面大力发展鳄鱼饲养业。幼年鳄鱼在村庄饲养，较大的在沿海地区饲养。截至目前，全国已建成 300 多个鳄鱼养殖场，成为世界上拥有鳄鱼品种最多和相当数量鳄鱼的国家。② 鳄鱼养殖已成为巴布亚新几内亚的重要经济支柱。现在每年出口到欧洲和日本市场的鳄鱼皮达 3 万张，可换取外汇 1000 万美元。另外，

---

① 《巴布亚新几内亚希望寻求合作伙伴帮助该国发展农牧业》，中华人民共和国驻巴布亚新几内亚大使馆经济商务参赞处网站，http://pg.mofcom.gov.cn/article/jmxw/201406/20140600609450.shtml，2015 年 12 月 15 日浏览。
② 罗震光：《世博迎来巴布亚新几内亚国家馆日》，华夏经纬网站，http://www.huaxia.com/zt/tbgz/10-001/2095926.html，2014 年 10 月 15 日浏览。

第五章 经济发展　The Past and Present of Papua New Guinea

鳄鱼肉也是当地最普遍的食物之一，人们喜欢把鳄鱼肉切成长条，用盐腌制后晒干或风干，需要时就割下一条烤着吃甚至生吃。在当地，许多饭店的主菜就是鳄鱼肉。

第四节　渔业

1978年，巴布亚新几内亚政府宣布200海里专属经济区后，捕鱼区面积扩大到240万平方公里，在南太平洋地区仅次于法属波利尼西亚（French Polynesia）和基里巴斯。其中595.7平方公里的特别经济区是渔业资源最富饶的区域之一，巴布亚新几内亚由此成为南太平洋地区第三大渔区。其专属经济区分为河口区、海湾与珊瑚礁区、沿岸陆架区、深珊瑚礁区、深陆架区、深洋区，其中水深1000米以上的深洋区占专属经济区总面积的80%。个体渔业在河口区、海湾与珊瑚礁区捕捞，拖网在沿岸陆架区拖虾，底层钓和深水拖网在深珊瑚礁区和深陆架区捕捞，金枪鱼捕捞则在深洋区。[1]

一　渔业资源

巴布亚新几内亚位于珊瑚海、俾斯麦海以及所罗门海交界处，多股洋流交汇为水下生物提供了丰富的食物来源。沿海发现的经济鱼类、软体动物和甲壳类动物有1万多种，物种数量是红海海洋物种的2倍，是加勒比海地区的5倍，[2] 成为世界海洋物种最为丰富的海域之一。

巴布亚新几内亚主要的商业海产品有金枪鱼、对虾、龙虾、澳洲肺鱼和章鱼等。另外还包括真鳕、珍珠母、海参、绿蜗牛壳、贝壳、珊瑚、鲨鱼等一些定栖渔业资源。其中深洋区渔业资源量占46%，海湾与珊瑚礁区占21%，沿岸陆架区占15%，其他海区占18%。通常捕获的种类有金

---

[1] 世界各国和地区渔业概况深题组编《世界各国和地区渔业概况》（上册），海洋出版社，2002，第24页。

[2] 《图行世界》编辑部编《全球最美100个度假地》，中国旅游出版社，2010，第208页。

177

枪鱼类、虾类、龙虾、礁岩鱼类、小型中上层鱼类和软体动物等。金枪鱼以鲣鱼、黄鳍金枪鱼和肥壮金枪鱼最为丰富，产地主要集中在马努斯省、新爱尔兰省和东新不列颠省的拉包尔附近，年潜在捕捞量30万吨，2010年曾达到72万吨，价值约13.5亿美元，约占世界金枪鱼捕捞量的17%，成为世界上最大的金枪鱼供应国，与密克罗尼西亚、基里巴斯、马绍尔群岛、瑙鲁、帕劳、所罗门群岛、图瓦卢等《瑙鲁协定》成员国控制了世界33%的金枪鱼产量。目前，巴布亚新几内亚金枪鱼年捕捞量控制在20万吨左右，占世界捕捞量的10%及南太平洋地区的20%~30%。产品主要出口亚洲部分国家和美国。对虾、龙虾和章鱼的产地主要集中在巴布亚湾的浅滩附近，年出口量在1.5万吨以上。2011年，巴布亚新几内亚海洋鱼类产量达17.2万吨。[①] 2014年，渔业产值达4.57亿基那（约合1.3亿美元），出口收入3.214亿基那（约合1.28亿美元）。

巴布亚新几内亚内陆河流湖泊众多，分布广泛，淡水食用鱼类有1000多种。内河捕鱼业主要集中在塞皮克河流域，2011年，捕捞量达到1.5万吨。[②] 此外，高地地区的一些渔民开始进行鲑鱼和鲤鱼的商业化养殖。

二 渔业资源开发

（一）发展政策

巴布亚新几内亚有100多万人口生活在沿海地区和附近海域岛屿上，渔业已成为该国第三大经济支柱。为了保护渔业资源和海域环境，20世纪90年代，巴布亚新几内亚引进亚洲开发银行和澳大利亚的捐赠资金项目，成立渔业管理局，监管渔业生产和管理捕鱼执照，对鱼类繁育海域和捕鱼渔具作出了具体规定。1998年颁布《渔业管理法案》，规范了渔业的外来投资。此后，巴布亚新几内亚的渔业实现了快速发展。

2005年，为鼓励渔业可持续发展，巴布亚新几内亚政府制定了

[①]《中国农村统计年鉴（2013）》，中国统计出版社，2013年10月，第408页。
[②]《中国农村统计年鉴（2013）》，中国统计出版社，2013年10月，第408页。

"2006~2016"国家渔业开发计划框架,旨在大力增加下游加工产品的产量和产值,鼓励发展渔业在岸加工。

(二) 海洋渔业捕捞的类型

巴布亚新几内亚独立以来,将丰富的渔业资源既作为其沿岸居民的一种食物源,又作为获取执照费和出口赚取外汇的一种来源,开发初期集中在花费最少而获利较高的鱼类。其海洋渔业主要有外国公司的大型商业性捕鱼和沿海居民的传统捕鱼活动。

1. 外国公司的大型商业性捕鱼

包括出口型和供应国内市场的小型商业性渔业。

20世纪80年代起,巴布亚新几内亚与世界主要渔业大国签订渔业协定,向日本、美国、朝鲜、韩国、洪都拉斯、菲律宾、巴拿马、瓦努阿图、印度尼西亚、中国等远洋渔船颁发捕捞许可证。捕捞对象主要是金枪鱼、对虾、龙虾和淡水尖吻鲈等。2013年,巴布亚新几内亚渔业管理局向国库部上缴了5000万基那(约合1800万美元)的收益。[①]

1981年,巴布亚新几内亚与日本签订民间渔业协定。日本成为第一个进入巴布亚新几内亚海域进行捕鱼的国家。1987年,两国政府签订了为期5年的捕捞合同,日本捕捞公司开始进入巴布亚新几内亚专属经济区内捕鱼。2006年5月,两国重新签订渔业协定,日本30艘金枪鱼捕捞船进入巴布亚新几内亚渔场捕鱼,入渔费用10.125万美元/艘。同时,两国还签订《技术项目合作协定》,日本提供46万基那(约合18万美元)的材料和设备,派遣技术专家,帮助修建小型码头及制冰设备。[②] 2010年8月,两国第六次签订围网渔业协定,许可入渔的日本围网船达到35艘,入渔费用为19.3万美元/艘,比上一年度增加了10.9%。[③]

---

① 《巴布亚新几内亚渔业每年上缴国库数千万基那收益》,中华人民共和国驻巴布亚新几内亚大使馆经济商务参赞处网站, http://pg.mofcom.gov.cn/article/jmxw/201409/20140900742070.shtml, 2014年10月15日浏览。
② 缪圣赐:《日本与巴布亚新几内亚签订了2009年度金枪鱼围网船入渔的渔业协定》,《现代渔业信息》2009年第4期,第34页。
③ 世界主要国家和地区渔业概况编写组编《世界主要国家和地区渔业概况》,海洋出版社,2012,第197页。

巴布亚新几内亚历史与现状

  1983年,巴布亚新几内亚与韩国签订渔业协定,允许韩国延绳钓渔船和围网船在其金枪鱼渔场捕鱼。①

  1986年,巴布亚新几内亚与美国签订为期5年的渔业协定,允许美国金枪鱼渔船到其附近海域划定的专属经济区内捕鱼。美国渔船队须按协定缴纳一定数额的赊金。② 1988年,巴布亚新几内亚等16个太平洋岛国及地区与美国达成为期5年的国际渔业合作模式,允许50艘美国围网船在整个中西太平洋海域捕捞金枪鱼。1993年协议期满后,又续约10年。2003年3月,巴布亚新几内亚及太平洋岛国论坛渔业局其他成员国与美国签署入渔协议,允许美国45艘围网船今后10年内在签约国专属经济区内捕鱼。2014年10月,巴布亚新几内亚等太平洋岛国与美国谈判,达成了总额9000万美元的入渔协议。

  1989年,苏联渔业代表团访问巴布亚新几内亚。次年,两国签署了《渔业合作协议》。

  1996年,菲律宾RD金枪鱼罐头有限公司(RD Tuna Canners Ltd.)获得了在巴布亚新几内亚海域为期20年的捕捞协议。

  2002年2月,中国山东中鲁远洋渔业股份有限公司青岛捕捞分公司与巴布亚新几内亚渔业管理局签订入渔协议,并派大型围网船"泰福"轮、"泰寿"轮赴巴布亚新几内亚专属经济区捕捞金枪鱼,这是中国渔船首次进入该国海域捕鱼。2003年,中国与巴布亚新几内亚就促进渔业合作达成共识:双方加强在海洋资源调查、捕捞、水产养殖、人员培训等方面的合作;巴布亚新几内亚给予中国金枪鱼围网船相当数量的捕捞许可证;中国援建巴布亚新几内亚渔业项目。而后,上海远洋渔业公司与巴布亚新几内亚签订入渔协议,大型围网船"金汇1号"开始进入巴布亚新几内亚专属经济区捕捞金枪鱼。2005年1月,中国辽宁大连德远渔业公司20艘拖网渔船进入马努斯省近海海域进行为期一年的渔业探捕。同月,

---

① 世界各国和地区渔业概况课题组编《世界各国和地区渔业概况》(上册),海洋出版社,2002,第32页。

② 张宏儒:《二十世纪世界各国大事全书》,北京出版社,1993,第1060页。

中国渔业协会远洋金枪鱼分会与巴布亚新几内亚渔业管理局续签了 2005~2006 年度入渔协议，中国 8 艘金枪鱼围网船到巴布亚新几内亚海域进行捕捞。2014 年 10 月，中国远洋渔业协会代表团与巴布亚新几内亚签署新的年度双边入渔协定，总捕捞天数 448 天，入渔费用 217 天为 8000 美元/天，231 天为 9500 美元/天，共计有 12 组围网船、5 家围网企业入渔。①2015 年 6 月，山东荣成永进水产有限公司与中国台湾渔业企业签订合作意向，双方联手在巴布亚新几内亚专属经济区开展捕捞作业。

2013 年 7 月，法国萨普默渔业公司（Sapmer Fishery Corp）获得了巴布亚新几内亚颁发的太平洋金枪鱼捕捞许可证，其深海冷冻金枪鱼围网船总数达到 20 艘。

2. 沿海居民传统捕鱼活动

在沿海或江河沿岸进行的小规模生计性渔业，多半属自给性渔业，所捕鱼、虾主要供应国内市场。沿岸居民的个体渔业主要在 3 万平方公里的礁岩周围和环礁湖泊的近岸区捕捞，礁岩区每平方公里年生产能力高达 1.5 吨，沿岸渔民一年可捕获 1.7 万吨以上的渔获物。各种作业渔船达 3000 余艘。主要渔具有渔叉、刺网、小围网、抄网、手钓、竿钓和曳绳钓等。曳绳钓和手钓主要捕捞康氏马鲛、鲹、鲔等，刺网主要捕捞尖吻鲈鱼以及马鲅科、海鲇科、石首鱼科、真鲨科等底层鱼。另外，还捕捞鲷科、裸颊鲷科、笛鲷科、鹦嘴鱼科、刺尾鱼科等礁岩鱼类和泻湖鱼类。②

（三）海产品加工

巴布亚新几内亚沿海地区渔业的商业化生产主要是鱼产品加工，集中在马当省的马当市和莫罗贝省的莱城市。

1997 年 6 月，菲律宾 RD 金枪鱼罐头公司在马当市建立了一家集捕鱼和罐头加工于一体的罐头厂，雇用工人 3600 人，日加工能力 200 吨，产品主要出口欧盟，是当时巴布亚新几内亚妇女就业最多的企业，也是国家

---

① 《中国与巴布亚新几内亚渔业领域合作前景广阔》，中国经济网站，http://intl.ce.cn/sjjj/qy/201610/28/t20161028_17287728.shtml，2016 年 12 月 31 日浏览。
② 各国概况 > 太平洋海区 > 巴布亚新几内亚，中国远洋渔业信息网，http://www.cndwf.com/bencandy.php?fid=138&id=122，2016 年 1 月 27 日浏览。

制造业中最大的企业之一。2009年，巴布亚新几内亚政府决定在马当市维达尔（Vidar）地区规划215公顷的土地，建立太平洋渔业工业园区，为南太平洋地区金枪鱼工业设立加工厂提供机会，最终将马当市建成世界金枪鱼加工中心。2012年4月，中国台湾华伟渔业公司与菲律宾、新加坡的渔业公司联合成立新几内亚金枪鱼制造公司，在马当市投资2700万美元建立了金枪鱼罐头厂，日加工能力200吨。

2006年，菲律宾福来贝尔渔业公司（Frabelle Fishery Corp）投资3125万美元，在莱城市建立了一家水产品加工厂，日加工金枪鱼120吨，雇佣女工2500人，年销售量1.6亿罐，销售额4100万美元，产品销往欧美和亚洲国家。2010年，巴布亚新几内亚政府决定在莱城市建立三个大型渔业加工厂，计划未来5年内进一步提升渔业加工产业能力。2012年，由菲律宾最大的罐头生产商——世纪罐头公司（Century Canning Corp）、福来贝尔渔业公司以及世界第二大金枪鱼罐头生产商——泰国联盟公司（Thai Union Corp）组建的雄伟海产公司（Majestic Seafood company），在莱城市马拉汉格（Malahang）投资8000万基那（约合3440万美元），建造了金枪鱼罐头厂，日产金枪鱼罐头380吨，雇用工人5000多人，成为巴布亚新几内亚最大的金枪鱼罐头厂。该公司产品的20%投入当地市场，80%出口欧盟、美国、中东和日本。[①]

第五节 林业

林业是巴布亚新几内亚国民经济重要组成部分之一，森林工业为巴布亚新几内亚解决了大量人员的就业问题。

一 森林资源及分类

巴布亚新几内亚地处赤道附近，森林资源极其丰富，拥有世界上仅小

---

① 《巴布亚新几内亚最大金枪鱼罐头厂即将投产 有望增加大量就业岗位》，中华人民共和国驻巴布亚新几内亚独立国大使馆网站，http://pg.mofcom.gov.cn/article/ddgk/zwjingji/201208/20120808280901.shtml，2015年2月16日浏览。

第五章　经济发展　The Past and Present of Papua New Guinea

于南美洲亚马孙河流域、非洲刚果河流域的热带雨林。根据联合国粮食与农业组织（The Food and Agriculture Organization of the United Nations，缩写：FAO）2005年发表的《世界森林状况报告》，2000年巴布亚新几内亚的森林覆盖率为67.6%，原始森林面积3060.1万公顷，其中有高品质的柚木、檀木、花梨木等优质热带硬木资源。另有9万公顷的人工林，树种为桉树、肯宁汉南美杉、云南石梓、大叶相思树、松树、榄仁树、柚木等，主要是用于国内消费，由林业部门管理。[1]

巴布亚新几内亚的森林资源主要由热带阔叶雨林构成，乔木树种有1000多种。森林按海拔高度分为四种类型：

低地热带雨林：分布在海拔1000米以下地区，植被由三层构成，上层树冠群高50米左右。树种繁多，主要有龙脑香科、使君子科、无患子科、梧桐科、漆树科。树下是灌木和藤。在低地和海岸上、江河河口处有沼泽林、红树林、桉树等。

低山林：位于海拔1000~2100米之间，植被由两层构成，主要是常绿针叶、阔叶混交林。优势树种为栎木类，树种有肯宁汉南美杉和韩斯丁南美杉，商业价值极高。

山地林：位于海拔2100~4000米之间，树木高度只有12~13米，主要树种为针叶的南洋山毛榉，以及罗汉科、柏科针叶树大径木。

高山植物群落：位于海拔4000米以上，为灌木林及丛生草地[2]。

二　森林资源的开发与利用

巴布亚新几内亚林木总蓄积量约12亿立方米，可采伐蓄积量3.6亿立方米，目前可供开采的木材约有3750万~4500万立方米。该国木材共有400多种，其中200多种具有出口潜力，已开发的商业性树种主要有鸡骨常山属、红厚壳属、印茄属、胶木属、紫檀属、丁子香属、榄仁树属等。其中70种木材的商业价值已经被国际市场所认可，森林资源优势和

---

[1] 冯开禹：《环境保护与可持续发展概论》，贵州人民出版社，2008，第201页。
[2] 施昆山：《当代世界林业》，中国林业出版社，2001，第847页。

开发潜力巨大。

在森林资源开发过程中，巴布亚新几内亚政府采取了借助外部力量带动经济发展的政策。具体措施是以国际招标的方式，与国外企业联合，把森林开发与乡村经济发展结合起来，要求外国开发商为林区乡村修建道路、桥梁、码头及学校等公用设施，以此推动当地经济的发展。如新加坡的泛太平洋资源有限公司（Pan Pacific resources Ltd.）于 2007 年成立太平洋国际资源开发（巴布亚新几内亚）有限公司，租赁巴布亚新几内亚 6 万公顷林地，年采伐木材 10 万立方米，并加工地板、旋、刨切单板，实木门，细木工板等产品。作为农业综合开发项目运作的条件，该公司负责对林地进行翻地耕作，种植两季玉米、木薯、香草兰、甜叶菊、金银花及棕榈树等。①

截至 2009 年，巴布亚新几内亚全国共有 25 家木材公司，主要来自于马来西亚、日本、澳大利亚，分别占林业市场份额的 80%、9%、9%。马来西亚最大的胶合板生产与出口公司——常青集团（Rimbunan Hijau Group）是在巴布亚新几内亚经营木材的最大的公司，控制了该国原木出口的 70%。

近年来，巴布亚新几内亚开始注重家具、胶合板、地板和其他建筑材料为主的林木产品下游加工，成立了 40 多家锯木厂、1 家胶合板厂、1 家木屑墙纸厂和 25 家家具制造厂，并成为国内发展最快的制造业部门。大中型锯木厂主要由澳大利亚、马来西亚、日本等国的投资者垄断，本国企业仅占有很小的份额。② 林木产品加工主要以澳洲蔷薇木、菠萝格木、黑豆木和唐木等珍贵树种为原料。

巴布亚新几内亚是仅次于马来西亚的世界第二大热带原木出口国，出口市场主要是亚洲。其中中国、韩国和日本三国占总量的 80% 以上。家具以及刨花、胶合板、地板等经过深加工的建筑材料，主要出口澳大利

---

① 《太平洋国际资源开发（巴布亚新几内亚）有限公司》，中华英才网站，http://www.chinahr.com/company/20-670473.html，2015 年 4 月 17 日浏览。

② 《巴布亚新几内亚怎样保障木材的合法性》，《中国绿色时报》2012 年 12 月 21 日。

亚、新西兰和南太平洋国家。层压板主要出口中国和韩国。2001~2006年，巴布亚新几内亚林业产业外汇年均收入4.305亿基那（约合1.56亿美元），占国内生产总值的7%~9%，全国约有1万人直接就业于林业部门。2007年，巴布亚新几内亚出口木材280万立方米，出口额6.312亿基那（约合2.287亿美元），占出口商品总额的5%，创税1.38亿基那（约合5000万美元），成为继矿产、石油产业之后的第三大出口创汇产业。2010年，原木出口299.9万立方米，其中中国、印度、日本分别占86%、10%、3%的份额。2014年，巴布亚新几内亚木材及家具、胶合板、地板等建筑材料出口额达8.151亿基那（约合3.24亿美元）。[①]

三 经济林（非木材林产品）的开发与利用

巴布亚新几内亚的林业不仅提供了木材产品，还为国家农业经济提供了多领域的产品和服务，拥有极其丰富的非木材林产品。据统计，巴布亚新几内亚的粮食作物有251种，其中48种是果树，有些坚果类植物果实也可作为季节性食物来源得到利用，76种植物可作为蔬菜食用。目前，已得到有效开发利用的有贝壳杉树脂、青梅、厚壳桂、藤木、檀香木、西米等。此外，还有一部分农村人口利用森林中的药用植物，制成畅销的药品。[②]

藤木：巴布亚新几内亚有近60个藤木种类。20世纪90年代中期，随着印度尼西亚、马来西亚、菲律宾三国藤原材出口的增加，巴布亚新几内亚的藤业也得到了快速发展。目前，全国约有50家藤产品出口公司，每年出口创汇约270万美元。根据其发展势头，藤产品加工业将成为乡村创汇的主要渠道。

西米：一种多用途的棕榈树，巴布亚新几内亚全国各地均有种植。其果实是重要的副食品来源，叶片可用来盖屋顶，整个枝叶可用作围墙，叶

---

① 《巴布亚新几内亚国家概况》，中华人民共和国驻巴布亚新几内亚独立国大使馆网站，http://pg.china-embassy.org/chn/bxgk/t1288434.htm，2015年7月25日浏览。

② 王丽娟：《巴布亚新几内亚非木材林产品的开发利用》，《世界林业研究》1998年第6期，第72~73页。

脉可用来编织渔网，树髓可用作蘑菇和西米蛴螬的培养基。接近开花的西米树年产西米110~136千克，自然培育的西米树可产西米400千克。

四 林业管理体制

1990年，巴布亚新几内亚的林业由产业部林业局负责管理。林业局下设业务处、林政处、地方处和研究培训处4个管理部门。其中业务处设有地图科、资源科、经济科和经营科，负责森林资源的经营及管理；研究培训处设有培训科、树木科、林业试验所和林产试验所，负责林业培训与林业科学研究，包括过伐森林生产力的恢复、保持永续利用的技术措施、林木育种、社会林业、开发新的用材树种、木材改性、林副产品和森林保护等。[①]

1992年，巴布亚新几内亚颁布《森林法》，以国家林业总局取代林业局，下设国家林业委员会和国家林业服务局，分别负责林业政策的制定和实施。林业总局由国家林业董事会管理，其职能包括：管理、发展和保护国家森林资源和环境资源；最大限度地开发、利用国家森林资源，促进经济增长和就业，提高木材加工水平；鼓励对森林资源进行科学研究和考察；通过教育和培训，宣传和普及林业技术、知识和信息。此外，还在19个省设立林业管理委员会，负责管理各省的林业资源。成立森林工业协会，促进和保护国家森林行业的利益。

根据《森林法》的规定，森林资源必须严格按照国家林业计划进行管理。包括：国家林业发展方针，明确林业在国民经济发展中的地位；国家林业发展规划明确了5年内的林业开发活动；年度采伐限额，国家林业董事会为每个省制定年度采伐限额，制定限额的原则是永续利用森林资源。

为了保障出口木材的合法性，巴布亚新几内亚政府采取了许多措施。第一，重视木材出口监控，合作开展原木追踪项目。国家林业总局市场营销部负责原木及木制品出口审批。获得出口证书需要以下手续：拥有采伐

---

① 曲桂林：《巴布亚新几内亚依法治林》，《世界林业研究》1994年第1期，第91页。

许可证,每个砍伐周期为 35 年,只允许砍伐胸径 50 厘米以上的树木;出口商要为每种树种申请价格审批;国家林业总局检查提交的出口量是否符合项目的出口定额;需要缴纳一定的税费。国家林业总局检验、颁发出口许可证后,贸易与工业局才能为每批货物发放不同的出口证。第二,针对复杂的林权,制定相应管理规定。巴布亚新几内亚 97% 的林地属私人拥有,国有林仅占 3%。要实现可持续森林经营管理,必须实行林地所有权与经营权的分离,需要和不同的土地所有者进行谈判。要获得林地采伐权,首先要对林地的归属进行确认,之后由国家林业总局进行统一规划,在完成发展方式的研究、项目公示、项目建议和谈判之后,才能与林地所有者签订林业管理协议,期限为 50 年。另外,还要向环保部门提交林地的环境分析、环境评价方案及环境影响评估,林业工作方案批准后,才能获得最终的采伐权。所有相关费用由政府承担。第三,严格采伐权管理,保证采伐合法性。根据巴布亚新几内亚《森林法》,立木采伐权可通过三种形式获得:木材许可证,适用于较大规模的项目,由政府签发;木材管理证,可直接向部落、村社购买采伐权,只能用于年产 5000 立方米以下的小规模开发,林务官负责审批,政府收取一定的手续费;由政府规划部门出具的许可证,针对的是大规模林地面积。根据《森林法》中私人所有林处置办法,林主可与开发者直接协商开发森林,但任何协议生效前必须经林业总局局长同意。第四,鼓励木材加工业,加工品出口实行零关税。巴布亚新几内亚的木材工业由外国投资者垄断,本国企业仅占很小的份额,且多为小型锯材厂。为促进本国木材加工业的发展,巴布亚新几内亚对原木出口实行 20% 的出口关税,对加工后的木材实行零关税。

2008 年 6 月,巴布亚新几内亚政府成立国家林产品市场局,一方面促进巴布亚新几内亚的林产品贸易,另一方面澄清对本国热带木材来源和合法性方面的误解,协助发展一个有效率的市场和促进网络工作,推动木材产品包括非木材林产品的发展。[①]

---

① 《巴布亚新几内亚怎样保障木材的合法性》,《中国绿色时报》2012 年 12 月 21 日。

五　森林资源的开发政策

巴布亚新几内亚森林开发步伐的不断加快，导致林区面积急剧萎缩，森林覆盖率迅速下降。联合国粮食与农业组织在 2005 年的《世界森林状况报告》中指出，全球平均每年减少 730 万公顷的森林，而在过去的 15 年中，新几内亚岛上的森林平均每年减少 200 万公顷，是全世界破坏最严重的原始森林之一。到 2010 年，巴布亚新几内亚原始森林面积由 1989 年的 3823 万公顷降到 2872 万公顷，森林覆盖率由 84.4% 降到 63.4%。[1] 据预测，到 2021 年，巴布亚新几内亚 83% 的用材林或占森林总面积 53% 的森林将被消耗或严重破坏。[2]

面对国际市场对木材以及纸张、软木、硬木需求的快速上升，巴布亚新几内亚政府将森林资源的开发重点转向原木深加工，国家林业总局进行了林业政策八项改革。具体措施包括：停止原木出口，鼓励发展原木岸上加工出口。根据《林业法》的规定，允许政府营销机构购买林业公司 25% 的出口原木；将林地土地特许权使用费从 10 基那/立方米提高到 30 基那/立方米。

2010 年 1 月 1 日起，巴布亚新几内亚林业总局正式启动禁止原木出口程序，规定所有新上马的林业项目必须为 100% 的林业加工，推动林业向加工工业发展。代表林业公司利益的林业行业协会开始落实该项规定，严格执行原有采伐配额，并逐渐增加林业加工比重。

第六节　矿业

巴布亚新几内亚矿产资源极其丰富。2012 年统计数据显示，全国已探明黄金储量约 3110 吨，铜储量 2000 万吨，原油储量 5.76 亿桶，天然

---

[1] 世界银行编《2012 年世界发展指标》，王辉等译，中国财政经济出版社，2013，第 139 页。
[2] 《巴布亚新几内亚雨林将在 2021 年消耗殆尽》，国家林业局网站，http://www.forestry.gov.cn/，2015 年 4 月 17 日浏览。

气储量 1552 亿立方米（2013 年）。巴布亚新几内亚大规模的矿产开发始于 20 世纪 70 年代布干维尔岛潘古纳世界级斑岩铜金矿。而后，陆续投产了一批现代化的矿山。2011 年，政府财政总收入的 2/3 来自于矿产和油气部门，纳税达 96.85 亿基那（约合 38.31 亿美元）。目前，全国有 9 个大型矿区从事贵重金属开采，已成为世界第十一大黄金生产国和第十三大铜生产国。

一 矿产资源的种类及分布

巴布亚新几内亚地域辽阔，拥有世界上品位最好的铜、金、银、镍、钴、铬、锰、铝矾土、石油和天然气等资源。其中铜矿和金矿资源在世界上占有一席地位，石油、天然气蕴藏丰富，素有"金山油海"之称。①

（一）铜

铜矿资源主要集中在潘古纳、奥克泰迪、弗里达河、杨德拉四大矿区，均属于新生代斑岩—矽卡岩型铜矿床。虽然品位较低，但矿石储量大，可采用大规模机械化方式进行露天开采。

潘古纳铜矿位于布干维尔自治区东南部山区。已探明矿石资源储量约 9 亿吨，原始铜总储量 432 万吨。

奥克泰迪铜金矿位于西部省与印度尼西亚交界处的斯塔山区。已探明矿石资源储量约 3.5 亿吨，原始铜总储量 326 万吨。

弗里达河铜金矿位于东塞皮克省与桑道恩省交界处。2012 年，豪斯（Horse）- 埃瓦尔（Ivaalh）- 特鲁凯（Trukai）斑岩矿床探明矿石资源储量约 20.9 亿吨，预计铜储量约 929 万吨。

杨德拉铜矿位于马当市西南 95 公里处，20 世纪 70 年代，由加拿大巴里克黄金公司（Barrick Gold Corp）勘探发现。2012 年，已探明矿石资源储量 1.13 亿吨。

另外，位于莫罗贝省莱城西南 65 公里处的瓦菲—戈尔普铜金矿是

---

① 周小明：《巴布亚新几内亚的矿产及投资机会》，《国际经济合作》1994 年第 8 期，第 60~61 页。

新近发现的一个世界级矿床。预计矿石资源储量超过 10 亿吨，铜储量 900 万吨。2012 年 12 月，已探明矿石资源储量 6.44 亿吨，铜储量 544 万吨。①

（二）金、银

巴布亚新几内亚是一个火山发育的岛国，先后发现了几个特大型金矿床，并且多为火山岩型和斑岩铜金型，主要分布在西部省、米尔恩湾省、中央省、恩加省、新爱尔兰省、布干维尔自治区等地，大约有 155 处金矿床（点）。其中最著名的是 20 世纪 80 年代发现的波格拉金矿和利希尔岛热（泉）型金矿，均属世界级的金矿床。②

波格拉金矿位于恩加省蛙鲁蛙瑞（Waruwari）地区。1939 年，该地首次发现沙金。目前，已探明矿石资源储量 8981 万吨，黄金储量约 1480 万盎司。

利希尔岛金矿位于新爱尔兰省，矿石资源储量 1.88 亿吨，具有可开采的矿石资源储量约 9900 万吨，黄金储量 3480 万盎司，世界排名第 9 位，是世界上除南非之外最大的单金矿床。

另外，位于米尔恩湾省路易西亚德群岛上的米西马金矿是金银共生矿，已探明矿石资源储量约 5595 万吨，黄金储量 296 万盎司。位于莫罗贝省莱城市西南 90 公里的希登瓦利金银矿，黄金储量约 540 万盎司；瓦乌金矿的黄金储量约 423 万盎司；瓦菲—戈尔普铜金矿中黄金储量约 1240 万盎司。弗里达河铜金矿黄金储量约 1458 万盎司。潘古纳铜矿中黄金储量约 1900 万盎司。奥克泰迪铜金矿中黄金储量约 837 万盎司。

银矿多与金矿共生，主要分布在西部省、恩加省、莫罗贝省、中央省和布干维尔自治区。如莫罗贝省希登瓦利金银矿中，银储量达 3107 吨；弗里达河铜金矿中，银储量约 1330 吨；米西马金矿中，银储量约 1175

---

① 《Wafi Golpu 有望成为巴布亚新几内亚最大的矿山之一》，http：//122.224.232.157：2010/news/nlk3/f10Content.action? news.news_ id = 8a469288430f3e1901432c76ee780595，2015 年 12 月 22 日浏览。

② 《世界黄金发展史》，黄金博物馆网站，http：//www.gold - zhaoyuan.com/museum/shownews.asp? id = 1924，2015 年 12 月 23 日浏览。

第五章　经济发展

吨；波格拉金矿中，银储量约 983 吨。

（三）镍、钴

巴布亚新几内亚的镍、钴资源为硫化镍矿岩体风化—淋滤—沉积形成的地表风化壳性矿床，主要集中在马当省、莫罗贝省一带。其中 20 世纪 60 年代发现的、位于马当市西南 75 公里的拉姆镍钴矿项目为世界级大型红土镍矿床，占地 249 平方公里，总资源量达 1.432 亿吨，已探明和可控的镍矿石资源储量 7800 多万吨，镍资源量约 144 万吨、钴 14.3 万吨。

（四）石油和天然气

巴布亚新几内亚共有 5 个含油气盆地，分别是巴布亚盆地、北新几内亚盆地、新爱尔兰盆地、布干维尔盆地、海角沃格尔盆地。其中巴布亚盆地面积最大，也是石油和天然气的主要分布地区，位于巴布亚新几内亚主岛西南部，向南延伸进入巴布亚湾，总面积 26 万平方公里，其中陆上面积 21 万平方公里，海上面积 5 万平方公里。[①] 就行政区划而言，油气储藏以南高地省、赫拉省最为集中，其次是东高地省、海湾省和中央省。根据巴布亚新几内亚石油与能源部公布的资料，2013 年，已探明原油储量 2536 万吨。其中南高地省库土布油田于 1986～1989 年被发现，总面积 1.22 万平方公里，探明原油储量 2.25 亿桶，海湾省的戈贝油田探明原油储量 6700 万桶，中央省莫兰油田预计石油储量 1.15 亿桶。

2013 年，巴布亚新几内亚已探明天然气储量 1552 亿立方米，天然气预测储量 4245 亿立方米。目前，主要油气田包括莫兰、库土布、戈贝、海迪斯（Hides）、阿果果（Agogo）、乌萨诺（Usano）、拉吉夫（Lagifu）、东南戈贝（South East Gobe）、朱哈、安哥拉（Angore）、麋鹿（Elk）—1 以及赫廷尼亚（Hedinia）等。其中 1986 年发现的南高地省海迪斯气田天然气地质储量达 883 亿立方米，库土布油田群天然气地质储量 419 亿立方

[①] 李国玉、金之钧等：《新编世界含油气盆地图集》（下册），石油工业出版社，2005，第 565 页。

米，1991年发现的东南戈贝油气田天然气地质储量195亿立方米。①

（五）石灰石

巴布亚新几内亚石灰石资源主要分布在钦布省。从西部的丘阿韦到东部的凯罗瓦吉，长约95公里的山脊富含石灰石，纯度高达99%，在整个亚太地区各国中纯度最高，开采期可达50年，总价值约180亿美元（约合380亿基那）。2012年，钦布省政府获得了巴布亚新几内亚国家执行委员会批准的1000万基那项目资金，并投入70万基那用于第一阶段可行性研究。该项目投产后，可改变巴布亚新几内亚80%以上的石灰及石灰产品依靠进口的现状。

另外，巴布亚新几内亚的锰矿主要分布在中央省，铝矾土矿分布在马努斯省一带。

二 矿产资源开发

巴布亚新几内亚采矿业最早始于1888年。当时在英属新几内亚领地路易西亚德群岛中的米西马岛附近发现了可作为流通用的天然金块。19世纪90年代，该岛从事黄金开采的矿工达到400多人。1910年，在澳属巴布亚领地拉克卡穆河一带也发现了金矿。不久，在海湾管理区瓦伊拉拉河附近发现了石油。1924年，澳属巴布亚领地政府开始在莫尔兹比港附近的阿斯特罗拉贝山区进行铜矿开采。1926年，在澳属新几内亚委任统治地莫罗贝管理区布洛洛河一带发现黄金矿藏后，布洛洛采掘公司（Bulolo Mining Company）和新几内亚金矿公司立即购买了8条采金船进行现代化的生产，其规模在当时首屈一指。同时，还修建了两条从萨拉莫阿港到瓦乌采金区的公路。莫罗贝金矿一直延续到太平洋战争期间，年产量最高达29.98万盎司（1942年）。按当时的标准，莫罗贝金矿已成为一座世界级的金矿。② 1937年，塞皮克河管理区的黄金开

---

① 李国玉、金之钧等：《新编世界含油气盆地图集》（下册），石油工业出版社，2005，第566~567页。

② 张礼明、王建：《巴布亚新几内亚金矿业概况》，《黄金科学技术》1994年第2期，第1~3页。

第五章 经济发展

采也开始起步。①

巴布亚新几内亚独立后，针对矿产资源丰富但开发相对滞后，政府采取了稳定政治局势，改善矿业环境，加强与各国矿产资源开发部门合作，鼓励投资者投资等措施。目前，主要投资国有澳大利亚、马来西亚、中国、美国、日本、英国。

2007年，巴布亚新几内亚政府用于矿产资源勘探的费用高达4900万美元，主要将铜—金资源作为勘探目标。2008年，巴布亚新几内亚拥有有效勘探证的勘探公司达到150个。2010年，在液化天然气项目的带动下，巴布亚新几内亚政府收到104个勘探许可证申请；2011年收到105个勘探许可证申请。其中中国最大的海上油气生产商——中国海洋石油总公司（简称中国海油）与澳大利亚联合矿业公司（United Minerals Corp）能源公司达成协议，计划未来6年内在巴布亚新几内亚南高地省和海湾省的4个区块开展石油勘探活动，双方各持有70%和30%的股权。标志着中国大型石油公司实质性地进入巴布亚新几内亚油气勘探市场。截至2012年5月，巴布亚新几内亚石油与能源部共批准了71个勘探许可证，另有超过15个勘探许可证等待审批。这些勘探许可分布在巴布亚新几内亚的大部分区域。从发展趋势看，未来将有更多的国内外油气公司参与巴布亚新几内亚的油气勘探开发活动。

矿产和石油开发是巴布亚新几内亚经济的支柱产业，是出口创汇收入的主要来源。2005年，巴布亚新几内亚矿产品及石油产品出口值约占国内生产总值的49.7%。2014年，矿产、油气部门的出口额达到132.235亿基那（约合52.56亿美元）。出口产品主要是铜、黄金、矿砂、原油等初级产品。贸易对象主要为澳大利亚、日本、新西兰、中国、韩国、英国、新加坡、美国和德国。

（一）石油

巴布亚新几内亚石油开采始于1992年南高地省库土布油田。库土布

---

① 〔澳〕P. 比斯库普（P. Biskup）等：《新几内亚简史》，广东化工学院《新几内亚简史》翻译组译，广东人民出版社，1975，第100~101页。

油田群包括拉吉夫、赫廷尼亚、阿果果油田。2006 年，原油产量约 1730 万桶，在亚太地区排名第 9 位。2014 年，原油产量 150 万吨，世界排名第 53 位。①

戈贝油田是巴布亚新几内亚第二个出口型油田开发项目，总投资 4.4 亿澳元，1998 年开始进行商业生产。2009 年，日产原油达到 1.07 万桶，年产原油超过 390 万桶。

莫兰油田是巴布亚新几内亚第三个石油项目。1998 年开工建设；2004 年开始出口精炼的石油产品。2005 年，原油产量达到 630 万桶。

巴布亚新几内亚唯一的石油精炼项目位于莫尔兹比港近郊的纳帕纳帕（Napa Napa），日产能力 3.25 万桶。产品除满足国内市场需求外，还有 50% 的产品出口到周边国家和地区。

目前，活跃在巴布亚新几内亚油气市场上的主要石油公司有：全球最大的石油上市公司——美国埃克森美孚公司（Exxon Mobil Corp）、雪佛龙新几内亚有限公司（Chevron Niugini Ltd.）、加拿大最大的燃油和燃气公司——国际石油公司（Inter Oil Corp）、加拿大第五大独立石油生产商——塔里斯曼能源公司（Talisman Energy Corp）、澳大利亚地平线石油公司（Horizon Oil Corp）、巴布亚新几内亚石油勘探公司（Oil Search Corp）、基那能源（Kina Energy）、依格伍德能源（Eaglewood Energy）、联合矿业公司等。其中埃克森美孚公司、雪佛龙新几内亚有限公司、巴布亚新几内亚石油勘探公司、加拿大国际石油公司和塔里斯曼能源公司具有勘探开发资格。

巴布亚新几内亚石油勘探公司是国家控股的石油、天然气勘探和开发公司，1929 年开始运营。目前，该公司拥有本国约 70% 的石油储量。2012 年，原油总产量达 638 万桶，库容比上一年增长 8.1 万桶，全年收入达 7.3 亿美元，纳税 2.83 亿美元。2014 年上半年，公司生产了相当于 540 万桶的原油，同比增长 68%；销售 470 万桶，总收入 12.53 亿基那

---

① 《2014 年全球主要国家和地区石油产量排行》，中国能源网站，http://www.china5e.com/news/news-904390-1.html，2015 年 10 月 26 日浏览。

（约合 4.51 亿美元），同比增长 34%；税后净利润 3.75 亿基那（约合 1.35 亿美元），同比增长 34%，成为巴布亚新几内亚最大的纳税和出口收入企业。截至 2014 年 6 月 30 日，公司流动资产总额 10.678 亿美元，其中现金 3.678 亿美元，是公司 85 年历史中最闪耀的时刻之一，具有里程碑式的意义。[1]

基那能源、依格伍德能源、联合矿业公司等是巴布亚新几内亚勘探许可证持有公司。这些公司规模较小，勘探许可证是其主要资产。

2015 年，巴布亚新几内亚原油日生产能力达到 5.26 万桶，[2] 已成为亚太地区重要的石油输出国。

（二）天然气

从长远来看，巴布亚新几内亚最具潜力和商业价值的自然资源是天然气，2006 年，其天然气产量约 1.55 亿立方米。但开发程度还比较低，阿果果、戈贝、库土布、莫兰、乌萨诺、东南戈贝、朱哈、安哥拉、麋鹿—1、赫廷尼亚等气田或油气田尚未得到有效利用。

南高地省海迪斯气田是巴布亚新几内亚开发的第一个气田，经营商为美国埃克森美孚公司。1991 年 2 月开始投产，年产天然气 9340 万立方米。2001 年达到 1.5 亿立方米。2005 年，美国合成油品公司（Syntroleum Corp）与巴布亚新几内亚政府签署合作协议，投资 33 亿美元，在莫尔兹比港建设开发天然气"气转液"工厂，计划年产 200 万吨成品油。2006 年 11 月，科威特石油公司（Kuwait Oil Company）与该公司签署项目投资合作协议。

2008 年 7 月，巴布亚新几内亚石油勘探公司与政府签订国内天然气开发协议，重点开发南高地省和西部省的天然气资源，实施南高地省到澳大利亚昆士兰州天然气管道建设项目。同年 10 月，世界第七大石油集团

---

[1] 《Oil Search 公司上半年盈利 3.75 亿基那》，中华人民共和国驻巴布亚新几内亚大使馆经济商务参赞处网站，http://pg.mofcom.gov.cn/article/jmxw/201408/20140800705635.shtml，2015 年 10 月 19 日浏览。

[2] 《世界概览——巴布亚新几内亚》，美国中央情报局网站，https://www.cia.gov/library/publications/resources/the-world-factbook/geos/pp.html，2016 年 12 月 20 日浏览。

巴布亚新几内亚历史与现状

公司——意大利埃尼石油公司（Eni Oil Corp）与巴布亚新几内亚政府就天然气开采及建设四座液化天然气炼厂项目签署长期协议。①

2009年12月8日，美国埃克森美孚公司子公司埃索高地有限公司（Esso Highlands Ltd.）、巴布亚新几内亚石油勘探公司、澳大利亚桑托斯有限公司（Santos Ltd.）、日本新日本石油公司（Nippon Oil Corp）与巴布亚新几内亚政府签署了世界最大的液化天然气项目《最终投资决定》，决定投资157亿美元，开发南高地省天然气资源（最终投资额达210亿美元），各方分别持有33.2%、29%、13.5%、4.7%、19.6%的股权。2014年5月，项目正式投产，年生产能力690万吨，开采年限30年。目前，该项目气源主要来自于海迪斯气田、库土布油气田、阿果果油气田、朱哈油气田和安哥拉气田，并且已经与中国石油化工股份有限公司（简称中石化）子公司联合亚洲有限公司和日本东京电力公司（Tokyo Electric Power Company）分别签订了连续20年、每年380万吨的购销协议。另外，还与日本大阪燃气公司（Osaka Gas Company）和中国台湾石油公司分别签订了每年150万吨的购销协议。截至2015年6月14日，已出口100船（相当于700万吨）液化天然气。② 巴布亚新几内亚成为全球新的能源供应国。

2009年12月23日，巴布亚新几内亚政府与加拿大国际石油公司签署第二个液化天然气项目——海湾省羚羊（Antelope）液化天然气项目协议。该项目由国际石油公司、澳大利亚太平洋液化天然气运营公司（Pacific LNG Operations Ltd.）、巴布亚新几内亚石油矿产控股公司（Petromin PNG Holdings Company）三方共同开发。预计年产液化天然气800万吨。2014年3月，全球四大石油化工公司之一的法国道达尔公司（Total Corp）在向加拿大国际石油公司支付了4.01亿美元后，购买了麋

---

① 《埃尼公司与巴布亚新几内亚签液化天然气协议》，中国化工网站，http://news.chemnet.com/item/2008-10-09/991502.html，2015年10月19日浏览。

② 《PNG LNG项目出口第100船液化天然气》，中华人民共和国驻巴布亚新几内亚大使馆经济商务参赞处网站，http://pg.mofcom.gov.cn/article/jmxw/201506/20150601016025.shtml，2016年12月31日浏览。

鹿—羚羊天然气项目开采权,预计耗资150亿～200亿美元,并拥有项目40.1%的股权。① 目前,中国新奥燃气公司已与该项目签订了每年采购100万～150万吨液化天然气购销协议。另外,世界第四大石油贸易商——瑞士贡沃尔石油公司（Gunvor Oil Company）、美国诺布尔能源公司（Noble Energy Company）也分别与该项目签订了每年采购100万吨液化天然气购销协议。该项目计划2021年出口天然气。

2013年2月,澳大利亚特温泽石油公司（Twinza Oil Company）与巴布亚新几内亚国家石油公司（National Oil Company）签署合作协议,决定投资4亿美元,共同开发海湾省帕斯卡（Pasca）地区天然气资源。② 5月,巴布亚新几内亚国家石油公司决定与印度尼西亚国家石油公司共同勘探、开发两国接壤地区的油气资源。③ 6月,澳大利亚地平线石油公司与日本大阪天然气公司决定合作开发西部省斯坦利、埃莱瓦拉和克图的液化天然气。这是巴布亚新几内亚的第三个液化天然气项目。

巴布亚新几内亚液化天然气项目的相继竣工、投产,将带动国内生产总值增长2～3倍,出口税收增加3倍,创造1.3万个就业岗位。国际石油公司CEO菲尔·穆拉克（Phil Mulack）表示,巴布亚新几内亚政府已坚定地展示了其向亚洲新兴市场提供长期、稳定能源供应的承诺,这将使巴布亚新几内亚成为亚太地区重要的能源供应国和新的亚洲能源中心,成为继印度尼西亚、马来西亚和文莱之后亚太地区第四大液化天然气出口国。2014年,巴布亚新几内亚天然气生产达到47.5亿立方米。④

---

① 《巴布亚新几内亚总理欢迎法国道达尔公司参与该国LNG开采》,中华人民共和国驻巴布亚新几内亚大使馆经济商务参赞处网站,http://pg.mofcom.gov.cn/article/jmxw/201410/20141000751888.shtml,2015年10月19日浏览。
② 《巴布亚新几内亚海湾省天然气项目预计投资逾4亿美元》,中华人民共和国驻巴布亚新几内亚大使馆经济商务参赞处网站,http://pg.mofcom.gov.cn/article/jmxw/201302/20130200030114.shtml,2015年10月19日浏览。
③ 《印度尼西亚和巴布亚新几内亚将共同开发边境地区油气资源》,中国石化新闻网站,http://wz.sinopecnews.com.cn/news/content/2013-05/22/content_1297702.shtml,2015年10月19日浏览。
④ 《世界概览——巴布亚新几内亚》,美国中央情报局网站,https://www.cia.gov/library/publications/resources/the-world-factbook/geos/pp.html,2016年12月20日浏览。

此外，巴布亚新几内亚政府还着重发展北部地区天然气管道建设，准备向韦瓦克供应液化天然气，以满足快速增长的亚洲市场的需求，并换取外汇。

（三）铜

目前，巴布亚新几内亚的铜产地主要是西部省的奥克泰迪大型露天铜金矿。1984 年，由澳大利亚必和必拓矿业公司（现为必和必拓—比利登矿业公司 BHP‐Billiton Corp）投资 20 亿美元开发。1988 年建成投产后，每年开采铜矿砂 60 万吨，生产铜 19 万吨，并成为该国唯一的铜矿生产企业。2002 年，因环境污染引发巴布亚新几内亚政府和矿区土地主的强烈抗议，必和必拓—比利登矿业公司将 52% 的股权转让给巴布亚新几内亚政府，由奥克泰迪矿业有限公司（Ok Tedi Mining Ltd.）负责开采，巴布亚新几内亚政府、巴布亚新几内亚可持续发展局、加拿大因梅特矿业公司（Inmet Mining Corp）分别持有 30%、52%、18% 的股权。2006 年，该矿生产铜—金精矿 62.2 万吨，其中铜 17.8 万吨，成为世界第八大铜矿。2007 年，生产铜 17 万吨，黄金 52.91 万盎司，税后利润达 7.07 亿美元，产品主要出口欧洲和亚洲。2013 年 3 月，彼得·奥尼尔总理宣布 2014 年将终止政府与奥克泰迪矿业有限公司的合作关系，接管奥克泰迪铜金矿，为巴布亚新几内亚人民造福。同年 11 月 26 日，巴布亚新几内亚《国民报》报道，奥克泰迪矿业有限公司用于延长奥克泰迪铜金矿开采寿命的花费已达到 6.04 亿美元，开采寿命可延长至 2025 年，预计生产铜 70 万吨、黄金 230 万盎司。2013 年，奥克泰迪铜金矿产量为 12 万吨，世界排名第 35 位。[1] 由于干旱缺水和国际市场铜产品价格下跌，2015 年 8 月至 2016 年 3 月，奥克泰迪铜金矿暂停生产。

2012 年 9 月，巴布亚新几内亚政府向布干维尔自治区拨付 5 亿基那（约合 1.95 亿美元）和解金，准备重新开采潘古纳铜矿。据有关部门勘

---

[1] 《世界最大的 100 座铜矿山》，http：//wenku.baidu.com/link？url＝61CEva_p3lzue2LE8KLq7ywQUyuaIf5SNC2xuKaidC0LIayBcrb06VeIAGK‐8pnV00qBU61SeMiPrDk5nxAh53wiSrquhXbtL2Y7S4f3nOW，2015 年 12 月 30 日浏览。

测，潘古纳铜矿至少还有 10 亿吨矿石资源储量，开采期可达 20 年。

另外，巴布亚新几内亚海底矿产项目也为其提供了较大的铜矿产能。1997 年，巴布亚新几内亚向加拿大鹦鹉螺矿产勘探公司（Nautilus Minerals Exploration Corp）颁发了世界上第一个海底勘探许可证，负责勘探东新不列颠省和新爱尔兰省之间海底高品位铜—金—银—锌硫化物矿床。2009 年正式投产，由世界第二大采掘公司——比利时扬德努公司（Jan De Nul Group）负责技术开发。2011 年，鹦鹉螺矿产勘探公司又在俾斯麦海索瓦拉（Solwara）海域进行海底硫化物勘探。2013 年 7 月 19 日，巴布亚新几内亚《国民报》报道，鹦鹉螺矿产勘探公司将与巴布亚新几内亚政府共同开发索瓦拉海域铜金矿项目。根据巴布亚新几内亚《矿业法》规定，政府将通过独资公司对该项目控股 30%。

（四）黄金和白银

巴布亚新几内亚作为太平洋岛国最重要的黄金生产国，1994 年的黄金产量居世界第 7 位。[1] 2005 年，黄金、白银的产量分别为 242 万盎司、51 吨；2012 年，黄金产量 199.3 万盎司，价值 30.32 亿美元，列世界第 11 位。[2] 2014 年，黄金产量 237 万盎司，列世界第 13 位。[3]

凯南图金矿位于东高地省，西北距莱城港 90 公里。1992 年被发现后，由澳大利亚高地太平洋有限公司（Highlands Pacific Ltd.）负责开发，2006 年建成投产。该公司拥有项目 95% 的股权。年产黄金约 17 万盎司。

利希尔金矿于 1997 年投产后，迅即成为世界第三大金矿，拥有矿工 3000 人。2008 年，黄金产量达到 77.1 万盎司。2010 年 9 月，澳大利亚最大的黄金生产商——纽克雷斯特矿业有限公司（Newcrest Mining Ltd.）花

---

[1] 陈欢：《一个新的黄金工业国：巴布亚新几内亚》，《沈阳黄金学院学报》1996 年第 1 期，第 97 页。

[2] 《2012 年巴布亚新几内亚黄金产量 199.3 万盎司，价值 30.32 亿美元》，中国产业信息网站，http://www.chyxx.com/industry/201311/223514.html，2015 年 10 月 6 日浏览。

[3] 《全球前二十大黄金生产国：俄罗斯加拿大阿根廷产量大增》，和讯网，http://gold.hexun.com/2015-04-02/174638630.html?from=rss，2015 年 12 月 26 日浏览。

巴布亚新几内亚历史与现状

费92亿澳元全资收购了利希尔金矿的股权,年产黄金67万盎司,预计还可开采30年。自1997~2012年,累计盈利61亿美元(约合171亿基那)。2013年的产量为65万盎司。

奥克泰迪铜金矿在2006年、2012年的黄金产量分别为55万盎司、43万盎司。

波格拉金矿由全球最大的黄金生产商——加拿大巴里克黄金公司负责开采,并持有95%的股权,1990年9月建成投产。黄金年产量波动比较大,1991年产量84.9万盎司,2005年产量94.9万盎司,2012年产量50.44万盎司。截至2012年8月,波格拉金矿共开采矿石1亿吨,生产黄金1760万盎司,赢得了国际级的声誉,成为世界产能最高的金矿之一。[①] 2015年5月,中国紫金矿业集团股份有限公司出资2.98亿美元,收购了巴里克黄金公司50%的股权。

托鲁库马金银矿位于莫尔兹比港以北100公里处,1995年,由澳大利亚帝国矿业公司(Emperor Mining Corp)进行开发。2004年生产黄金8.57万盎司。2008年被巴布亚新几内亚石油矿产股份公司收购,年产黄金4.8万盎司。

辛贝里金矿位于新爱尔兰省辛贝里岛上,由澳大利亚联合黄金有限公司(Allied Gold Ltd.)开发,2008年建成投产。2011年、2012年,黄金产量分别为5.785万盎司、8.113万盎司。

希登瓦利金银矿由澳大利亚纽克雷斯特矿业有限公司和世界第五大黄金生产商——南非哈莫尼黄金公司(Harmony Gold Mining Company)共同开发,各持有50%的股权,2009年建成投产。2012年生产黄金19.4万盎司。

辛尼维特(Sinivit)金矿位于拉包尔市南部50公里处,由加拿大新几内亚黄金公司(New Guinea Gold Corp)负责开采。2007年投产后,年

---

① 《Porgera金矿产出第1亿吨矿石》,中华人民共和国商务部网站,http://www.mofcom.gov.cn/aarticle/i/jyjl/l/201208/20120808265577.html,2015年12月19日浏览。

产黄金约 4 万盎司。

米西马金矿由加拿大巴里克黄金公司开发，1989 年建成投产，年产黄金 24.7 万盎司。运营至 2004 年，共产出黄金 360 万盎司。

据世界黄金协会（World Gold Council，缩写：WGC）报告数据显示，2012 年，巴布亚新几内亚黄金占出口贸易总额的 49.5%。[1] 2014 年上半年，黄金产量 113.93 万盎司，列世界第 12 位。[2] 目前，该国黄金行业的员工大约有 1.6 万人，黄金板块占国内生产总值的 15%，在世界所有倚仗黄金板块的国家中位居首位，成为世界上最依赖黄金行业的国家。[3]

另外，巴布亚新几内亚的白银生产主要与铜金矿混合在一起。2013 年，巴布亚新几内亚白银产量 82.21 吨，比 2012 年增加 11.5%，世界排名第 20 位。[4]

（五）镍、钴

2012 年 12 月，项目竣工投产，折合金属当量约镍 3.115 万吨/年，钴 3300 吨/年，设计开采寿命 20 年，远景储量有望支持 40 年。2014 年前三个季度，拉姆镍钴矿出口额达到 7.394 亿基那，比 2013 年增长 40%。[5]

三　正在开发建设的矿产项目

目前，巴布亚新几内亚开始启动三个超过 10 亿美元的大型铜矿项目，分别是杨德拉铜矿项目、瓦菲—戈尔普铜金矿项目、弗里达河铜金矿项目。

---

[1]《2012 年巴布亚新几内亚黄金产量 56.5 吨，价值 30.32 亿美元》，中国产业信息网站，http：//www.chyxx.com/industry/201311/223514.html，2015 年 10 月 6 日浏览。

[2]《2014 年最新：全球 15 大黄金生产国是哪些？》，中国选矿技术网，http：//www.mining120.com/show/1410/20141014_169153.html，2015 年 12 月 26 日浏览。

[3]《世界最倚仗黄金行业的国家：巴布亚新几内亚》，全球矿产资源网站，http：//www.worldmr.net/Industry/IndustryList/Info/2013-10-21/148611.shtml，2015 年 10 月 6 日浏览。

[4]《2013 年全球前 20 大白银生产国排名榜》，中国排行网站，http：//www.phbang.cn/general/144964.html，2014 年 12 月 20 日浏览。

[5]《得益于液化天然气投产，巴布亚新几内亚去年出口大增》，中华人民共和国驻巴布亚新几内亚大使馆经济商务参赞处网站，http：//pg.mofcom.gov.cn/article/jmxw/201507/20150701045855.shtml，2016 年 12 月 20 日浏览。

杨德拉铜矿项目由澳大利亚马伦哥矿业有限公司（Marengo Mining Ltd.）与中国有色矿业集团有限公司合作开发，建设成本约20亿美元。中方为该项目提供70%的建设资金，并承担具体建设任务。截至2013年年初，马伦哥矿业有限公司对该项目投资已超过1.5亿美元。估计年产铜10万吨，钼1.5万吨，开采寿命20~30年。

瓦菲—戈尔普铜金矿项目由澳大利亚纽克雷斯特矿业公司与南非哈莫尼黄金公司共同开发。计划2019年投产，预计建矿费用100亿基那，年产黄金49万盎司，铜29万吨，开采寿命约26年。该矿投产后，将成为巴布亚新几内亚产量最大的矿山之一。①

弗里达河铜金矿项目由世界第四大铜矿商——澳大利亚斯特拉塔铜业公司（Xstrata Copper company）及高地太平洋有限公司合作开发。2014年，泛澳大利亚资源公司（Pan Australian Resources Ltd.）收购了该项目80%的股权。2015年5月，广东省广晟资产经营有限公司（简称广晟公司）与泛澳大利亚资源公司签署了该矿开发项目合作备忘录，广晟公司计划投资20亿美元。项目全部投产后，预计年产铜25万吨，黄金38万盎司，将成为世界十五大矿产项目之一，② 开采寿命约20~30年。

随着一系列新的铜金矿项目陆续上马、竣工投产，巴布亚新几内亚在未来10年将成为世界主要矿产资源出口国之一。

四 矿业管理

巴布亚新几内亚独立后，成立矿业部、石油与能源部，分别管理固体矿产资源和油气能源资源。

（一）矿业权的管理及利益分配

1992年，巴布亚新几内亚政府颁布《矿业法》和《石油法》，规定

---

① 《Wafi Golpu 有望成为巴布亚新几内亚最大的矿山之一》，http://122.224.232.157: 2010/news/nlk3/f10Content.action? news.news_id=8a469288430f3e1901432c76ee780595，2015年11月26日浏览。
② 《巴布亚新几内亚 Frieda 铜金矿将成为世界十五大矿产项目之一》，中华人民共和国驻巴布亚新几内亚大使馆经济商务参赞处网站，http://pg.mofcom.gov.cn/article/ztdy/201105/20110507560566.shtml，2015年11月26日浏览。

矿产和石油资源的所有权归国家所有，政府有权授予矿产和石油勘查、生产许可证，由此建立了管理固体矿产和石油资源的现代特许权制度。1998年，又颁布了《石油和天然气法》。

《矿业法》规定了固体矿产矿业权的种类、开发合同的形式、租金以及相关费用和权利金的支付、租地权益和交易的登记，以及对受到影响的土地所有者的补偿等。具体规定如下：（1）勘探许可证，期限不超过2年，可延长2年，最大面积不超过2500平方公里。拥有在规定区域内勘探某些矿产的独占权利。（2）特别采矿租约，期限不超过40年，可延长20年。该租约主要针对大规模采矿项目。（3）采矿租约，期限不超过20年，可延长10年。该租约主要针对中小规模矿山和一些砂矿开采。（4）砂矿采矿租约，期限不超过5年，可延长5年，最大面积不超过5公顷。该租约只适用于拥有土地的公民。（5）采矿辅助合约，用于采矿项目的基础设施建设。（6）采矿通行权，道路、电力输入线、排水、管道、桥梁和隧道等设施的建设权。上述的矿业权中，特别采矿租约由政府首脑批准，其他的均由矿业部长批准。另外，还要求在适当补偿的基础上同土地所有者达成协议。

《石油法》规定了三种许可证：（1）石油勘探许可证，允许持有者在规定区域内进行石油和天然气的勘探活动，并拥有石油勘探的排他性，但必须与政府签订在该区域内有关石油勘探和开发的协议。（2）石油开发许可证，持有者有权开发规定区域内的石油，并建设相关的基础设施。（3）管线许可证，授予持有者对输油管线和相关设施的建设和经营权。

按照规定，国家有权获得大型矿业项目最高30%、石油项目最高22.5%的股权。国家批准项目时，按照投入成本从开发者手中购买股份，但不在中小型项目中参股。为保证土地所有者的传统权利，他们可以获得石油开发项目2%的股权、大型矿业项目5%的股权。

（二）矿业税收

2000年以来，巴布亚新几内亚政府调整了矿业税收，共计分为三项：

所得税　政府将税率由35%下调到30%，红利预扣税降到10%。矿业公司被允许在总收入中扣减25%的勘探费用。

  超额利润税 当纳税人已经收回投资，并且净现金流超过特定收益率（起征点），即缴纳超额利润税。石油项目特定收益率为27%，超过部分征收50%的超额利润税；天然气项目特定收益率为20%，超过部分收取30%的超额利润税；大型矿业项目特定收益率为20%，超过部分收取35%的超额利润税。2000年税制调整时，大型矿业项目的超额利润税的特定收益率降为15%。

  权利金 所有项目生产的石油和矿产应按照2%的税率向国家缴纳权利金。其中1.25%可从所得税应税收入中扣减，0.75%享受税收减免。该项收入全部分配给各省政府和土地所有者。对于矿产经营，矿产品原料出口，按出口离岸价计算权利金；矿产品精加工后出口，按照冶炼厂收益计算权利金。对于石油经营，则按照井口石油价值计算。

五 矿产资源开发展望

  巴布亚新几内亚矿业发展目标：加大对矿业的投资，鼓励矿产原料在当地加工后再出口，以鼓励外资投入、增加国内就业，提高出口附加值，并提高其冶炼技术。[①]

  2013年10月，巴布亚新几内亚四大商业银行之一的澳新银行（Australia and New Zealand Bank，缩写：ANZ）发布的报告指出，巴布亚新几内亚丰富的自然资源和靠近亚洲大陆的地理位置使其在"亚洲世纪"中极具优势。据此预计，2030年，巴布亚新几内亚资源出口收入有望达到360亿美元。其中液化天然气出口收入所占比重将达到50%，铜出口收入将增至30亿美元，是目前的3倍。资源产业将对巴布亚新几内亚投资基础设施建设和支持农业发展提供所需资金。[②]

[①] 商务部、国家发展和改革委员会、外交部关于发布《对外投资国别产品指引（2011版）》的通知，第283页。

[②] 《澳新银行：亚洲资源需求增长将使巴布亚新几内亚获益》，中华人民共和国驻巴布亚新几内亚大使馆经济商务参赞处网站，http://pg.mofcom.gov.cn/article/jmxw/201310/20131000351313.shtml，2015年12月19日浏览。

第七节　交通运输业

巴布亚新几内亚内陆地形复杂，山路崎岖，陆路交通落后。主要交通方式为水运和空运。

一　铁路

目前，巴布亚新几内亚城乡各地之间均无铁路交通设施。

2012年，巴布亚新几内亚交通运输部部长和国家首都区行政长官建议在全国建设一个铁路系统，连接主要的站点，以解决交通问题。2013年3月，国家计划与监控部部长查尔斯·阿贝尔认为全国铁路网建设规划对于巴布亚新几内亚是一个新的概念，造价极其昂贵，因此在短时期内还不能纳入工作计划。[①] 同时，他还表示，如果两人能够提出一个有说服力的计划和可行性报告，可以将全国铁路网系统建设规划纳入国家计划与监控部的规划中。

二　公路

目前，巴布亚新几内亚政府公布的公路里程约3万公里，其中国家级公路8460公里。省际和城际间公路路况较差，也没有形成连接全国的公路网。首都莫尔兹比港与全国各大城市均无公路相连。

国内最大的工业城市莱城与马当、戈罗卡、芒特哈根等主要城市之间有一条700公里的高地公路相连，是商品流通、居民出行的重要通道。

巴布亚新几内亚与陆路唯一接壤的印度尼西亚之间无公路相连。

2013年起，巴布亚新几内亚国家计划与监控部开始着手改善和修复全国16条主要公路，包括高地公路，重点是全国主要公路网的升级改造。

---

① 《巴布亚新几内亚铁路建设规划虽好但造价昂贵》，中华人民共和国驻巴布亚新几内亚大使馆经济商务参赞处网站，http://pg.mofcom.gov.cn/article/jmxw/201303/20130300042540.shtml，2015年7月20日浏览。

2014年10月，巴布亚新几内亚政府准备实施贯穿南北的公路项目，计划修建一条贯穿莱城到莫尔兹比港及南部地区的公路，将高地省份与南部沿海省份连接起来。但该计划遭到中央省领导人和国家首都区居民的强烈反对。①

三　水运

巴布亚新几内亚三面临海，海岸线长8300公里。如果连同各岛屿在内，海岸线总长度达1.71万公里，水上运输具有得天独厚的条件。

（一）港口

巴布亚新几内亚货物运输主要以水运为主。境内共有50多个港口，其中巴布亚新几内亚港口有限公司（Ports Ltd.）经营着莫尔兹比港、莱城、阿洛陶、马当、韦瓦克、拉包尔、艾塔佩、阿内瓦湾（Anewa Bay）、布纳、霍斯金斯角（Cape Hoskins）、达鲁、芬什哈芬、加斯马塔岛（Gasmata Island）、卡维恩、基埃塔、布卡、金贝、洛伦高、奥鲁湾（Oro Bay）、莫罗贝、萨拉莫阿、萨马赖、伍德拉克岛等23个港口。

巴布亚新几内亚主要国际港口介绍：②

莱城港位于新几内亚岛东南海岸的马克姆湾内，地理坐标为南纬6°44′，东经146°59′。东北距拉包尔港830公里，东距基埃塔港1140公里，南距莫尔兹比港1840公里。该港口有一处西北—东南走向顺岸框架式码头，总长430米，有仓库1.485万平方米，堆场3.9万平方米。码头东端水域还有一系缆泊柱，可系泊4万载重吨级的船只。码头西北港池东岸新辟有集装箱码头，长180米。2012年，新建了240×40米的综合码头，可停泊装载5000个集装箱、长度为300米的货船。莱城港是巴布亚新几

---

① 《巴布亚新几内亚中央省领导人反对修建外省连接到莫尔兹比港的公路》，中华人民共和国驻巴布亚新几内亚大使馆经济商务参赞处网站，http://pg.mofcom.gov.cn/article/jmxw/201410/20141000753465.shtml，2015年7月28日浏览。

② 巴布亚新几内亚港口，http://www.weimao.net/weimao/tradecircle/getCircleByTab.do?tab=%E5%B7%B4%E5%B8%83%E4%BA%9A%E6%96%B0%E5%87%A0%E5%86%85%E4%BA%9A%E6%B8%AF%E5%8F%A3%A3，2015年7月20日浏览。

第五章　经济发展

内亚最大的港口，也南太平洋地区最大的港口之一，巴布亚新几内亚60%左右的进出口货物都经此地转运，年货物吞吐量达280万吨。输出货物主要是木材、胶合板、矿产品、咖啡、茶叶等，输入货物主要有燃料油、机械设备、化工产品和食品、纺织品等。2014年12月，中国港湾工程有限责任公司巴布亚新几内亚公司承建的莱城港潮汐码头一期工程竣工，莱城港从此成为太平洋岛国地区现代化程度最高的码头，以及连接东南亚与南太平洋地区的重要中转港。[1]

莫尔兹比港位于巴布亚湾东岸，濒临珊瑚海。地理坐标为南纬9°33′，东经147°17′。东北至拉包尔港1750公里，东距基埃塔港1240公里，东距所罗门群岛霍尼亚拉港1570公里。港口建有敞开式的突堤和顺岸码头，中级以上泊位有4个。港区南部的"T"突堤，长213米，宽18.2米，可停泊2艘远洋船只；北部新港区已建有4号集装箱泊位顺岸码头，长125米。码头上有仓库4座，总面积5110平方米，堆场面积2.84万平方米。该港口年吞吐量180万吨。输出货物有橡胶、椰子、咖啡等农产品以及少量的铜、黄金等矿产品；进口货物主要有纺织品、食品、燃料油、机械、化工产品等。2014年7月，巴布亚新几内亚国营企业与国家投资部部长本·迈卡表示将位于首都闹市区的莫尔兹比港码头迁往蒙托克（Motukea）码头，原址改造成莫尔兹比港重要的娱乐区和商业区。[2]

马当港位于新几内亚岛东北海岸，濒临俾斯麦海西南岸，地理坐标为南纬5°12′，东经145°49′，是巴布亚新几内亚北部地区的主要港口。服务设施有修船、加燃料、小艇、医疗、淡水、给养和遣返，无干船坞、牵引和排污。西码头长137.5米，宽12米，过境仓库总面积2500平方米，露天仓库面积5575平方米，是一个可停泊远洋轮船的泊位。东码头过境仓库面积1870平方米，露天仓库面积840平方米。

---

[1] 喻常森、常晨光、王学东：《大洋洲发展报告（2013~2014）》，社会科学文献出版社，2014，第18页。
[2] 《巴布亚新几内亚首都莫尔兹比港码头将迁移》，中华人民共和国驻巴布亚新几内亚大使馆经济商务参赞处网站，http://pg.mofcom.gov.cn/article/jmxw/201407/20140700678377.shtml，2015年7月20日浏览。

巴布亚新几内亚历史与现状

阿洛陶港位于新几内亚岛东南沿海的米尔恩湾内，濒临珊瑚海的北侧，地理坐标为南纬10°19′，东经150°27′。港区有两个码头，一个是海上码头，集装箱泊位，岸线长93米，宽18米；另一个是顺岸油码头，岸线长55.8米，宽9.8米。港内杂货仓库面积1874平方米，露天堆场面积7640平方米。港口服务设施有加燃料、医疗、淡水、给养。输出和输入的货物主要是椰干、石油、滚装货、集装箱及杂货等。2012年10月，巴布亚新几内亚政府拨款1500万基那（约合585万美元），全面维修阿洛陶港。项目完工后，将成为国内最大的邮轮停靠港。

拉包尔港位于新不列颠岛东北端的辛普森湾北顶，地理坐标为南纬4°12′，东经152°11′，是巴布亚新几内亚东部地区的主要港口。港区呈西南—东北走向伸展，有两个远洋船泊位。东部1号码头长122米，用于油轮作业；西部2号码头长152米，可以停泊万吨级轮船。仓库面积约1万平方米，露天货场面积3.8万平方米。该港口输出货物主要是铜矿砂、椰子产品、木材加工品、咖啡、可可等，输入货物主要是纺织品、粮食、燃料油、机械等。

基埃塔港位于布干维尔岛东海岸中部，濒临南太平洋，地理坐标为南纬6°13′，东经155°38′。该港口有基埃塔和阿内瓦湾两大港区，相距9公里。基埃塔港在基埃塔半岛东岸，港区由东南向西北伸展，主要有远洋码头，长122米，建有2780平方米的仓库，1.47万平方米的堆场。阿内瓦湾港区在基埃塔半岛北部正西，有框架式码头，长77米，两端延伸59米处和107米处还有系缆泊位各一个，码头上有固定散矿装船机。港湾南岸有输油管从水面连接岸上油罐群，重油最大卸速为每小时4000吨；轻油最大卸速为每小时700吨。目前，该港口年吞吐量约100万吨。

金贝港位于新不列颠岛北部沿海金贝湾内的斯德丁湾西南岸，濒临俾斯麦海南侧，地理坐标为南纬5°33′，东经150°09′，是新不列颠岛上的主要港口之一。主要码头有两个泊位，岸线长177.4米，其中一个为多用途泊位，水深15米，用船吊作业。仓库面积约1500平方米，货物堆场1.2万平方米。在港口东部还有一个木材港、一个棕榈油港。

韦瓦克港位于新几内亚岛北海岸中部，濒临俾斯麦海西北侧，地理坐标为南纬 3°34′，东经 143°39′，是巴布亚新几内亚北部地区的主要港口。主要有一个长堤码头，为远洋泊位，岸线长 73 米。仓库面积 2200 平方米，货物堆场面积 1.15 万平方米。在长堤附近还有一个沿海泊位，长 30 米及一个驳船坡道。输出货物主要是椰干、咖啡、可可及木材等，输入货物有粮食、纺织品及化工产品等。为满足可可和橡胶等农产品产量增长带来的运输需求，2014 年 1 月，巴布亚新几内亚港口有限公司投资 150 万基那（约合 54 万美元），升级了韦瓦克港基础设施。

萨马赖港位于距巴布亚半岛海岸约 5 公里的萨马赖岛上，地理坐标为南纬 10°36′，东经 150°39′，是巴布亚新几内亚最南端的港口。港口主码头长 93.2 米，宽 12.8 米。过境仓库面积 948 平方米。港口服务设施有修船、加燃料、小艇、医疗、淡水、给养、遣返等。

卡维恩港位于新爱尔兰岛的北端，地理坐标为南纬 2°35′，东经 150°48′，是新爱尔兰岛上的主要港口。杂货和散装货码头长 94 米，宽 12 米。有仓库 750 平方米、堆场 3000 平方米。港口服务设施有医疗和淡水，没有修船、加燃料、干船坞、小艇、牵引、排污、给养和遣返。

（二）国内航运线路

沿海村庄之间的航线；

主要港口与国内小港口之间的航线；

国内主要港口之间的航线。

（三）国际海运航线

主要分为以下几个方向：

澳新航线是最繁忙的航线。巴布亚新几内亚主要港口与澳大利亚各港口之间有船只往来。有短期货船从新西兰第一大城市奥克兰（Auckland）到巴布亚新几内亚主要港口。

太平洋航线是巴布亚新几内亚主要港口到太平洋岛国的航线。

远东航线是巴布亚新几内亚主要港口到日本、菲律宾、新加坡、马来西亚、中国以及中国香港、中国台湾的航线，是中国近洋运输航线的重要组成部分。

欧洲航线是巴布亚新几内亚主要港口与英国、德国、比利时、荷兰等国之间的航线。

美国航线是从美国西海岸港口旧金山、洛杉矶到巴布亚新几内亚莱城、拉包尔港的航线。

四　空运

巴布亚新几内亚独特的地理环境，使得航空运输成为国内交通的重要组成部分。2015年，航空货运量达到3482.7万吨。① 主要城市之间交通依靠飞机，许多边远地区出行依赖小型直升机。但航空软、硬件水平较低，交通成本和航班误点率较高。

（一）航空公司

巴布亚新几内亚共有4家国际航空公司（2011年以后整合成3家）。

新几内亚航空公司成立于1973年11月，巴布亚新几内亚政府、澳洲安捷航空（Ansett Australia）、澳洲航空、跨澳洲航空（Trans Australia Airlines）分别持有60%、16%、12%、12%的股权，以DC—3及福克F27飞机独家营运国内航线。1975年年底，租赁澳洲安捷航空波音727飞机，营运往返澳大利亚昆士兰州首府布里斯班的航班，国际航班由此开始；1977年，从澳洲航空购入一架波音707客机，开通菲律宾马尼拉（Manila）及中国香港航线。1979年，开通新加坡、印度尼西亚雅加达（印尼语：Jakarta）及美国檀香山（Honolulu）航线。1980年，巴布亚新几内亚政府将其他航空公司股份全部购入。1984年，向跨澳洲航空租赁空客A300取代波音707。2002年，添购波音767客机，扩大了国际航线服务。2004年，引入福克F100，服务于国内航线及澳大利亚北昆士兰首府凯恩斯、所罗门群岛霍尼亚拉航线。2006年10月，正式开通直飞中国香港的航线。2007年12月，租赁波音757—200和波音767—300ER客机。2008年4月，开通悉尼航线。2009年，从加拿大庞巴迪公司（Bombardier Inc.）订购了两架冲锋8—Q400高速涡轮螺旋桨飞机。

---

① 《世界概览——巴布亚新几内亚》，美国中央情报局网站，https://www.cia.gov/library/publications/resources/the-world-factbook/geos/pp.html，2016年12月20日浏览。

第五章 经济发展　The Past and Present of Papua New Guinea

巴布亚新几内亚航线航空公司（Airlines PNG Ltd.）曾经是第二大航空公司，成立于1987年，主要经营国内航线以及莫尔兹比港至澳大利亚布里斯班、凯恩斯的国际航线。

2011年9月，新几内亚航空公司与航线航空公司合并，仍以新几内亚航空公司命名（官方网站：http：//www.airniugini.com.pg），成为巴布亚新几内亚最大的航空公司、太平洋岛国地区最大的航空公司之一，总部及枢纽设在莫尔兹比港杰克逊国际机场。目前，该公司在美国纽约、中国香港、日本东京设立了营业部，与澳大利亚航空公司合作，占有80%的市场份额。经营着25条国内航线，有自莫尔兹比港飞往国内主要城市及往返悉尼、布里斯班、凯恩斯、中国香港、霍尼亚拉、马来西亚吉隆坡（Kuala Lumpur）、斐济楠迪（Nadi）以及马尼拉、新加坡樟宜（Changi）、东京成田的10条国际航线，一般每周一个航班，[①] 其中与中国香港间的往返航班每周三次，与新加坡间的往返航班每周五次。[②] 飞行路线共有308条，最长的直飞航线是莫尔兹比港至吉隆坡，飞行距离5244公里。截至2012年9月，新几内亚航空公司拥有169个机场（大部分是非正规跑道），与全国328个城镇和乡村开通了航空服务。执行飞行任务的飞机有：1架波音737—7L9（载客140人）、3架波音767—341ER/—366ER/—383ER（载客250人）、1架波音787—8（载客315人）、6架福克F100（载客98人）、2架冲锋8—100（载客30人）、4架冲锋8—200（载客36人）、3架冲锋8—300（载客50人）、4架冲锋8—Q400（载客74人）、1架达索猎鹰900X（载客18人，政府专用机）、1架康威尔580（货机）。2014年10月，新几内亚航空公司与卡塔尔航空公司（Qatar Airways）签订电子机票合作协议。至此，新几内亚航空公司与全球33家航空公司建立了业务联系。[③]

[①]《新几内亚航空公司将大幅降低巴布亚新几内亚国内航线机票价格》，中华人民共和国驻巴布亚新几内亚大使馆经济商务参赞处网站，http：//pg.mofcom.gov.cn/article/jmxw/201308/20130800248311.shtml，2015年7月2日浏览。

[②]《对外投资合作国别（地区）指南——巴布亚新几内亚》，2015，第15页。

[③]《巴布亚新几内亚国家航空与卡航签订电子机票合作协议》，中华人民共和国驻巴布亚新几内亚大使馆经济商务参赞处网站，http：//pg.mofcom.gov.cn/article/jmxw/201410/20141000760510.shtml，2015年7月5日浏览。

2006年3月，巴布亚新几内亚交通与民航部部长唐·波利宣布2007年起"开放天空"，准许其他国家航空公司开办往返巴布亚新几内亚的航班。而后，澳大利亚的澳洲航空、维珍蓝航空（Virgin Blue）以及新西兰的太平洋蓝航空（Pacific Blue）增开了布里斯班、凯恩斯、奥克兰至莫尔兹比港的国际航线。

此外，巴布亚新几内亚还有六、七家私营航空公司，多经营直升机等小型飞机运输，提供国内客运和货运服务。

（二）机场

2005年，巴布亚新几内亚成为第六个签约《太平洋岛国航空服务协定》的成员国。截至2014年，全国已建成大小机场578个，[①] 直升机机场2个。其中铺设跑道的机场有21个，分布在主要城镇，可停降大型飞机；其它为设在偏远地区的小型机场。国际机场有莫尔兹比港的杰克逊国际机场、西高地省芒特哈根机场、米尔恩湾省阿洛陶机场、西部省达鲁机场。

杰克逊国际机场距离莫尔兹比港市中心8公里，建有两座客运大楼，国内航线、国际航线各一座。两座客运大楼之间设有行人通道互相连接。其中国际航线大楼设有4个泊位，其中2个设有登机桥连接客运大楼。该机场是巴布亚新几内亚面积最大和最繁忙的机场，同时也是巴布亚新几内亚航空总部，还驻扎有巴布亚新几内亚空军基地联队。新几内亚航空深入内陆的航班大多以此机场为出发地。

五　交通运输业发展政策

2009年，巴布亚新几内亚政府决定在未来10年内完成38亿基那（约合13.76亿美元）的基础设施投资。其中亚洲开发银行贷款27亿基那（约合9.77亿美元）；世界银行贷款4亿基那（约合1.45亿美元）；澳大利亚道路援助计划7亿基那（约合2.53亿美元）。

[①] 商务部国际贸易经济合作研究院编著《对外投资合作国别（地区）指南——巴布亚新几内亚》，2015，第14~15页。

第五章　经济发展

2010年2月，巴布亚新几内亚民航局决定自主融资18亿基那，用于维护境内的机场。其中莫尔兹比港杰克逊国际机场升级改造项目预计投资5亿基那，建造世界级的停机坪和候机厅，可以停靠波音747、767等飞机。①

2014年2月，亚洲开发银行为巴布亚新几内亚提供1.3亿美元的贷款，用于巴布亚新几内亚全国21个机场的升级改造和建设，以便于起降波音737—800等大中型飞机。同时，巴布亚新几内亚政府决定出售新几内亚航空公司50%的股权，并且以新几内亚航空公司在股票交易所上市所筹集的5亿基那（约合1.8亿美元）购买两架波音梦幻787客机。另外，根据《2050年远景规划》，巴布亚新几内亚工程与执行部决定投资50亿基那（约合18亿美元），升级改造2500公里的道路，新修建1000公里的道路，接通4条关键道路。②

7月，巴布亚新几内亚国营企业与国家投资部部长本·迈卡在访问由中国港湾工程有限责任公司承建的莱城港潮汐码头一期项目后表示，立即启动二期开发项目，将码头从240米延长到700米，可同时停泊两条装载5000个集装箱、长度300米的货船。项目完成后，巴布亚新几内亚将成为亚洲以南、澳大利亚和新西兰以北的一个主要的货物转运中心。③

巴布亚新几内亚交通运输部计划到2030年，建成2.5万公里国家级公路；实现国际港口周转时间由现在的3天缩短为1天；航道和船舶数量增长3倍；所有港口实现升级。④

---

① 《巴布亚新几内亚民航局将融资18亿基那对机场进行升级改造》，中华人民共和国驻巴布亚新几内亚大使馆经济商务参赞处网站，http://pg.mofcom.gov.cn/article/jmxw/201410/20141000760510.shtml，2015年7月8日浏览。
② 《巴布亚新几内亚道路改造升级和新建共需要50亿基那》，中华人民共和国驻巴布亚新几内亚大使馆经济商务参赞处网站，http://pg.mofcom.gov.cn/article/jmxw/201402/20140200478982.shtml，2015年4月2日浏览。
③ 《巴布亚新几内亚希望成为亚太地区一个主要货物转运中心》，中华人民共和国驻巴布亚新几内亚大使馆经济商务参赞处网站，http://pg.mofcom.gov.cn/article/jmxw/201407/20140700658019.shtml，2016年12月28日浏览。
④ 《对外投资合作国别（地区）指南——巴布亚新几内亚》，2015，第7页。

第八节 旅游业

曾经有人如此评价巴布亚新几内亚："如果说上帝要在人间建造一个伊甸园，它很可能会在这里选址。"巴布亚新几内亚国土基本上被山地和热带雨林所覆盖，是印度洋和太平洋上最后一片未被污染的净土，被称为"地球上最后未开发的地区"，[①] 具有发展旅游业得天独厚的条件。

一 旅游项目

巴布亚新几内亚岛屿众多，地形地貌复杂，自然景观奇特而富有原始魅力；在 700 多万人口中，有 800 多个部族，836 多种地方语言，文化形态多元化；二元经济体制使国内既有传统的农村经济生活模式，又有现代城市色彩，具有发展旅游的优势。主要旅游项目是自然风光旅游和土著风情旅游。

水下运动 巴布亚新几内亚海水碧蓝透明，海底景观举世无双，有珊瑚堡礁、珊瑚墙、珊瑚花园、零落的暗礁点、海草床以及沉船潜水点（太平洋战争时遗留下来的船只、飞机和潜艇的残骸），被业内人士公认为世界级的水下运动场所，已经取代澳大利亚成为世界主要的潜水目的地，被评为"全球十大浮潜天堂""全球十处绝美潜水避暑胜地"之一，[②] 同时，还被美国《国家地理》杂志评为"人一生要去的 50 个地方"之一。尤其是在米尔恩湾省萨马赖岛粉质的水域内，潜水不会遇到鲸鲨或蝠鲼，只会看到像海兔一样微小型可爱的生物，生长旺盛的珊瑚礁和多姿多彩的热带鱼会让潜水者流连忘返，海底的各种残片会让潜水者深切地感受到这个岛屿动荡的历史。巴布亚新几内亚水下运动产业联盟负责组织协

[①] 《巴布亚新几内亚：地球上最后的原生态天堂》，环球网站，http：//go. huanqiu. com/photo/2012 - 01/2659301. html，2015 年 2 月 19 日浏览。

[②] 《全球十处绝美潜水避暑胜地 探索奇妙海底世界》，凤凰网站，http：//fashion. ifeng. com/travel/photo/Hd_ 2014_ 06/16/36844576_ 0. shtml#p = 8，2015 年 2 月 19 日浏览。

第五章　经济发展　The Past and Present of Papua New Guinea

调推广水下运动,他们每年可从政府手中得到15万基那的费用,作为开展工作的基金。目前,每年到这里旅游的高收入人群大约有4000~6000人,游客主要以美国、澳大利亚、日本和欧洲人为主。

冲浪运动　巴布亚新几内亚新兴的旅游市场。冲浪场所主要集中在新爱尔兰省首府、港口城市卡维恩和桑道恩省首府、天然海港瓦尼莫,努萨岛(Nusa Island)的度假村可以为游客提供饮食服务。巴布亚新几内亚冲浪协会为冲浪旅游活动进行了大量的宣传工作,争取了大量的客源。游客主要是澳大利亚人和日本人。

邮轮旅行　又称"漂浮的黄金水道",是一项集运动、航海、娱乐、休闲、社交于一体的新型奢华旅游形式。最常见的邮轮休闲娱乐活动有潜水、冲浪、垂钓、游泳、巡航游弋、海岛探险、观光赏景、公关联谊、社交商务、旅游探亲、家庭聚会、海上居住等。巴布亚新几内亚拥有8300公里的海岸线,600多座岛屿,分布着无数的天然港湾,具有开发邮轮旅游的条件。拉包尔港是该国首个邮轮集散地。

徒步旅行和攀岩活动　巴布亚新几内亚新兴的旅游项目,极具徒步旅行价值的有科科达足迹、威廉峰和黑猫步道(Black Cat Trek)。目前,科科达足迹是翻越欧文·斯坦利山岭的唯一途径,也是巴布亚新几内亚最受欢迎的远足路线。在长达96公里的道路上,要翻越陡峭的山脊,通过沼泽,穿过河流,跨过桥梁和堤道,沿途能俯瞰到城市的全景,了解当地村庄的文化,被称为"世界上真正冒险的远足路线"之一,每年4~11月是在此地徒步旅行的最佳时机。威廉峰虽然是巴布亚新几内亚境内的最高峰,但却是巴布亚新几内亚最容易攀登的山峰,有两条路线可以通往山顶。一条从钦布省孔迪亚瓦路尽头的凯格尔苏格尔(Keglsugl)出发,穿过热带丛林、高寒草原和冰川河谷等,到达皮恩德湖和艾文德湖,之后再向山顶前进;另外一条从西高地省的艾姆布鲁阿(Ambullua)启程,攀登难度大于第一条线路,需要为期四天的徒步旅行。最佳攀登时间为每年5~10月。黑猫步道位于莫罗贝省,以道路崎岖闻名于世。

动植物观赏　巴布亚新几内亚境内生长着南太平洋地区最丰富的陆栖生态物种,为此政府成立了一大批野生动植物保护区。植物种类有9000

多种，其中低地雨林 5 种，山区雨林 13 种，棕榈林和沼泽林 5 种，红树林 3 种。附近海域拥有世界上最美的珊瑚礁，珊瑚的种类多达 450 种。动物以鸟类和灵长类动物为主，青蛙有近 200 种，蝴蝶超过 400 种，鸟类有 762 种，占世界鸟类品种的 13%。其中热带原始雨林是杜鹃、翠鸟、扇尾鸽和童话雷恩斯等鸟类的家园，世界已知的 43 种极乐鸟中，这里占有 38 种。巴布亚新几内亚丰富的自然物种，尤其是独特的极乐鸟图腾、极乐鸟文化，吸引着欧美国家富足的知识阶层、研究团队纷至沓来，成为全球四大最佳异国风情观鸟地。[1]

太平洋战争历史遗迹 1942～1945 年，美澳盟军与日本侵略军在巴布亚新几内亚一带进行了长达三年多的激战，拉包尔、米尔恩湾、科科达、韦瓦克、布干维尔等地留下了大量的战争历史遗迹，附近海域的海底则躺卧着大量军舰、飞机的残骸。尤其是拉包尔战场已被列为"世界五大战场遗址"之一。太平洋战争时期，拉包尔曾经是日本在西南太平洋地区最大、最重要的海空军基地，驻扎日军达 11 万人。1944 年，盟军对拉包尔进行战略性包围，切断了其与外界的所有往来，使其孤立无援而失去作用。该遗址不仅展示了盟军的战略性胜利，也凸显了该堡垒的战略防御功能。游客可以从隧道、战壕和火炮发射阵地窥见军事基地的奥秘。[2] 现在已成为重要的旅游景点，每年都有大批澳大利亚、美国和日本的游客到此游览和凭吊。

土著文化体验 巴布亚新几内亚有 800 多个部族，是世界上土著居民保持其传统生活方式的最后几个家园之一，文化多样性特点明显。规模最大、最著名的是巴布亚新几内亚第三大城市、西高地省首府芒特哈根市的"哈根山文化节"。每年 8 月的第三个周末，芒特哈根都要连续举办两天的文化节，来自几百个不同地区、省份、部落的文化团体，甚至国家的部落舞蹈团聚集在一起，进行各种舞蹈和歌唱表演。澳大利亚、德国、日

---

[1] 《爱鸟者的天堂　全球四大最佳异国风情观鸟地》，环球网站，http://go.huanqiu.com/southamerican/2013－05/3964956_2.html，2015 年 5 月 19 日浏览。

[2] 《重温历史　漫游世界五大战场遗址》，环球网站，http://go.huanqiu.com/europe/2013－07/4144328.html，2015 年 5 月 19 日浏览。

本、美国、新西兰、意大利等国的游客和表演者也从不同地方赶来,与当地人一起载歌载舞。

二 风景名胜

库科早期农业遗址 巴布亚新几内亚农业耕作方式转型的最好例证。该遗址位于南高地省亚利布—庞亚区,由海拔1500米高地上的116公顷湿地组成。考古挖掘发现了9000年前的农业种植遗址,该片地貌是当年被改造的湿地之一。保存完好的遗迹展现了6500年前人类将植物采集转化为农业耕种活动的一次技术性飞跃,证明了农业实践的历史变迁,即从最初的土丘耕种发展成为用木制工具挖掘沟渠以排干湿地积水的农耕方式,此类遗址在全世界屈指可数。2008年7月,在加拿大魁北克(法语:Québec)举行的第三十二届世界遗产大会上,该遗址被联合国教科文组织(United Nations Educational, Scientific and Cultural Organization, 缩写:UNESCO)世界遗产委员会批准为世界文化遗产。目前是该国唯一的世界遗产。

国家植物园(National Botanical Gardens) 位于莫尔兹比港市巴布亚新几内亚大学附近。1971年建成开放,是巴布亚新几内亚最美丽的植物园之一。园内的植物群包含了国内各地区的物种,还有世界其他地区棕榈类树、斑竹、海里康属植物、露兜树、本地树木和灌木丛等植物。花室里有数以千计的兰花种类,并成立兰花研究中心,包括小干燥标本集和一个装备充分的兰花培养实验室。此外,还有袋鼠、极乐鸟、美冠鹦鹉、吸蜜鹦鹉等动物。这里还栖息着一种世界独一无二的大型蛇。

凡瑞拉塔国家公园(Variarata National Park) 位于中央省索盖里(Sogeri)高原的西端,距莫尔兹比港42公里,占地1063公顷,是巴布亚新几内亚最早的国家公园,以保护最原始的天然野生动植物、自然风景区和科伊里(Koiari)文化著称。公园内道路相互交错,有的地方茂密如丛林,还有大片的绿树草坪和烧烤区,能欣赏到莫尔兹比港的城市美景,包括杰克逊国际机场、南海岸翠绿的珊瑚和鲁洛塔岛(Loloata Island)的自然风光。同时,这里还是观察翠鸟、瑞吉亚那极乐鸟、黑头林鹃鸥、红脸鹦鹉、栗背丽鹑、野生小袋鼠、攀树袋鼠的绝佳之地，堪称野生动植物及观鸟者的天堂。

莫伊塔卡野生动物保护区（Moitaka Wildlife Sanctuary） 位于莫尔兹比港霍霍拉区，是巴布亚新几内亚最丰富的动物种类公园，同时也是主要的旅游景点之一和重要的保护区。步行穿过园内的热带雨林，可以观赏到当地野生动物和各种鸟类。其中有大型鳄鱼，以及巴布亚新几内亚特有的顶羽极乐鸟、带尾极乐鸟、蓝羽极乐鸟和镰嘴极乐鸟等。

米尼天坑（Minye Sinkhole） 位于东新不列颠省纳卡奈山上，是世界上可与中国重庆市奉节县小寨天坑相媲美的一处喀斯特景点。它是由地下河流与暴雨冲刷，石灰岩受到侵蚀，导致地表岩层塌陷而形成的。该天坑深510米，宽350米，4架波音747客机可以并肩齐驱横穿深洞。由于神秘莫测，震撼心灵，吸引了世界各地的科学家、游客、跳伞爱好者。2013年被评为"世界十大神奇天坑"之一。[①]

三 旅游开发政策

巴布亚新几内亚拥有海天一色的热带自然风光、令人着迷的高地景色、风景如画的沿海岛屿、清新纯净的海滨浴场、岩石突起的蓝色海域、原始独特的土著文化，正逐渐成为令世人瞩目的旅游目的地。

2004年，巴布亚新几内亚政府颁布《2005～2010年中期发展战略》，提出旅游的发展要对其经济、社会、文化和环境的福祉有重要的贡献。2005年颁布的《2011～2015年中期发展规划》，为旅游业的发展设立了许多高标准的发展目标。在太平洋岛国中，巴布亚新几内亚的入境旅游人数较上年增长了17%，位列岛国第一名。[②]

2006年9月，为了促进旅游投资和旅游产业的发展，巴布亚新几内亚贸易促进局和独立的消费与竞争委员会共同发表了《一个可持续的产业：增长中的巴布亚新几内亚旅游业》的报告，提出了巴布亚新几内亚

[①] 《世界十大著名天坑》，《地球》2014年第12期，第95页。
[②] 张凌云等：《世界旅游市场分析与统计手册》，旅游教育出版社，2012，第3页。

旅游业的两个发展目标：一是每 5 年让世界各地到巴布亚新几内亚的旅游人数翻一番；二是创造 1.3 万人的就业岗位，并制定一系列的政策，以推动旅游业的发展。具体措施有：第一，对于旅游市场营销方面实行双倍抵扣方案，加速资本投资的折旧以及在接待业方面减税。第二，培训旅游管理方面的人才。第三，建立警用媒体系统和旅游警务机构，确保游客生命财产安全。第四，支持各省进行旅游规划和旅游产品开发，建立合理的市场营销战略。第五，建立旅游政策秘书处，协调与拥有旅游资源的当地居民和设立旅游景点的开发商之间的关系。第六，对于投资旅游设施金额超过 1000 万基那（约合 333 万美元）的公司，给予免除每年 20% 所得税的优惠政策，为期 10 年。同时，为了吸引游客，还大幅度地降低机票价格，最高打折可达 60%。2007 年，巴布亚新几内亚接待的国际旅游者比上一年增加了 32%，首次超过 10 万人。据南太平洋旅游组织（South Pacific Tourism Organization，缩写 SPTO）统计，2013 年，太平洋岛国接待国际旅游者约 170 万人，旅游收入 25 亿美元，年增长率为 6%。[1] 其中巴布亚新几内亚接待国际旅游者游客近 18 万人，[2] 约占总数的 10.59%，旅游外汇收入占国内生产总值的 1%，[3] 旅游业成为国内快速增长的产业之一。

目前，巴布亚新几内亚的旅游主要以商务旅游为主，并带动了酒店业、餐饮业、航空业市场的发展。更重要的是以村落和部落为基础的生态旅游为巴布亚新几内亚创造了大量直接或间接的就业机会，刺激了广大农村和山区基础设施的投资与建设。2012 年 6 月，彼得·奥尼尔总理宣布未来 5 年内，每年将投资 1000 万基那（约合 390 万美元）用于发展旅游业，使国际旅游者增长 20%，以增加外汇收入，拓

---

[1] 《来南太平洋岛国的游客人数逐年增加》，中华人民共和国驻萨摩亚大使馆经济商务参赞处网站，http://ws.mofcom.gov.cn/article/jmxw/201406/20140600627336.shtml，2015 年 5 月 25 日浏览。
[2] 《对外投资合作国别（地区）指南——巴布亚新几内亚》，2015，第 13 页。
[3] 《过高的费用等因素制约了巴布亚新几内亚旅游业》，中华人民共和国驻巴布亚新几内亚大使馆经济商务参赞处网站，http://pg.mofcom.gov.cn/article/jmxw/201410/20141000776429.shtml，2015 年 5 月 29 日浏览。

宽就业途径。① 2013 年，巴布亚新几内亚国家旅游公司呼吁政府加大旅游宣传力度，让独特的自然美景和传统文化走向世界。

四 旅游管理

巴布亚新几内亚政府的旅游管理机构是旅游促进局，是协调、实施、监管《旅游业主要规划》的主要部门，其职责包括：与国家计划与监控部紧密合作，寻求资金；与财政部合作，确保政府资金安排用于最需要的方面。

为了实施国家旅游发展战略，配合政府部门对旅游业进行协调管理，政府组织酒店业、航空业、旅游业从业人员与一些项目联盟等建立新的市场营销机构。其职责包括：制定未来的市场营销战略和旅游市场规划；协调市场调研；主要客源地的市场代表派驻；旅行和道路的指示；到访记者项目；通过互联网开拓市场；协调合作公司，并进行广告宣传和公关活动等。

2001 年，巴布亚新几内亚政府成立旅游产业联盟，其职责包括：发展、促进、鼓励和激励巴布亚新几内亚旅游产业以及为其成员提供服务。现有成员 32 家，其中 85% 的成员都是本地企业。

另外，各省成立旅游局和旅游联合会，在协调省级层面的人员培训、旅游产品开发和信息协调以及协调支持地方旅游市场方面发挥了重要作用。

在旅游人力资源管理方面，巴布亚新几内亚政府为旅游产业发展进行了职业教育和培训，并建立了旅游产业顾问委员会，对国家旅游产业培训进行分析，为旅游业服务。

五 旅游服务设施

旅游服务设施是指专门或直接为旅游业发展提供服务的设施，包括旅游交通、旅行社、宾馆饭店、餐饮服务、旅游购物和旅游信息服务等。

---

① 《巴布亚新几内亚媒体报道：总理称将每年投资 1000 万基那用于发展旅游业》，中华人民共和国驻巴布亚新几内亚大使馆经济商务参赞处网站，http://pg.mofcom.gov.cn/article/jmxw/201206/20120608185237.shtml，2015 年 5 月 29 日浏览。

第五章 经济发展

（一）旅行社

目前，巴布亚新几内亚全国有 13 家旅行社、25 家入境旅行社。国内成立了旅游协会，入会会员 12 家，其中有 10 家旅行社从事入境旅游。

巴布亚新几内亚生态旅游服务公司（Eco-Tourism Services Company）是国有旅行社，旨在与全世界共享巴布亚新几内亚丰富的文化、传统和自然风光。①

巴布亚新几内亚旅行社（PNG Travel）可为游客提供专业的行程规划，包括潜水、海钓、登山、泛舟、海穴探秘、高尔夫球等。

较大的旅行社还有美拉尼西亚旅社（Melanesian Tourist Services）、纽吉尼旅社（Trans Niugini Tours）等。他们都拥有自己的度假地，在推动巴布亚新几内亚作为旅游目的地国家方面发挥了重要作用。

（二）宾馆

巴布亚新几内亚大约有 200 家旅店，客房 2850 间。主要集中在莫尔兹比港、东新不列颠省、马当省、米尔恩湾省、西新不列颠省、新爱尔兰省、东塞皮克省等旅游胜地。主要宾馆及城市分布情况详见表 5-3。

表 5-3 巴布亚新几内亚各大城市主要宾馆

城市	主要宾馆
莫尔兹比港	斯坦利酒店（Stanley Hotel）、皇冠假日酒店（Crowne Plaza Hotel）、航空酒店（Airways Hotel，又名艾维斯饭店）、大巴布亚岛酒店（Grand Papua Hotel）、假日酒店（Holiday Inn）、杉迪休闲酒店（Shady Rest Hotel）、艾拉海滨酒店（Ela Beach Hotel）、维塔卡客栈（Whittaker Apartments）、门户特色酒店（Quality Hotel Gateway）、拉马纳酒店（Lamana Hotel）、网关酒店（Gateway Hotel）、星霖小屋酒店（Raintree Lodge Hotel）、拉古那度假村（Laguna Resort）、鲁洛塔旅店
戈罗卡市	太平洋花园酒店（Pacific Gardens Hotel）、天堂鸟酒店（Bird of Paradise）
马当市	马当度假酒店（Madang Resort Hotel）、观海舒适酒店（Comfort Inn Coast Watchers）、马当星级万国酒店（Madang Star International Hotel）、卡里波波度假村（Kalibobo Village Resort）、马当旅馆（Madang Lodge）

---

① 巴布亚新几内亚网站大全，http://site.nihaowang.com/country/152，2015 年 4 月 16 日浏览。

续表

城市	主要宾馆
阿洛陶市	阿洛陶国际大酒店（Alotau International Hotel）、塔瓦利休闲潜水度假村（Tawali Leisure and Dive Resort）、比比考农场科技宾馆（Bibiko Farm & Guesthouses）以及基里威纳群岛上的布迪亚洛奇旅馆（Hotel Butia Lodge）、基里威纳群岛酒店
莱城市	美拉尼西亚特色酒店（Quality Hotel Melanesian）
芒特哈根市	高原特色酒店（Quality Hotel Highlander）
卡维恩市	树屋度假村（Treehouse Village Resort）、卡维恩酒店（Kavieng Hotel）、马拉甘度假村（Malagan Beach Resort）、努萨岛度假村
科科波市	海滩别墅度假村（Beach Bungalow Resort）、加泽尔国际大酒店（Gazelle International Hotel）、雷柏种植园度假村（Rapopo Plantation Resort）
金贝市	金贝湾酒店（Kimbe Bay Hotel）、瓦林迪种植园度假村（Walindi Plantation Resort）

资料来源：巴布亚新几内亚的酒店，http：//www.hotelscombined.cn/Place/Papua_New_Guinea_1.htm。

（三）餐饮服务

由于民族文化的多样性，巴布亚新几内亚的饮食文化主要有以下特点：[①]

讲究猪肉宴为吉祥，注重菜肴丰盛实惠。猪肉宴一般在很重要的节日或者有重要的朋友到访时才可以见到。

日常生活中的主食以番薯、芋头、沙壳米、椰子和各种香蕉等为主。副食主要有猪肉、鱼、各种海味、禽类、蛋类等。蔬菜主要有西红柿、各种瓜类等。调料主要使用盐和油等。

果品以香蕉、甘蔗、柑橘等水果为主，干果果仁也有许多。饮品流行啤酒，以及由各种水果压榨的果汁。

烹调方法以煮、炸、烤等为主，各种食物习惯用盐水煮或用油炸，鱼则用蕉叶裹着熏熟。菜肴丰盛实惠，但口味较重、油腻，与中国北方饮食

---

① 王丽娟等：《WTO成员国（地区）经贸概况与礼仪习俗》，中国物价出版社，2002，第500页。

文化相似。①

巴布亚新几内亚的西餐主要集中在大城市。中餐以鲁菜、京菜、东北菜为首选。其中大拼盘、锅烧肘子、砂锅白肉、雪花鸡腿、干烧鱼、琉璃肉、烤乳猪、熘黄菜、炸里脊、炸鱼块等风味菜肴在当地比较流行。

莫尔兹比港的皇冠假日酒店、航空酒店等星级饭店，设施、服务一般，价格也比较高。另有十多家中国餐馆。

六　旅游注意事项

巴布亚新几内亚的旅游业起步比较晚，整体服务水平还有待于提高；民族风俗特异，游客需要特别谨慎。莫尔兹比港、莱城、芒特哈根等地拦车抢劫、抢包、持凶器抢劫现象较严重，导致到巴布亚新几内亚旅游的费用过高，游客不得不加强安全防范措施。根据世界旅游业理事会（World Travel & Tourism Council，缩写：WTTC）的统计，2013年，巴布亚新几内亚旅游收入在被统计的184个国家中排名第182位。②

（一）游客须知

巴布亚新几内亚外交与移民部是负责管理外国人出入境事务的政府职能部门，下设移民局负责具体执行。国家农业检疫检验局和督察署是农业与畜牧业部部所属的职能部门，负责对入境游客及其所携带物品的监管和检疫。

游客入境时，须填写《入境申报表》和《检疫申报表》，所携带需要申报的物品，应及时申报。虚假申报被视为犯罪或处以重罚或送交司法部门处理。所携带的行李须在抵达巴布亚新几内亚第一个机场时通关。携带如下物品可免进口税：收音机、录音机、磁带播放器、调谐器、放大器、

---

① 《大洋洲国家的礼仪与禁忌——巴布亚新几内亚独立国》，http://www.bjfao.gov.cn/video/lbly/wgfs/9126.htm，2015年4月2日浏览。
② 《过高的费用等因素制约了巴布亚新几内亚旅游业》，中华人民共和国驻巴布亚新几内亚大使馆经济商务参赞处网站，http://pg.mofcom.gov.cn/article/jmxw/201410/20141000776429.shtml，2015年5月29日浏览。

录影机、电视机等以外的、不超过 200 基那的商品；18 岁以上游客可携带 1000 克以内的奶粉、1 升酒精类液体、260 根香烟或雪茄/烟草 250 克。严禁携带活体动物、羽毛、肉制品、奶制品、生物制剂、木制品、植物及种子、水果等物品入境。

（二）旅游签证

办理巴布亚新几内亚的旅游签证共分为五个等级，一是各旅行社为游客代办的赴巴布亚新几内亚旅游。二是游客自行拟定的巴布亚新几内亚旅行路线。三是到巴布亚新几内亚的探亲旅游。四是赴巴布亚新几内亚的游艇驾驶者。五是到巴布亚新几内亚采访的记者。旅游签证收费标准：前三种 225 元人民币，第四种 400 元人民币，第五种 1000 元人民币。所有游客入境许可证的单次入境有效期是从抵达巴布亚新几内亚之日起 60 天，不得在当地就业。另外，居留期满之前，可申请延期，但最长不超过 30 天，而且不能更换为其它种类签证。

旅游签证所需材料：（1）邀请函；（2）邀请公司营业执照复印件；（3）邀请人的护照及有效签证；（4）无犯罪公证书；（5）往返机票原件；（6）健康证和预防接种证；（7）身份证复印件；（8）护照复印件；（9）银行存款证明（须 5 万元人民币以上）；（10）签证费 225 元人民币。

七　旅游远景规划

旅游业是巴布亚新几内亚新兴的朝阳产业，具有较强的发展潜力。巴布亚新几内亚政府计划到 2017 年将旅游产业建成增长性的且可持续发展的产业，并达到以下目标：提高巴布亚新几内亚旅游业的国际认可度，让全世界都认识到这里能为旅游者提供较好的旅游体验；旅游产业促进就业和经济增长；通过旅游产业的开发，促使其各种独特的自然资源得到有效保护和合理利用；提高国际旅游者的舒适度和认可度，给国际旅游者带来愉快和难以忘却的经历；旅游产业将加强巴布亚新几内亚与各个合作伙伴国家的友谊；旅游产业将促进城乡人民生活方式的改善。

第九节　对外贸易

巴布亚新几内亚的经济属于典型的外向型经济，对外贸易在国民经济中占有举足轻重的地位。

一　与对外贸易相关的部门

巴布亚新几内亚主管贸易的政府机构主要有：贸易、商业与工业部，外交与移民部，财政部，国库部，农业与畜牧业部，矿业部，石油与能源部，国内税务委员会。与贸易政策制定和执行有关的部门还有：渔业与海洋资源部，森林与气候变化部，环境保护部等，具体由贸易、商业与工业部负责牵头。

二　对外贸易法规体系

巴布亚新几内亚制定的与对外贸易相关的法律主要有《出口法》（1973年）、《国际贸易（动植物）法》（1979年）、《自由贸易区法》（2000年）、《银行法》（2000年）、《海关法》（2002年）等。

三　对外贸易关系协定

根据《经济伙伴协定》，巴布亚新几内亚出口产品进入欧洲共同体市场享受免税待遇；根据《普惠制原则》，巴布亚新几内亚出口产品进入美国和日本等国市场可享受减免关税待遇；根据《最惠国待遇协定》，巴布亚新几内亚已同澳大利亚、比利时、中国、韩国、菲律宾和美国等签署贸易协定，享受最惠国待遇。

此外，巴布亚新几内亚还是世界贸易组织（World Trade Organization，缩写：WTO）、亚太经济合作组织（Asia-Pacific Economic Cooperation，缩写：APEC）成员国。同时，还参加了《太平洋岛国自由贸易协定》《巴布亚新几内亚—斐济贸易协定》《巴布亚新几内亚—澳大利亚贸易和商业关系协定》《南太平洋区域贸易和经济协定》。根据《太平洋岛国自由贸易协定》，巴布亚新几内亚在 14 个太平洋岛国之间的进出口贸易享受优惠关税待遇；《巴布亚新几内亚—澳大利亚贸易和商业关系协定》规定，巴布亚新几内亚特定商品进入澳大利亚享受零关税待遇；《南太平洋区域贸易和经济协定》规定，巴布亚新几内亚出口产品进入澳大利亚和新西兰均享受原产地产品免税待遇。①

目前，巴布亚新几内亚已经与澳大利亚、斐济、中国、马来西亚、新加坡、印度尼西亚、泰国、韩国、英国、德国、加拿大等签订了避免双重征税条约。

四 对外贸易概况

1980 年，巴布亚新几内亚出口贸易总额 6.92 亿基那（约合 4.45 亿美元），主要产品是铜矿砂（49.4 万吨）、咖啡、可可、椰子产品、木材、棕榈油、茶叶、橡胶、鱼。进口贸易总额 6.84 亿基那（约合 4.4 亿美元），主要是粮食、纺织品、化工产品、金属制品等。②

随着巴布亚新几内亚出口导向型经济的不断发展，出口商品和服务贸易总额与国内生产总值之比已达到 80% 以上，进口商品总额与国内生产总值之比在 60% 以上。2009 年，对外贸易额 71 亿美元，其中出口 43 亿美元，进口 28 亿美元。服务贸易额 26.3 亿美元，其中出口 24.1 亿美元，进口 2.2 亿美元。

根据国际货币基金组织统计数据显示，2014 年，巴布亚新几内亚进出口贸易总额达到 282.4 亿基那（约合 112.25 亿美元），其中出口 174.1 亿基那（约合 69.2 亿美元），占国内生产总值的 27%，进口 108.3 亿基那（约合 43.05 亿美元），贸易顺差 65.8 亿基那（26.16 亿美元）。③ 在

---

① 《与中国驻巴布亚新几内亚大使馆经济商务参赞处刘雪来经济商务参赞访谈记录》，中华人民共和国商务部网站，http：//www.mofcom.gov.cn/aarticle/subject/zhcjd/subjectd/200909/20090906537174.html，2015 年 10 月 25 日浏览。
② 孙道章：《太平洋岛国——巴布亚新几内亚》，《世界地理》1983 年第 3 期，第 94 页。
③ 《巴布亚新几内亚国家概况》，外交部网站，http：//www.fmprc.gov.cn/web/gjhdq_676201/gj_676203/dyz_681240/1206_681266/1206x0_681268/，2016 年 12 月 20 日浏览。

出口产品收入中，农产品出口30.5亿基那（约合12.12亿美元），占出口总额的17.51%；林业出口8.151亿基那（约合3.24亿美元），占出口总额的4.68%；渔业产品出口3.214亿基那（约合1.28亿美元），占出口总额的1.85%。① 而矿产、油气部门出口132.235亿基那（约合52.56亿美元），占出口总额的75.95%。根据世界贸易组织统计数据显示，2013年，巴布亚新几内亚服务贸易出口3.7亿美元，进口36.8亿美元，在《服务贸易总协定》协议下作出开放承诺的有27个服务业部门。②

根据巴布亚新几内亚参加的国际多边、双边贸易协定以及实际出口市场分布，其贸易伙伴主要有澳大利亚、日本、新西兰、中国、新加坡、美国等。其中澳大利亚、日本、中国分别占23.6%、15.6%、9.1%。出口产品主要以黄金、白银、铜、原油、天然气、矿砂、原木和木材、咖啡、棕榈油、可可、椰干、椰油、橡胶、茶、糖、除虫菊、小豆蔻及海产品等初级产品为主。出口市场主要包括澳大利亚、菲律宾、中国、日本、韩国、英国、美国等。进口商品主要有机械和运输设备、工业品、食品、燃料、化学品等工业产品，其中澳大利亚、阿尔及利亚、新加坡、中国、马来西亚分别占26.5%、23.2%、11.4%、8.7%、5.9%③。澳大利亚长期保持着巴布亚新几内亚最大进口国和最大出口国地位。

五 贸易管理的相关规定

（一）出口

巴布亚新几内亚政府规定：严禁出口麻醉剂、武器、文化遗产等商品。限制出口鱼类、沙金、原木、贵金属及其物件，需持有渔业管理局、林业总局、环境保护部和国家农业检疫检验局等部门的出口许可，部分出

---

① 《得益于液化天然气投产，巴布亚新几内亚去年出口大增》，中华人民共和国驻巴布亚新几内亚大使馆经济商务参赞处网站，http://pg.mofcom.gov.cn/article/jmxw/201507/20150701045855.shtml，2015年12月20日浏览。
② 《对外投资合作国别（地区）指南——巴布亚新几内亚》，2015，第17页。
③ 《世界概览——巴布亚新几内亚》，美国中央情报局网站，https://www.cia.gov/library/publications/resources/the-world-factbook/geos/pp.html，2015年12月20日浏览。

口商品还需获得国内税务委员会许可。

(二) 进口

巴布亚新几内亚政府规定:严禁进口麻醉剂、非法药物、武器、淫秽物品等。食品、植物、动物等进口须提前申报,并获得巴布亚新几内亚国家农业检疫检验局许可。

2009年8月21日,巴布亚新几内亚卫生部宣布实施《食品卫生法规》,规定进口商、制造商、批发零售商进口食品时,标签需符合以下要求:英文标签;有食品名称或描述;营养说明;成分说明;食品添加剂;生产商或制造商详细地址;原产地;生产日期或最晚食用日期;净重;批号;存放要求;百分比标签;符合法律规定;为过敏患者提供详细信息。[①]

(三) 进出口商品检疫检验

巴布亚新几内亚农业与畜牧业部所属国家农业检疫检验局负责对进口动植物产品的特征及进口商相关信息进行检查。

动物检疫 向巴布亚新几内亚出口动物及动物产品,应事先获得巴布亚新几内亚国家农业检疫检验局首席检验员和检疫员批准的进口许可,如涉及野生动物进口,还需获得环境保护部、渔业与海洋资源部等部门的进口许可。在申报口岸接受国家农业检疫检验局检查,出示产品原产地有关机构签发的出口证明。

植物检疫 向巴布亚新几内亚出口植物及植物产品,应事先获得巴布亚新几内亚国家农业检疫检验局首席检验员和检疫员批准的进口许可,部分植物进口需获得环保部门的进口许可。在申报口岸接受国家农业检疫检验局检查,出示产品原产地有关机构签发的出口证明。

第十节 金融业

巴布亚新几内亚金融业相对落后,基本上处于低水平发展阶段。以国

[①] 《巴布亚新几内亚实施〈食品卫生法规〉(2007)》,中华人民共和国驻巴布亚新几内亚大使馆经济商务参赞处网站,http://pg.mofcom.gov.cn/article/ddfg/waimao/200908/20090806474145.shtml,2015年10月9日浏览。

第五章 经济发展　The Past and Present of Papua New Guinea

内信贷为例，仅占国内生产总值的24%。而同为太平洋岛国的斐济和瓦努阿图竟然是巴布亚新几内亚的2倍。①

一　银行

巴布亚新几内亚的银行系统主要由中央银行巴布亚新几内亚银行、四家商业银行以及若干有牌照的金融机构和信用合作社组成。

（一）巴布亚新几内亚银行

巴布亚新几内亚银行是全国银行和金融系统的中心、政府和其他商业银行的银行，也是全国货币的唯一发行者、全国主要商品稳定基金的受托者。现为东南亚中央银行组织18个成员银行之一。②该银行的前身为澳属巴布亚和新几内亚领地时期的澳大利亚联邦银行，1973年11月1日转为巴布亚新几内亚银行。该银行的业务职能是：制定和执行巴布亚新几内亚货币政策，以期实现和保持市场价格稳定；制定金融监管和审查的标准，以确保巴布亚新几内亚金融系统的稳定；改善国内、国际支付系统；维护巴布亚新几内亚宏观经济稳定，推动经济发展等。其主要目标是保证金融政策服务于巴布亚新几内亚人民，促进金融稳定，保证金融结构合理、有效。③截至2009年年底，外汇储备为24.574亿美元。现任行长为罗伊·巴卡尼（Loi Bakani）。④

（二）巴布亚新几内亚的商业银行

商业银行是巴布亚新几内亚最重要的金融媒介。其业务分为国际业务、批发业务、零售业务等。目前，全国共有四家商业银行。

---

① 韩锋、赵江林：《巴布亚新几内亚》，社会科学文献出版社，2012，第115页。
② 葛华勇：《国际金融组织治理现状与改革》，中国金融出版社，2013，第122页。
③ 巴布亚新几内亚银行网站，http：//translate.baiducontent.com/transpage? cb = translateCallback&ie = utf8&source = url&query = http% 3A% 2F% 2Fwww. bankpng. gov. pg% 2Fabout – us% 2Fhistory% 2F&from = en&to = zh&token = &monLang = zh，2015年9月15日浏览。
④ 巴布亚新几内亚银行网站，http：//translate.baiducontent.com/transpage? cb = translateCallback&ie = utf8&source = url&query = http% 3A% 2F% 2Fwww. bankpng. gov. pg% 2Fabout – us% 2Fhistory% 2F&from = en&to = zh&token = &monLang = zh，2015年9月15日浏览。

南太平洋银行（Bank of South Pacific）的银行资产在 2008 年达到 68.1 亿基那（约合 25.2 亿美元），储蓄总额达到 57.8 亿基那（约合 21.39 亿美元），净贷款 23.4 亿基那（约合 8.66 亿美元），净利润 2.28 亿基那（约合 8436 万美元）。2009 年 12 月，在收购了澳大利亚联邦银行控股的斐济殖民银行后，拥有 65 家分行，雇员 3000 多人，[1] 业务网点遍布国内各省区，并延伸到纽埃（Niue）。按客户数量（5.3 万个）和资产规模计算，该银行是南太平洋地区最大的银行，占有巴布亚新几内亚全国市场份额的 60%，政府拥有其 25.3% 的股权。[2] 2013 年 3 月，该银行决定斥资 2.6 亿基那（约合 9360 万美元），在莫尔兹比港和莱城兴建基础设施。项目包括占地 7800 平方米的太平洋营运中心、全国最先进的现金和数据中心、南太平洋银行大楼和新的莱城分行。此外，还将投资 2500 万基那，升级 5 家分行。2014 年，南太平洋银行税后利润达到 5.073 亿基那（约合 1.83 亿美元），同比增长 16.1%，总资产达 158.77 亿基那（约合 57.16 亿美元）。[3]

澳新银行由澳大利亚经营，在巴布亚新几内亚的营业历史可追溯到 100 多年前澳大利亚殖民统治时期。2012 年，该银行新任巴布亚新几内亚和西北太平洋首席执行官马克·贝克（Mark Baker）计划为巴布亚新几内亚居民开通网络和电话银行服务。2013 年，该银行率先在巴布亚新几内亚面向公司客户推出人民币结算业务。[4] 目前，在巴布亚新几内亚拥有 15 家分行、约 8 万名零售客户，成为南太平洋地区业务的重要组成部分。

西太平洋银行（Westpac Bank）是澳大利亚经营的银行。目前，在巴布亚新几内亚拥有 15 家分行。

---

[1] 《巴布亚新几内亚南太平洋银行收购斐济殖民银行》，中华人民共和国驻巴布亚新几内亚大使馆经济商务参赞处网站，http: //fj.mofcom.gov.cn/article/jmxw/200912/20091206683674.shtml，2015 年 9 月 20 日浏览。
[2] 《世界知识年鉴（2009—2010）》，世界知识出版社，2010，第 975 页。
[3] 《南太平洋银行 2014 年利润大幅增长》，中华人民共和国驻巴布亚新几内亚大使馆经济商务参赞处网站，http: //pg.mofcom.gov.cn/article/jmxw/201502/20150200903597.shtml，2015 年 10 月 19 日浏览。
[4] 《对外投资合作国别（地区）指南——巴布亚新几内亚》，2015，第 22 页。

五月银行（May Bank）是由马来西亚经营的银行。目前，在巴布亚新几内亚拥有2家分行。

（三）其他金融机构

目前，巴布亚新几内亚全国有30多家存贷款机构和10家金融机构提供限额贷款。①

国家小额贷款银行成立于2004年，是亚洲开发银行的发展项目，得到了巴布亚新几内亚政府和澳大利亚政府的支持。2012年，该银行拥有12家分行、60个代理点，实现了约7000万基那存款（约合2780万美元）、2500万基那的贷款（约合990万美元），覆盖巴布亚新几内亚偏远地区普通用户10万多人次，客户拥有量仅次于南太平洋银行。②

国家发展银行成立于2007年，其前身是1967年成立的农村开发银行，现为巴布亚新几内亚金融开发机构、国有独立的公共事业公司。主要职能是提供长期的农业和商业贷款，包括向小企业发展公司提供信贷保证计划，为农村居民提供无障碍开发信贷。

二 证券市场

1998年1月，巴布亚新几内亚政府成立了隶属于投资促进局的证券监督委员会，其主要职能是为股份出售及交易建立规范的股票市场和规章制度，确保证券市场交易的公平、高效和透明。此外，该机构还负责管理除政府债券之外的证券，是巴布亚新几内亚唯一批准个人或法人机构、外资公司开展证券交易业务的机构。

1月26日，根据1997年通过的《证券法》《公司法》，巴布亚新几内亚注册成立了官方证券交易市场——莫尔兹比港证券交易所，以私营公司

---

① 《巴布亚新几内亚银行机构》，中华人民共和国驻巴布亚新几内亚大使馆经济商务参赞处网站，http://pg.mofcom.gov.cn/aarticle/slfw/200905/20090506229683.html，2016年12月22日浏览。
② 《巴布亚新几内亚国家小额贷款银行宣布实现存款7000万基那》，中华人民共和国商务部网站，http://www.mofcom.gov.cn/aarticle/i/jyjl/l/201206/20120608197121.html，2015年10月2日浏览。

的形式运作,成为南太平洋地区两家证券交易所之一(另一处是位于斐济苏瓦的南太平洋证券交易所)。该证券交易所的业务及上市规则援引澳洲证券交易所的规则,采用全自动电子交易系统。参与交易的主要是国际和国内的能源公司。2011年年底,该交易所总市值收于857亿基那(约合338.51亿美元)。① 目前,在莫尔兹比港证券交易所挂牌交易的公司详见表5-4。

表5-4 莫尔兹比港证券交易所挂牌交易的公司

名称	备注
南太平洋银行有限公司(Bank of South Pacific Ltd.)	巴布亚新几内亚最大的商业银行
巴布亚新几内亚信用公司(Credit Corp)	巴布亚新几内亚金融服务公司
澳大利亚马霍甘尼资本有限公司(Mahogany Capital Ltd.)	向投资者发行债务债券的公司
巴布亚新几内亚石油勘探公司(Oil Search Corp)	巴布亚新几内亚最大的油气及矿产资源公司
CUE能源资源公司(CUE Energy Resources Company)	新西兰石油矿产开发与勘探公司
高地太平洋有限公司(Highlands Pacific Ltd.)	以巴布亚新几内亚为基地的矿产开发与勘探公司
利希尔黄金有限公司(Lihir Gold Ltd.)	
马伦哥矿业有限公司(Marengo Mining Ltd.)	
马赛克石油公司(Mosaic Oil Company)	
加拿大国际石油公司(Inter Oil Corp)	加拿大油气勘探与开发公司
澳大利亚矿产有限公司(Mineral Ltd.)	澳大利亚矿业开发工业公司
巴布亚新几内亚城市药业有限公司(City Pharmacy Ltd.)	巴布亚新几内亚药品零售企业
新不列颠棕榈油公司(New Britain Palm Oil Company)	马来西亚在巴布亚新几内亚投资经营的棕榈油公司
拉姆糖业有限公司(Ramu Sugar Ltd.)	巴布亚新几内亚最大的蔗糖制造商与出口商
轮船贸易公司(Steamships Trading Company)	巴布亚新几内亚最大的私营综合性商业公司

---

① 《巴布亚新几内亚将全面改革证券市场》,中华人民共和国驻巴布亚新几内亚大使馆经济商务参赞处网站,http://pg.mofcom.gov.cn/article/ddgk/zwjingji/201301/20130100005449.shtml,2015年9月20日浏览。

三　货币

巴布亚新几内亚独立前，使用的货币为澳元。1975年4月19日，巴布亚新几内亚开始发行自己的货币——基那，由巴布亚新几内亚银行负责发行和管理。新货币钉住澳元，并与之等值，官方汇率实为1基那兑换1.309美元，同时实行浮动有效汇率制度。同年9月19日发行面额为100基那的纪念金币，作为法偿支付手段。巴布亚新几内亚基那实行双重汇率制一直持续到12月31日。此后，澳元不再作为法偿货币，并宣布退出澳元货币区。1976年7月25日，基那仍钉住澳元，并调整基那对澳元的新比价为1基那兑换1.05澳元；11月19日调整为1基那兑换1.1812澳元。12月17日，基那不再钉住澳元，改为一揽子贸易加权货币挂钩，并实行有效管理浮动汇率制。1980年4月1日，巴布亚新几内亚将干预货币由原来的澳元改为美元。

基那作为巴布亚新几内亚的法定货币，国际标准代码PGK。辅币是托伊（Toea，符号：t），1基那=100托伊。目前，巴布亚新几内亚流通的纸币有2基那、5基那、10基那、20基那、50基那、100基那；硬币有1托伊、2托伊、5托伊、10托伊、20托伊、50托伊、1基那。

1991年，为纪念第九届南太平洋运动会（South Pacific Games）的召开，巴布亚新几内亚发行了2基那的塑料纪念钞，成为世界第四个发行塑料钞的国家。[1] 而后，发行的塑料纪念钞越来越多。其中2010年9月15日，为纪念国家独立35周年而发行了2基那、5基那、10基那、20基那、50基那和100基那的塑料纪念钞。最近一次是2013年11月4日，为纪念巴布亚新几内亚银行成立40周年而发行的2基那塑料纪念钞。[2]

---

[1] 马继刚：《世界塑料钞防伪特征的研究》，中国人民公安大学出版社，2011，第125页。
[2] 世界纸币网站，大洋洲纸钞＞巴布亚新几内亚，http：//www.ybnotes.com/banknotes/Oceania/Papua–New–Guinea/16936.html，2015年12月19日浏览。

根据巴布亚新几内亚《外汇法》规定，基那是自由兑换的货币，实行浮动汇率制。2016 年 12 月 31 日的汇率为 1 基那 ≈ 0.3147 美元 ≈ 0.4374 澳元。

目前，人民币不能直接和基那兑换，需要先兑换成美元。

第六章

社会文化

巴布亚新几内亚独立后，政府十分关注人民生活质量的提高，增加就业机会，保障工资收入，改善居住条件，加强卫生保健，巴布亚新几内亚人民迈进了现代社会的发展轨道。但因传统文化根深蒂固，加之经济基础相对薄弱，经济发展相对落后，城乡差别明显，贫富分化严重，以及整体卫生状况较差，导致巴布亚新几内亚成为整个亚太地区艾滋病感染数量最多的国家。因此，巴布亚新几内亚的社会建设任务还面临着巨大的挑战。

第一节 居民生活

居民生活主要包括居民的工资收入、消费水平、劳动关系、社会福利、社会服务等方面。

一 劳动就业

巴布亚新几内亚是世界人口年轻化国家之一，现在每年约有6万名达到工作年龄的青年人离开学校，寻求就业机会，由此成为一个有充足劳动力资源的国家。[1] 2000~2012年间，巴布亚新几内亚国内需求强劲，经济发展保持快速增长势头，就业率由1999年之前的4%~6%增长到2012年的16%。[2] 而

---

[1] 韩锋、赵江林：《巴布亚新几内亚》，社会科学文献出版社，2012，第121页。
[2] 《亚洲开发银行称巴布亚新几内亚就业率已升至16%》，中华人民共和国驻巴布亚新几内亚大使馆经济商务参赞处网站，http://pg.mofcom.gov.cn/article/jmxw/201209/20120908337722.shtml，2015年12月21日浏览。

巴布亚新几内亚又是一个发展中国家,正规部门就业需求量仅占全部人口的 20% 左右。因此,巴布亚新几内亚大部分劳动者只能选择非正规部门就业。失业或半就业人口占就业适龄人口的 93.1%。[①]

1. 劳动合同

1981 年 1 月 1 日,巴布亚新几内亚开始实施《国民雇佣法》,对劳工关系、合同内容、劳资双方权利和义务、福利报酬、就业及保护、妇女和未成年人的雇佣、劳资纠纷的解决作出了具体规定。

劳动合同的制定:《国民雇佣法》规定,一旦发生雇佣关系,雇主必须与雇员签订劳动合同。劳动合同分为书面雇佣合同、口头雇佣合同(包括临时雇佣)两种。雇佣双方达成口头合同时,雇主仍需要将雇佣条款做文字记录。雇主有责任向雇员告知雇主姓名、工作地点、职务、雇佣期、工资及支付方式等条款。另外,雇员超过 10 人时,雇主必须设置急救服务人员或医疗服务人员。

劳动合同期限:雇佣期限分为定期和无限期两种,合同由雇主负责起草,由劳动与产业关系部指定的劳工官员进行证明。

劳动合同终止:一方终止劳动合同时,需提前通知另一方。签订雇佣合同时,如果明确了解除合同需提前通知的日期或不提前通知,则按合同执行。如合同中未明确终止条款,则按以下时间执行:雇佣期少于 4 周时,需提前一天通知;雇佣超过 4 周但少于一年时,需提前 1 周通知;雇佣超过一年但少于五年时,需提前 2 周通知;雇佣超过五年时,需提前 4 周通知。如果其中一方违反《国民雇佣法》相关规定,可不提前通知即解除合同。

2. 工作时间

《国民雇佣法》规定法定工作时间:周一至周五每天 8 小时,周六至中午 12 点。每天最长工作时间不得超过 12 小时。换班雇员法定工作时间为每天不超过 8 小时,每周工作时间不超过 44 小时。

[①] 《研究报告:中国在巴布亚新几内亚的投资机会与风险分析》,http://hen1.ccpit.org/Contents/Channel_ 2118/2015/0811/478832/content_ 478832. htm,2015 年 12 月 28 日浏览。

法定休息时间：每天工作 8 小时以上时，中间休息时间总计不少于 50 分钟；连续工作 5 小时，中间休息时间不少于 40 分钟。24 小时内三班工作人员，中间连续休息时间不得少于 24 小时，每 4 周内总计休息时间不得少于 96 小时；非换班人员每周连续休息时间不得少于 24 小时。

二　工资福利

（一）工资收入

1981 年颁布的《国民雇佣法》规定：雇主支付工资可以按小时、双周、月或计件支付，但是不得低于巴布亚新几内亚最低工资标准每周 37.5 基那（约合 24 美元）。雇主可以通过协商要求雇员合理加班，并支付额外工资。周末加班支付双倍工资，公共假日支付单倍工资，除此之外支付单倍或 0.5 倍工资。在没有得到劳工官员许可时，雇主不得一次增加和扣除雇员月工资超过 50%。工作一年后，雇员可获得 14 天带薪假期。工作超过 6 个月的雇员，如持有医生诊断，每年可获得 6 天带薪病假。

2009 年 1 月，巴布亚新几内亚最低工资标准委员会调整了最低工资标准，调整后的双周最低工资为 201.52 基那（约合 72.95 美元），单周最低工资为 100.8 基那（每周工作 44 小时），每小时最低工资为 2.29 基那（约合 0.82 美元）。该标准自 2010 年 1 月 1 日起开始执行。

2014 年 6 月，经巴布亚新几内亚最低工资标准委员会同意，国民议会批准通过了劳动者每小时工资报酬从最低标准 2.29 基那增加到 3.2 基那（约合 1.15 美元）。2015 年 7 月，巴布亚新几内亚政府宣布最低工资标准上调至每小时 3.36 基那（约合 1.21 美元），并计划在下一年度上调至每小时 3.5 基那（约合 1.26 美元）。[1]

另外，巴布亚新几内亚还有露营津贴、重岗位津贴、农村技能工具津贴、农村艰苦条件津贴等，其中前三项可以在雇主与雇员之间协商解决。

---

[1]《巴布亚新几内亚上调最低工资标准》，中华人民共和国驻巴布亚新几内亚大使馆经济商务参赞处网站，http://pg.mofcom.gov.cn/article/jmxw/201506/20150601016791.shtml，2016 年 12 月 20 日浏览。

(二）社会保障

2000年，巴布亚新几内亚政府颁布《养老金法案修正案》，规定：养老金是一个独特的金融产品，是政府要求的唯一一种强制储蓄。要求有15名以上当地雇员的公司必须开办养老金基金账户，雇主在每月结束前14天之内向该账户存入雇员养老金。其中雇主支付雇员工资的8.4%，雇员支付工资的6%，以此确保雇员退休后可以拥有足够的养老金收入。

2012年7月，巴布亚新几内亚银行行长罗伊·巴卡尼称养老金制度在巴布亚新几内亚实施得很成功，养老金行业的总值已经由1999年的近10亿基那（约合3.4亿美元）增长到65亿基那（约合25.59亿美元）。[①]社会保障覆盖率增加到16.4%。[②]

(三）工会组织

《巴布亚新几内亚独立国宪法》赋予了公民组织、参与工会的权利。宪法规定，工会需要在劳动与产业关系部进行注册登记。

在巴布亚新几内亚国家、省级或市政等公共部门中，约有2万人参加了公共雇员协会，占雇员总数的1/3。其他公共部门工会还包括：教师协会、护士协会、医生协会、警察协会、教养事务雇员协会等。

在巴布亚新几内亚行业劳工中，有50%的人参加了通信工会、电力工会、民航工会、矿业工会、木材和建筑工会、林业协会、旅游协会、海事工人行业联盟、巴布亚新几内亚雇员联盟等近50个行业工会。[③]

《巴布亚新几内亚独立国宪法》还赋予工人享有罢工的权利。近年来，电信、电力、民航等国有企业的雇员曾经多次组织罢工。通常以政府部门妥协告终。2008年3月4日，西部省奥克泰迪铜金矿工人举行罢工，

---

① 《巴布亚新几内亚养老金制度发展良好》，中华人民共和国驻巴布亚新几内亚大使馆经济商务参赞处网站，http://pg.mofcom.gov.cn/aarticle/jmxw/201207/20120708257491.html，2015年12月21日浏览。

② 巴布亚新几内亚税种，http://zh.tradingeconomics.com/papua-new-guinea/corporate-tax-rate，2015年12月23日浏览。

③ 《巴布亚新几内亚的工会及主要非政府组织》，中华人民共和国驻巴布亚新几内亚大使馆经济商务参赞处网站，http://pg.mofcom.gov.cn/article/wtojibe，2016年1月28日浏览。

要求厂方加薪100%。罢工造成奥克泰迪矿业有限公司所有生产中断,每天铜产量减少85吨,黄金产量下降330盎司。① 2013年5月7日,莱城港因港口工人和海员工会罢工而导致所有运营停止,价值超过百万基那的货物被搁置。②

三 商品价格

近年来,随着巴布亚新几内亚矿业项目的不断实施,其经济得到了快速发展,但通货膨胀的压力也不断增大。2012年5月4日,巴布亚新几内亚银行统计数据显示,2011年3月~2012年3月,基那对美元升值19.9%,对澳元升值8.3%。基那对美元和澳元汇率分别为1:0.4845和1:0.4666。2012年,巴布亚新几内亚经济增长率为7.8%,通货膨胀率为7.6%,消费价格指数由2011年的9.6%减到1.4%。巴布亚新几内亚银行宣布自9月3日起下调基那基准利率1%,调整后的基那基准利率为6.75%。2013年10月,巴布亚新几内亚银行行长助理特里(Teria)称,巴布亚新几内亚液化天然气项目在创造收益的同时也存在很多问题,最大的挑战是"荷兰病",大量外国货币流入巴布亚新几内亚,将导致基那升值,从而使其他国内产品在出口市场上降低价格竞争力。同时,还将导致低价商品进口猛增,其消极后果是引发通货膨胀。③ 为此,巴布亚新几内亚政府实施了主权财富基金,试图缓解汇率升值,保护传统出口行业,减轻国内货币供应影响,阻止可能产生的通胀压力。

2014年,巴布亚新几内亚消费品物价情况如下:④

---

① 《奥克泰迪矿罢工打击因梅特矿业公司铜金产量》,和讯黄金网站,http://gold.hexun.com/2008-03-13/104435261.html,2015年5月22日浏览。

② 《巴布亚新几内亚最大港口莱城港被迫关闭 大量货物滞港》,中华人民共和国驻巴布亚新几内亚大使馆经济商务参赞处网站,http://pg.mofcom.gov.cn/article/jmxw/201305/20130500117578.shtml,2015年5月22日浏览。

③ 《巴布亚新几内亚央行:LNG项目或将产生负面影响》,中华人民共和国驻巴布亚新几内亚大使馆经济商务参赞处网站,http://pg.mofcom.gov.cn/article/jmxw/201310/20131000372426.shtml,2015年12月22日浏览。

④ 《对外投资合作国别(地区)指南——巴布亚新几内亚》,2015,第23页。

1. 电价

工业用电价格为 1.5 基那/千瓦时（约合 0.56 美元/千瓦时）。

居民个人用电实行阶梯电价，以 30 千瓦时为标准，定额内为 0.5 基那/千瓦时（约合 0.19 美元/千瓦时），超出部分为 0.85 基那/千瓦时（约合 0.32 美元/千瓦时）。

巴布亚新几内亚供电能力较弱，2014 年，发电装机容量 90 万千瓦，电力生产 32 亿千瓦时，[①] 在南太平洋地区排名倒数第三。农村地区及部分城市周边地区无电力供应，电力缺口比较大。目前，全国只有约 18%的人口能用到电。[②]

2. 水价

工业用水价格为 5.06 基那/吨（约合 1.88 美元/吨）。

居民个人用水实行阶梯水价制度，15 吨以下 1 基那/吨（约合 0.37 美元/吨），15~50 吨 1.2 基那/吨（约合 0.45 美元/吨），50~75 吨 2 基那/吨（约合 0.75 美元/吨），75~100 吨 3.4 基那/吨（约合 1.27 美元/吨），超过 100 吨 4.35 基那/吨（约合 1.62 美元/吨）。

3. 天然气价格

目前，巴布亚新几内亚当地无管道天然气供应。因此，煤气的价格比较高，每罐（13.3 千克）为 146 基那（约合 54.4 美元）。

4. 燃料价格

汽油零售价格 2.9 基那/千克（约合 1.08 美元/千克），柴油零售价格 2.55 基那/千克（约合 0.95 美元/千克）。

5. 食品价格[③]

巴布亚新几内亚市场上的食品大多数是进口的，因此价格比较高。

主要食品价格如表 6-1 所示：

[①]《世界概览——巴布亚新几内亚》，美国中央情报局网站，https://www.cia.gov/library/publications/resources/the-world-factbook/geos/pp.html，2016 年 12 月 20 日浏览。

[②]《世界概览——巴布亚新几内亚》，美国中央情报局网站，https://www.cia.gov/library/publications/resources/the-world-factbook/geos/pp.html，2016 年 12 月 20 日浏览。

[③]《对外投资合作国别（地区）指南——巴布亚新几内亚》，2015，第 14 页。

第六章 社会文化　The Past and Present of Papua New Guinea

表 6-1　主要食品价格

品　　名	价　　格	品　　名	价　　格
大　米	1.7 美元/千克	面　粉	2 美元/千克
猪　肉	10 美元/千克	牛　肉	12.5 美元/千克
植物油	3.5 美元/升	鸡　蛋	0.4 美元/个
包　菜	2.5 美元/千克	黄　瓜	4.5 美元/千克
西红柿	7 美元/千克	白　菜	3.5 美元/千克
土　豆	2.5 美元/千克		

四　居住条件

由于地区不同,巴布亚新几内亚土地及房屋出租、销售价格差异较大。

土地价格:巴布亚新几内亚政府只有全国 3% 的土地可出租给投资者,最长租期 99 年。其余 97% 的土地为私人所有,是否出售或出租,取决于双方谈判和协议。莫尔兹比港土地租赁价格为每平方米 400~1200 基那不等。

房屋租赁价格:随着巴布亚新几内亚液化天然气项目大规模开发建设,大量外资持续流入巴布亚新几内亚房地产市场。2008~2012 年,巴布亚新几内亚房地产市场的发展已超过此前 15 年的总和,房地产业成为巴布亚新几内亚发展最好的行业之一。但优先发展的是高端住宅和回报率高的商业房产,房屋租赁价格大幅飙升。目前,莫尔兹比港房租价格较高,其中 3 居室住房的周租金从 5000 至 2.2 万基那不等;中心区 200 平方米写字楼的月租金约为 2.5 万基那。

房屋销售价格:莫尔兹比港 3 居室住房的销售价格从 10 万至 300 万基那不等。[①]

[①] 《对外投资合作国别(地区)指南——巴布亚新几内亚》,2015,第 24 页。

五　社会治安

根据巴布亚新几内亚"2013 年 100 名 CEO 调查报告",治安问题位列巴布亚新几内亚工商界最关注的十大问题之首,是制约巴布亚新几内亚招商引资水平的最重要的因素之一。①

(一)治安现状

巴布亚新几内亚犯罪率总体较高,城市地区尤为突出。根据巴布亚新几内亚官方数据统计,2010 年,全国犯罪率为 9.1%,其中凶杀案发案率为 0.104‰,明显高于 0.07‰的国际凶杀案发案率。莫尔兹比港和莱城作为外来投资的主要目的地,凶杀案发案率分别为 0.33‰和 0.66‰,远高于全国凶杀案发案率,是国际公认"最高"凶杀案发案率标准(0.20‰)的 1.5 倍和 3 倍以上。根据《经济学人》杂志信息部关于世界各大城市的调查,莫尔兹比港是世界上最不适合居住的城市之一(在被调查的 140 个城市中位列第 137 位),被西方媒体评为"世界五大谋杀之都"。

暴力犯罪日益突出,区域、性别分布差异明显。调查数据显示,近年来,巴布亚新几内亚全国暴力犯罪比率从 2007 年的 47.2%增长到 2010 年的 49.7%。其中莫尔兹比港、莱城、马当等地增长趋势最为明显。暴力犯罪受害者中,女性明显多于男性,成为全球强奸和性攻击案发生率最高的国家之一。截至 2013 年年底,全国有 68%的女性曾遭遇过至少一次暴力侵害,1/3 的女性曾被强奸。

警方办案能力差,报案率及捕拿率低。目前,全国警员约有 5200 人,与全国人口比约为 1∶1600,远低于联合国 1∶450 的公认标准。现有警察接受培训的比较少,他们接到报案后,常以车辆及燃油不足为由拒绝出警,破案率及捕拿率低于报案率的 50%。低捕拿率使公众对警方失去信任,加之警察局与案发地通常距离较远、交通不便,且熟人犯罪较多等原

---

① 《巴布亚新几内亚治安情况介绍》,中华人民共和国驻巴布亚新几内亚大使馆经济商务参赞处网站,http://pg.mofcom.gov.cn/article/ztdy/201302/20130200036680.shtml,2015 年 4 月 12 日浏览。

因，导致报案率比较低。

监狱管理混乱，囚犯越狱层出不穷。近年来，巴布亚新几内亚因犯集体越狱事件频频发生。2009年9月27日，莫尔兹比港监狱54名囚犯越狱，仅4人被抓获；12月16日，莱城市布伊莫（Buimo）监狱73名囚犯越狱，仅2人被抓获，1人被警方击毙。2010年1月12日，巴布亚新几内亚"最危险的头号黑道人物"卡普里斯（Kapris）与另外11名囚犯越狱。2013年3月21日，马当省贝翁（Beon）监狱48名犯人越狱，其中包括"食人邪魔"头目"黑基督"史蒂文·塔里（Steven Tari）等39名高危罪犯，仅4人被抓回。4月14日，莱城市布伊莫监狱44名犯人越狱，仅19人被抓回。巴布亚新几内亚治安不稳定因素增长。

部族冲突加剧，安全形势不断恶化。近年来，巴布亚新几内亚矿产富集区的部族冲突呈上升趋势。2011年10月，东高地省凯南图金矿和恩加省波格拉金矿接连发生大规模的部族武装械斗，导致24人死亡、多人受伤，政府部门、医院、学校、商店等被迫关门停业。2014年1月，南高地省卡瓜—埃拉韦区苏古（Sugu）沟爆发部族间暴力事件，导致40人遇害，30人受伤。

"排华"情绪日趋严重，针对华人的犯罪事件不断攀升。据香港《文汇报》报道，自1994年起，大量的中国人移民到巴布亚新几内亚，形成新一轮的移民潮。由于个别移民从事走私毒品、非法移民、贩卖武器和假货、洗钱、卖淫等违法犯罪活动，加之华人相对富裕，而且带来了一些文化变迁，引起了当地居民的羡慕、嫉妒和愤怒，华人成为暴徒攻击的目标。2007年9月，芒特哈根多间华人店铺及仓库被纵火、抢劫。2008年11月，拉姆镍钴矿区的223名中国技术人员被绑架。2009年5月，莫尔兹比港和莱城的华人店铺遭到暴徒连续三天的洗劫。2013年6月，在莫尔兹比港经商的4名中国人被暴徒杀害。2014年8月，拉姆镍钴矿遭到当地居民的持械袭击，5名中国工人被打伤，10多台机械设备被烧毁。2015年3月，芒特哈根唐人街的华人商店和仓库被纵火，许多店铺遭到抢劫和破坏。

（二）社会治安恶化对经济发展的影响

企业经营成本明显提高。全国84%的企业需要花费大量资金聘请保安、安装滚网和警报等防护装置。权威机构2007年的调查显示，企业平均安保成本占总销售收入的5.8%，澳大利亚官方援助组织预计当地企业安保成本在9%以上。如南太平洋银行3000名员工中，保安人员竟占450人，比例高达15%。另外，该银行每年还要斥资400万~500万基那，包机运送资金在全国各地之间流转。

企业赢利能力受到限制。许多私营业主怠于购置先进设备；企业不敢夜间营业，员工不愿或不能在夜间工作，由此限制了企业经营和生产效益的实现。2012年，因诈骗和抢劫活动猖獗，南太平洋银行的经济损失高达700万基那（约合273万美元）。

外来投资受到严重制约。考虑到当地恶劣的社会治安状况对人身、财产安全造成的严重威胁，以及由此带来的高昂的安保成本、沉重的管理负担，许多国际投资者对巴布亚新几内亚望而却步。中国冶金科工集团有限公司投资的拉姆镍钴矿项目原计划于2009年投产，但因安全问题时建时断，直至2012年12月才建成投产，延期达3年之久。

世界银行《2014年营商环境报告》显示，巴布亚新几内亚在全球185个经济体营商环境便利程度排名中列第113位。[①]

（三）稳定社会秩序的计划和措施

加大警力投入，增强巡控能力。根据《2010~2030年战略发展规划》，巴布亚新几内亚政府计划到2020年，将训练有素的警察数量增加到1.32万人，使犯罪率从2010年的9.1%降到5%以下。

大力发展安保产业，以满足政府强力机构及服务商的安保需求。安保产业已成为巴布亚新几内亚增长最为迅速的行业。截至2014年，全国拥有462家持有执照的安保公司和29857名保安，以及230家无执照的私人安保公司，[②] 市场价值约10亿基那（约合3.6亿美元）。

2012年8月彼得·奥尼尔连任总理后，重视社会治安问题，制定了全

---

① 《对外投资合作国别（地区）指南——巴布亚新几内亚》，2015，第11页。
② 《巴布亚新几内亚安保产业发展迅速》，中华人民共和国驻巴布亚新几内亚大使馆经济商务参赞处网站，http：//pg.mofcom.gov.cn/article/jmxw/201505/20150500972985.shtml，2015年8月25日浏览。

国性的安全政策，协调并指导政府各部门共同致力于改善社会治安状况。

2013年5月28日，针对违法犯罪事件不断攀升，人民生命财产受到威胁，巴布亚新几内亚国民议会通过了新修订的《刑法典》，修改了废除死刑（1995年）的决议，正式决定恢复执行死刑，严厉打击违法犯罪行为。[1]

第二节　公共医疗卫生服务

巴布亚新几内亚独立后，医疗卫生保健实行分级管理。卫生与艾滋病防控部负责国家卫生立法、计划、制定政策、评估、医疗培训、药品服务、特殊医疗服务等全国性的工作。各省卫生厅负责资金支付，省级卫生工作者监督保健点、卫生中心、家庭医药和自我保健、急救服务、家庭保健服务和疾病控制项目，以及预防传染病的传播、建立医院等。2012年，国家用于改善医疗卫生的财政预算为7.125亿基那（约合2.78亿美元）。[2] 2013年，医疗卫生支出占国内生产总值的4.5%，人均医疗健康支出114美元，世界排名第137位。[3]

一　医疗卫生现状

全国有19所医院（均属公共部门），190个卫生保健中心，269个卫生保健分中心，2231个保健点。公立医院看病免费，但服务质量一般，并且医疗卫生基础设施相对落后，缺医少药，难以保证病人的就医要求。私人医院看病收费比较高。偏远地区医疗条件更差，个别地区甚至没有医院和医生。

据世界卫生组织（World Health Organization，缩写：WHO）统计，

---

[1] 毛立新：《联合国关于死刑的政策和立场——联合国人权高专办考察报告》，《河北法学》2014年第4期，第111页。
[2] 《对外投资合作国别（地区）指南——巴布亚新几内亚》，2015，第7页。
[3] 《世界概览——巴布亚新几内亚》，中央情报局网站，https://www.cia.gov/library/publications/resources/the-world-factbook/geos/pp.html，2015年4月20日浏览。

2014年，巴布亚新几内亚全国医生仅400名，平均每17068人有1名医生，而澳大利亚平均每300人就有1名医生。保健人员平均每千人有0.58人，低于世界卫生组织平均每千人2.5人的最低标准。在孕妇生产方面，大约有50%的妇女在分娩时没有医生或助产师护理；在婴儿死亡率方面，5.5%的孩子会在两岁前死亡。[①] 2013年，全国人均寿命62岁，人口自然增长率为3.39%。世界卫生组织认为巴布亚新几内亚是南太平洋地区健康状况最为恶劣的国家。

二 医疗救助

目前，巴布亚新几内亚全国62%的死亡是由肺结核、疟疾、登革热病、肝炎、伤寒、霍乱、痢疾等传染疾病造成的。

2009年7月，莫罗贝省偏远农村爆发霍乱。由于全国只有约40%的人能够获得安全饮用水，结果造成疫情逐渐蔓延到马当省、中央省、东塞皮克省、西部省等6个地势低洼省份以及布干维尔自治区。截至2011年年底，全国共报告霍乱病例1.55万例，死亡500多人，病死率高达3.2%。

疟疾是巴布亚新几内亚第二大疾病。根据联合国代表团的统计，2012年，巴布亚新几内亚全国94%的人口居住在易患疟疾的地区，疟疾病例高达80万例，幼童和孕妇面临的威胁最大，其中5岁以下幼童患病率达13%。同年8月，中国、澳大利亚、巴布亚新几内亚三国酝酿实施"中澳巴新三方疟疾防控项目"，计划由澳方提供资金支持、中方提供技术支持，帮助巴布亚新几内亚提高疟疾防控能力。在巴布亚新几内亚政府全国抗击疟疾战略计划下，已有95%的人口使用长效杀虫剂。2014年4月24日，国际人口服务组织（Population Services International，缩写：PSI）巴布亚新几内亚分支机构在莫尔兹比港举办了关于疟疾的知识展览，"国际

[①] 《巴布亚新几内亚健康状况恶劣》，中华人民共和国驻巴布亚新几内亚大使馆经济商务参赞处网站，http://pg.mofcom.gov.cn/article/jmxw/201501/20150100860728.shtml，2015年4月15日浏览。

第六章　社会文化

疟疾日"被巴布亚新几内亚所承认。[1]

1987年，巴布亚新几内亚发现首例艾滋病。此后，艾滋病病毒迅速蔓延。2001年，全国艾滋病患者4075人。而到2015年增加到4.01万人，占成人患病率的0.79%，死亡900人，[2]成为亚太地区艾滋病病毒感染数量最多的国家，涉及全国各地区、各年龄段的人群。其中女性感染艾滋病的概率是男性的4倍。15～19岁的青少年艾滋病病毒携带者约占本国艾滋病病毒携带者的近10%。[3]据估计，巴布亚新几内亚每年都有1000多名携带艾滋病病毒的婴儿出生。根据澳大利亚独立研究中心2007年公布的报告，巴布亚新几内亚艾滋病发病率估计为1.8%～3%。报告还指出，根据目前艾滋病感染趋势，2020年，艾滋病病毒感染率将达到巴布亚新几内亚总人口的25%。

面对艾滋病病毒感染率迅速上升，巴布亚新几内亚政府采取了政府、教会、地方组织三位一体的应对体制。具体措施如下：第一，成立管理机构。建立国家级艾滋病委员会，并在各省设立省级艾滋病委员会，具体负责艾滋病的防治工作。第二，制定相关法案。2003年，巴布亚新几内亚国民议会通过《艾滋病及其病毒携带者管理和预防法案》（即《艾滋病管理与防治法》），成为太平洋岛国中唯一就艾滋病及其病毒携带者的人权保护作出相应立法的国家。法案规定任何人不得歧视艾滋病病人及其病毒携带者；学校必须设置有关艾滋病教育的课程；鼓励进行艾滋病血液检查，建立保密制度；如果感染了艾滋病，需在事前提醒性伙伴；提倡使用安全套等。第三，开展卫生教育。2005年12月1日"世界艾滋病日"到来之际，巴布亚新几内亚教育部制定《2007～2012年关于艾滋病及其病毒携带者的政策与实施计划》，在小学、中学增设个人发展课程，由教师

---

[1] 《巴布亚新几内亚90%的人口受到疟疾威胁》，《大洋洲研究通讯》2014年第2期，第21页。

[2] 《世界概览——巴布亚新几内亚》，美国中央情报局网站，https://www.cia.gov/library/publications/resources/the-world-factbook/geos/pp.html，2016年12月20日浏览。

[3] 《联合国：新调查表明艾滋病毒正在亚太地区青少年中悄然蔓延》，http://www.unmultimedia.org/radio/chinese/archives/246060/#.VwtSHkMgKLV，2015年3月30日浏览。

讲授生活的技巧；在技校和假期教育培训学校设置艾滋病和性传播疾病课程；将有关宣传材料送到每个学生手中。同时，在学校教育中强调男女平等。教会也制定了艾滋病预防政策，教育和指导教会工作人员及教徒。第四，加强医疗预防。通过关怀中心、检验中心和宣传活动逐渐改变人们的性行为习惯，免费发放安全套，使人们不再受艾滋病病毒的侵害。2013年，巴布亚新几内亚政府开始采用美国"预防、护理和治疗一条龙模式"，作为全国预防艾滋病战略计划的重要组成部分。①

巴布亚新几内亚严峻的艾滋病形势成为国际社会共同关注的问题，援助巴布亚新几内亚预防、治疗艾滋病成为共识。2001年7月，日本政府捐赠了价值约75万美元的疫苗冷却和储存医疗设备。2005年1月，中国政府提供了价值500万元人民币的药品和医疗器械。2006年2月，美国国防部提供了36万美元的捐款。12月，美国国际开发总署（United States Agency for International Development，缩写：USAID）开始实施为期五年的预防艾滋病项目，决定每年向莫尔兹比港、马当省提供150万美元的援助。澳大利亚联邦政府宣布对巴布亚新几内亚实施为期五年、培训620名卫生工作者和1400名艾滋病检测人员的援助计划。另外，亚洲开发银行、联合国艾滋病规划署（Joint United Nations Programme on HIV and AIDS，缩写 UNAIDS）、联合国儿童基金会（United Nations Children's Fund，缩写：UNICEF）等也出资援助巴布亚新几内亚进行艾滋病防治工作。②

三 医学科学研究

2004年，巴布亚新几内亚医学研究所与美国约翰·霍普金斯公共卫生学院的科学家联合进行的一项研究显示，服用维生素A添加剂有助于降低儿童疟疾发病率。他们选取240名年龄在半岁至5岁之间的儿童，进

---

① 喻常森：《试析21世纪初美国对太平洋岛国的援助》，《亚太经济》2014年第5期，第67页。
② 《太平洋岛国艾滋病疫情状况》，http://blog.sina.com.cn/s/blog_62e4866f0100gdci.html，2015年3月28日浏览。

行了13个月的研究。研究结果发现，服用维生素A添加剂的儿童，不仅疟疾发病的可能性比不服用的低30%，而且其血液中疟原虫含量也减少了36%。

第三节 文学艺术

巴布亚新几内亚复杂的地形，使得各部落之间过着相对隔绝的生活，由此形成了各自的语言、文化、民族服饰，它们以不同的形式反映在舞蹈、音乐、建筑、绘画、服饰、礼仪等方面。目前，巴布亚新几内亚大约能概括出近200种文化，成为世界上最具文化多样性的地区之一，大多保持着多彩多异的美拉尼西亚文化传统。

一 文学

巴布亚新几内亚的民族文学既古老而又年轻。20世纪以来，巴布亚新几内亚在传统口头文学的基础上，形成了书面文学。书面文学分为兴起和发展两个阶段。

（一）兴起阶段：20世纪60年代到1975年

20世纪60年代以来，在世界民族独立浪潮的冲击下，艾伯特·毛利·基基、文森特·艾里、利奥·汉内特、库玛拉乌·塔瓦利（Kumalau Tawali）、约翰·卡狄巴（John Kadiba）、迈克尔·汤普森（Michael Thompson）、约翰·达德莫·瓦伊科（John Dademo Waiko）、彼得·卢斯（Peter Luce）等接受过高等教育、代表新兴阶级的土著知识分子，以传记、小说、诗歌、戏剧等文学形式为政治工具，运用自己的笔墨，真实地再现了巴布亚新几内亚各岛屿的生活画面，描绘了他们的风土人情，热情地歌颂他们的村社生活，猛烈地抨击西方国家的社会准则，大声疾呼民族自治、民族独立，努力塑造民族形象，为巴布亚新几内亚的自治、独立大造舆论，第一次向全世界传递出土著人民的正义呼声。他们的作品虽然有些稚嫩，辞藻也不华丽，甚至在情节发展和人物刻画方面比较粗糙，但却富有真实性，充满了乐观主义色彩。巴布亚新几内亚由此成为大洋洲岛屿新文学的两个中心之一（另一个是斐济）。

这一时期，巴布亚新几内亚的代表作家和作品有：

1. 自传文学

1968年，艾伯特·毛利·基基发表了自传《基基，万年人生》，成为巴布亚新几内亚新兴文学创作的开端。该作品代表巴布亚新几内亚人民第一次向全世界发出了勇敢而自信的谴责殖民主义统治的呼声。他提醒年青一代不仅要有责任而且要有能力管理自己和世界的事务，在文学界和大学内引起强烈反响。

2. 长篇小说

1970年，文森特·艾里发表了巴布亚新几内亚的第一部长篇小说《鳄鱼》。该作品反映了第二次世界大战前后巴布亚新几内亚乡村人民的生活，着重描写主人公霍伊里在新旧两种生活方式的冲突中个人思想的发展过程，对殖民主义进行了无情的揭露和猛烈的抨击。

1973年，约翰·柯利亚（John Kolia）创作了《已故的巴布亚先生》，通过描写巴伊诺·萨塔乌罗牧师的一生，对巴布亚新几内亚的制度、信仰、风俗习惯和某些人物进行了机智的嘲讽。1974年发表了《独立的受害者》和《拘留所里的图书馆》，对政府官员进行了抨击。

3. 短篇小说

1970年，利奥·汉内特发表了《当牧师的梦想破灭了》，对自己及本民族的发展作了一番痛苦而严肃的剖析。这种自传式素描为短篇小说创作开辟了道路。此后，一大批优秀作品相继问世。

巴布亚新几内亚研究所研究员拉塞尔·索阿巴（Russell Soaba）撰写的《受排斥的畸零人的画像》（1971年）、《地狱的一瞥》（1972年）和《遭难者》（1972年）三部曲式的短篇小说，描述主人公怀抱的梦想和遭受的挫折。主人公揭露了现代生活方式的堕落性、欺骗性和破坏性，嘲讽本国人的盲从，而他本人则与传统道德准则背道而驰，受到社会排斥。1974年创作的《村民的要求》，描写了一个老年村民在一种充满敌意的世界里的生活，处处受到歧视，在困境中放弃了对理想的追求。

1972年，阿瑟·贾沃迪姆巴里（Arthur Jawodimbari）发表的《地方长官和我祖父的睾丸》、约翰·卡萨伊普瓦洛瓦（John Kasaipwalova）发表的《马图达的离去》，则以幽默讽刺的笔调，描绘了农村和城市的生活。

卡马·凯尔皮（Kama Kerpi）撰写的《他们在来世报复》（1973年）、《库尔普的女儿》（1975年）和《货物》（1975年）三部曲式的短篇小说，描写了一个受过教育的青年遭到传统信仰和老一代权威的摧残。

1975年，约翰·威克（John Waiko）发表了《天空中的老人》，对土著老人第一次坐飞机时的担忧恐慌直至最后平安落地的心理进行了描述。

4. 诗歌

诗歌在巴布亚新几内亚新文学发展中所占比重最大。截至1975年，共出版了21部本国诗人的诗集和诗总集。

1970年，库玛拉乌·塔瓦利出版了诗集《天空里的痕迹》，描绘了塔瓦利地区人民的苦难，并力图在挖掘美好的普通人性方面进行探索。而后，他又陆续发表了《丛林卡那卡在说话》（1970年）、《老妇人的信使》（1972年）、《金枪宴》（1973年）、《伏兵》（1974年）、《颅骨》（1974年）、《身份》（1975年）等。

1971年，阿皮萨伊·埃诺斯（Apisai Enos）出版了诗集《高潮》，1972年，约翰·卡萨伊普瓦洛瓦发表了《迟迟不发的火焰》和《哈卢阿巴达》，作品集中体现了塔瓦利地区人民反抗不义与追求正义的精神。前者的诗蕴而不露，后者的诗愤怒之情溢于言表。

1973年，卡马·凯尔皮在诗集《夜半鸟叫》中试图再现部族人民的经验和智慧，抵制外来文化的摧残。他是第一个发表诗集的高地诗人。1974年，另一位高地诗人亨吉尼凯·里扬（Hengenike Riyong）出版了诗集《奈玛·纳姆巴》。两人都用英语表现出传统吟唱诗的粗犷活力。

1974年，海岸诗人阿瑟·贾沃迪姆巴里创作了《回到祖国》；1975年，杰克·拉胡伊（Jack Rahui）创作了《赌徒的新几内亚作风》，向国内介绍了高度西方化的观念，认为西方影响不必一概否定，应借鉴其精华。

此外，贝戴·杜斯·马蓬和杰里·卡沃普两人用皮钦语写作传单诗，作品家喻户晓,流传广泛。

5. 戏剧

受传统舞蹈剧与雄辩术的影响,巴布亚新几内亚作家以戏剧形式抨击社会的不合理现象,逐渐形成了两大流派:

一派以巴布亚新几内亚大学的作家为代表,创作了一批反对殖民主义的剧本。如约翰·达德莫·瓦伊科的《意想不到的骗子》(1969年),利奥·汉内特的《货物是怎样运来的》(1969年)、《忘恩负义的女儿》(1970年),米奥克罗·奥帕(Meakkoro Opa)的《他抢走了我手中的扫帚》(1970年),约翰·卡萨伊普瓦洛瓦的《卡纳卡的梦想》(1971年)和《忏悔的人》(1974年),拉比埃·纳马利乌(Labie Namaliu)的《玛斯基·卡翁西尔》(1975年)等。

另一派以戈罗卡师范学院的部分作家为代表,作品善于心理探索,精雕细刻,以求艺术的感染力。如约翰·卡尼库(John Kaniku)的《食火鸡的叫声》(1969年)和《卡拉瓦伊·克瓦西纳》(1972年),卡姆巴乌·纳马莱乌(Kambau Naoalaiu)的《库鲁鲍勃》(1970年)、《岩石高,爸爸更高》(1972年)和《雷比·纳玛里乌》(1974年)。

1972年,大学派剧作家拉塞尔·索阿巴发表《随风飘散》,描写了教育阶层知识分子的迷惘与悲剧。同年,阿瑟·贾沃迪姆巴里发表《太阳》和《比克佩拉·波尔》;1973年,伯纳德·纳罗柯比(Bernard Narokobi)创作了《穆鲁克之死》《鹰死之时》;1974年,卡马·凯尔皮创作了《山岗上传来的声音》。至此,巴布亚新几内亚戏剧的两大流派渐趋统一。

拉比埃·纳马利乌创作的《科奈多布的好妇人》(1970年)和约翰·比利·托柯梅创作的《他们给我们带来了混乱》(1973年)是利用皮钦语讽刺社会的代表性剧本。[①]

(二)发展阶段:1975年以后

巴布亚新几内亚独立后,一些较有名气的作家选择了政府职务。如艾

[①] 马祖毅:《大洋洲岛屿的新兴文学》,《安徽大学学报》(哲学社会科学版)1980年第4期,第87~94页。

伯特·毛利·基基担任了副总理兼国防、外交与外贸部部长，文森特·艾里担任了驻澳大利亚总领事，约翰·达德莫·瓦伊科、约翰·卡萨伊普瓦洛瓦等埋头从事农村的政治运动，利奥·汉内特则关注于布干维尔岛的争端。他们整天忙于各级政府的行政事务，无暇创作，以至于国内的文学创作呈现出一片萧条的景象。

为了鼓励写作，培养作家，1976年，巴布亚新几内亚成立作家协会，召开作家会议。而后，又成立了国家文化委员会、教育部文学局等专业机构，负责组织和领导全国文艺工作；创办《者梅博里》《巴布亚新几内亚作品》《昂多邦多》《比克尼斯》等期刊，为新老作家和文艺新人提供发表作品的机会；组织文艺团体，使大家相互磋商、相互促进、共同提高；举行写作比赛，鼓励文学创作，发现和培养新人。1980年7月，巴布亚新几内亚在莫尔兹比港和其他七个城镇举办了第三届南太平洋艺术节，推动了具有民族特色文学艺术的发展。

以拉塞尔·索阿巴、约翰·柯利亚、库玛拉乌·塔瓦利等为代表的老一代作家继续活跃在文坛上，从未停止他们的创作活动。同时，以奥古斯特·基图阿伊（August Kituai）、吉姆·拜特尔（Jim Baital）、本杰明·乌姆巴（Bemjamin Umba）等为代表的年轻作家迅速成长起来。由此巴布亚新几内亚文学创作进入一个新阶段。

这一时期，巴布亚新几内亚的代表作家和作品有：

1. 自传文学

1975年，迈克尔·索马雷的自传《萨那》正式出版，标志着巴布亚新几内亚自传文学达到顶峰。从此改变了以前文学题材以自传体居多的状况，使文学创作呈现出百花齐放的新局面。

2. 长篇小说

1978年，拉塞尔·索阿巴发表《孤寂》，描写了巴布亚新几内亚独立前夕一些青年男女进入大学前后生活发展的三个阶段。通过人物之间性格的迥异、思想的冲突以及各自不同的人生观，反映了巴布亚新几内亚知识分子对民族独立的渴望与追求，展示独立前期那种从迷茫、困惑到最后觉醒这一痛苦转变的思想心态。

同年，约翰·柯利亚发表的《一次强迫性的展览》《巴拉淮亚的历史》《沿河上溯到胜利汇合点》《我那勉强传道的教士》，以及1979年发表的《接近村庄》《传统是这么说的》，① 展现了巴布亚新几内亚各种生活的画面，对巴布亚新几内亚的制度、信仰、风俗习惯以及某些人物进行了机智而又玩世不恭的嘲讽。

3. 中篇小说

1976年，新西兰出版了巴布亚新几内亚三部中篇小说集。

本杰明·乌姆巴创作的《黎明的枪声》，描写了高地人第一次接触白人时所引起的冲突。

奥古斯特·基图阿伊创作的《一个村民的奔逃》，描写了一个土著青年想从乡村进入城市的心理活动。

吉姆·拜特尔创作了《塔利》，通过主人公塔利一生的境遇，反映了独立后巴布亚新几内亚在传统的伦理道德和新的思想观念之间所存在的尖锐矛盾，而主人公最终成了这种矛盾冲突的牺牲品。

4. 短篇小说

1977年，拉塞尔·索阿巴创作了《伊贾亚》，描写了青年艺术家如何在困境中追求理想。1978年，他又发表了《太阳下的土著人》。

5. 诗歌

1976年，毕业于巴布亚新几内亚大学的女诗人托马斯·林达（Thomas Lynda）发表了《火山》，表达了当地人民由于受殖民统治而内心受到的压抑犹如火山要爆发出来。②

1977年，比德·达斯·马佩恩（Bede Dus Mapun）发表了《我的故土》，表达了作者对故土的眷恋。

6. 戏剧

针对独立后巴布亚新几内亚政府的软弱，以及在一系列国际事务中表现怯懦和政府部门官僚浮夸作风严重等问题，作家们通过各种形式的文艺

---

① 王晓凌：《南太平洋文学史》（修订版），安徽大学出版社，2006，第279~280页。
② 王晓凌：《南太平洋文学史》（修订版），安徽大学出版社，2006，第285页。

第六章 社会文化

作品，各抒己见，把矛头直接指向政府。

1980年，约翰·卡萨伊普瓦洛瓦创作的剧本《原始爵士乐》，揭露了政府的软弱无能和官僚腐败。1982年创作的《我的兄弟，我的仇人》，则抨击了政府反对西伊里安自由运动。

女剧作家诺拉·瓦基·布拉什（Nora Vaky Brach）创作的《大人物，哪条路?》，对执政的新贵族以及他们矫揉造作、崇洋媚外的行为进行了无情的鞭挞。

1976年，拉卡利·雷杰利（Raijeli Racule）和托罗·艾伯特（Toro Albert）分别创作了广播剧《拉萨瓦利沃和拉萨瓦莱伊》、剧本《甘蔗日》。[1]

二 民族艺术

巴布亚新几内亚部族林立，语言纷杂，以族情乡谊（Wantok）为核心的社会结构占据了主导地位。1972年，新几内亚政府成立了创意艺术中心，鼓励发展传统艺术。1976年，以创意艺术中心为基础成立了国家艺术学院，大力弘扬民族文化。

（一）舞蹈与表演

巴布亚新几内亚土著居民看重亲属、部落及族群的纽带关系，每逢孩子出生、男性的入会仪式、女性的青春期庆典、成人仪式、求爱仪式、哀悼仪式、开业庆典、欢迎仪式、第一次理发、生产仪式（建造房屋及制作独木舟）、交换仪式、宗教活动、社交宴请、告别仪式、战争（前、中、后）仪式、召开会议、传达信息、运动、日常娱乐等活动，村民们都会在身上披挂羽毛、贝壳，用泥土、木炭、花草汁做染料，在脸、胸、腹部涂上美丽的图案，载歌载舞。庆祝仪式由宗族的长者主持，这在本地的混杂语中被称为唱唱嘉年华（Sing Sing Show）。活动地点在村子男人们住的大房子里，或在村子中心的广场上。

---

[1] 王晓凌：《南太平洋文学史》（修订版），安徽大学出版社，2006，第286页。

巴布亚新几内亚历史与现状

1. 传统文化节

巴布亚新几内亚被誉为地球上"最原始的国度"。许多部落因独居地域偏远之处,过着鲜为人知的自给自足的生活,如 2004 年发现的辛布族(Simbu)、2006 年发现的洞穴人、2009 年发现的在树顶建造房屋的科若瓦族(Korowai)等。长年生活在物质简单、原始世界中的土著居民,拥有他们独特的审美观。目前,巴布亚新几内亚全国 22 个省(区)均有各自的文化节,如莫尔兹比港希里莫阿尔(Hiri Moale)文化节、东高地省戈罗卡文化节及独立日传统舞蹈节、西高地省歌唱文化节和首府芒特哈根的哈根山文化节、高地部落的艺术节、沿海平原和周边岛屿部落的馈赠节等。每当节庆来临之时,他们会穿戴风格各异的传统服饰,载歌载舞,竞相展示本地区、本部落的文化精粹。

莫尔兹比港希里莫阿尔文化节又称幸福节。每年 8 月和 9 月,莫尔兹比港都举行为期两天的传统节日。男女打扮得花枝招展,头戴光彩夺目的羽毛高冠,脸上和身上涂有对称的花纹,颈上挂着一圈圈的项链,下身穿着丝线花裙。节日活动主要是歌舞、赛舟和选美。在伊拉海滩举行的独木舟比赛尤为引人瞩目,无数独木舟扬帆出海,竞相驶到预定地点后又往回赶。但见远处海面上彩帆点点,越来越近,而海岸上观看的人们欢声雷动。来自全国各地的舞蹈队也在海滩上跳起欢快热烈的民族舞蹈,鼓声、乐声、歌声和欢呼声响遍海滩。而从全国各地赶来参加美女竞选的活动则别具一格。

高地地区部落的艺术节一般在每年 8 月举行。艺术节由各个部落轮流举行,参加的部落可能多达七八十个。节日期间,各部落成员都穿上节日盛装,到宽广的竞技场上进行表演。表演时各部落的成员一起蜂拥入场,排成各种各样的队列,跳起不同的舞蹈,既有七声音阶,也有五声音阶。胡里维格曼人唱歌时会穿上复杂的服装,用大量的化妆品化妆,既有日常生活中的打扮,也有精神世界的幽灵装扮。表演时,他们会尽力表现自己的民族特性与内心精神。

沿海平原和周边岛屿部落的馈赠节,既要互相馈赠礼物,又要展示不同部落、不同岛屿的歌舞节目。歌舞表演一般以少女的舞蹈开始。她们佩戴着由各色贝壳和羽毛制成的首饰,头上和脖子上戴着花环,边唱边跳,舞蹈强调手臂和腰的动作。接着是小伙子的舞蹈，舞姿强劲有力，用节奏鲜明的歌声伴舞，并吹起海螺、摇晃贝壳制作的响器伴奏，显得十分有男子气。

还有一些部落有自己的歌舞节日。部落成员聚集在一起，举行盛大宴会并唱歌跳舞。通过各部落的聚合歌舞比赛代替因为争夺生活资源而引起的械斗，平息相互间的敌意和仇恨，展示各部落纷繁的文化特色和差异性，分享不同的文化和经历。文化节期间，很多部落的人会走上街头，表演极富南太平洋风情的传统歌舞。戈罗卡文化节以特有的原汁原味的舞蹈和表演闻名于世。

2. 民族舞蹈

巴布亚新几内亚人的歌舞讲究真实美感，具有浓厚的生活气息，音乐曲调适中，旋律变化平稳，动作简明流畅，强调以体型和手势叙事，以歌声和眼神传情，体现了他们对世间万事万物的爱憎情感。巴布亚新几内亚歌舞表演形式多样化，有的由集体完成，如合唱、合奏、群舞；有的由一个人独唱、独奏、独舞。舞蹈主要表现人们狩猎和捕鱼等内容，既简单又夸张，但都源于真实的生活。

巴布亚新几内亚的舞蹈表演除全国流行的草裙舞外，著名的民间舞蹈还有高地地区的泥人舞、塞皮克河流域的青蛙舞等。草裙舞是男女青年头戴由极乐鸟羽毛做成的帽圈，脸上用黑白颜料涂着阴阳图案，裸露的上身挂着饰物，下身系着土布或草裙。泥人舞是男性舞者浑身涂满泥浆，罩上泥巴做的面具，手持树枝或弓箭，无伴奏地跳舞。

（二）音乐

音乐在巴布亚新几内亚传统歌舞和宗教仪式中，发挥着极其重要的作用。随着西方文化的不断渗透，西洋音乐也占据了一定的娱乐市场。

1. 传统音乐

巴布亚新几内亚的传统音乐活动以族群或部落为中心。歌唱是他们生活中必不可少的组成部分，而且他们的传统音乐从来都是口头的，他们将歌唱作为一种记忆的方法，帮助回忆并将演唱的曲目保存下来。歌曲的领唱者仅仅在歌曲开始的时候领唱，并不去教唱这些歌曲或参与指挥。因为他们的音乐通常都是集体创作的，音乐的场合也是特殊的。表现形式有劳动歌曲、祭祀音乐、自娱性音乐等。如南高地省多那（Duna）人举行葬礼时，他们演唱着一个曲调进行他们的"丧歌"，仅在演唱者换气时，音量上才有细微的变化。

在巴布亚新几内亚，传统乐器分为四类：一是体鸣乐器，如裂缝鼓；二是膜鸣乐器，如沙漏型单面鼓；三是弦鸣乐器，如奇特琴、竖琴等；四是气鸣乐器，如笛子、木头喇叭等。最常见的乐器是贝壳笛、犹太竖琴、乐弓、少数的竹笛（包括所谓的鼻笛与排箫）；最著名的乐器是加拉马特鼓、小鼓、笛子、喇叭、风笛铜锣和吼板，它们都是用木头、植物的叶片、竹子、葫芦、种子的外壳以及动物皮等自然材料手工精制而成。如乐弓是由一根棕榈枝和一根藤条制成的；加拉马特鼓是由树干挖空制成的。

巴布亚新几内亚传统乐器无论从形状，还是从使用价值上都展示了它们的多样性，反映了当地独特的民族风格。如在东高地省，笛子是男人支持自己爱戴者的极为重要的象征，代表着男性的统治地位、团结、世系族群的延续、过去的辉煌和未来的繁荣。

从社会习惯来看，巴布亚新几内亚传统音乐文化的一个重要特征是大多数的乐器全部由成年男子使用和弹奏，妇女和小孩禁止参与，甚至都不能观看。

2. 外来音乐与本土音乐的交融

基督教传入巴布亚新几内亚后，基督教的赞美诗、教堂音乐等开始与土著传统音乐元素融合。进入20世纪，外籍劳工的劳动歌、盟军官兵的弦乐队、摇滚乐队以及所罗门群岛的竹乐队等逐渐流行开来，钢琴、电子琴、吉他等西洋乐器也传入巴布亚新几内亚。

20世纪70年代末，混合本地和西式风格的摇滚、爵士乐传入巴布亚新几内亚。90年代，随着电视在巴布亚新几内亚逐渐普及，美国的流行音乐开始与巴布亚新几内亚的本土音乐融合，出现了一批著名的歌手，并在各大城市巡回演出。

（三）雕刻及工艺品的制作

巴布亚新几内亚地形地貌复杂，以至于不同地区和部族的人们根据各

第六章　社会文化　The Past and Present of Papua New Guinea

自的传统和信仰，就地取材，将器皿、编织物、乐器等制成了风格迥异的工艺美术作品。如巴布亚地区的陶器，沿海岛屿地区的贝雕，塞皮克河地区的陶器、木雕和乐器，新爱尔兰岛马拉甘（Malagan）地区的面具，特罗布里恩群岛的渔具，白利安岛（Briand Island）的渔船，新几内亚岛东部巨大的花岗石雕像等都具有典型的土著文化特色。其中最具民族特色的是木版雕刻。

巴布亚新几内亚人具有较高的塑造天赋，在雕刻中得到了具体的表现。一些乡村艺术家和工艺师设计了极具民族和部族特色的雕刻、镶嵌和壁挂等。雕刻以木刻为主，是当地土著人每个家庭必不可少的辟邪物，又是纪念祖先神灵的信物。它们的造型大多以抽象夸张的曲线图形，将人物、动物、鱼类的造型有机地结合在一起，形成一种强烈神秘能震撼心灵的艺术感染力。代表的有以神人同形的形象做成的容器和顶端带有锚状的双倒钩器物及面具。

特罗布里恩群岛上的岛民在碗、手杖、桌子等物品上雕刻各种图案。其中以碗的雕刻最具特色。其材料为黑木，用磨光后的猪牙在碗边刻上鱼和乌龟等图案。

海尔基克湾地区的木雕风格深受印度尼西亚的影响。木雕以人像为主，具有绽放状的蔓叶花纹图案，注重对称。另外，还制作了红、黑彩绘图案相间的树皮织物镶嵌板，程式化的鱼和甲壳类动物形象占据了主导地位。[1]

塞皮克河流域生产了大量的雕刻人像面具、鼓和其他各种各样的礼仪家具。彩绘作品《木雕》的上排是人物形象，下排是鳄鱼形象，土著居民将图腾动物与人物巧妙地结合在一起，使作品极具宗教神秘感。图像色彩艳丽，构图富于韵律感。《女人雕像》则运用两个椭圆形来构成头部、上肢与躯干、臀部及双腿。通过彩绘手法，才使得人体结构比较明确，能够看出雕像的女人特征。[2] 另外，一种称为科威的面具，是男孩开始模仿

---

[1] 中国大百科全书总编辑委员会编《中国大百科全书（美术1）》，中国大百科全书出版社，2002，第44页。
[2] 张荣生：《大洋洲艺术》，河北教育出版社，2003，第94页。

半神祖先时戴的，可以镶上獠牙和猪鼻状的物品，制作十分精巧，看起来像阴茎的龟头。

巴布亚新几内亚的面具、独木舟、故事板等是世界著名的木雕雕刻作品。但遗憾的是现在很多作品已经流失到海外，陈列在一些西方国家的博物馆内。

（四）建筑艺术

1984年8月竣工的巴布亚新几内亚国民议会大厦是多元文化背景下的产物，又是巴布亚新几内亚政治独立的象征。整个建筑占地8100平方米，建筑面积达2万平方米。从空中俯瞰，整个大厦的造型像一只极乐鸟，分A、B、C三翼，是将传统的、具有民族特色的塞皮克河流域建筑风格与现代建筑艺术绝佳结合而修建的。A翼建筑包括议会厅、议长办公室和总理办公室。B翼是行政管理楼。C翼是娱乐中心。A翼建筑与巴布亚新几内亚传统的"男人屋"相似，外形是一个三角形。屋前镶嵌着巴布亚新几内亚传统的图案，有的代表巴布亚新几内亚的工业、农业、林业、渔业、交通等行业，有的象征着邪恶和危险，如蛇、鳄鱼等。传统的立体绘画和雕刻手法将各种图案巧妙地结合在一起，描述了巴布亚新几内亚的历史、人类与自然界万物的关系，并预示巴布亚新几内亚美好的未来，被国际建筑界列为"世界级民族建筑典范"之一。

国家博物馆毗邻国民议会大厦，是传统民族建筑的代表。在入口处竖立有护馆神灵——两个木雕人物，并且房面绘有鲜艳的原始图案。馆内珍藏着原始面具、长矛、木盾、图腾、贝壳、工具、武器等文物2万多件。另外，馆内还设有饲养极乐鸟、树熊、袋鼠、热带鱼等稀有动物的动物室。

第四节 体育运动

巴布亚新几内亚人民自古就喜爱民族体育运动。随着西方体育类项目的传入，足球、橄榄球、篮球、板球等广为流行。

一　体育机构及体育教育

巴布亚新几内亚独立前后，先后设立国家体育委员会、全国体育联合会、国家奥委会、妇女与体育委员会，全面负责体育娱乐政策的制定。1978年，成立体育援助基金会，负责为体育组织筹集必要的资金；成立了隶属于内务与青年部的体育娱乐处，具体负责全国体育娱乐活动。

1978年，巴布亚新几内亚成立国家体育培训中心，帮助体育组织培训和推荐体育人才，并进行体育医学研究。创办国家体育学院，培训体育人才。同时，在各级各类学校开设体育课，以提高全民族的身体素质。

另外，巴布亚新几内亚还成立了一些球类的官方管理组织，如巴布亚新几内亚足球协会（1962年）、女子无板网球协会（1965年）、橄榄球联合会（1974年）等。另外，1966年加入大洋洲足球联盟。1979年成为大洋洲足球联合会会员。

自2000年起，国际奥委会（International Olympic Committee，缩写：IOC）为奖励在推广女性参与体育方面作出重大贡献的人士，设立了妇女与体育世界奖，每年颁发一次。2007年3月、2009年3月，巴布亚新几内亚女性体育委员会主席兼奥委会副主席维图·阿帕纳·迪罗（Veitu Apana Diro）、巴布亚新几内亚奥委会秘书长奥维塔·拉菲莉亚（Oveta Lavria）先后获此殊荣。

2009年4月，国际奥委会主席雅克·罗格（Jacques Rogge）访问巴布亚新几内亚，资助25万美元，建立了奥林匹克屋。

二　国民体育运动

巴布亚新几内亚人民热爱体育运动，各地发展比较平衡，基本实现了全民参与。国内最流行的体育运动是橄榄球，足球、篮球和排球等也得到了普及。各省都建有自己的体育场、运动场、球场，但设施比较简陋。大部分城镇建立了网球或游艇俱乐部。滚木球俱乐部在各地也比较兴盛。

橄榄球运动是目前最流行的运动，已被巴布亚新几内亚政府确定为国家运动项目，参与该项活动的人数在大洋洲仅次于澳大利亚，很多当地球员到澳大利亚参加职业联赛。在澳式橄榄球国际杯比赛中，巴布亚新几内亚获第一届（2002年）、第二届（2005年）亚军，第三届（2008年）、第四届（2011年）冠军。

足球运动是第二个流行的运动。巴布亚新几内亚国家男子足球队的实力在大洋洲各国属中等水平。1983年和1987年，在第七、第八届南太平洋运动会上，分别获得第四名和第三名。1996年，在第十六届世界杯足球赛（1998年）外围赛中，巴布亚新几内亚足球队首次参赛即战胜了瓦努阿图、新西兰足球队，战平了所罗门群岛足球队。2004年，在第十八届世界杯足球赛（2006年）外围赛中，战胜了美属萨摩亚、萨摩亚足球队，战平了瓦努阿图足球队。女子足球队实力雄厚。2007年和2015年，在第十三届南太平洋运动会和第十五届太平洋运动会上，两次夺得冠军。2008年，在北京奥运会女子足球大洋洲区资格赛中获得第二名。2014年，在中国南京举办的第二届青年奥运会上获得第五名。

三　体育竞赛活动

巴布亚新几内亚独立后，积极组织参与国际体育竞赛活动，与法属新喀里多尼亚、法属波利尼西亚、斐济并称为太平洋岛国地区四大体育强国（地区）。

太平洋运动会（2011年前名为南太平洋运动会）：南太平洋地区的综合性体育运动会。1963年，在斐济苏瓦举办的第一届运动会上，巴布亚和新几内亚领地以9枚金牌位列第二名。1969年和1991年，巴布亚新几内亚主办了第三届和第九届南太平洋运动会，2015年主办了第十五届太平洋运动会。1963~2007年，巴布亚新几内亚在南太平洋运动会上共获得金牌296枚，银牌305枚，铜牌296枚，奖牌总计897枚，在南太平洋22个国家和地区中位列第四名。①

---

① 《太平洋岛国体育运动发展状况》，http://blog.sina.com.cn/s/blog_62e4866f0100gdd9.html，2015年6月24日浏览。

第六章　社会文化

英联邦运动会（The Commonwealth Games）：1962 年，巴布亚和新几内亚领地首次参加在澳大利亚珀斯（Perth）举办的第九届英联邦运动会，获得一枚拳击项目的铜牌。而后参加了除爱丁堡（Edinburgh）运动会之外的所有英联邦运动会，并在拳击、射击等比赛项目中取得优异成绩。1990 年，在第十四届奥克兰英联邦运动会上，草地保龄球项目为巴布亚新几内亚赢得首枚金牌。2006 年，在第十八届墨尔本（Melbourne）英联邦运动会上，瑞安·皮尼（Ryan Pini）获男子 100 米蝶泳第一名，为该国赢得第二枚英联邦运动会金牌。2014 年，在第二十届格拉斯哥（Glasgow）英联邦运动会上，史蒂文·卡里（Steven Kari）获男子举重 94 公斤级冠军，迪卡·图阿（Dika Toua）获女子举重 53 公斤级冠军。

奥林匹克运动会（Olympic Games）：1973 年，巴布亚新几内亚奥委会成立。次年，被接纳为国际奥委会成员国。而后参加了除莫斯科奥运会之外的历届夏季奥运会。2004 年，在第二十八届雅典奥运会上，迪卡·图阿获女子举重 53 公斤级比赛第六名。2008 年，在第十三届北京残奥会上，弗朗西斯·孔帕翁（Francis Kompaon）获得男子 100 米 T46 级银牌。这是南太平洋 15 个岛国在奥运会、残奥会历史上获得的首枚奖牌。

第五节　教育

在西方殖民统治时期，巴布亚新几内亚地区的教育基本上由基督教会掌握。他们以传播《圣经》为主，同时还负责培训教师和牧师。教会教育对当时小学阶段的教育起到了重要的推动作用，但在长期殖民统治之下，当地的文化教育事业还十分落后。

一　教育体制

1946 年，新几内亚政府成立了教育部。1952 年颁布《教育法》，规定政府有权对学校进行监管（登记和免税），发放教师证书，支付补助金。1955 年，随着第一部教学大纲的试用，《教育法》开始在巴布亚和新几内亚领地内贯彻实施，形成了两个相互平行的教育体系，分别由政府和教会控制，他们管理灵活、有效，为学校提供资金和物质支持。1970年，政府又制定了新的《教育法》。次年，成立教师服务委员会。二者给教育体制带来了许多变化。

巴布亚新几内亚城市居民多信奉基督教和天主教，内地居民仍保留着崇拜神灵、祖先的传统，偏僻山区部落有自己的古老习俗，文化教育比较落后。针对以上的状况，独立后的巴布亚新几内亚政府相继颁布了《巴布亚新几内亚教育法》《巴布亚新几内亚教师法》，把教育的规划、融资、人员配备、负责社区学校、职业学校及各省高中管理等权力下放到省里。国家教育部保留一部分资金的分配权。由此奠定了巴布亚新几内亚教育体系的基础。

《巴布亚新几内亚教育法》规定：无论是政府或教会组织创办的学校，都必须符合政府规定的学生入学条件和教师录用标准。教育体制分为中央、省、地区三级教育。

中央政府设立教育部，负责全国教育总的方针、政策和重大决策问题。教育部下设国家教育委员会、国家教师服务委员会和教育司等机构。国家教育委员会主席由教育部秘书长担任，委员会成员由中央政府、省政府、地方政府和校方代表组成。其职责包括：负责向教育部长提出发展全国教育的方针和建议，规定各省的教师配额，督促和检查各地教育政策的执行情况。国家教师服务委员会负责国家教育系统所有教师的招聘工作。教育司主要负责规定全国统一的课程和教材，管理全国中、小学的统考和全国教育的规划工作，考查教师等。

各省教育委员会则根据教育部的政策和下拨的资金，负责确定省内中、小学和职业教育计划，教育资金的使用，教师的录用，校舍的建造和维修等工作。

各地方教育管理部门负责招收各地区的小学学生，制定学校日程表和校纪校规，以及收取学费等工作。

二　教育现状

2012年，巴布亚新几内亚政府决定对1~10年级学生实行免费义务教育，为 11~12 年级学生提供 75% 的学费补贴，将财政预算的 18.5% 用于教育支出，合计 19.54 亿基那（约合 7.62 亿美元）。[①] 另外，世界银行和亚洲开发银行等也为巴布亚新几内亚教育事业的发展提供了大量贷款或援助。

自从实行免费义务教育制度以来，巴布亚新几内亚中小学数量和在校生人数急剧增加。目前，全国已登记的中、小学有 10466 所，在校生约 180 万人，中、小学入学率提高到 78%。[②] 全国现有 6 所大学，在校学生 1 万多人。另外，还有 21 所私营城乡国际学校，在校学生 6000 余人。[③]

三　教育结构

巴布亚新几内亚的学校教育分为基础教育、中等教育和高等教育三级。

（一）基础教育

巴布亚新几内亚政府规定儿童年满 6 岁时参加小学的基础教育。学校是在各地按不同语言组织教学。语言由社区自选，开设语言和文化学习、数学、创造性表现和体育（包括绘图、唱歌、运动、舞蹈和游戏）、室内活动四门课程。前三年主要通过基础教育培养儿童的语言、算术、家庭和社区价值（包括纪律、个人健康和尊重他人等）基本能力。

小学的初级教育（6~8 岁）是向儿童灌输文化自豪感；加强社会价值理念和生活方式转变；发扬社区互助精神；为儿童未来的教育提供自信和鼓励。这一阶段是儿童教育的启蒙阶段。

[①] 《巴布亚新几内亚议会批准通过 2012 年政府财政预算案》，中华人民共和国驻巴布亚新几内亚大使馆经济商务参赞处网站，http://pg.mofcom.gov.cn/article/ddgk/zwjingji/201112/20111207894939.shtml，2015 年 9 月 24 日浏览。

[②] 《巴布亚新几内亚国家概况》，中华人民共和国驻巴布亚新几内亚独立国大使馆网站，http://pg.chineseembassy.org/chn/bxgk/，2016 年 12 月 29 日浏览。

[③] 留学网站，院校频道，http://www.liuxuebbs.com/s/major4791.shtml，2015 年 3 月 30 日浏览。

(二) 中等教育

9岁以后的儿童开始进入小学高年级阶段，学校进行六年的双语基础教育，使儿童具有效率和幸福的生活能力，对其社区有所贡献，能用英文理解基本的社会、科学、技术和人的概念与价值观念。其中创造性表现和体育教育（与适合早期年龄段儿童的游戏、音乐和运动相似的活动）大约每周三次（每次40分钟）。这一阶段是儿童良好生活的开始阶段。

9~12年级的教育也称后基础教育。教学内容包括英语、数学、实用科学、社会科学等。教育目的是使学生具备作为社区、国家或国际社会成员的独立生活能力。通过更高的教育和培训，可参与和承担更多与日常生活有关的活动和工作。

(三) 高等教育

巴布亚新几内亚虽然已独立40余年，但其高等教育的发展却相对落后。1983年成立的高等教育委员会，是在法律上负责制定高等教育发展政策和战略的官方机构。[①] 目前，全国只有6所大学：巴布亚新几内亚大学、巴布亚新几内亚科技大学、戈罗卡大学、圣言大学、太平洋安息日大学、沃达尔大学。其中后3所是由学院升格的大学。[②] 另外，还有2000多人留学澳大利亚、新西兰、英国和美国等。[③]

巴布亚新几内亚大学（University of Papua New Guinea）成立于1965年。主校区和一个独立的医学校区位于首都莫尔兹比港市，在戈罗卡设有一个分校区，在所罗门群岛霍尼亚拉设立了一个开放校园，其他城市还有13个学习中心，占地面积405公顷。1967年，学校开设大学课程。目前是国内排名第一的综合性大学，也是太平洋岛国地区一所知名的大学。其办学宗旨是力争成为太平洋地区的一流大学，为巴布亚新几内亚和南太平洋地区提供优质的教育、研究与服务。目前，全日制在校生2000多人。

---

① 联合国教育科学文化组织编《世界高等教育指南》，高等教育出版社，1998，第563页。
② 巴布亚新几内亚的大学，https://en.wikipedia.org/wiki/List_of_schools_in_Papua_New_Guinea#Universities_and_Tertiary_Education，2015年10月30日浏览。
③ 巴布亚新几内亚—高等教育，http://education.stateuniversity.com/pages/1169/Papua-New-Guinea-HIGHER-EDUCATION.html，2015年11月29日浏览。

第六章　社会文化　The Past and Present of Papua New Guinea

教师大多数来自于澳大利亚、英国和其他英联邦国家的外籍人士。现设有人文与社会科学学院、法学院、医学与健康科学学院、自然与物理科学学院、商学院五个学术性学院，以及美拉尼西亚与太平洋研究中心、生物多样性及天然产品研究中心、灾难防止中心、远程教育研究中心、公共健康中心和人权研究中心等附属研究机构。专业涵盖文学、科学、新闻、社会工作、图书馆和信息服务、教育、健康科学、医学、法律、艺术创作、农业、商业、秘书服务、警察学、心理学等。其中医学与医学外科、药学、医学影像学、医学实验室、牙科学、临床护理学6个专业的学制为5年。[1] 此外，还开展硕士（1~3年）、博士（3~4年）研究生教育。该学校已培养出1.5万名大学生，包括帕亚斯·温蒂、梅克雷·莫劳塔、拉比·纳马柳、彼得·奥尼尔四位总理以及众多的部长、医生、企业家、法官、科学家等。2011年，与中国的石家庄铁道大学签署合作协议。

巴布亚新几内亚科技大学位于莫罗贝省莱城市，是大洋洲三所科技大学之一。其前身是1965年成立的巴布亚和新几内亚领地高等技术教育研究所。1967年改为莱城高等技术教育学院，1970年更名为巴布亚和新几内亚理工学院。现设有矿业系、机械系、应用化学系、应用物理系、电气工程系、数学与计算机系等应用技术性较强的院系，包括农业、建筑、商业、工程、林业、语言、数学和应用科学等专业。同时，该校也是巴布亚新几内亚唯一开设信息系统和计算机科学学位课程的大学。另外，学校还开展硕士（2年）、博士（3~5年）研究生教育。在校学生3000余人。

戈罗卡大学（University of Goroka）位于东高地省戈罗卡市，其前身是创建于1967年的戈罗卡师范学院，1997年改为现名。目前，该校是全国最大的师范类大学、巴布亚新几内亚第三大综合性大学，在校生1800人。学校设有教育学院、人文学院和科学学院。作为高地地区教育和其他领域的研究中心，现已成为巴布亚新几内亚和太平洋岛国地区发展最快的高等学校之一，其目标是建设成为美拉尼西亚族群中领先的高等学府。

---

[1] 肖水生、贺鸿星：《巴布亚新几内亚高等口腔医学教育概况》，《医学教育探索》2009年12月第8卷第12期，第1521页。

2001年9月，与中国的福建农林大学签署友好学校备忘录。

圣言大学（Divine Word University）位于马当市，其前身是1958年由基督教圣言传教士创办的宗教学校圣言高中。1980年，巴布亚新几内亚政府在此基础上建立了圣言学院（Divine Word Institute），并于1996年升格为政府支持、私人管理的综合性大学，接收本地和海外生源。目前，学校设置了艺术学院、商业与信息学院、健康科学学院、教育学院、技术学院和继续教育学院。目前，在校生约3000人。

太平洋安息日大学（Pacific Adventist University）位于莫尔兹比港布罗科区。其前身是1984年由基督复临安息日会创办的太平洋基督教学院。1997年升格为政府支持、教会管理的综合性大学。目前，学校下设艺术与人文学院、商学院、教育学院、健康科学学院、科学与技术学院、神学院。学生主要来自于本国及汤加、斐济、萨摩亚、瓦努阿图和所罗门群岛。另外，还有来自非洲、澳大利亚、巴基斯坦、中国、菲律宾和美国的留学生。

沃达尔大学又名巴布亚新几内亚自然资源与环境大学（Papua New Guinea University of Natural Resources and Environment），位于东新不列颠省科科波市，前身是1965年成立的国家渔业学院。2005年改为现名。学校设有沃达尔、波蓬德塔、塞皮克、卡维恩四个校区。主要开展热带农业、渔业和海洋资源方面的研究工作，是全国著名的资源与环境大学。2009年，与中国的华南农业大学建立了校际学术关系。

（四）技术培训与假期教育培训

巴布亚新几内亚技术培训与假期教育培训系统的目标是增加人们发展的机会，因此，它成为教育部和政府工作的重点。它希望通过提高人们的教育背景，改善国家的经济和社会条件，进而改善人民的生活质量。

技术培训与假期教育培训主要涉及八个职业领域：机械、电气、车辆、建筑、餐饮、印刷、神职人员和实验室，提供在不同经济和社会行业都需要的实用技能、劳动态度、知识经验等。

商业与技术学院可以提供众多领域的课程，遍布巴布亚新几内亚全国的133个假期教育培训中心，可以为已经完成8、10、12年级课程的学生提供全日制课程培训。对于公众和已经从业的人员也可以提供综合培训和短期培训。

培训课程的设置是国家培训委员会、国家评估与商务考试委员会、企业、省政府和社区等相关机构密切磋商的结果,所有课程都在国家资格认证机构备案。由此形成了学校—技术培训与假期教育培训—就业或进一步更高级别的教育培训的通道。

所有学校和挑选出来的假期教育培训学校都被授予资质,对于有工作经验或培训经历的在职人员进行技能和工作考核、评估、技能认证。

（五）远程教育

巴布亚新几内亚作为发展中国家,教育资源相对匮乏,以及交通和资金方面的困难,使得远程教育在远距离教学和低成本方面较其他教育形式的优势凸显出来。巴布亚新几内亚的远程教育由国家独立机构远程教育协会负责系统运作,其宗旨是为继续教育和培训提供机会,主要针对低收入人群,培训在不同行业工作、需要学习的劳动者。

由于远程教育能克服距离上的障碍,因此在巴布亚新几内亚已经渗透到国内所有地区。据联合国教科文组织资料统计,1995 年,在远距离教育机构学习的学生占入学人数 10% 以上的国家（地区）已达 18 个,其中巴布亚新几内亚列第四位,参加远程教育的学生占总数的 31%。[①]

巴布亚新几内亚远程教育的对象主要有：边远地区 6~8 年级的学生;在远程教育体系中完成 9~10 年级的教育,希望继续在正规的教育系统中学习的学生;希望完成 12 年级或者预科的课程,准备继续深造的学生;一些希望接受技术培训和假期教育培训课程的人。

四 图书馆

1975 年,巴布亚新几内亚政府在莫尔兹比港设立国家图书馆。1977 年,图书馆收集到大量资料、待加工的图书、政府出版物和胶片等。1978

[①] 吴钧、翁朱华、颉宁:《发展中国家的远程教育:机遇与挑战》,《开放教育研究》2004 年第 1 期,第 14 页。

年，澳大利亚联邦政府将新落成的国家图书馆移交给巴布亚新几内亚，这是澳大利亚承诺送给巴布亚新几内亚独立的礼物；同时，赠送了有关巴布亚新几内亚的图书、电影、地图、图书馆馆内设备，以及来自澳大利亚统计局、澳大利亚联邦议会图书馆和以前海外领土部图书馆的藏品，这些资料是巴布亚新几内亚独立前珍贵的历史文献。此外，还有外国政府通过其驻莫尔兹比港使馆赠送的图书。

1993年，巴布亚新几内亚国民议会通过《国家图书馆与档案法》，图书馆与档案馆办公室可以独立行事，但它属于教育部的组成部分。其职能包括：保存本国文化遗产；编辑国家书目；为学校图书馆、省立图书馆收集、购买和加工图书及其他图书馆资料；对全国图书馆进行协调；对小馆提供咨询并进行技术指导；举办图书馆专业研讨班，进行人员培训，推进图书馆事业发展。目前，国家图书馆收藏有巴布亚新几内亚最珍贵的图书，是全国图书馆目录制作中心。设有技术服务处、咨询处、读者服务处和管理处四个部门。

此外，巴布亚新几内亚各大学和专业学院都设有自己的图书馆，全部免费对外开放，办理手续简单，并有邮借业务。巴布亚新几内亚大学图书馆藏书丰富，许多书籍由澳大利亚、英国、美国、加拿大和日本赠送。馆内还有一个图书室，专门收集在巴布亚新几内亚发表的，以及关于巴布亚新几内亚的书籍、杂志、地图、照片、报纸、宣传稿和电影等。

第六节　新闻媒体

目前，巴布亚新几内亚的主要通讯社为官方的国际通讯社，是为巴布亚新几内亚报纸、杂志、广播和电视提供新闻而建立的一个实体。其媒体长期以来受西方影响较深，对中国的了解主要来源于外电报道，因此具有一定的偏见性。

一　报纸媒体

1978年，巴布亚新几内亚成立国家报刊委员会，其宗旨是鼓励发行通俗的大众报刊。

目前，巴布亚新几内亚国内的英文报纸有《国民报》(*The National*)、《信使邮报》(*Post—Courier*)、《星期日纪事报》(*Sunday Chronicle*)、《政府新闻报》和《商业时报》等。其中《国民报》是1992年由马来西亚常青集团执行主席张晓卿创办的日报，发行量约7万份；[①]《信使邮报》的前身是《南太平洋邮报》，发行量4.1万份，是由澳大利亚鲁波特·默多克报业集团（Rupert Murdoch Newspapers Group）创办的日报。《星期日纪事报》是周报，发行量约1万份。

另外，《同乡报》是唯一的皮钦语周报，发行量约1万份。

二 广电媒体

1975年，国家广播公司（National Broadcasting Company，缩写：NBC）成立，作为巴布亚新几内亚主流广播电视公司，总部设在莫尔兹比港。

（一）电视媒体

全国电视台主要有3个，均设在莫尔兹比港。通过有线网络电视，可收到多个英语频道和部分中文频道。

EMTV商业电视台创建于1987年，是一个私人电视台。

国家电视台（National Television Station，缩写：NTS）于2008年9月17日开播，主要报道巴布亚新几内亚经济社会发展成就及政府在农业、林业、渔业等方面的政策。

Kundu-2电视台是最近成立的一个国有电视台。

（二）广播媒体

巴布亚新几内亚全国共有六家广播电台，是政府唯一控制的垄断性广播组织，由1973年成立的全国广播委员会负责。广播节目以现代和传统的音乐节目为主，兼有新闻、教育、体育、时事和论坛等。

[①] 世界知识出版社编：《世界知识年鉴（2012~2013）》，世界知识出版社，2013，第943页。

英语广播电台（FM100.1）有三家，Nau FM 和国家广播网隶属于国家广播公司。其中看看电台（Kankan Radio）是巴布亚新几内亚知名电台，报道音乐新闻、提供音乐录影带资源、发布体育信息等。同时，提供分类音乐列表，供用户下载音乐使用。

另外，全国还有两家皮钦语广播电台和一家莫图语广播电台。

第七章
对外关系

巴布亚新几内亚独立后，自我定位为南太平洋地区成员，其外交工作的重点主要集中在澳大利亚及其盟国和南太平洋地区。进入 21 世纪以来，巴布亚新几内亚在经济上大力实施"出口导向"发展战略，其外交政策也与之相适应，在继续保持与南太平洋地区各国密切关系的同时，又采取了"北向政策"，加强与中国、日本、韩国、东南亚和南亚各国的联系，并有选择地开展双边、多边交往。

第一节　外交政策

巴布亚新几内亚位于亚洲和大洋洲之间，由于历史上曾经被德国、英国、澳大利亚等西方列强统治近百年，因此，巴布亚新几内亚独立后外交政策的基本特点是：立足南太平洋地区，面向亚洲，联系欧美。

在对外政策方面，独立后的巴布亚新几内亚采取了一系列"民族化"措施，以加强自身的独立自主。迈克尔·索马雷总理提出了"普遍主义"的外交政策，即走中间道路，对有关政治思想、主义纲领或政治制度等问题，不转向任何一边。其具体内涵是：积极发展与外部世界的联系，希望能够同一切人交朋友，而不与任何人为敌；寻求与所有国家建立友谊，不论其意识形态、政治信仰和经济制度；不与奉行种族隔离或种族主义政策的国家进行任何往来。1975 年 10 月 10 日，刚刚获得国家独立不到一个月的巴布亚新几内亚即被接纳为联合国第 142 个成员国。1977 年，巴布

巴布亚新几内亚历史与现状

亚新几内亚毅然决然地与实行种族歧视、种族隔离政策的南非断绝关系（20世纪90年代，随着南非取消种族隔离政策，两国又重新恢复了关系）。

1981年，巴布亚新几内亚政府及国民议会提出了"以民族利益为基础，积极而有选择地开展对外关系"的基本方针，推行所谓的"三元"战略：即巩固和发展现有关系，独立和建设性地寻求与邻国政府之间的合作，对外关系多元化。① 此后，巴布亚新几内亚历届政府重视巩固和加强与南太平洋各国、东南亚邻国以及欧洲、北美、东亚地区各国的联系。在国际事务中，奉行和平、中立和不结盟政策；维护联合国宪章的基本原则和目标，支持联合国在国际事务中发挥积极作用；主张各国相互尊重主权和领土完整，和平相处；主张改变国际经济旧秩序，加强经济往来与合作；积极参与国际和地区事务，致力于南太平洋地区的和平与稳定；反对超级大国进行军备竞赛，反对试验、扩散和使用核武器；反对殖民主义和种族主义，支持未独立国家和地区人民开展民族独立运动；支持第三世界各国领导人为维护第三世界集体利益所做的努力。在这一外交思想的影响下，巴布亚新几内亚与许多国际组织进行了密切联系。1981年，以观察员身份出席不结盟国家和政府首脑会议，开始参加不结盟运动（Non-Aligned Movement，缩写：NAM）的各项活动。1991年成为东南亚国家联盟（Association of Southeast Asian Nations，缩写：ASEAN，简称东盟）观察员。1992年成为不结盟运动正式成员国。1993年加入亚太经济合作组织。1994年成为东盟地区论坛（Asean Regional Forum，缩写：ARF）成员国。1998年，在莫尔兹比港设立APEC中心，旨在推动和协调亚太经济合作组织成员国与太平洋岛国的经贸合作，促使发达成员国提供更多的援助。

进入21世纪以来，索马雷政府制定了"以出口带动复苏"的经济发展战略，强调"北向政策"，在继续保持与澳大利亚、新西兰等南太平洋国家及欧美国家传统关系的同时，开始将外交工作的重点逐步转

---

① 钱其琛：《世界外交大辞典》（上册），世界知识出版社，2005，第153页。

第七章 对外关系

向东亚和东南亚各国，从地区层次和全球层次开展双边和多边贸易。2012年起，奥尼尔政府强调"巴布亚新几内亚的未来利益在亚洲"，提出要进一步拓展与中国等亚洲国家的关系，继续保持与澳大利亚的特殊联系，以及与美国的传统友好关系。这一时期，巴布亚新几内亚积极开展对外交往，出席了联合国成立60周年、亚太经济合作组织会议、东盟地区论坛、亚非峰会、英联邦部长会议以及非加太国家集团（Group of African, Carib-bean and Pacific Region Countries, 缩写：ACP）部长会议等活动，重视在多边外交中发挥作用。同时，利用雨林国家联盟（Coalition for Rainforest Nations, 缩写：CFRN）共同主席国身份，积极谋求在气候变化问题上的发言权。主办了第十六届非加太集团—欧盟联合议会大会（2008年）、非加太集团太平洋岛国领导人特别会议（2012年），并将承办2018年亚太经济合作组织领导人非正式会议。

目前，巴布亚新几内亚已同澳大利亚、新西兰、斐济、基里巴斯、所罗门群岛、汤加、图瓦卢、瓦努阿图、萨摩亚、瑙鲁、马绍尔群岛、帕劳、密克罗尼西亚、库克群岛、加拿大、美国、阿根廷、巴拿马、巴西、秘鲁、哥伦比亚、哥斯达黎加、古巴、洪都拉斯、墨西哥、乌拉圭、智利、阿尔巴尼亚、爱尔兰、奥地利、比利时、冰岛、丹麦、德国、俄罗斯、芬兰、法国、希腊、梵蒂冈、匈牙利、意大利、卢森堡、荷兰、挪威、波兰、葡萄牙、罗马尼亚、西班牙、瑞典、瑞士、英国、塞尔维亚、捷克、中国、日本、蒙古、朝鲜、韩国、孟加拉国、马来西亚、文莱、越南、印度、印度尼西亚、东帝汶、巴基斯坦、菲律宾、新加坡、斯里兰卡、泰国、土耳其、塞浦路斯、阿拉伯联合酋长国、伊拉克、科威特、以色列、阿尔及利亚、埃及、博茨瓦纳、加纳、莱索托、马拉维、毛里求斯、南非、尼日利亚、坦桑尼亚、赞比亚等80多个国家建立了外交关系。[1]

巴布亚新几内亚独立以来历任外交部长明细详见表7-1。

---

[1] 外交使团在巴布亚新几内亚列表，https://en.wikipedia.org/wiki/List_of_diplomatic_missions_in_Papua_New_Guinea，2016年1月26日浏览。

表7-1　巴布亚新几内亚独立以来历任外交部长

时间	机构名称	负责人
1975年9月~1977年8月	国防、外交与外贸部	艾伯特·毛利·基基(Albert Maori Kiki)
1977年8月~1978年11月	外交与外贸部	埃比亚·奥莱·瓦勒(Ebia Ole Wale)
1978年11月~1980年3月	外交部	埃比亚·奥莱·瓦勒(Ebia Ole Wale)
1980年3月~1982年8月	外交与贸易部	诺埃尔·莱维(Noel Levi)
1982年8月~1984年11月	外交与贸易部	拉比·纳马柳(Rabbie Namaliu)
1984年11月~1985年11月	外交与贸易部	约翰·吉海诺(John Giheno)
1985年11月~1987年8月	外交部	莱古·瓦基(Legu Vagi)
1987年8月~1988年7月	外交部	阿科卡·多伊(Akoka Doi)
1988年7月~1992年1月	外交部	迈克尔·索马雷(Michael Somare)
1992年1月~1994年1月	外交部	约翰·卡普廷(John Kaputin)
1994年1月~8月	外交与贸易部	朱利叶斯·陈(Julius Chan)
1994年8月~1996年6月	外交与贸易部	朱利叶斯·陈(Julius Chan)
1996年6月~1997年7月	外交与贸易部	基尔罗伊·吉尼亚(Kilroy Genia)
1997年7月~1999年7月	外交与贸易部	罗伊·雅基(Roy Yaki)
1999年7月~12月	外交与布干维尔事务部	迈克尔·索马雷(Michael Somare)
1999年12月~2000年11月	外交部	约翰·卡普廷(John Kaputin)
2000年11月~12月	外交与布干维尔事务部	迈克尔·索马雷(Michael Somare)
2001年1月~5月	外交与布干维尔事务部	巴特·费利蒙(Bart Philemon)
2001年5月~10月	外交部	约翰·蓬达里(John Pundari)
2001年10月~2002年8月	外交部	约翰·瓦伊科(John Waiko)
2002年8月~2006年7月	外交与移民事务部	拉比·纳马柳(Rabbie Namaliu)
2006年7月~2007年8月	外交与贸易部	保罗·廷斯坦(Paul Tiensten)
2007年8月~2010年12月	外交、贸易与移民部	萨姆·阿巴尔(Sam Abal)
2010年12月~2011年8月	外交部	唐·波利(Don Polye)
2011年8月~2012年8月	外交与移民部	阿诺·帕拉(Ano Pala)
2012年8月~	外交与移民部	伦宾克·帕托(Rimbink Pato)

第七章 对外关系

第二节 与澳大利亚、新西兰及其他太平洋岛国的关系

巴布亚新几内亚的领土面积在大洋洲仅次于澳大利亚。由于澳大利亚是近代欧洲移民建立的国家,因此,巴布亚新几内亚成为整个南太平洋地区最大的土著民族国家,由此决定了它在该地区占有举足轻重的地位。近年来,随着经济的快速发展,巴布亚新几内亚希望在南太平洋地区发挥更大的作用。

一 同澳大利亚的关系

历史上,巴布亚新几内亚曾经由澳大利亚统治了70年,并且两国从地理位置上只隔着140公里宽的托雷斯海峡。而澳大利亚认为维护南太平洋地区的稳定,促进巴布亚新几内亚经济发展符合其自身利益。因此,巴布亚新几内亚独立以来,一直被澳大利亚视为自己的势力范围,双方议会均设有外交和国防联合委员会。两国在政治、经济、文化、军事等多个领域保持着一种特殊的关系。澳大利亚驻巴布亚新几内亚大使馆的规模仅次于驻日本和驻印度尼西亚大使馆。[①] 目前,大约有1万名澳大利亚人常年生活和工作在巴布亚新几内亚。

(一)政治上的交往

1975年9月巴布亚新几内亚独立后,两国即建立了外交关系,文森特·艾里被任命为第一任驻澳大利亚总领事。1977年,澳大利亚总理约翰·马尔科姆·弗雷泽(John Malcolm Fraser)访问巴布亚新几内亚,双方发表《联合公报》和关于防务的《联合声明》,主张加强双方之间的合作和相互了解。1978年,两国就长期有争议的托雷斯海峡问题达成协议,划定了两国在托雷斯海峡的分界线。澳大利亚同意将靠近新几内亚

---
① 韩锋、刘樊德:《当代澳大利亚:社会变迁与政治经济的新发展》,世界知识出版社,2004,第357页。

岛的三个岛屿划归巴布亚新几内亚，巴布亚新几内亚则承认澳大利亚在托雷斯海峡其他岛屿拥有主权。同时，两国还就200海里捕鱼区实行共同监督问题达成了协议。1985年2月，两国外长交换了《托雷斯海峡条约》批准书。1987年12月，双方签订《两国关系指导原则的联合宣言》，强调加强双边关系的重要性，推动了两国高层的频繁接触。澳大利亚总理鲍勃·霍克（Bob Hawke，1983年、1990年）、保罗·约翰·基廷（Paul John Keating，1992年）、约翰·温斯顿·霍华德（John Winston Howard，1999年）先后访问了巴布亚新几内亚。巴布亚新几内亚总理朱利叶斯·陈（1980年、1994年、1996年）、迈克尔·索马雷（1982年）、帕亚斯·温蒂（1987年、1994年）、拉比·纳马柳（1989年、1991年）、比尔·斯卡特（1998年）、梅克雷·莫劳塔（2000年）多次访问澳大利亚。

进入21世纪以后，两国领导人互访更加频繁，每年都举行两次部长级磋商及各种级别的会谈。2002年8月，霍华德总理访问了巴布亚新几内亚；11月，两国举行第十四届部长级磋商，双方就巴布亚新几内亚经济结构调整计划、国防军改革、经济合作、移民与边界管理、贸易与投资、环境保护及布干维尔和平进程等问题发表了《联合声明》；12月，迈克尔·索马雷总理访问了澳大利亚。2003年12月，两国签署《增强合作一揽子计划》，澳大利亚向巴布亚新几内亚派驻230名警察、18名司法专家、36名经济官员和10名移民与海关官员，协助恢复法治，时限为5年。2008年3月，澳大利亚总理陆克文（英文名凯文·迈克尔·拉德，Kevin Michael Rudd）访问巴布亚新几内亚，发表《莫尔兹比港宣言》，承诺开启与巴布亚新几内亚及其他太平洋岛国合作的新时代，并增加对太平洋岛国的发展援助。8月，澳大利亚农业、林业与渔业部部长托尼·伯克（Tony Pok）访问巴布亚新几内亚，决定提供88万澳元（约合83.6万美元）的援助，用于控制乱砍滥伐森林，减少温室气体排放。同时，两国还签署了《发展合作伙伴关系》协议，澳大利亚承诺帮助巴布亚新几内亚加速实现千年发展目标及其自身发展优先领域目标。2009年4月，迈克尔·索马雷总理访问了澳大利亚。2011年9月，时任澳大利亚外交部

第七章 对外关系　The Past and Present of Papua New Guinea

部长的陆克文访问了巴布亚新几内亚；10月，彼得·奥尼尔总理回访澳大利亚。2012年11月，彼得·奥尼尔总理再次访问澳大利亚。同年，澳大利亚洛伊国际政策研究所（Lowy Institute for International Policy）对澳大利亚人在外交政策上的态度问题进行了调查。数据显示，在被调查的20个国家中，巴布亚新几内亚在澳大利亚人认为友好的国家中排名第6位。2013年4月和5月，澳大利亚历史上首位女总督昆廷·布赖斯（Quentin Bryce）、首位女总理朱莉娅·艾琳·吉拉德（Julia Eileen Gillard）先后访问巴布亚新几内亚，双方签署《新伙伴关系联合宣言》；[①] 7月，再次出任总理的陆克文访问巴布亚新几内亚，表示将继续提供法律秩序、医疗和教育领域的援助。彼得·奥尼尔总理回访了澳大利亚，双方签署《区域居住协议》，规定乘船抵达澳大利亚寻求庇护的人不得作为难民定居澳大利亚，而将被送往巴布亚新几内亚作进一步甄别。澳大利亚则在教育、卫生、律政等领域协助巴布亚新几内亚。2014年2月和3月，澳大利亚首位女外交部部长朱莉·毕晓普（Julie Bishop）、总理托尼·阿博特（Tony Abbott）先后访问了巴布亚新几内亚。12月，朱莉·毕晓普部长再次访问巴布亚新几内亚，决定提供1.2亿基那（约合4320万美元）的援助，用于帮助布干维尔教育、医疗卫生、妇女儿童权益、道路和安保等方面的建设。2015年1月和3月，彼得·奥尼尔总理和托尼·阿博特总理进行了互访，双方签署了《经济合作协议》。5月，澳大利亚外交部部长朱莉·毕晓普和贸易与投资部部长安德鲁·罗伯（Andrew Robb）访问了巴布亚新几内亚。

两国在政治上频繁交往的同时，也存在着一些分歧和矛盾。2003年3月伊拉克战争爆发后，澳大利亚军队参与了美国主导的联合军事行动，迈克尔·索马雷总理明确反对澳大利亚参战。同月，澳大利亚独立研究中心报告指出，巴布亚新几内亚正处于崩溃的边缘，是"失败国家"，澳大利亚必须从根本上重新审视对巴布亚新几内亚的政策。此后，两国

[①] 澳大利亚外交部网站，http://dfat.gov.au/geo/papua-new-guinea/Pages/papua-new-guinea.aspx，2015年11月28日浏览。

围绕这份报告发生了激烈的争吵。5月，在第三届太平洋岛国论坛议长会议上，巴布亚新几内亚外交与移民事务部部长拉比·纳马柳明确表示反对澳大利亚、新西兰竞选太平洋岛国论坛秘书长。2004年6月，根据两国达成的《加强合作计划协议》，巴布亚新几内亚允诺给予澳大利亚警察豁免权，并赴布干维尔执行维和任务。此举激起巴布亚新几内亚反对党和民众的强烈不满。2005年3月，迈克尔·索马雷总理过境澳大利亚布里斯班机场时遭强行搜身，引起巴布亚新几内亚政府的强烈抗议；5月，巴布亚新几内亚最高法院裁定《加强合作计划协议》有关豁免权和裁判权的条款违反宪法，要求澳大利亚警察撤出巴布亚新几内亚。2006年10月，巴布亚新几内亚政府不顾澳大利亚政府的强烈要求，将其通缉的"幼女强奸犯"、澳籍律师朱利安·莫蒂（Julyan Motti）送往所罗门群岛，导致两国关系更加紧张。澳大利亚宣布在两国间问题解决之前，禁止巴布亚新几内亚政府部长级以上官员访问澳大利亚，并中断两国部长级以上官员的联络。2007年澳大利亚工党政府成立后，积极修复与巴布亚新几内亚的关系，双方的政治交往逐渐走上正常化发展轨道。

（二）经济上的往来

澳大利亚一直是巴布亚新几内亚最大的援助国，约占其对外援助款项的40%，[①] 平均每年援助额达3.5亿澳元（约合3.32亿美元）。截至2005年独立30周年时，巴布亚新几内亚共获得澳大利亚123.49亿美元的援助。近年来，澳大利亚对巴布亚新几内亚的援助一直保持较为稳定的增长趋势。2012～2013财政年度的援助金额为5亿澳元（约合4.45亿美元），占巴布亚新几内亚接受双边援助的89.4%；2013～2014财政年度的援助金额为5.28亿澳元，比上一年度增长5.6%；[②] 2014～2015财政年度的援助金额为4.506亿美元；2015～2016财政年度的援助金额为5.497亿

[①] 安国政：《世界知识年鉴（1999～2000）》，世界知识出版社，1999，第1006页。
[②] 喻常森、常晨光、王学东：《大洋洲发展报告（2013～2014）》，社会科学文献出版社，2014，第302页。

第七章 对外关系 **The Past and Present of Papua New Guinea**

美元；2016~2017 财政年度计划提供 5.583 亿美元的援助。[①] 另外，2000~2008 年，澳大利亚在巴布亚新几内亚实施了两期激励基金计划，提供资金 1.1 亿澳元，在 19 个省实施了 39 个项目。2010~2014 年，实施了第三期激励基金计划，提供资金 6000 万澳元（约合 4910 万美元），在 9 个省实施了 20 个项目。主要致力于改善巴布亚新几内亚卫生、教育、农村发展和提升妇女地位。[②] 截至 2014 年，澳大利亚对巴布亚新几内亚的援助累计达 407 亿基那（约合 190 亿美元）。在援助巴布亚新几内亚过程中，澳大利亚把交通基础设施作为重点领域，每年援助金额约 6500 万澳元。2010~2012 年，澳大利亚对巴布亚新几内亚基础设施领域援助的占比分别为 16.3%、15.05% 和 11.26%，远高于其平均比重。[③]

澳大利亚是巴布亚新几内亚最大的投资伙伴。根据巴布亚新几内亚投资促进局统计数据显示，2006 年，巴布亚新几内亚吸引外资 21 亿基那（约合 7 亿美元）。其中澳大利亚投资 3.797 亿基那（约合 1.27 亿美元），占外国投资总额的 18.14%。截至 2014 年，澳大利亚对巴布亚新几内亚的投资额累计达 190 亿澳元（约合 155.8 亿美元），约占其海外投资额的 2/3。[④] 投资集中在金矿、石油和天然气部门。而巴布亚新几内亚在澳大利亚的投资仅有 15.2 亿澳元（约合 12.44 亿美元）。[⑤]

在贸易方面，根据 1977 年两国签订的《贸易和商业关系协定》，澳

[①] 《澳大利亚发展援助巴布亚新几内亚》，澳大利亚政府外交和贸易部网站，http://dfat.gov.au/geo/papua-new-guinea/development-assistance/Pages/papua-new-guinea.aspx，2016 年 12 月 22 日浏览。

[②] 《对外投资合作国别（地区）指南——巴布亚新几内亚》，2015，第 19 页。

[③] 喻常森、常晨光、王学东：《大洋洲发展报告（2013~2014）》，社会科学文献出版社，2014，第 303 页。

[④] 《澳大利亚贸易和投资部部长访问巴布亚新几内亚》，中华人民共和国驻巴布亚新几内亚大使馆经济商务参赞处网站，http://pg.mofcom.gov.cn/article/jmxw/201505/20150500975970.shtml，2015 年 10 月 22 日浏览。

[⑤] 《澳大利亚外长访问巴布亚新几内亚》，中华人民共和国驻巴布亚新几内亚大使馆经济商务参赞处网站，http://pg.mofcom.gov.cn/article/jmxw/201402/20140200479177.shtml，2015 年 12 月 6 日浏览。

大利亚给予巴布亚新几内亚产品以免税和非限制性准入待遇。1983年，巴布亚新几内亚向澳大利亚出口5600万基那，从澳大利亚进口3.2亿基那。[①] 目前，澳大利亚是巴布亚新几内亚的第一大贸易伙伴，始终保持最大进口国和最大出口国的地位。2009年，巴布亚新几内亚对澳大利亚出口23.1亿美元，从澳大利亚进口16.2亿美元，分别占其商品总出口和总进口的29.9%和43.3%，占商品进出口总额的42%。2015年，两国贸易额达到140亿基那（约合52.83亿美元），其中巴布亚新几内亚出口占60%。[②] 澳大利亚是巴布亚新几内亚矿业、石油、天然气行业设备、零部件、技术和服务、电气设备、肉制品的供应商。[③] 巴布亚新几内亚出口到澳大利亚的主要是黄金、原油、白银和铂。[④]

（三）军事合作

由于巴布亚新几内亚国防军力量有限，装备落后，缺乏常规军事行动的经验，加之巴布亚新几内亚是澳大利亚北部最近的邻国，直接关系到澳大利亚北部的国防安全，因此，根据两国签订的关于防务的《联合声明》，澳大利亚军人被允许在巴布亚新几内亚国防军中担任各种职务，并由澳大利亚提供补给。后来，双方又签订《防务合作计划》，澳大利亚联邦政府每年提供4920万澳元的军事援助，用以解决裁军人员经费和军队设施建设等问题，并提供政策、管理、海军、陆军、工程兵、后勤等领域的军事培训和技术咨询。此外，双方还规定巴布亚新几内亚派遣军事人员到澳大利亚参加个体和集体的军事培训与训练。个体培训到澳大利亚邓特伦皇家军事学院（Royal Military

---

[①] 世界知识年鉴编辑委员会编《世界知识年鉴（1987）》，世界知识出版社，1987年7月，第536页。

[②] 《澳大利亚在巴布亚新几内亚商业投资达450亿基那》，中华人民共和国驻巴布亚新几内亚大使馆经济商务参赞处网站，http://pg.mofcom.gov.cn/article/jmxw/201611/20161101670125.shtml，2016年12月19日浏览。

[③] 《对外投资合作国别（地区）指南——巴布亚新几内亚》，2015，第4页。

[④] 《巴布亚新几内亚国家简介》，澳大利亚政府外交和贸易部网站，http://dfat.gov.au/geo/papua-new-guinea/pages/papua-new-guinea-country-brief.aspx，2015年2月2日浏览。

College, Duntroon) 以及国防学院下属的指挥参谋学院、国防与战略问题研究中心进行。集体培训则是每年在汤斯维尔组织一次为期一个月左右的"亲密战友勇士"演习，将巴布亚新几内亚国防军一个步兵连约100人编入澳大利亚陆军第三旅，学习该旅的作战经验以及如何使用新式军事设施装备。通过合作，强化了双方的军事交流，提高了协同作战能力。① 目前，澳大利亚在巴布亚新几内亚有38人的驻军。②

（四）社会法制方面

巴布亚新几内亚政府与澳大利亚合作，在全国乡村设立法院，改善了法院的信息管理系统。专门培训女性法律工作者，培训人数从2004年的10人增加到2009年的384人，使妇女同样得到法律的保护。

另外，澳大利亚通过协助巴布亚新几内亚培训警察，修建法院用房、监狱和社区司法中心，帮助布干维尔地区恢复法制，促进了乡村法制建设和社会稳定。

（五）教育方面

巴布亚新几内亚的高等教育与澳大利亚的教育体制一脉相承，是澳大利亚的合作办学伙伴，具有兴国立民的重要性。③

2006~2007年，澳大利亚海外援助委员会帮助巴布亚新几内亚完成了学校课程改革，并向3273所幼儿园、4531所小学和183所初中发放了学习教材；④ 2009年，澳大利亚为巴布亚新几内亚小学援建了教室、教师用房以及学校图书馆、行政办公楼等公共设施，使基础教育水平得到了较为明显的改善。相比于2006年，巴布亚新几内亚招收的小学生增加了3万多名，基础教育的完成率从41.5%提高到56.9%。2010年，为巴布亚新几内亚小学提供了免费教科书。

---

① 《再聚焦澳大利亚与巴布亚新几内亚的关系》，http://mil.sohu.com/20131211/n391602990.shtml，2015年3月12日浏览。
② 军事科学院《世界军事年鉴》编辑部编《世界军事年鉴（2010）》，解放军出版社，2011，第277页。
③ 特里·埃文斯、卡伦·特里金莎：《澳大利亚和香港教育机构联合办学调查报告》，孙建华译，《中国远程教育》2002年第11期，第23页。
④ 李桂山等：《教育国际化与教学模式创新研究》，中国环境出版社，2013，第111页。

（六）医疗卫生方面

2008年，澳大利亚为巴布亚新几内亚90万名儿童提供了麻疹和其他疾病的疫苗，占巴布亚新几内亚6省儿童总数的95%。2009年，针对莫罗贝省暴发的霍乱疫情迅速蔓延到马当省、中央省、西部省、东塞皮克省和布干维尔自治区，澳大利亚联邦政府及时提供了净水技术、医疗援助、实验设备、防治信息等全面的援助。2010年，西部省霍乱死亡人数逐渐增加，澳大利亚提供了静脉注射、口服盐液、纯净水。同时，派出医疗队，参与疫区救治活动。

另外，澳大利亚还在防治艾滋病方面与巴布亚新几内亚进行合作。截至2009年，提供了226套设备，免费进行艾滋病检验，为11.5万人进行了体检，并提供了大量的避孕工具。

二 同新西兰的关系

1975年9月巴布亚新几内亚独立后，两国立即建立了外交关系。目前，大约有2500名新西兰人居住在巴布亚新几内亚各地。

（一）政治上的交往

两国高层领导人互访频繁，并进行定期的政治磋商。1990年5月布干维尔自行宣布独立后，新西兰总理杰弗里·温斯顿·拉塞尔·帕尔默（Geoffrey Winston Russell Palmer）发表声明，拒绝承认布干维尔独立，完全支持巴布亚新几内亚政府关于通过谈判解决布干维尔危机的立场。1991年12月，拉比·纳马柳总理访问新西兰，与詹姆斯·布伦丹·博尔格（James Brendan Bolger）总理举行了会谈。1997年7月～1998年1月，新西兰组织布干维尔冲突各方举行了三次和谈，并在伯恩哈姆、基督城林肯大学先后签署了具有实质意义的《伯恩哈姆停火协议》和《林肯协议》。1998年12月、1999年8月，新西兰外交部部长唐纳德·麦金农（Donald Mckinnon）、国际贸易部部长洛克伍德·史密斯（Lockwood Smith）先后访问了巴布亚新几内亚。2003年4月，新西兰外交部部长菲尔·戈夫（Phil Goff）访问了巴布亚新几内亚；8月，迈克尔·索马雷总理回访了新西兰。2004年10月，巴布亚新几内亚外交与移民事务部部长拉比·纳马柳访问新西兰，双方签署《志愿者服务协定》。2006年2月，保莱阿斯·马塔内总督访问了新西兰；5月，新西兰外交部部长温斯顿·彼得斯（Winston Peters）回访了巴布亚新几内亚。2007年12月，温斯顿·彼得斯部长再次访问巴布亚新几内亚。2009年1月和9月，新西兰总理约翰·基（John Key）和总督阿南德·萨特亚南德（Anand Satyanand）先后访问了巴布亚新几内亚。2010年4月和8月，迈克尔·索马雷总理、国防部部长鲍勃·达达埃先后访问了新西兰；10月，新西兰外交部部长默里·麦卡利（Murray McCully）访问了巴布亚新几内亚。2013年8月，彼得·奥尼尔总理访问了新西兰，与约翰·基总理签署了两国间相关合作协议。2014年3月，新西兰国防军司令蒂莫西·基廷（Timothy Keating）访问了巴布亚新几内亚。

（二）经济上的往来

巴布亚新几内亚是新西兰最大的援助对象国。2002~2003年度，新西兰对巴布亚新几内亚的援助金额为900万新西兰元（约合734万美元）；2007~2008年度为2150万新西兰元（约合1753万美元）；2008~2009年度为2250万新西兰元（约合1834万美元）；2009~2010年度为2700万新西兰元（约合2201万美元）；2010~2011年度为2900万新西兰元（约合2364万美元）；2011~2012年度为2700万新西兰元（约合2201万美元）；2012~2015年，新西兰提供了5400万美元的援助，集中在教育、卫生条件、资源环境保护、农村经济发展等方面。[1] 另外，还包括提高布干维尔自治政府的政策能力和法律、规章制度建设。1999年，当巴布亚新几内亚遭遇经济危机时，新西兰积极倡导成立"巴布亚新几内亚朋友集团"，为其提供援助。此外，新西兰还在多边和地区场合援助巴布亚新几内亚700万新西兰元（约合571万美元）。

在双边贸易方面，巴布亚新几内亚是新西兰在太平洋岛国地区的第三大出口市场，双方在奥克兰和莫尔兹比港设有新西兰—巴布亚新几内亚工

---

[1] 《对外投资合作国别（地区）指南——巴布亚新几内亚》，2015，第19页。

商委员会。针对巴布亚新几内亚拥有丰富的渔产品资源，新西兰政府鼓励巴布亚新几内亚向其出口生鲜、耐贮产品及天然制品。[①] 2010 年上半年，双边贸易额达到 1.62 亿新西兰元（约合 1.32 亿美元），比 2009 年同期增长 7%。2012 年，新西兰对巴布亚新几内亚出口总额为 2.42 亿新西兰元（约合 2.114 亿美元），出口商品中以羊肉为主。[②]

2014 年 2 月，新西兰霍金斯公司（Hawkins Corp）承建了莫尔兹比港高架桥。工程总造价 1.6 亿基那（约合 5760 万美元），包括 600 米四车道高架桥和 2.5 公里四车道公路，连接杰克逊国际机场与吉斯议会路。该桥建成后，成为南太平洋地区首座高架桥。[③]

（三）军事上的合作

1983 年 5 月，两国签署军事合作协议，军队在相互支援框架下进行防务合作。新西兰协助巴布亚新几内亚培训军事人员，部分新西兰军官则在巴布亚新几内亚国防军内担任军事顾问，负责训练军队；巴布亚新几内亚的军官在新西兰接受训练，并组织开展联合军事演习。

三　同其他太平洋岛国的关系

巴布亚新几内亚作为南太平洋地区最大的土著民族国家，随着经济的快速发展，在南太平洋地区的影响力与日俱增，发挥的作用越来越大。

（一）积极参与地区事务

巴布亚新几内亚独立后，成为南太平洋委员会（South Pacific Commision，缩写：SPC。1998 年更名为太平洋共同体。）、南太平洋论

[①]《中国与巴布亚新几内亚渔业领域合作前景广阔》，国际商报第 8597 期，2016 年 10 月 28 日。

[②]《新西兰希望扩大向巴布亚新几内亚出口》，中华人民共和国驻巴布亚新几内亚大使馆经济商务参赞处网站，http://pg.mofcom.gov.cn/article/jmxw/201406/20140600615305.shtml，2015 年 3 月 2 日浏览。

[③]《巴布亚新几内亚首座高架桥开工建设》，中华人民共和国驻巴布亚新几内亚大使馆经济商务参赞处网站，http://pg.mofcom.gov.cn/article/jmxw/201402/20140200502381.shtml，2015 年 3 月 2 日浏览。

坛（2000年改称太平洋岛国论坛，Pacific Islands Forum，缩写：PIF）、亚洲及太平洋椰子共同体（The Asian and Pacific Coconut Community，缩写：APCC）成员国之一。1988年，与所罗门群岛、瓦努阿图在维拉港（Port Vila）签署公民互免签证协议，建立了三国外长定期会晤制度。1991年，拉比·纳马柳总理访问法属新喀里多尼亚，明确表示支持其争取政治独立的斗争。1993年，与所罗门群岛、瓦努阿图签署局部自由贸易协定，组成美拉尼西亚先锋集团（Melanesian Spearhead Group，缩写：MSG。1996年斐济加入。），通过经贸联系推动地区经济发展，建立政治框架，处理地区事务。1995年参与成立太平洋植物保护组织（Pacific Plant Protection Organization，缩写：PPPO）。1998年声明支持新喀里多尼亚各方与法国达成的推迟15年实行自决的新协议。2003~2005年，相继加入《太平洋岛国自由贸易协定》《太平洋紧密经济关系协定》《太平洋岛国航空服务协定》等。2007年，迈克尔·索马雷总理与所罗门群岛总理马纳塞·索格瓦雷（Manasseh Sogavare）、瓦努阿图总理哈姆·利尼（Ham Lini）、斐济临时政府外交部部长埃佩利·奈拉蒂考（Epeli Nailatikau）在维拉港签署《美拉尼西亚先锋集团宪章》。

（二）承办地区国际会议

巴布亚新几内亚在参加南太平洋地区事务的同时，陆续主办了第八届南太平洋论坛年会（1977年）、第二十六届南太平洋论坛年会（1995年）、第九届美拉尼西亚先锋集团经济与贸易官员会议（2000年）、第三届太平洋岛国论坛议长会议（2003年）、第十五届太平洋司法会议（2003年）、第二十一届大洋洲和太平洋申诉专员地区会议（2003年）、太平洋岛国央行行长会议（2003年）、第十六届美拉尼西亚先锋集团大会（2004年）、第五届南太平洋旅游组织大会及组织部长理事会会议（2005年）、第三十六届太平洋岛国论坛首脑会议（2005年），以及太平洋岛国论坛领导人特别会议（2009年）、第二届太平洋金枪鱼论坛（2009年）、第四十六届太平洋岛国论坛会议（2015）、第八届非加太国家集团首脑峰会（2016年）。在政治上，支持建立南太平洋无核区，反对在南太平洋地区试验、发展、制造、获得、使用和储存核武器，倾倒核废料；反对澳大利亚、新西兰竞选太平洋岛国论坛秘书长。在经济上，主张加强太平洋岛国区域合作，实行200海里经济区，共同开展捕鱼活动，反对他国掠夺该地区的渔业资源，重视与该区域岛国的联系。

（三）与所罗门群岛、瓦努阿图、斐济的交往

所罗门群岛与巴布亚新几内亚有领土纠纷，因此，布干维尔宣布脱离巴布亚新几内亚独立后，所罗门群岛马马洛尼政府公开支持布干维尔分裂活动。1992年2月，拉比·纳马柳总理致函索洛蒙·马马洛尼（Solomon Mamaloni）总理，强烈抗议其为"布干维尔共和军"的分裂活动提供场所。3月，巴布亚新几内亚国防军两次袭击"布干维尔共和军"使用的所罗门群岛储油库，两国关系降到冰点。7月，帕亚斯·温蒂总理执政后，两国关系一度有所缓和，实现了两国总理多年来的首次会晤。但因所罗门群岛政府继续支持"布干维尔共和军"，并支持巴布亚新几内亚各海岛省长反对政府取消省府的行动，两国关系再度紧张。1993年6月，随着所罗门群岛弗朗西斯·比利·希利（Francis Billy Hilly）上台组阁，两国就边界联合管理、人员往来和移民、布干维尔危机等问题达成共识，双方关系渐趋缓和。1994年12月，两国签署遣返条约，所罗门群岛关闭了"布干维尔共和军"在霍尼亚拉的办事处。1997年7月，两国达成《边界基本协议》；9月和12月，所罗门群岛总理巴塞洛缪·乌卢法阿卢（Bartholomew Ulufa'alu）与比尔·斯卡特总理进行了互访。[①] 1998年1~2月，巴布亚新几内亚外交与贸易部部长罗伊·亚基（Roy Yaki）访问所罗门群岛，双方同意实施《边界基本协议》，并提供200万基那的经济援助。2000年8月，巴布亚新几内亚外交部部长约翰·卡普廷（John Kaputin）率太平洋岛国外长代表团访问所罗门群岛，为两国和平解决政治危机起到了促进作用。2001年8月《布干维尔和平协定》签订后，巴布亚新几内亚与所罗门群岛政府的关系得到极大改善。2002年3月，两国就海上边界协议达成一致。2003年7月所罗门群岛发生骚乱后，巴布

---

① 王成家：《世界知识年鉴（2003~2004）》，世界知识出版社，2003，第1025页。

亚新几内亚国防军随澳大利亚和新西兰主导的"地区援助部队"进入该国维持治安。2004年3月，所罗门群岛外交部部长劳里·陈（Laurie Chen）访问巴布亚新几内亚，新不列颠棕榈油公司（New Britain Palm Oil Company）决定投资2.7亿所罗门群岛元（约合3610万美元）开发瓜达尔卡纳尔省棕榈油业；[①] 7月，所罗门群岛总理艾伦·凯马凯扎（Allan Kemakeza）访问巴布亚新几内亚，双方签署《两国关系框架条约》和《基础边界协定》，巴布亚新几内亚决定提供460万所罗门群岛元（约合61.5万美元）的赠款，用于修建所罗门群岛驻巴布亚新几内亚高级专员公署。2005年3月和4月，艾伦·凯马凯扎总理与迈克尔·索马雷总理进行互访，签署了《发展合作协定》，两国关系完全走向正常化。2006年5月，巴布亚新几内亚外交与移民事务部部长拉比·纳马柳访问了所罗门群岛。2008年1月和4月，所罗门群岛总理戴维·德里克·西库阿（David Derek Sikua）与保莱阿斯·马塔内总督进行了互访。2011年10月、2013年5月，所罗门群岛总理丹尼·菲利普（Danny Philip）与彼得·奥尼尔总理进行了互访。2014年5月，巴布亚新几内亚外交与移民部部长伦宾克·帕托访问所罗门群岛，并提供了2100万基那（约合835万美元）的无偿援助，以及800个在巴布亚新几内亚学习的奖学金名额。

1992年，斐济总理西蒂韦尼·兰布卡（Sitiveni Rabuka）访问巴布亚新几内亚。而后，斐济在巴布亚新几内亚设立大使馆，由此强化了两个主要太平洋岛国的关系。1994年，西蒂韦尼·兰布卡总理与巴布亚新几内亚副总理兼外交与贸易部部长朱利叶斯·陈进行了互访。1995年，西蒂韦尼·兰布卡总理再次访问巴布亚新几内亚。1997年1月，两国签署《贸易协定》。2000年4月，巴布亚新几内亚贸易、商业与工业部部长迈克尔·纳利访问了斐济。2005年8月，迈克尔·索马雷总理访问斐济，发表了进

---

① 世界知识年鉴编辑部编《世界知识年鉴（2005～2006）》，世界知识出版社，2006，第1027页。

一步促进和扩大两国双边关系的联合声明。① 在经济领域，2002~2013年，巴布亚新几内亚12个公司在斐济的投资达3亿基那。2010年，斐济对巴布亚新几内亚出口1900万斐济元（约合1032万美元）；2013年达到6300万斐济元（约合2880万美元）。②

巴布亚新几内亚与瓦努阿图签订有防务协定。1980年8月，巴布亚新几内亚国防军奉命出兵瓦努阿图，协助政府平息了以吉米·斯蒂芬为首的叛乱活动。1998年，瓦努阿图警察和机动部队参与了联合国在布干维尔的国际和平监督团。2005年4月，迈克尔·索马雷总理访问了瓦努阿图。2015年，巴布亚新几内亚为瓦努阿图高速公路、国会大厦项目提供了1150万基那的援助，占援助太平洋岛国总额的54.76%。③

第三节 与日本、韩国和东盟的关系

巴布亚新几内亚在地理位置上处于大洋洲和亚洲之间。自独立以来，一贯重视发展同东亚和东南亚各国的关系。尤其是进入21世纪，巴布亚新几内亚强调"北向政策"，加强了与亚洲各国的交往。

一 与日本的关系

1975年9月16日，两国建立外交关系。1977年8月，在巴布亚新几内亚召开的第八届南太平洋论坛会议上，与会12国首脑决定设立200海里专属经济区，由此提升了太平洋岛国在日本安全和经济中的地位。1980年，大平正芳首相提出"环太平洋经济圈"构想后，巴布亚新几内亚和斐济成为日本重点开发援助的两个太平洋岛国。1981年，日本在巴布亚

---

① 中国现代国际关系研究院编《2005年世界大事备忘录》，时事出版社，2006，第569页。
② 《2002~2013年巴布亚新几内亚在斐济投资3亿基那》，中华人民共和国驻巴布亚新几内亚独立国大使馆网站，http://pg.mofcom.gov.cn/article/jmxw/201410/20141000758789.shtml，2015年9月24日浏览。
③ 《巴布亚新几内亚积极援助太平洋邻国》，中华人民共和国驻巴布亚新几内亚大使馆经济商务参赞处网站，http://pg.mofcom.gov.cn/article/jmxw/201604/20160401291998.shtml，2016年12月20日浏览。

第七章 对外关系

新几内亚北部城市韦瓦克修建了日军战亡者碑。近年来,两国政治和经贸关系发展迅速,人员往来频繁。

(一) 政治上的交往

两国建交以来,日本首相大平正芳(1980年)、中曾根康弘(1985年),外务省大臣三郎冲田(1980年)、安倍晋太郎(1985年)、仓成正(1987年),厚生省大臣津岛雄二(1989年、2000年),卫生与福利省大臣小泉纯一郎(1989年)以及多位外务省副大臣陆续访问了巴布亚新几内亚。巴布亚新几内亚访问日本的政要有:总督金斯福德·迪贝拉(Kingsford Dibela,1989年)、塞雷·艾里(Serei Eri,1990年),国民议会议长伯纳德·纳罗柯比(2001年),总理迈克尔·索马雷(1977年、1985年、1988年、2003年、2005年、2006年、2009年)、朱利叶斯·陈(1995年、1996年),副总理兼外交部部长埃比亚·奥莱·瓦勒(1979年),副总理兼渔业与海洋资源部部长阿科卡·多伊(1992年),副总理兼交通与民航部部长唐·波利(2010年),外交部部长迈克尔·索马雷(1988年),外交与贸易部部长罗伊·亚基(1997年),外交与移民事务部部长拉比·纳马柳(2006年),外交、贸易与移民部部长萨姆·阿巴尔(2009年),财政与计划部部长保罗·波拉(Paul Pora,1989年),财政部部长安得烈·古巴可(Andrew Kumbakor,2002年),环境保护部部长吉姆·韦姆(Jim Waim,1989年)、本尼·艾伦(Benny Allan,2007年),石油与能源部部长拉比·纳马柳(1998年)、莫伊·阿韦(2003年、2005年),渔业与海产资源部部长艾伦·埃布(Alan Ebu,1989年),教育、文化与科学部部长姆基·塔拉纳彼(Muki Taranupi,1999年),文化与旅游部部长阿鲁鲁·马蒂亚布(Aruru Matiabe,1990年)、皮塔·鲁斯(Pita Lus,2002年)、西纳伊·布朗(Sinai Brown,2005年),教育部部长彼得·莱莫(Peter Laimo,2007年),公共服务部部长彼得·佩普尔(Peter Peipul,1999年),社会化与私有化部部长文森特·阿瓦利(Vincent Auali,2002年),贸易与工业部部长保罗·廷斯坦(Paul Tiensten,2005年)、加布里埃尔·卡普里斯(2009年),国家规划与监测部部长阿瑟·索马雷(2005年),公共企业部部长阿瑟·索马雷(2009

年），交通部部长约翰·莫米斯（1994 年）等。

近年来，两国领导人的政治交往持续增温。2011 年，巴布亚新几内亚外交部部长唐·波利、国家规划与社区发展部部长保罗·廷斯坦访问日本，两国签订了《双边投资基本协定》，规定在巴布亚新几内亚的日本企业与当地企业享受同等待遇。① 2013 年 3 月和 10 月，彼得·奥尼尔总理、外交与移民部部长伦宾克·帕托先后访问了日本；5 月，日本外务省副大臣山口壮访问了巴布亚新几内亚。2014 年 6 月和 7 月，彼得·奥尼尔总理与日本首相安倍晋三进行了互访，双方发表《新时代全面合作伙伴关系》共同声明，② 表示要将传统友好的合作关系发展成为全面合作伙伴关系，加强两国在贸易领域的更多合作与投资。9 月，日本海上自卫队 "鹿岛" 号训练船访问了巴布亚新几内亚。2015 年 10 月，彼得·奥尼尔总理访问了日本。

（二）经济上的往来

自 1979 年起，日本成为巴布亚新几内亚第二大贸易伙伴，巴布亚新几内亚对日本的出口仅排在澳大利亚之后。根据《普惠制原则》，巴布亚新几内亚出口到日本的商品享受减免关税待遇。

两国在贸易领域互补性较强，但贸易额波动较大。1995 年，双边贸易额 8.54 亿美元，巴布亚新几内亚贸易顺差 6.1 亿美元。2005 年，双边贸易总额 13.25 亿基那（约合 4.24 亿美元），其中巴布亚新几内亚出口 11.46 亿基那（约合 3.667 亿美元）。2014 年，双边贸易额达到 2801.42 亿日元（约合 27.59 亿美元），其中巴布亚新几内亚出口 2611.17 亿日元（约合 25.72 亿美元），进口 190.25 亿日元（约合 1.87 亿美元)③，贸易

---

① 日本外务省网站，http：//www.mofa.go.jp/announce/announce/2011/2/0210_01.html，2015 年 12 月 22 日浏览。

② 《日本—巴布亚新几内亚新时代全面伙伴关系致力于地区稳定和繁荣的共同声明（PDF）（2014 年 7 月 10 日）》，日本外务省网站，http：//fanyi.baidu.com/transpage?query=http：//www.mofa.go.jp/announce/announce/2011/2/index.html&source=url&ie=utf8&from=auto&to=zh&render=1，2015 年 12 月 22 日浏览。

③ 日本外务省网站，http：//www.mofa.go.jp/region/asia-paci/png/data.html，2015 年 12 月 22 日浏览。

第七章 对外关系

顺差23.85亿美元。巴布亚新几内亚出口到日本的主要是铜、黄金、石油、天然气和木材，进口产品主要是电器、机动车辆和矿山设备等。2014年，巴布亚新几内亚注册新车8305辆，其中日本生产的丰田、五十铃、日产、马自达、日野、三菱等品牌占其市场份额的84.6%。[1]

日本是巴布亚新几内亚重要的经援项目提供国。其中1988年、1996年日本两次提供总额127.63亿日元（约合3.21亿基那）的贷款，帮助修建莫尔兹比港杰克逊国际机场。2003年9月，日本政府向布干维尔省提供了320万基那（约合86万美元）的援助，用于教育、卫生和基础设施建设。2005年，日本国际合作银行（the Japan Bank for International Cooperation）提供15亿基那（约合4.59亿美元）的优惠贷款，支持修建巴布亚新几内亚到澳大利亚昆士兰天然气管道工程；三菱天然气化工公司、伊藤忠株式会社（Itou Tada Corporation）与巴布亚新几内亚石油勘探公司签署协议，三方投资16亿基那（约合4.9亿美元）兴建莫尔兹比港石油化工厂。2009年3月，日本第三大石油公司——科斯莫公司（Cosmo Company）投资8亿美元，在巴布亚新几内亚建立生物燃料加工基地。近年来，日本的援助方式转为以无偿援助和技术合作为主。截至2012年3月底，日本向巴布亚新几内亚提供了787.86亿日元（约合9.53亿美元）的贷款、377.03亿日元（约合4.56亿美元）的无偿援助和282.54亿日元（约合3.42亿美元）的技术合作资金，合计1447.43亿日元（约合17.51亿美元）。[2] 2013年，日本为巴布亚新几内亚提供了1851万美元贷款，无偿援助103万美元，技术合作资金1033万美元。[3] 2014年6月，日本双日公司（Sojitz）决定投资20亿美元，在巴布亚新几内亚建立一座石油化工厂。7月，日本政府承诺今后3年内提供200亿日元（约合1.97亿美元）的政府开发援助，帮助巴布亚新几内亚进行基础设施建设。根

---

[1] 《丰田成巴布亚新几内亚最畅销汽车》，全球汽车排行榜网站，http://www.top-selling-car.com/shijie/787.html，2015年12月22日浏览。

[2] 喻常森、常晨光、王学东：《大洋洲发展报告（2013~2014）》，社会科学文献出版社，2014，第304页。

[3] 《对外投资合作国别（地区）指南——巴布亚新几内亚》，2015，第19页。

巴布亚新几内亚历史与现状

据日本对巴布亚新几内亚的滚动援助计划，2013~2017年间，日本的援助重点包括：增强经济增长基础，改善社会服务，保护环境和应对气候变化。① 另外，自1989年起，日本在巴布亚新几内亚实施"基层项目"，累计投入1500万美元，开展了268个项目，主要为小型学校、乡村饮水工程、小型桥梁等。②

1997年7月，巴布亚新几内亚开通了到日本的航线。2002年4月，莫尔兹比港与东京之间实现了飞机直航。另外，针对日本是全球最大的金枪鱼消费市场，巴布亚新几内亚政府扩建了马当机场，开通了往返日本的直通航班，直接向日本出口新鲜的金枪鱼。

（三）其他领域的交往

1977年，日本援助新爱尔兰省建立了渔业学院，负责培训渔业技术人员和渔业开发研究工作。1998年7月，日本政府向巴布亚新几内亚科技大学捐款1000万基那（约合477万美元）。1975~2014年，日本为巴布亚新几内亚文化领域提供了922亿日元（约合9.06亿美元）的援助。③ 2015年，日本国际合作机构（Japan International Co-operation Agency, JICA）与巴布亚新几内亚教育部签订谅解备忘录，投入1400万基那，帮助巴布亚新几内亚修订小学3~6年级的数学和科学教科书。④

2001年7月，日本向巴布亚新几内亚捐赠了价值约75万美元的疫苗冷却和储存医疗设备。

2011年3月日本发生强烈地震并引发海啸后，巴布亚新几内亚向日本捐款1000万基那（约合395万美元），用于灾后重建。

---

① 喻常森、常晨光、王学东：《大洋洲发展报告（2013~2014）》，社会科学文献出版社，2014，第304页。
② 《对外投资合作国别（地区）指南——巴布亚新几内亚》，2015，第19页。
③ 日本外务省网站，http://www.mofa.go.jp/region/asia-paci/png/data.html，2015年12月22日浏览。
④ 《日本将援助巴新修订教科书》，中华人民共和国驻巴布亚新几内亚大使馆经济商务参赞处网站，http://pg.mofcom.gov.cn/article/jmxw/201604/20160401292002.shtml，2016年12月19日浏览。

二 与韩国的关系

1976年5月两国建交后,双方即开始进行多领域的密切交往。1991年,巴布亚新几内亚在韩国首尔(Seoul)设立了大使馆。①

(一)政治领域的交往

1990年7月,巴布亚新几内亚外交部部长迈克尔·索马雷访问了韩国。2002年1月,韩国政府资助巴布亚新几内亚主办了中西部太平洋金枪鱼养护及管理机制第二次筹备会议;9月,巴布亚新几内亚卫生部部长梅尔基奥尔·佩普(Melchior Pep)访问了韩国。2006年7月,两国签署巴布亚新几内亚能源开发备忘录。2011年5月,巴布亚新几内亚外交部部长唐·波利赴韩国出席了首届韩国—太平洋岛国外长会议。2014年11月,巴布亚新几内亚外交与移民部部长伦宾克·帕托赴韩国出席了第二届韩国—太平洋岛国外长会议。

2003年12月,韩国海军舰艇编队访问巴布亚新几内亚。其间与国防军司令彼得·伊劳举行了会谈。2014年10月,韩国海军训练船"ROK Choi Young"号访问了巴布亚新几内亚。

2014年6月,韩国政府投资3.5亿韩元(约合30.6万美元)在东新不列颠省拉包尔市建立了海外第三座被日本强征遇难者纪念碑(追悼塔)。据韩国调查对日抗争时期被强征事例及支援国外被强征牺牲者委员会初步统计,太平洋战争期间,约有4400名朝鲜人被强征到巴布亚新几内亚,其中九成以上不幸遇难。②

(二)经济上的往来

韩国是巴布亚新几内亚的主要援助国之一。1989年12月,两国签订贷款谅解备忘录。截至2002年,韩国为巴布亚新几内亚提供了约2亿基那的贷款,主要用于修建公路。2004年12月,韩国提供2000万基那

---

① 世界知识出版社编《世界知识年鉴(1991~1992)》,世界知识出版社,1992,第755页。
② 《韩将为被日强征遇难者立碑》,《中国新闻报》2014年1月14日报道,http://epaper.chinanews.com/html/2014-01/14/content_40071.htm。

（约合 608 万美元）的贷款，用于改善韦瓦克排水项目。2005 年 2 月，韩国在巴布亚新几内亚投资 8200 万基那（约合 2910 万美元），建造了乙醇制造厂。2007 年 4 月，韩国投资 1.12 亿美元，在中央省实施了木薯生物燃料项目，使巴布亚新几内亚成为世界上最早生产生物燃料的国家之一。2010 年，韩国农村经济研究院国际农业合作中心参与了巴布亚新几内亚生态村建设项目，援助金额 5 亿韩元（约合 51.6 万美元）。[①] 2011 年 12 月，在第一届韩国—巴布亚新几内亚资源合作委员会会议上，韩国政府决定支持巴布亚新几内亚开发液化天然气资源。

1992 年，巴布亚新几内亚向韩国出口商品总额占其贸易总额的 8%，成为巴布亚新几内亚第四大贸易伙伴。同年，双方签订新的渔业合作协定，韩国金枪鱼渔船开始进入巴布亚新几内亚海域捕捞。1996 年 11 月，两国外长签署了避免双重征税协定。1997 年，两国双边贸易额达到 3 亿基那。韩国是巴布亚新几内亚黄金、铜、木材等产品的重要市场，出口到巴布亚新几内亚的产品主要是汽车、家电等。

（三）其他领域的交往

2014 年 10 月，两国签署备忘录，韩国在公共卫生政策与管理、人力资源管理、医药和护理技术、监督机制和法律法规等方面给予巴布亚新几内亚帮助。[②]

三 与东盟的关系

巴布亚新几内亚在地理位置上靠近东南亚，在经济利益上与东盟有许多共同点。因此，巴布亚新几内亚一直将巩固和加强同东盟各国的关系作为对外工作的重点之一，表示愿与这些国家"建立密切友好关系"。

（一）政治领域的交往

1976 年，巴布亚新几内亚副总理兼国防、外交与外贸部部长艾伯

---

① 韩国农村经济研究院编《韩国三农》，潘伟光、郑靖吉译，中国农业出版社，2014，第 262 页。
② 《韩国将帮助巴布亚新几内亚发展医疗卫生事业》，中华人民共和国驻巴布亚新几内亚独立国大使馆网站，http://pg.mofcom.gov.cn/article/jmxw/201410/20141000773309.shtml，2015 年 12 月 25 日浏览。

特·毛利·基基以观察员身份出席了东盟会议。1981年起,巴布亚新几内亚外交部部长开始以观察员身份出席东盟外长会议。1987年,东盟外长会议同意巴布亚新几内亚成为东盟和睦与合作条约签字国。1989年加入《东南亚友好合作条约》。[1] 1991年成为东盟观察员。1994年成为东盟地区论坛成员国。2002年10月成为西太平洋论坛成员国。2009年5月,在世界海洋大会期间,与印度尼西亚共同成为珊瑚金三角倡议国。[2]

在东盟各国中,与巴布亚新几内亚联系最为密切的是印度尼西亚。1975年,两国建立了外交关系。1979年6月,印度尼西亚总统哈吉·穆罕默德·苏哈托(Haji Mohammad Suharto)访问巴布亚新几内亚,与迈克尔·索马雷总理就防止伊里安查亚分裂分子袭击各自领土问题举行了会谈。[3] 1980年12月,朱利叶斯·陈总理访问印度尼西亚,签订了新的边界协议和海域协议,同意平分海底石油天然气资源,尊重双方传统的捕鱼权。[4] 1983年8月、11月,印度尼西亚外交部部长穆赫塔尔·库苏马阿马查(Mochtar Kusumaatmadja)与迈克尔·索马雷总理进行了互访。[5] 1984年年初,印度尼西亚派军队"清剿"由美拉尼西亚土著人组成的争取独立的"自由巴布亚运动",约9000名西伊里安省(今伊里安查亚省)美拉尼西亚难民进入巴布亚新几内亚,得到了当地政府和民众的同情与支持,由此导致两国关系日趋紧张。1986年10月,两国签订《相互尊重、友好与合作条约》,规定两国在解决难民纠纷时,不得使用武力或以武力相威胁。1987年7月,两国签署新协定,难民问题开始缓解,双方关系趋向缓和。[6] 1992年1月,两国签订有关武装力量地位的协定,规定两国

---

[1] 世界知识出版社编《世界知识年鉴(1990~1991)》,世界知识出版社,1991,第1001页。
[2] 唐慧、陈扬、张燕、王辉:《印度尼西亚概论》,世界图书广东出版公司,2012,第391页。
[3] 《1979年国际问题大事记》,人民日报国际部,1980,第61页。
[4] 叶卫平:《环印度洋经济圈与中国企业》,中国经济出版社,1997,第98页。
[5] 世界知识年鉴编辑委员会编《世界知识年鉴(1984)》,世界知识出版社,1984,第373页。
[6] 张宏儒:《二十世纪世界各国大事全书》,北京出版社,1993,第1059页。

巴布亚新几内亚历史与现状

武装力量密切合作,最大限度地削弱西伊里安省"自由巴布亚运动"的影响;印度尼西亚军队有权越境追击分裂主义分子。① 同年,印度尼西亚外交部部长阿里·阿拉塔斯(Ali Alatas)访问了巴布亚新几内亚。1993年,帕亚斯·温蒂总理访问了印度尼西亚。1997年5月,两国签署了关于文化与教育合作谅解备忘录。1998年6月,比尔·斯卡特总理访问印度尼西亚,签署了成立双边合作委员会谅解备忘录。2000年9月,印度尼西亚副总统梅加瓦蒂·苏加诺·普特丽(Megawati Sukarno Putri)出席了巴布亚新几内亚独立25周年庆典,并签署了两国贸易协定。2003年6月,印度尼西亚外交部部长哈桑·维拉尤达(Hassan Wirayuda)访问巴布亚新几内亚,巴布亚新几内亚明确表示不再支持印度尼西亚西巴布亚独立运动,两国关系进入新阶段。2004年6月,印度尼西亚向巴布亚新几内亚赠送了价值130万基那的军用后勤物资。2005年4月,迈克尔·索马雷总理出席第二届亚非峰会和纪念万隆会议50周年大会,并访问了印度尼西亚。2010年3月,印度尼西亚总统苏西洛·班邦·尤多约诺(Susilo Bambang Yudhoyono)访问巴布亚新几内亚,双方就边界安全、农业、渔业以及贸易等事宜达成一致。2013年5月和6月,巴布亚新几内亚国营企业与国家投资部部长本·迈卡、总理彼得·奥尼尔先后访问印度尼西亚,双方决定加强经贸、投资和国防等领域的合作。2015年3月和5月,印度尼西亚首位女外交部部长蕾特诺·马尔苏迪(Retno Marsudi)、总统佐科·维多多(Joko Widodo)先后访问了巴布亚新几内亚。

在东盟其他国家中,巴布亚新几内亚与马来西亚、新加坡和泰国的交往也十分密切。1982年10月,马来西亚总理马哈蒂尔·穆罕默德(Mahathir Bin Mohamad)和新加坡总理李光耀(Lee Kuan Yew)先后访问了巴布亚新几内亚。1983年6月,巴布亚新几内亚外交与贸易部部长拉比·纳马柳访问了泰国和马来西亚。11月,迈克尔·索马雷总理又访问了马来西亚。1992年,新加坡外交部部长黄根成(Wong Kan Seng)访问了巴布亚新几内亚。1993年,帕亚斯·温蒂总理先后访问了马来西亚和

---

① 张宏儒:《二十世纪世界各国大事全书》,北京出版社,1993,第1061页。

新加坡。1994年7月，巴布亚新几内亚副总理兼外交与贸易部部长朱利叶斯·陈访问了泰国和新加坡。2003年5月，与泰国签署双边贸易协定；10月，迈克尔·索马雷总理访问了泰国。同月，马来西亚总理马哈蒂尔·穆罕默德访问巴布亚新几内亚，双方签署多项协议，并发表联合公报。2009年4月，迈克尔·索马雷总理访问菲律宾，双方签署谅解备忘录。2013年3月，泰国首位女总理英拉·西那瓦（Yingluck Shinawatra）访问了巴布亚新几内亚。

（二）经济领域的合作

巴布亚新几内亚与印度尼西亚、马来西亚、新加坡和泰国签署了避免双重征税协定。另外，还与印度尼西亚、马来西亚和菲律宾签订有技术合作协定和人员培训协定。

近年来，随着巴布亚新几内亚资源开发步伐的不断加快，东盟各国在该地区的投资也不断增加。根据巴布亚新几内亚投资促进局统计数据显示，2006年吸引外资总额21亿基那（约合7亿美元），其中印度尼西亚、马来西亚的投资额分别为3.1亿基那（约合1.03亿美元）和2.52亿基那（约合8400万美元），分列巴布亚新几内亚第三、第四大投资国。[①]

根据巴布亚新几内亚投资促进局统计，1999～2014年8月，马来西亚在巴布亚新几内亚注册成立了650家企业，为当地提供了约4万个就业岗位。其中投资林业69家，批发零售业51家，房地产业44家，建筑业29家，商务咨询与管理16家，农业15家，交通运输业12家，金融服务业12家，制造业10家，矿产石油业6家，渔业1家，投资总额63亿基那（约合26亿美元）。[②]

另外，印度尼西亚、新加坡、菲律宾等也有许多私人企业在巴布亚新几内亚进行投资。

[①] 《中国跃居巴布亚新几内亚第二大投资来源国》，中国经济网站，http://intl.ce.cn/gjzx/dyz/bx/zbhz/200712/06/t20071206_13831800.shtml，2016年12月25日浏览。

[②] 《马来西亚是巴布亚新几内亚重要外国投资来源地》，中华人民共和国驻巴布亚新几内亚大使馆经济商务参赞处网站，http://pg.mofcom.gov.cn/article/jmxw/201409/20140900721299.shtml，2016年1月25日浏览。

第四节 与美国、英国和欧盟的关系

由于历史的原因,巴布亚新几内亚与许多欧美国家有着传统的交往、友谊和密切关系。

一 与美国的关系

第二次世界大战中,美澳盟军与日军在巴布亚新几内亚地区进行了激烈地角逐,最终粉碎了日军的侵略企图,取得了反法西斯战争的最后胜利。1975年9月16日,美国从军事战略角度出发,与巴布亚新几内亚建立了外交关系,保莱阿斯·马塔内任第一任驻美国大使,玛丽·奥姆斯特德（Mary Olmsted,女）任驻巴布亚新几内亚大使兼驻所罗门群岛大使。[①] 1997年4月,简·卡雷尔（Jane Karaer）成为美国首任常驻巴布亚新几内亚大使。2008年奥巴马政府成立后,美国推进重返亚太战略,并试图通过全方位措施强化对亚太地区的领导,开始更加关注巴布亚新几内亚。

（一）政治领域的交往

为获取美国经济和军事援助,1990年5月和10月,拉比·纳马柳总理两次访问美国。1998年7月,美国首位女国务卿马德琳·科贝尔·奥尔布赖特（Madeleine Korbel Albright）访问巴布亚新几内亚；9月,比尔·斯卡特总理回访美国,并对而后美英两国空袭伊拉克表示支持。2001年"9·11"事件后,巴布亚新几内亚政府谴责国际恐怖主义,支持美国主导的反恐军事行动。2004年9月,巴布亚新几内亚外交与移民事务部部长拉比·纳马柳访问美国,签署了关于不向国际刑事法院（International Criminal Court,缩写:ICC）引渡对方国家罪犯的协议。2010年11月,

---

① 美国外交使团中的女性,http://fanyi.baidu.com/transpage?query=http%3A%2F%2Fwww.state.gov%2Fs%2Fd%2Frm%2Frls%2Fperfrpt%2F2005%2Fhtml%2F56313.htm&source=url&ie=utf8&from=auto&to=zh&render=1&origin=ps,2016年2月10日浏览。

美国国务卿希拉里·克林顿（Hillary Clinton）访问了巴布亚新几内亚，会见了迈克尔·索马雷总理。2011年6月，美国负责东亚和太平洋事务的助理国务卿库尔特·坎贝尔（Kurt Campbell）访问了巴布亚新几内亚，并与在当地能源领域投资的美国企业家进行会谈。10月，美国国际开发总署（United States Agency for International Development，缩写：USAID）太平洋岛国地区办公室迁到巴布亚新几内亚，并动工兴建3万平方米的美国驻巴布亚新几内亚大使馆。

（二）军事领域的合作

两国签订有防务合作和联合军事演习等协议，巴布亚新几内亚同意美国军舰在其港口停靠，并允许美国核舰艇在特殊情况下，经磋商后可停靠巴布亚新几内亚港口。根据两国签订的《国防安排规划》，自1998年起，巴布亚新几内亚派军官赴美国进行培训。2002年7月、2004年11月，美国战斗机编队和"哈珀号"海军驱逐舰先后访问了莫尔兹比港。2014年4月，美军太平洋司令部司令塞缪尔·洛克利尔（Samuel J. Locklear）访问了巴布亚新几内亚。

（三）经济领域的交往

根据《普惠制原则》，巴布亚新几内亚出口到美国的商品可享受减免关税待遇；根据《最惠国待遇协定》，巴布亚新几内亚同美国签订了《贸易协定》，开始享受最惠国待遇。2009年，两国贸易额约3.4亿美元。

2014年，美国埃克森美孚公司投资210亿美元，建成了巴布亚新几内亚液化天然气项目，美国成为该国目前最大的单一外来投资国。

根据美国国际开发总署公布的数据，2001～2012年，美国向巴布亚新几内亚提供了1581万美元的援助，涉及政治与公民社会、紧急反应、综合健康、农业、能源等领域。①

（四）其他领域的交往

美国对巴布亚新几内亚开展人道主义援助。1984年，向巴布亚新几

---

① 喻常森：《试析21世纪初美国对太平洋岛国的援助》，《亚太经济》2014年第5期，第67~68页。

内亚提供了58万美元的赠款。1986年捐赠了价值530万美元的广播教学设备。1998年7月艾塔佩大海啸后，美国派专机运送赈灾物资，并赠款约100万美元。2005年5月，美军派"迈尔西"号医疗舰为马当省马纳姆火山灾民提供医疗服务。2006年2月，美国国防部提供36万美元捐款，用于艾滋病防控；12月，美国前总统比尔·克林顿（Bill Clinton）在巴布亚新几内亚推广艾滋病防治工作期间，获授巴布亚新几内亚"极乐鸟大冠军勋章"。2008年，美国为2.5万名巴布亚新几内亚人提供了医疗保险。2015年6~7月，美军"仁慈"号医院船为布干维尔自治区和东新不列颠省居民提供了医疗服务，并开展防灾减灾合作演练与培训。

目前，约有100名美国和平队志愿人员在巴布亚新几内亚学校、医院服务，并为其安全官员提供教育和培训。

二 与英国的关系

1975年9月16日，巴布亚新几内亚与英国签署《防务合作协定》，英国每年提供约10万美元的援助。1985年4月，迈克尔·索马雷总理访问了英国。1998年2月，西拉斯·阿托帕尔（Sir Silas Atopare）总督访问英国，接受了伊丽莎白二世女王的封爵。2002年4月，西拉斯·阿托帕尔总督再次赴英国，出席伊丽莎白二世女王执政50周年庆典。2003年7月，巴布亚新几内亚副总理兼贸易与工业部部长艾伦·马拉特赴英国出席了英联邦国家贸易部长会议。2008年7月，迈克尔·索马雷总理访问了英国。2012年5月，迈克尔·奥吉奥总督赴英国出席了伊丽莎白二世女王登基60周年庆典活动；11月，英国王储查尔斯王子和妻子康沃尔（Cornwall）公爵夫人访问了巴布亚新几内亚。2015年6月，彼得·奥尼尔总理访问了英国。

1981年，两国签订了保护双方投资者财产条约和双边技术合作协定。2003年，英国捐赠14.7万基那（约合3.95万美元），用于布干维尔武器收缴计划。另外，英国通过海外志愿人员，帮助巴布亚新几内亚培训技术人员。两国还签订了避免双重征税协定。

三 与欧共体—欧盟的关系

1978年11月，巴布亚新几内亚加入《洛美协定》，其产品获得了免税进入欧共体市场的资格。欧共体每年向巴布亚新几内亚提供一笔援助和赠款，用于培训各种技术人员和兴办一些农业、渔业的小项目。1991年3月，巴布亚新几内亚得到了欧共体1.1亿基那的贷款。1992年3月，根据《洛美协定》，欧共体为巴布亚新几内亚提供的9600万基那的贷款改为赠款，巴布亚新几内亚不必再偿还过去15年的有关贷款。

1993年欧盟成立后，在巴布亚新几内亚派有常驻代表，并且不断增加援助。1995年2月，提供4000万基那的赠款，扶持巴布亚新几内亚传统农产品出口。1997年12月，提供了400万基那的赈灾援助。1998年5月，提供了4090万基那贷款，用于公路建设。2002年4月，提供了3.5亿基那的赠款；10月，欧盟驻巴布亚新几内亚代表称未来5年内提供1.66亿欧元（约合2.28亿美元）的援助，用于教育、农村基础设施建设等领域。2006年2月，欧盟承诺未来6年内向巴布亚新几内亚提供1.56亿基那的教育援助。2007年11月，欧盟与巴布亚新几内亚签署临时《经济伙伴协议》，决定未来6年内提供1.423亿欧元（约合1.96亿美元）的援助。据有关资料统计，2008~2014年，欧盟向巴布亚新几内亚提供了3.51亿基那的援助，主要用于农业、教育、贸易、妇女儿童和政府管理等方面，巴布亚新几内亚成为欧盟在南太平洋地区最大的受援国。[1] 欧盟已成为巴布亚新几内亚第二大外方援助来源地。2014年8月，欧盟驻巴布亚新几内亚大使马丁·蒂姆（Martin Tim）在欧盟—巴布亚新几内亚对话会议上表示：未来6年内欧盟将再向巴布亚新几内亚提供5.5亿基那（约合1.98亿美元）的援

---

[1] 《欧盟近6年援助巴布亚新几内亚3.51亿基那》，中华人民共和国驻巴布亚新几内亚大使馆经济商务参赞处网站，http://pg.mofcom.gov.cn/article/jmxw/201501/20150100872122.shtml，2016年1月20日浏览。

助。① 涵盖基础设施建设、矿产、农村发展、公共卫生、水资源、教育、政府管理、人权、减少基于性别的暴力犯罪等方面。

2009年11月,欧盟与巴布亚新几内亚签署《过渡性经济合作伙伴协定》,巴布亚新几内亚成为太平洋岛国中欧盟原产地制度新规定的首批受益者。除渔产品外,大米和蔗糖出口欧洲市场可享受零关税和免配额待遇。2011年1月,根据欧盟—太平洋临时经济伙伴协议,欧盟议会批准巴布亚新几内亚的金枪鱼在其本国加工后,即可免税、免配额出口欧盟市场,巴布亚新几内亚成为唯一获得此待遇的国家。2013年,巴布亚新几内亚向欧盟出口了价值3.468亿基那(约合1.25亿美元)的海产品。

第五节 与中国的密切往来

20世纪90年代中期以来,中国政府与巴布亚新几内亚的交往迅速扩大,各领域互惠合作不断加强,一跃成为巴布亚新几内亚第四大出口市场、第五大进口来源国、第二大外资来源国。2008年11月,胡锦涛主席在秘鲁首都利马(Lima)会见迈克尔·索马雷总理时指出,巴布亚新几内亚是太平洋岛国地区具有重要影响的国家。中方始终将巴布亚新几内亚当作我们的好朋友、好伙伴。双方高层交往密切,政治互信加深,各领域合作成果丰硕。两国关系已成为中国同太平洋岛国关系的典范。②

一 巴布亚新几内亚的华人及华人组织

据有关史料记载,早在19世纪以前,就有中国商人乘坐大帆船到新

---

① 《欧盟近6年援助巴布亚新几内亚3.51亿基那》,中华人民共和国驻巴布亚新几内亚大使馆经济商务参赞处网站,http://pg.mofcom.gov.cn/article/jmxw/201501/20150100872122.shtml,2016年1月20日浏览。
② 《胡锦涛在利马会见巴布亚新几内亚总理索马雷》,搜狐新闻网站,http://news.sohu.com/20081123/n260792780.shtml,2014年2月2日浏览。

几内亚岛东北部地区和俾斯麦群岛一带经商，收购海参、檀香木、极乐鸟羽毛和其他各种可以赚钱的货物。米尔恩湾省萨马赖附近一处海峡的名字就叫"中国海峡"。

（一）华人历史

1888年，德国从新加坡、苏门答腊、中国广东和福建等地招募了大批契约华工，到德属新几内亚岛领地椰子种植园和烟草种植园劳动，契约期2～5年，工资每月5毫德国元。由于热带疾病的折磨和雇主的虐待，华工的死亡率高达40%。期满后，他们大多数被遣送回中国，剩余约200人。[1] 1892年，德国又在东南亚招募了1085名木匠、裁缝、商家、船舶建造师、工程师等华工，分散在科科波、卡维恩、莱城、马当等地。1901年，又在广东汕头招募了270人。他们中的许多人在契约期满后定居了下来，充当商人、厨师、木匠、船只木工、贸易代理商、商店职员、种植园监工等，[2] 并开始与当地人通婚。由于华人发扬吃苦耐劳、勤俭节约的精神，一部分人很快在商业中脱颖而出。曾经在赫恩斯海姆公司（Hernsheim Company）担任厨师的广东惠阳人李谭德（Lee Tam Tuck）即是一位成功人士的代表。1900年，他开始经营船厂；三年后，又拥有旅馆、饭馆和妓院各一家。1907年租赁了17英亩土地，安置华人工匠、商人和自由移民，巩固了自己的财富和地位。1911年，他在拉包尔的商店营业额达到8.5万马克；翌年，他成为名列《德属新几内亚、萨摩亚和基亚茨（即中国青岛胶州湾）名录》的唯一华人，[3] 并被推举为当地华人领袖。截止到1914年，在德属新几内亚领地生活的华人已有1377人；1921年，在澳属新几内亚委任统治地生活的华人达到1424人，[4] 他们基本上皈依了天主教。1922年，拉包尔的华人创办了华侨学校，由基督教福音会支持，采用中文教学，重视传播中国文化。1924年，又创办了圣特蕾莎——养正学校（Yang Ching School），由天主教会支持，并从中国广州聘请教师讲授中文课。另

---

[1] 陈文寿：《华侨华人新论》，中国华侨出版社，1997，第386页。
[2] 陈文寿：《华侨华人新论》，中国华侨出版社，1997，第386页。
[3] 陈文寿：《华侨华人新论》，中国华侨出版社，1997，第386～387页。
[4] 周南京：《世界华侨华人词典》，北京大学出版社，1993，第144页。

外，马当和卡维恩也有华人创办的学校。① 他们曾资助中国国内的国民革命运动，并建立了中国国民党巴布亚新几内亚支部。

中国抗日战争开始后，当地华人以各种形式支援祖国抗战。中国国民党拉包尔支部常务委员梁有年、组织科主任陈纬南等组织成立华侨救国后援会，分别担任主席和秘书。同时，他们还分别兼任《抗日特刊》的社长和秘书。1942年1月拉包尔沦陷后，日军宪兵开始大肆搜捕抗日志士，梁有年和陈纬南等不幸被捕。3月11日，二人被日寇以组织领导华侨抗日、提倡抵制日货等罪名杀害。② 在日军占领巴布亚新几内亚期间，许多华人与当地人民共同参加了反侵略战争，华人钱惠民先生曾因战时协助盟军作战有功而被授予皇家勋章。③

第二次世界大战以后，生活在巴布亚新几内亚的华人约有2000人左右。1948年，澳属巴布亚领地和新几内亚托管地政府推行澳大利亚国内的"白澳政策"，禁止中国人继续移民澳大利亚。同时，颁布新的移民法案，规定到新几内亚从事贸易的中国人每年必须达到1000英镑的商品交易额。如果达到2500英镑，则可以多带一名中国人。到1966年，华人达到2935人，70%以上是广东开平、台山人，其余是惠阳、宝安（今深圳市宝安区）客家人。④ 巴布亚新几内亚独立后，大量华人移居到澳大利亚。但随着森林工业的快速发展，建立起一整套伐木业流水线，马来西亚、新加坡、印度尼西亚、菲律宾等地约6000名华人涌入巴布亚新几内亚，主要从事商业或做木材贸易。90年代，由于当地货币贬值，华人数量有所减少。此后，中国大陆移民的迁入使当地华人数量又开始增加，以福建福清、连江和平潭籍为主，被称之为新侨。

据中国外交部资料统计，截至2014年，生活在巴布亚新几内亚的华侨

---

① 顾明远：《巴布亚新几内亚华侨华文教育》，《教育大辞典》增订合编本（上），上海教育出版社，1998，第33页。
② 《祭扫亚包华侨抗日烈士墓》，http://blog.sina.com.cn/s/blog_4e594dcb0100gfzz.html，2015年2月10日浏览。
③ 当代中国使节外交生涯编委会编《当代中国使节外交生涯》（第四辑），世界知识出版社，1996，第145页。
④ 周南京：《世界华侨华人词典》，北京大学出版社，1993，第144页。

和华人约有1万多人。他们主要集中在国家首都区、莫罗贝省、新爱尔兰省等地。包括三部分：一是当地出生的华人后裔，约有2000人，多数从事批发、超市、房地产、加工工业等大型业务，资本实力雄厚，有一定的社会地位及影响力。二是从东南亚各国、中国香港和中国台湾等地移入的华人，约有4000人，主要经营超市、餐馆，从事伐木、捕鱼等工作，生活比较富裕。三是近年来通过各种渠道从中国大陆涌入的华人，约有4500人，他们或在当地矿业、建筑行业等中资企业打工，或经营餐馆、小商业（纺织品、服装、玩具、小五金、小家电等），或从事修理业，基本上处于创业阶段。①

百余年来，华人及华裔对巴布亚新几内亚经济的发展作出了重要贡献。广东籍华裔人士朱利叶斯·陈、曾国平、司徒协麟、周新权和福建籍华裔人士张晓卿被巴布亚新几内亚政府授勋为爵士。② 2009年9月，巴布亚新几内亚残奥会名誉主席马克夫医生（湖南籍华侨）成为目前唯一获得巴布亚新几内亚国家最高荣誉勋章——"天堂鸟勋章"的华人。③

（二）巴布亚新几内亚的华人组织

为了方便在异国他乡开展活动，巴布亚新几内亚的华人成立了一系列社团组织，保护华人利益，维护祖国和平统一。

广益俱乐部：原名关帝厅、广益会馆，1915年由广东籍华侨在拉包尔创立。现会员均为广东籍华人及其后裔。他们每年都在华人公墓举行聚会，以祭祀先人。

中国国民党巴布亚新几内亚支部：1922年在拉包尔成立，孙中山曾派人出席成立大会，李谭德、万金培分任正、副部长。④ 该组织倡导中国民族主义，创办华侨学校，传播中华文化。20世纪30年代，吸收了当地

---

① 《巴布亚新几内亚国家概况》，中华人民共和国驻巴布亚新几内亚独立国大使馆网站，http：//pg. chineseembassy. org/chn/bxgk/，2016年12月24日浏览。
② 《为经济作出贡献 巴布亚新几内亚总督授予张晓卿爵士爵位》，世界华人网站，http：//www. wuca. net/doc－13731. html，2015年6月28日浏览。
③ 《马克夫医生致力残奥事业 获巴布亚新几内亚国家殊荣》，搜狐网站，http：//sports. sohu. com/20090928/n267056601. shtml，2015年2月27日浏览。
④ 中国社会科学院近代史所等编《孙中山全集（第7卷）1923.1～1923.6》，中华书局，2011年5月版，第218页。

1/5 的华人，在科科波、卡维恩、马当设立了分部，积极支援祖国抗战。1949 年以后，该组织隶属于中国国民党中央党部，力量逐渐衰微。1958 年以后，他们另以俱乐部非政治的名义开展活动。

华人联合会：拉包尔的华人社团。前身是 1939 年为支援中国抗战而成立的新几内亚华人救济会，广东台山籍华人陈秉达（又名陈百纳，Bernard Chan）任主席。多数成员是华人天主教教徒，财权由福音教派华人教徒掌握。日本占领巴布亚新几内亚期间，该组织与敌人巧妙周旋，保护华人的利益；战后，积极参与赔偿委员会的工作，帮助华人挽回经济损失。[①] 1949 年改为现名。主张华人应效忠当地政府。会员中多数人加入了居住国国籍。1969 年，该组织发生分裂，一部分年轻的天主教徒会员另立新几内亚华人协会，但因缺乏资金和组织能力而有名无实。

莫尔兹比港国泰俱乐部：华人娱乐、社交社团。20 世纪 70 年代，在莫尔兹比港成立，其宗旨是积极开展文化、体育、娱乐及其他社交活动，经营饭店、运动场、游泳池等。1986 年起，该组织经常组团到中国旅游观光。1987 年，中国国务院侨办为该组织赠送了一对石狮，陈列在俱乐部门前作为永久纪念。

巴布亚新几内亚中华总会：2001 年 1 月在莫尔兹比港成立，广东新会籍华人刘陈玉梅、陈修安先后任名誉主席，北京籍华人倪玉梅任主席。2002 年 7 月，倪玉梅率代表团访问辽宁，寻求巴布亚新几内亚西部省森林资源开发和农业综合项目开发合作伙伴。2005 年 1 月，在反独促统新西兰论坛上，倪玉梅发言谴责了台湾当局分裂祖国的行径，支持中国政府通过的《反分裂国家法》。2006 年 11 月，倪玉梅当选为广东省海外交流协会第四届理事会理事，以及大洋洲中国和平统一促进会理事。

中国—巴布亚新几内亚友好联合会：2007 年 1 月 27 日在莫尔兹比港成立，并在莱城、拉包尔和芒特哈根设立分会。上海籍侨胞施松龄任主席，福建籍侨胞林华农、山东籍侨胞刘俊才任副主席，福建籍侨胞潘郁任

---

① 费晟：《南太平洋岛国华人社会的发展：历史与现实的认知》，《太平洋学报》2014 年第 11 期，第 59 页。

秘书长。该组织将新、老华人以及从东南亚移入的华人联合在一起，宗旨是提高他们的自身素质，保护他们的生命财产安全，维护他们的合法权益，促进两国人民的相互了解。2008年5月汶川特大地震发生后，该组织4天内即收到华人捐款近11万基那（约合25万元人民币），并转给四川灾区。2013年1月，该组织举行第四届常委会换届选举，施松龄任名誉主席，林华农任主席，刘俊才、潘郁任副主席。现有会员近2000名，成为目前最有活力、规模最大、辐射力最广的华侨社团，为新侨排忧解难、宣传推介巴布亚新几内亚政策等做了大量工作。[①]

二 巴布亚新几内亚的中国抗日战俘劳工

1942年1月日军攻占拉包尔后，为了将其建成西南太平洋战场指挥中心和重要的海空军事基地，作为进攻莫尔兹比港和斐济、萨摩亚等地的跳板，日军陆续将在南洋战场俘获的盟军战俘和在中国战场俘获的中国战俘，以及强制征召或骗招、强掳的劳工运送到这里，强制他们服苦役。

同年12月，日军从中国南京老虎桥江苏第一监狱调出1000多名中国战俘，其中包括抗战初期坚守上海四行仓库"八百壮士"中的薛荣鑫、田际钿、张青轩等36名官兵，以及在浙赣会战中被俘的国民党官兵，部分新四军、游击队战士，在上海集中上船。经过48昼夜地狱般的航行，于1943年1月24日被押送到日军占领的拉包尔战俘营，编入"中国军人勤劳队"。后又有中国战俘从各地被押解到拉包尔，其中人数最多的一批是在缅甸战场被俘、由国民党新一军中校吴炎带领的672名战俘。不计在押送途中死亡者，陆续进入战俘营的中国被俘军人达到1600多人。吴炎被日军指定为中国战俘营最高指挥官。他们与来自美国、英国、印度等国的盟军战俘一起被日军强制服苦役，挖凿山洞、修筑工事、建造要塞，每天劳动10多个小时；生活环境极其恶劣，住的是潮湿的岩洞或临时搭建的草棚，吃的是瓜薯或日军丢弃的猪、牛内脏和骨头。由于水土不服、日

[①] 吴锐成、林琳：《侨情与侨务文集（第二辑）》，广东省人民政府侨务办公室编，2014，第206页。

军的残暴管理以及疟疾、登革热等热带疾病的折磨，到战争结束时，中国战俘仅剩不到1000人。1945年9月驻拉包尔日军投降后，幸存的762名中国战俘开始在新不列颠岛上进行耕作。1946年夏至1947年8月，他们乘坐美国军舰回到上海。同时，回国的还有750名被从中国强抓的壮丁。

1945年11月30日，获救的中国战俘在原拉包尔战俘营营区内修建了一座抗日死难烈士纪念碑，以纪念死难的中国军民。自1946年起，陆续有378名中国抗日战俘的遗骸被迁葬到拉包尔战争公墓。在附近山坡上，还散落着一些由当地华侨和中国抗日战俘共同为战俘营中死难战友修建的墓地。随着巴布亚新几内亚独立，以及拉包尔火山爆发，当地华人纷纷移居他处，埋骨于此的中国抗日战俘长期无人问津，墓地失去保护，年久失修，荒草丛生，逐渐为历史的尘埃湮没。

2009年1月，中国《法制周报》记者针对北京网友发布的《上海四行仓库保卫战的"八百壮士"遗骨在海外无人问》的帖子，向全社会发起了"接抗战英魂回国"的活动。中国台湾也为此成立专门小组，于2月28日到拉包尔清点、抄录抗战将士的姓名，并在现场举行了简单的招魂仪式。3月8日，台湾"国防部"将在拉包尔附近发现的3名国民党军抗日战俘的忠魂牌位入祀台北市圆山忠烈祠正殿。3月17日，海峡两岸和谐发展基金会在北京启动了"迎接抗日将士遗骸回国"活动。3月24日，中国外交部发言人秦刚表示：中国政府将以隆重、庄严的方式纪念在巴布亚新几内亚的抗战将士遗骸归国。随后，中国驻巴布亚新几内亚大使馆委托当地华侨团体，对拉包尔公墓周围的几个山头进行清理，并派专人进行维护。2010年，中国政府在拉包尔原中国抗日战俘墓地处重建了占地150平方米的中国抗战将士和遇难同胞陵园。2013年，中国民政部相关负责人解读《关于进一步加强烈士纪念工作的意见》时，首次透露"中国现有境外烈士纪念设施100余处"，安葬在朝鲜、越南、老挝、巴布亚新几内亚、坦桑尼亚、巴基斯坦等多个国家。[①] 2015年8月，以民政部副部长顾朝曦为

[①] 民政部有关负责人解读《关于进一步加强烈士纪念工作的意见》，新华网站，http://news.xinhuanet.com/legal/2013-07/04/c_124954779.htm，2015年1月20日浏览。

领队的中国代表团赴拉包尔,在中国抗战将士和遇难同胞陵园举行了公祭活动。巴布亚新几内亚中国抗日战俘劳工的历史被载入史册。

三 两国的政治往来

中国与巴布亚新几内亚建交后,两国领导人之间的政治往来不断增加,签署了一系列双边协定。

(一)两国建立外交关系

1975年9月16日,周恩来总理致电迈克尔·索马雷总理,祝贺巴布亚新几内亚独立,并宣布中国政府予以承认。1976年10月12日,中华人民共和国与巴布亚新几内亚签署建交公报,正式建立外交关系。巴布亚新几内亚成为第112个与中国建交的国家。

1977年10月,中国首任兼职大使裴坚章(中国常驻新西兰大使)到任。1980年11月1日,中国驻巴布亚新几内亚大使馆正式开馆。1983年6月,中国首任常驻巴布亚新几内亚大使胡洪范赴任。中华人民共和国驻巴布亚新几内亚独立国历任大使及任期情况参见表7-2。

表7-2 中华人民共和国驻巴布亚新几内亚独立国历任大使

	大使	任期	备注
第一任	裴坚章	1977年10月~1980年4月	驻新西兰大使兼
第二任	林平	1980年4月~1983年3月	驻澳大利亚大使兼
第三任	胡洪范	1983年3月~1984年12月	
第四任	高建中	1985年2月~1988年8月	
第五任	赵维	1988年9月~1991年8月	
第六任	王弄笙(女)	1991年8月~1994年2月	
第七任	袁祖德	1994年4月~1996年9月	
第八任	张鹏翔	1996年9月~1999年10月	
第九任	赵振宇	1999年12月~2003年3月	
第十任	李正君	2003年4月~2006年1月	
第十一任	魏瑞兴	2006年3月~2010年4月	
第十二任	仇伯华	2010年5月~2014年2月	
第十三任	李瑞佑	2014年4月~	

资料来源:中华人民共和国驻巴布亚新几内亚独立国历任大使,中华人民共和国驻巴布亚新几内亚独立国大使馆网站,http://pg.china-embassy.org/chn/DSZC/t855645.htm。

1983年12月10日，巴布亚新几内亚常驻日本大使兼驻中国大使约瑟夫·卡尔·农布里（Joseph Kaal Nombri）到任。1985年12月，巴布亚新几内亚政府决定在北京设立大使馆。1988年4月，巴布亚新几内亚驻中国大使馆正式开馆，诺埃尔·莱维（Noel Levi）成为第一任常驻中国大使。巴布亚新几内亚派驻我国历任大使及任期如表7-3所示。

表7-3　巴布亚新几内亚独立国派驻中华人民共和国历任大使

	大使	任期
第一任	约瑟夫·卡尔·农布里（Joseph Kaal Nombri）	1983年12月~1988年4月
第二任	诺埃尔·莱维（Noel Levi）	1988年4月~1991年3月
第三任	拉里·胡洛（Larry Hullo）	1991年3月~1994年3月
第四任	梅穆·拉卡诺（Maimu Rakanou）	1994年3月~1997年3月
第五任	巴尼·龙加普（Barney Rongap）	1997年8月~2003年6月
第六任	马克斯·拉伊（Max Rai）	2003年7月~2007年4月
第七任	约翰·莫米斯（John Momis）	2007年7月~2010年1月
第八任	克里斯托弗·梅罗（Christopher Mero）	2011年1月~

（二）两国外交关系的波折

20世纪60年代以来，随着一系列太平洋岛国的相继独立，台湾当局开始将该地区作为其"外交"工作的重点，以"金钱外交"的方式，与图瓦卢（1979年）、瑙鲁（1980年）、所罗门群岛（1985年）、马绍尔群岛（1998年）、帕劳（1999年）、基里巴斯（2003）建立了所谓的"邦交国"关系。其间还与巴布亚新几内亚进行了"建交"尝试，并在多个领域进行频繁接触。中国与巴布亚新几内亚正常的外交关系受到挑战。

1. 台湾当局两度尝试与巴布亚新几内亚"建交"始末

台湾当局对巴布亚新几内亚垂涎已久，早在1990年就与巴布亚新内亚农业与畜牧业部签订农业技术合作协定，并派出由15人组成的农业技术团。同时，在莫尔兹比港设立"商务代表处"，[①] 开始利用"银弹"

[①] 张辛民：《台湾五十年大事记（1988~1995）》（下），新华社参考新闻编辑部，第138页。

第七章　对外关系

进行"建交"试探。1994年10月,巴布亚新几内亚副总理兼财政与计划部部长克里斯·海维塔参加了台湾的"双十"活动,并与"行政院"院长连战进行了会晤。① 1995年5月,克里斯·海维塔再次"访问"台湾,双方签署联合公报,依国际法给予相互承认,巴布亚新几内亚成为继瓦努阿图之后第二个与台湾"相互承认"、但无正式"邦交"的国家,② 并在台湾派驻有"驻台北名誉总领事"。1997年7月比尔·斯卡特上台组阁后,完全违背巴布亚新几内亚历届政府在对待台湾问题上的一贯政策,开始与台湾李登辉当局进行秘密的政治接触。1999年,受亚洲金融危机和自然灾害的双重打击,巴布亚新几内亚经济陷入历史上最严重的困难时期。国民议会准备对比尔·斯卡特进行不信任投票,其政治生涯面临空前危机。此时正在台湾大搞"两国论"的李登辉当局乘机抛出了23.5亿美元的贷款,诱使巴布亚新几内亚与其"建交"。为了获得更多的无偿经济援助,以便渡过难关,比尔·斯卡特不顾中国政府的强烈反对,执意率团"访问"台湾,并进行"建交"谈判。7月5日,巴布亚新几内亚外交与贸易部部长罗伊·亚基与台湾当局"外交部"部长胡志强在台北签署所谓的"建交"公报,创下台湾唯一不花钱就"建交"的先例。同一天,中国政府向巴布亚新几内亚政府提出严正交涉。巴布亚新几内亚人民民主运动党、人民进步党等朝野各界纷纷予以谴责。澳大利亚等国也明确表示反对巴布亚新几内亚与台湾当局"外交承认"。③ 7月7日,迫于内外压力的比尔·斯卡特辞职。7月21日,新任总理梅克雷·莫劳塔发表声明,宣布前任政府与台湾当局签署的所谓"建交"公报无效,不予承认。莫劳塔政府坚持1976年与中国政府签订的建交公报原则,继续奉行"一个中国"政策,承认中华人民共和国政府是唯一合法的政府。台湾当局驻巴布亚新几内亚"大使馆"从挂牌到摘下仅有16天,被全球最有影响力

---

① 张辛民:《台湾五十年大事记(1988~1995)》(下),新华社参考新闻编辑部,第336页。
② 卢晓衡:《中国对外关系中的台湾问题》,经济管理出版社,2002,第253页。
③ 史实:《黄粱美梦一场空:台湾与巴布亚新几内亚"建交"闹剧》,《党史天地》1999年12月,第13~14页。

313

的美国《时代周刊》杂志列入"1999年度世界十大丑闻"之一。①

2006年8月,为拉拢巴布亚新几内亚政府,台湾陈水扁当局通过与巴布亚新几内亚高层来往密切的台湾商人金纪玖和新加坡籍人士吴思材对外宣称,愿意支付10亿元新台币(约合3000万美元),作为巴布亚新几内亚的"技术援助经费"。10月,巴布亚新几内亚派代表团赴台北交涉"建交"问题,但没有履行台湾当局"外交部"部长黄志芳所提条件。而后,双方又在新加坡讨论"建交公报",结果遭到巴布亚新几内亚国民议会中人民全国代表大会党等反对党的严厉抨击。2007年1月,台湾当局确信不能劝服巴布亚新几内亚投入其怀抱,欲追回"技术援助经费"。但巨款已被中间人私吞,金纪玖不知所踪。台湾当局"外交部"部长黄志芳、"行政院"副院长邱义仁和"国防部"副部长柯承亨三位高官因此丑闻而辞职。台湾当局与巴布亚新几内亚第二次建交不了了之。

2. 巴布亚新几内亚支持台湾当局加入国际组织

1993~1998年,在联合国大会关于台湾"重返"联合国的总辩论中,巴布亚新几内亚与部分国家六次支持台湾加入联合国。1999年9月,在第五十四届联合国大会上,充当了支持台湾加入联合国的提案发起国之一。②

2008年5月,在第六十一届世界卫生组织大会上,巴布亚新几内亚政府代表竟无视中国政府的强烈反对,支持台湾当局加入这个以主权国家为会员资格的国际组织。

巴布亚新几内亚以上行为,严重违反了"一个中国"的原则。

(三) 两国领导人的互访

自20世纪90年代起,太平洋岛国开始进入中国的外交议程。中国与巴布亚新几内亚两国高层领导人互访频繁。尤其是2003年以来,两国关系得到了持续稳定健康发展。

1. 巴布亚新几内亚访华的高层领导有:

总督塞雷·艾里(1991.5)、西拉斯·阿托帕尔(2003.7)、保莱阿

---

① 《1999年度世界十大丑闻》,《世界知识》2000年第2期,第51页。
② 卢晓衡:《中国对外关系中的台湾问题》,经济管理出版社,2002,第259页。

第七章 对外关系

斯·马塔内（2006.10）、迈克尔·奥吉奥（2015.9），总理迈克尔·索马雷（1976.10、2004.2、2009.4、2010.6）、拉比·纳马柳（1991.4）、比尔·斯卡特（1998.12）、梅克雷·莫劳塔（2001.5）、彼得·奥尼尔（2012.9、2013.11、2014.11、2016.7）、国民议会议长丹尼斯·扬（Dennis Young，1990.3）、比尔·斯卡特（1993.8）、约翰·蓬达里（1998.5）、伯纳德·纳罗柯比（2000.5）、西奥多·佐伦诺克（2013.10），副总理朱利叶斯·陈（1978.9、1993.1、1994.7）、副总理兼民航与运输部部长艾姆巴基·帕尔马·奥库克（1981.5）、副总理兼教育部部长帕亚斯·温蒂（1985.2）、副总理兼林业部部长迈克尔·奥吉奥（2001.9）、最高法院首席大法官萨拉莫·因吉阿（2012.9）、外交与外贸部部长埃比亚·奥莱·瓦勒（1978.7）、外交与贸易部部长拉比·纳马柳（1983.6）、外交与布干维尔事务部部长迈克尔·索马雷（1999.10），外交部部长约翰·卡普廷（2000.8）、外交与移民事务部部长拉比·纳马柳（2005.7）、外交、贸易与移民部部长萨姆·阿巴尔（2009.4）、国内安全部部长马克·马伊帕卡伊（2011.4）、教养事务部部长托尼·艾莫（Tony Aimo，2008.9）、交通与民航部部长唐·波利（2005.8）、财政与国库部部长帕特里克·普鲁埃奇（2011.3）、国库部部长彼得·奥尼尔（2011.5）、帕特里克·普鲁埃奇（2016.7、2016.12）、石油与能源部部长莫伊·阿韦（2003.10、2005.5）、威廉·杜马（2009.3）、矿业部部长萨姆·阿科伊泰伊（Sam Arcoyitai，2005.5）、拜伦·詹姆斯·陈（2012.11、2013.11、2016.6），商业与工业部部长加布里埃尔·卡普里斯（2008.9）、贸易与工业部部长约翰·吉海诺（1990.12）、贸易、商业与工业部部长理查德·马鲁（2014.5），国企、通讯与信息部部长阿瑟·索马雷（2006.9）、公共企业、信息及企业发展部部长阿瑟·索马雷（2009.8）、公共服务部部长彼得·奥尼尔（2009.5）、渔业部部长罗恩·加纳拉福（Ron Ganarafo，2000.5）、本·塞姆里（Ben Semri，2008.9），农业与畜牧业部部长萨萨·泽贝（Sasa Zibe，2006.9）、文化与旅游部部长阿鲁鲁·马蒂亚贝（Aruru Matiabe，1991.4）、查尔斯·阿贝尔（2007.11、2008.9）、博卡·孔德拉（Boka Kondra，2013.4），教育部部长乌图拉·萨马纳（Utula Samana, 1991.4）、彼得·莱莫（2004.10）、卫生部部长马丁·托·瓦德克（Martin To Vadex, 1984.7）、阿西克·汤米·汤姆斯科尔（2002.3）、萨萨·泽贝（2008.5）等。①

2. 中国主要领导人访问巴布亚新几内亚的有：

中共中央总书记胡耀邦（1985.4），全国政协主席李瑞环（2001.11），国务院副总理李先念（1980.5）、钱其琛（1996.7）、曾培炎（2007.3）、李克强（2009.11）、回良玉（2011.9），全国人大常委会副委员长朱学范（1982.12）、田纪云（1994.4）、王汉斌（1996.10）、热地（2003.4）、许嘉璐（2005年9月出席巴布亚新几内亚独立30周年庆典）、周铁农（2012.10）、张宝文（2016.9），中共中央政治局委员、书记处书记、中共中央宣传部部长刘云山（2003.9），中共中央对外联络部部长王家瑞（2005.5），副部长刘结一（2010.6），外交部部长李肇星（2006.8）、副部长刘华秋（1991.3）、王光亚（2001.3）、周文重（2004.1）、杨洁篪（2005.10）、郑泽光（2016.2），最高人民检察院检察长贾春旺（2007.11），卫生部部长崔月犁（1987.5）、张文康（2000年9月作为中国政府特使代表朱镕基总理出席巴布亚新几内亚独立25周年庆典），民政部副部长顾朝曦（2015.8），农业部部长刘坚（2001.10），对外经济贸易部副部长吕学俭（1990.2）、孙振宇（2001.3）、刘向东（2002.11），商务部副部长易小准（2009.11）、钟山（2013.1），中国—太平洋岛国论坛对话会特使杜起文（2010.2）、李强民（2012.2）等。②

(四) 两国的官方磋商

1992年11月，巴布亚新几内亚外交部秘书长加布里埃尔·杜萨瓦（Gabriel Dusava）访华，与外交部副部长刘华秋签订了《中华人民共和国

---

① 《中国同巴布亚新几内亚的关系》，中华人民共和国外交部网站，http://www.fmprc.gov.cn/mfa_chn/gjhdq_603914/gj_603916/dyz_608952/1206_608978/sbgx_608982/，2015年4月10日浏览。

② 《中国同巴布亚新几内亚的关系》，中华人民共和国外交部网站，http://www.fmprc.gov.cn/mfa_chn/gjhdq_603914/gj_603916/dyz_608952/1206_608978/sbgx_608982/，2015年4月10日浏览。

外交部与巴布亚新几内亚外交部关于建立官员磋商制度的谅解备忘录》。双方进行了第一次磋商,并决定以后原则上每年一次,在两国首都轮流举行。自此,两国外交部建立起磋商机制。

(五) 多边场合两国领导人的会谈

2003~2008年,在亚太经济合作组织领导人非正式会议期间,胡锦涛主席与迈克尔·索马雷总理多次举行会谈。

2005年4月,胡锦涛主席在雅加达出席亚非峰会期间,会见了迈克尔·索马雷总理。

2006年4月,温家宝总理在斐济楠迪出席中国—太平洋岛国经济发展合作论坛首届部长级会议期间,会见了迈克尔·索马雷总理。

2010年9月,温家宝总理在天津出席第四届夏季达沃斯论坛(The Summer Davos Forum)期间,与迈克尔·索马雷总理举行了会谈。

2012年9月,李克强副总理在银川出席中国(宁夏)国际投资贸易洽谈会期间,会见了彼得·奥尼尔总理。

2013年11月,汪洋副总理在广州参加第二届中国—太平洋岛国经济发展合作论坛时,与彼得·奥尼尔总理进行了会谈,表示中方将一如既往地支持太平洋岛国加快发展,并继续提供力所能及的帮助;鼓励更多的中国公民赴岛国旅游,加强旅游合作,增进人文交流。[1]

2014年11月,习近平主席参加完二十国集团(G20)领导人第九次峰会后,在斐济楠迪与彼得·奥尼尔总理举行了会谈。习近平指出,巴布亚新几内亚是中国在太平洋岛国地区重要合作伙伴,中国愿同巴布亚新几内亚扩大农林渔业、基础设施建设、能源资源等领域合作,落实好拉姆镍矿、中国石油化工股份有限公司和巴布亚新几内亚液化天然气等重点合作项目,加强在亚太及太平洋岛国事务上协调配合。[2] 双方就巴布亚新几内

---

[1] 《汪洋会见出席第二届中国—太平洋岛国经济发展合作论坛的外国政要》,新华网站,http://news.xinhuanet.com/politics/2013-11/07/c_118053532.htm,2015年6月10日浏览。

[2] 《习近平会见一些太平洋岛国领导人》,新华网站,http://news.xinhuanet.com/2014-11/22/c_1113361562.htm,2015年5月18日浏览。

亚输华产品零关税以及北京与莫尔兹比港飞机直航等事宜达成了初步意向。

（六）两国之间建立的友好省、市关系

1988年9月，山东省济南市与莫尔兹比港市建立了友好城市关系。

1998年6月，山东省与东塞皮克省结成友好关系。

2000年5月，福建省与东高地省结成友好关系。

2006年9月，海南省与东新不列颠省结成友好关系。[①]

2016年5月，广东省深圳市与莫尔兹比港市结成友好交流城市。

四　双边协定

1976年10月12日，华国锋总理与迈克尔·索马雷总理在北京签署《中华人民共和国与巴布亚新几内亚独立国关于建立外交关系的联合公报》。

1978年10月，对外经济贸易部副部长魏玉明与巴布亚新几内亚初级产业部秘书长约翰·纳特拉（John Natla）在北京签署《关于经济技术合作的谅解备忘录》。

1983年6月，外交部部长吴学谦与巴布亚新几内亚外交与贸易部部长拉比·纳马柳在北京签署《中华人民共和国政府与巴布亚新几内亚独立国政府技术合作协定》。

1985年2月，国务院副总理李鹏与巴布亚新几内亚副总理兼教育部部长帕亚斯·温蒂在北京签署《中华人民共和国向巴布亚新几内亚提供无息贷款的协定》。

1990年12月，对外经济贸易部部长郑拓彬与巴布亚新几内亚贸易与工业部部长约翰·吉海诺在北京签署《中华人民共和国政府与巴布亚新几内亚独立国政府经济贸易合作谅解备忘录》。

1991年4月，对外经济贸易部部长李岚清与巴布亚新几内亚政府教

[①]《友好城市统计》，中国国际友好城市联合会网站，http://www.cifca.org.cn/Web/YouChengTongJi.aspx，2015年5月15日浏览。

第七章　对外关系

育部部长乌图拉·萨马纳在北京签署《关于促进和保护投资的协定》。

1994年7月，财政部部长兼国家税务总局局长刘仲藜与巴布亚新几内亚副总理兼外交与贸易部部长朱利叶斯·陈在北京签署《关于对所得避免双重征税和防止偷漏税的协定议定书》。

1996年7月，国务院副总理兼外交部部长钱其琛与巴布亚新几内亚外交与贸易部部长基尔罗伊·吉尼亚（Kilroy Genia）在莫尔兹比港签署《关于巴布亚新几内亚在中国香港特别行政区保留名誉领事协定》《中华人民共和国政府与巴布亚新几内亚独立国政府贸易协定》《中华人民共和国政府与巴布亚新几内亚独立国政府渔业合作协定》《关于中国向巴布亚新几内亚政府贴息优惠贷款框架协议》《中华人民共和国政府与巴布亚新几内亚独立国政府经济技术合作协定》《关于中国政府同意帮助巴布亚新几内亚政府建立亨格诺菲村民住宅的换文》等协议。

1997年3月，外交部部长助理杨洁篪与巴布亚新几内亚政府外交与贸易部副秘书长马克斯·雷（Max Ray）在北京签署《关于中国香港特别行政区与巴布亚新几内亚互免签证协定》。

1999年10月，外交部部长唐家璇与巴布亚新几内亚外交与布干维尔事务部部长迈克尔·索马雷在北京签署《中华人民共和国政府与巴布亚新几内亚独立国政府经济技术合作协定》。

2002年4月，驻巴布亚新几内亚大使赵振宇与巴布亚新几内亚卫生部部长阿西克·汤米·汤姆斯科尔签署《关于中国派遣医疗队赴巴布亚新几内亚工作的议定书》。12月，与巴布亚新几内亚国家计划与监控部部长西纳伊·布朗签署《经济技术合作协定》。

2004年1月，外交部副部长周文重与巴布亚新几内亚外交与移民事务部部长拉比·纳马柳在莫尔兹比港签署《中华人民共和国政府与巴布亚新几内亚独立国政府经济技术合作协定》。2月，温家宝总理与迈克尔·索马雷总理共同发表《中华人民共和国与巴布亚新几内亚独立国联合新闻公报》。

2005年6月，国家质检总局副局长葛志荣与巴布亚新几内亚农业检疫检验局局长亚玛尼亚（Yamanya）在北京签署《关于出入境动植物检疫

319

和食品安全的合作谅解备忘录》。

2007年11月，国家旅游局局长邵琪伟与巴布亚新几内亚文化与旅游部部长查尔斯·阿贝尔在昆明签署《关于中国旅游团队赴巴布亚新几内亚旅游实施方案的谅解备忘录》，巴布亚新几内亚成为中国公民出国旅游目的地。

2009年4月，商务部副部长高虎城与巴布亚新几内亚驻华大使约翰·莫米斯共同签署关于中国向巴布亚新几内亚政府提供援款的《经济合作协定》。

2009年11月，商务部副部长易小准与巴布亚新几内亚商业与工业部部长加布里埃尔·卡普里斯在莫尔兹比港签署《经济技术合作协定》《优惠贷款框架协议》和《中国援巴布亚新几内亚国际会议中心项目立项换文》等三个政府间重要援助协议。

2012年10月，仇伯华大使与巴布亚新几内亚外交与移民部代理秘书长包嘉丽签署《中华人民共和国政府与巴布亚新几内亚独立国政府经济技术合作协定》。

2013年1月，商务部副部长钟山与巴布亚新几内亚外交与移民部秘书长包嘉丽在莫尔兹比港签署《中华人民共和国政府与巴布亚新几内亚独立国政府经济技术合作协定》。

2016年7月，中国民用航空局副局长李健与巴布亚新几内亚独立国驻华大使克里斯托弗·梅罗（Christopher Mero）签署了《中华人民共和国政府与巴布亚新几内亚独立国政府民用航空运输协定》。

五 双边经济关系

20世纪60年代初，中国与巴布亚和新几内亚领地之间开始了非官方的民间贸易，民间团体交往日趋频繁。1974年，巴布亚新几内亚自治政府选派40多名教师、医生、职员等到中国参观访问。1975年1月，巴布亚新几内亚自治政府国防、外交与外贸部部长艾伯特·毛利·基基应邀访问中国，双方商讨了经济问题。8月，中国贸易代表团访问了巴布亚新几内亚。1976年10月1日，中国经济贸易博览会在莫尔兹比港举行，受到

第七章　对外关系

当地人民的热烈欢迎。①

(一) 双边贸易

1976年10月两国建交后，经贸关系稳步发展，贸易往来不断扩大。1981年3月，中国经济和技术综合考察组访问了巴布亚新几内亚。1982年5月，在巴布亚新几内亚举办了中国出口商品展览会，展出的商品有农机、轻工业品和纺织品等。② 1996年7月，双方签署《中华人民共和国政府与巴布亚新几内亚独立国政府贸易协定》，为两国经贸合作奠定了良好的基础。随着巴布亚新几内亚主张以"有选择性的交往"作为外交政策的主轴，强调"北向政策"，承认中国完全市场经济地位，中国则将巴布亚新几内亚视为南太平洋地区发展外交关系的重点对象。2008年7月，在莫尔兹比港举办了首届巴布亚新几内亚—中国贸易洽谈会。9月，巴布亚新几内亚代表团出席了在中国厦门举行的中国—太平洋岛国经济发展合作论坛投资、贸易、旅游部长级会议。而后，双方签订了关于贸易与投资保护及避免双重征税等双边协议。

根据中国海关的统计，1987年，两国进出口商品贸易总额为3700万美元，其中中方出口799万美元，进口2902万美元。中方出口商品主要有食品罐头、棉织品和轻工业品。③ 2000年，两国双边贸易总额达到2.26亿美元。其中中方出口2500万美元，进口2.01亿美元。贸易总额和进口额分别增长了96.6%和134.8%。

近年来，中国经济快速发展，对原材料的需求急剧增加。而巴布亚新几内亚拥有丰富的渔业、林业、矿产、油气等资源，因此，两国贸易取得长足进展。根据中国海关统计，2010年，双边贸易额首次突破10亿美元大关，达到11.3亿美元，中国一跃而成为巴布亚新几内亚第四大贸易伙伴④，

---

① 《新华月报》1976年第10期，第196~197页。
② 孙道章：《太平洋岛国——巴布亚新几内亚》，《世界地理》1983年第3期，第94页。
③ 中华人民共和国外交部外交史编辑室编《中国外交概览（1988）》，世界知识出版社，1988，第392页。
④ 《加强合作　共同面向未来》，国际商报网站，http://www.shangbao.net.cn/epaper/gjsb/243502.html，2015年6月19日浏览。

并连续 5 年成为巴布亚新几内亚第五大进口来源国。2014 年，两国双边贸易额超过 20 亿美元，其中中方出口 6.37 亿美元，进口 14.16 亿美元。巴布亚新几内亚已超过马绍尔群岛成为中国在太平洋岛国地区最大的贸易伙伴。① 2015 年，两国双边贸易额达到 27.98 亿美元，同比增长 36.3%。自 2000 年有数据记录以来，两国贸易总额增长近 12.4 倍。②

中国与巴布亚新几内亚的经济结构存在着巨大差异，在商品贸易上有一定的互补性。据中国海关统计，近年来，中国出口到巴布亚新几内亚的产品主要是物美价廉、深受当地人喜爱的产品，主要包括：机械器具及零件，钢铁制品，电机、电气、音像设备及其零附件，塑料及其制品，橡胶及其制品，其他纺织制品，成套物品，旧纺织品，鞋靴、护腿和类似品及其零件，钢铁，车辆及其零附件（铁道车辆除外），家具，灯具，活动房，寝具等。中国从巴布亚新几内亚进口的产品主要是木材及木制品，木炭，矿物燃料、矿物油及其产品，沥青，谷物粉和淀粉，乳制品。其中原材料占全部进口产品的 99% 以上。中国是巴布亚新几内亚最大的热带木材出口对象国，2013 年，出口到中国的原木达 258 万立方米，占中国进口原木总量的 6.81%，巴布亚新几内亚成为继俄罗斯、新西兰、美国之后的中国第四大原木进口国。③

在两国贸易往来中，总部位于上海市浦东新区的上海亚铭桥国际贸易有限公司（前身为巴布亚新几内亚驻上海贸易代表设立的企业）主要经营巴布亚新几内亚优质香荚兰豆、可可、咖啡、棕榈油、34 种热带木材、金枪鱼、对虾、龙虾、海参等优质农副产品。同时，承担巴布亚新几内亚大量的商务采购任务。④

---

① 《巴布亚新几内亚成为我太平洋岛国最大贸易伙伴》，中华人民共和国驻巴布亚新几内亚独立国大使馆网站，http://pg.mofcom.gov.cn/article/jmxw/201502/20150200901009.shtml，2015 年 9 月 10 日浏览。
② 《立足建交 40 年新起点》，国际商报第 8597 期，2016 年 10 月 28 日。
③ 李茗、徐斌、陈洁：《巴布亚新几内亚林业概况及木材出口管理》，《国际木业》2014 年第 11 期，第 1 页。
④ 上海亚铭桥国际贸易有限公司网站，http://shpudong098555.11467.com/，2015 年 2 月 2 日浏览。

（二）双边投资

中国与巴布亚新几内亚开展互利经济合作始于1984年。

近年来，随着两国交往的不断扩大，中国在巴布亚新几内亚的投资总额逐渐增加。根据巴布亚新几内亚投资促进局统计数据显示，2006年，巴布亚新几内亚共吸引外资21亿基那（约合7亿美元）。其中中国投资3.197亿基那（约合1.07亿美元），同比增长1154%，成为巴布亚新几内亚第二大外资来源国。[1] 2013年，中国投资增加到4亿美元，投资总额累计超过20亿美元，巴布亚新几内亚成为中国在太平洋岛国地区最大的投资目的地国。[2] 根据《中国商务年鉴》统计，2003~2012年间，中国累计向太平洋岛国直接投资总流量7亿多美元。其中投资到巴布亚新几内亚3.14亿美元，约占投资总流量的45%。[3] 根据中国商务部统计，2014年，中国对巴布亚新几内亚直接投资流量为3037万美元。截至2015年年底，中国对巴布亚新几内亚非金融领域直接投资4.96亿美元。[4]

中国在巴布亚新几内亚投资的旗舰项目是拉姆镍钴矿项目。2005年3月，中国冶金科工集团有限公司与巴布亚新几内亚政府签署拉姆镍钴矿项目合作备忘录。这是集选矿、采矿、冶炼于一体的世界级镍钴矿项目，由红土矿露天开采、矿浆管道输送、高压酸浸湿法冶金、深海尾矿排放等主体工艺和配套设施组成。2006年11月，拉姆镍钴矿项目在马当省巴萨穆克冶炼厂奠基，项目由中国冶金科工集团有限公司与澳大利亚高地太平洋有限公司合作开发。其中中方持有项目85%的股权，参与的股东有拉姆镍钴管理（中冶）有限公司、甘肃金川集团有限公司、酒泉钢铁（集团）有限责任公司、吉林吉恩镍业股份有限公司。中

---

[1] 《中国跃居巴布亚新几内亚第二大投资来源国》，中国经济网站，http://intl.ce.cn/gjzx/dyz/bx/zbhz/200712/06/t20071206_13831800.shtml，2016年12月25日浏览。
[2] 《驻巴布亚新几内亚使馆举行国庆64周年招待会》，中华人民共和国驻巴布亚新几内亚独立国大使馆网站，http://pg.china-embassy.org/chn/xwdt/t1081759.htm，2015年9月10日浏览。
[3] 喻常森、常晨光、王学东：《大洋洲发展报告（2013~2014）》，社会科学文献出版社，2014，第16页。
[4] 《立足建交40年新起点》，国际商报第8597期，2016年10月28日。

方负责工程建设、提供建设资金以及前期的开发和建设，总投资约18亿美元。2012年12月，包括54.3平方公里的采矿许可区、冶炼厂、137公里矿浆管道和5万吨级码头等设施在内的拉姆镍钴矿项目竣工，成为迄今为止中国企业在太平洋岛国地区最大的投资项目，同时也是中国企业在海外最大的有色金属矿产资源投资项目之一。它的投产，增加了巴布亚新几内亚矿产品的出口种类，提升了其在国际社会中的地位；同时，缓解了中国镍钴资源供应的严重不足，推动了两国经贸合作向更广阔的领域发展。

根据中国商务部统计，截至2011年，在巴布亚新几内亚的中国劳务人员达到1013人。2014年，中国在巴布亚新几内亚新签承包合同金额5.88亿美元，完成营业额7.04亿美元。[①]

（三）在巴布亚新几内亚注册成立的中资企业

随着经济全球化以及中国经济的快速发展，中国企业"走出去"的步伐不断加快。根据巴布亚新几内亚投资促进局统计数据显示，2002~2007年间，共有243家中资企业在巴布亚新几内亚注册成立，长期保持着第二大亚洲投资国地位，为当地居民提供了近2000个就业岗位。中国在巴布亚新几内亚的投资领域广阔，首先是大型资源类项目，其次集中在批发和零售行业，再次为制造业。具体内容参见表7-4。

表7-4　在巴布亚新几内亚注册成立的中资企业

企业名称	成立时间	经营项目
1. 矿产资源开发类企业		
拉姆镍钴管理（中冶）有限公司	2005年	镍钴矿开采、冶炼、加工
中国恩菲巴布亚新几内亚有限公司	2006年	镍钴矿开发项目总承包
中国石油集团东方地球物理勘探有限责任公司巴布亚新几内亚公司	2010年	油气勘探领域项目承包

---

① 《对外投资合作国别（地区）指南——巴布亚新几内亚》，2015，第21页。

第七章 对外关系

续表

企业名称	成立时间	经营项目
2. 建筑工程类企业		
中国四川国际合作股份有限公司	1985年	房地产开发
现代建筑工程公司	1991年	中小规模建筑工程、装饰装修
中建投(原名北新建材,中国建材全资子公司)巴布亚新几内亚有限公司	1992年	建筑材料销售
中国海外工程有限责任公司巴布亚新几内亚公司	1996年	工程承包
中国江苏国际经济技术合作公司巴布亚新几内亚公司	1999年	工程承包
广东建工对外建设有限公司巴布亚新几内亚分公司	2007年	工程承包
威海国际经济技术合作股份有限公司巴布亚新几内亚公司	2007年	工程承包
中冶实久建设有限公司(后合并于中国十九冶集团有限公司)巴布亚新几内亚公司	2007年	建筑类工程承包
中冶二十冶东方之星建设有限公司	2008年	工程承包
中铁建工集团有限公司巴布亚新几内亚公司	2009年	建筑类工程承包
中国电力工程有限公司巴布亚新几内亚公司	2010年	电力设施项目承包
中铁建设集团有限公司巴布亚新几内亚公司	2010年	建筑类工程项目承包
中国沈阳国际经济技术合作有限公司巴布亚新几内亚公司	2011年	工程承包
中国江西国际经济技术合作公司巴布亚新几内亚公司	2011年	工程承包
中国港湾工程有限责任公司巴布亚新几内亚公司	2012年	工程承包
中国葛洲坝集团股份有限公司巴布亚新几内亚公司	2014年	建筑工程总承包及工程勘测、设计、施工、咨询、项目管理
3. 木材加工类企业		
海桥有限公司	1994年	木材采伐、加工和销售
福森实业有限公司	1996年	原木生产、加工及木制品出口
龙港(中国)实业有限公司	1996年	原木生产、加工及木制品出口
吉鑫有限公司	1997年	木材采伐
KK联合有限责任公司	2005年	木材加工、销售
北方木材有限公司	2006年	木材加工
宁波雅利木业有限公司巴布亚新几内亚分公司	2006年	木材采伐

325

续表

企业名称	成立时间	经营项目
巴布亚新几内亚木材加工有限公司	2006年	木材加工
浙江富得利木业有限公司巴布亚新几内亚分公司	2008年	木材加工
4. 与日常生活相关的服务类企业		
中国-巴布亚新几内亚合作公司	1987年	纺织品和服装批发、零售
莫尔兹比（中国）包装有限公司	1992年	纸箱等包装产品销售
中国-巴布亚新几内亚华洋实业发展有限公司	1998年	手袋及服装生产、销售
5. 轻工产品生产类企业		
巴布亚新几内亚盐业有限公司	1998年	食盐销售
南洋化工有限公司	2000年	利用椰子壳生产活性炭
6. 通讯类企业		
华为技术有限公司巴布亚新几内亚公司	2009年	通讯工程项目承包
中兴通讯巴布亚新几内亚公司	2012年	通讯工程项目承包
7. 金融类企业		
中国国家开发银行福建分行巴布亚新几内亚工作组	2012年	巴布亚新几内亚项目的贷款融资业务

随着中资企业在巴布亚新几内亚越来越多，2014年2月23日，巴布亚新几内亚中资企业商会在莫尔兹比港成立，中国海外工程有限责任公司副总经理兼巴布亚新几内亚公司总经理吴东正任会长，中国江苏国际经济技术合作公司巴布亚新几内亚分公司总经理罗浩中、中国港湾工程有限责任公司巴布亚新几内亚公司副总经理马建华任副会长，会员单位共计23家。

（四）中资企业承揽的建设项目

巴布亚新几内亚矿产资源、能源资源丰富，特别是铜、钴、镍、石油和天然气等与中国有很强的互补性。同时，巴布亚新几内亚经济的快速发展也对基础设施建设提出了更高的要求。近年来，随着巴布亚新几内亚投资环境的不断改善，一大批中资企业进入巴布亚新几内亚，两国在矿产资源开发、基础设施建设方面的合作取得重大进展。据《中国商务年鉴》统计，2002~2012年间，中国在南太平洋建交岛国的工程承包合同额累

第七章　对外关系　The Past and Present of Papua New Guinea

计达 34.7 亿美元，其中巴布亚新几内亚占 28.14 亿美元。[①] 截至 2015 年年底，中国承包的工程合同总额达 67.09 亿美元。

目前，在巴布亚新几内亚占有一定市场份额的中国著名企业有中国海外工程有限责任公司、中国江苏国际经济技术合作公司、威海国际经济技术合作股份有限公司、广东建工对外建设有限公司、中国冶金科工集团有限公司、中国地质工程集团公司、中铁建工集团有限公司（中国中铁全资子公司）、中国电力工程有限公司（简称中国电工）、中铁建设集团有限公司（中国铁建全资子公司）、中国机械工业集团有限公司（简称国机集团）和中国石油集团东方地球物理勘探有限责任公司等。

1995 年 11 月，中国海外工程总公司（中国海外工程有限责任公司的前身，是中国中铁全资子公司）以 8000 万美元中标了中央省柏瑞那（Brenner）至海湾省马拉拉瓦 80.6 公里的公路项目，实现了中国在巴布亚新几内亚大中型项目承包零的突破。而后，公司又承建了莫罗贝省睦蒙至布洛洛公路 36 公里的改造项目（合同额 2330 万美元）、马当省卡卡公路 78 公里的建设项目（合同额 1032 万美元）、东新不列颠省科科波公路升级建设项目（合同额 359 万美元）、科科波中学校舍建设项目（合同额 279 万美元）、财政部住房工程项目等。2012 年 2 月，签订了恩加省波格拉至赖亚更 65 公里、南高地省门迪至恩加省坎德普 50 公里的公路升级维修项目，合同额 2.13 亿美元。2013 年 4 月，获签了西高地省芒特哈根机场和西新不列颠省霍普金斯机场建设项目，合同额 4892 万美元。截至 2015 年，该公司承揽的房建、公路、桥梁和机场等基础设施项目达 100 多个，合同总金额超过 9 亿美元，成为巴布亚新几内亚最大的中资承包商。

2003 年 3 月，中国江苏国际经济技术合作公司承建了科科波第三城区供水项目，合同额 970 万美元。而后，又陆续承建了国防军医院改扩建工程、马当市污水处理工程（合同额 401 万美元）、外拜克供水工程（合同额 640 万美元）、马拉邦戈学校维修工程（合同额 240 万基那）、北新

[①] 喻常森、常晨光、王学东：《大洋洲发展报告（2013~2014）》，社会科学文献出版社，2014，第 17 页。

建材仓库工程等,并与巴布亚新几内亚水局签署了《战略经济合作伙伴关系协议》。

2005年5月,华为技术有限公司向巴布亚新几内亚PMC公司出售了16个全球移动通信系统基站,这是中国企业首次打入该国电信市场。2012年11月,又与巴布亚新几内亚政府签订电子身份识别系统合同,为巴布亚新几内亚政府选举、医疗部门、国家统计局和其他部门提供数据服务,总金额7600万美元。2015年3月,项目交付使用。

2008年6月,广东建工对外建设有限公司中标了东高地省戈罗卡大学学生宿舍建设项目,以及西部省莫海德(Morehead)地区小学扩建项目、农村饮水打井项目及太阳能照明项目。2013年4月,中标了戈罗卡大学助产学校建设项目。

2008年6月,中国铁建股份有限公司(简称中国铁建)所属电气化局承建了莫尔兹比港"远景城"超市项目。2010年9月交付使用后,经营面积达1万平方米,拥有1000个停车位,是太平洋岛国地区最大的超级市场。

2008年7月,中国电工设备总公司(中国电力工程有限公司的前身)中标了东高地省18兆瓦的扬开趾坝(Yonki Toe of Dam)水电站设计、采购、施工总承包项目,合同额约2600万美元,标志着中国在南太平洋地区电力工程市场实现了零的突破。2012年项目竣工后,开始向东高地省、莱城、马当等地送电。

2009年8月,中铁建工集团有限公司国际公司承建了所罗门群岛驻巴布亚新几内亚大使馆项目。2013年,承建了巴布亚新几内亚最大的房建项目常青集团二期远景城市酒店公寓综合楼、莫尔兹比港市政厅办公楼、太平洋运动会运动员村等项目,合同总金额17亿元人民币(约合2.79亿美元),成为当地最大的外资建筑承包企业之一。[1] 2016年8月,

---

[1] 《中铁建工国际公司拓展海外市场成为巴布亚新几内亚最大外资承包商之一》,中华人民共和国驻巴布亚新几内亚大使馆经济商务参赞处网站,http://cafiec.mofcom.gov.cn/article/hyzc/tongjixuehui/201312/20131200430876.shtml,2015年11月2日浏览。

第七章　对外关系　The Past and Present of Papua New Guinea

国际公司又中标了巴布亚新几内亚建筑面积22477平方米的国家法院综合体项目，合同额8.5亿人民币（约合1.224亿美元）。

2009年，中铁建设集团有限公司巴布亚新几内亚公司承建了莫尔兹比港霍霍拉区第429区段梦幻酒店项目。2010年，签约了霍霍拉区外加尼大道商用楼、格兰威尔米林奇24段住宅楼和休闲俱乐部、太古集团所属蒸汽船贸易有限公司（Steam Ships Ltd.）1.3万平方米的迎风公寓项目（合同额2600万美元）①，以及莫罗贝省装机容量9.4兆瓦的布洛洛水电站项目等，合同额8770万美元。2011年，签约了莫尔兹比港1.9万平方米的海港写字楼工程，合同额5100万美元（2014年项目竣工，成为莫尔兹比港市区的标志性建筑）。2013年3月，签约了莫尔兹比港2.98万平方米的海景国际花园工程，合同额5200万基那（约合2000万美元）。2014年3月，签约了太平洋运动会运动员村餐厅项目（第一个政府合作项目），合同额3000万元人民币（约合480万美元）。截至2015年9月，该公司在巴布亚新几内亚已承接了公寓、办公楼、啤酒厂、水电站等10多个项目，合同总额达12亿元人民币。②

2010年9月，中国沈阳国际经济技术合作有限公司签约了马当市太平洋渔业工业园优惠贷款项目总承包合同，项目总额9500万美元，建设内容包括4个渔码头、1个四万吨级的集装箱多用途码头以及水厂、电厂、制冷厂、道路等基础设施。

2012年3月，中国交通建设集团有限公司（简称中交集团）所属中国港湾工程有限责任公司巴布亚新几内亚公司中标了莱城港潮汐码头一期工程，合同额7.34亿基那（约合2.86亿美元）。2013年6月，签约了莫尔兹比港22公里NCDC道路改造项目，合同额3.18亿基那（约合1.14亿美元），项目建成后将有效缓解首都地区交通拥堵问题。2014年7月，签约了莱城500万升油罐项目，合同额1200万基那（约合432万美元）。

---

① 《中铁建设集团海外分公司打开巴布亚新几内亚建筑市场》，中铁建设股份有限公司网站，2010年6月2日报道。
② 《中铁建设集团受邀出席巴布亚新几内亚独立40周年庆祝活动》，中国铁建网站，http://www.crcc.cn/g674/s1687/t54010.aspx，2016年12月26日浏览。

12月，签订了巴布亚新几内亚国家公路网桥梁改建工程中的六座双车道、钢混结构桥梁施工项目，合同额3300万美元。2015年6月，中标了新莱城饼干厂项目，合同额约1315万美元；8月，签约了西高地省13.7公里公路改造项目，合同额约1亿美元。2016年12月，签订了马努斯机场升级改造项目，合同额9964万基那（约合3140万美元）。

2013年9月，中铁国际经济合作有限公司与莫罗贝省签订了高地公路改造升级项目莱城市主城区—瓦乌段9公里的路段，合同额约1.32亿美元。

2013年10月，中国机械工业集团有限公司所属中国机械设备工程股份有限公司（简称中国工程）签约了巴布亚新几内亚高地公路奇森波伊（Kisenepoi）—考盖尔河（Kaugel River）段升级改造项目，包括道路、桥梁、涵洞的升级改造和扩建工程，合同额1.7亿美元。

2013年11月，中国十九冶集团有限公司中标了莫罗贝省布洛洛地区桥梁改造工程。2014年9月，签约了新爱尔兰省纳马塔奈城区全长11.9公里的公路改造升级工程合同。2016年10月，与新爱尔兰省政府签订了全长11公里的纳马塔奈西海岸二期合同。

2014年11月，湖南澧水流域水利水电开发有限责任公司所属全资子公司澧水清洁能源投资有限公司（简称澧能公司）签约了中央省布朗河埃德伍（Edevu）水电站项目，合同额12.5亿元人民币（约合2.05亿美元），设计装机容量51兆瓦，年发电量2.4亿千瓦时。该水电站是目前巴布亚新几内亚已建和在建项目中装机容量的最大水电站项目，计划2019年年底投产发电。

2015年12月，中国武夷实业股份有限公司中标了莫尔兹比港艾拉海滩住宅办公楼项目，合同额2610万元人民币（约合390万美元）。

2016年7月，江苏镇淮建设集团有限公司中标了莫尔兹比港住宅楼项目，合同额2600万美元，建筑总面积23500平方米。

2016年7月，中国建筑与巴布亚新几内亚中央水务公司签署了莫尔兹比港内陆区域污水处理设施项目合同，合同额1.8亿美元。

2016年9月，中济建设有限公司中标了莱城市北新建材商场建设项目，合同额1.1752亿元人民币（约合1760万美元）。

六　中国对巴布亚新几内亚的援助

自1978年起，中国开始向巴布亚新几内亚提供援助，涵盖了基础设施、农业、医疗卫生、教育、工业等诸多领域。[1]但更多的是根据对方的需求提供相应的援助。2005~2009年间，中国向南太平洋7个建交岛国援助累计达到14.19亿美元，其中援助巴布亚新几内亚2.36亿美元，约占援助总额的16.63%。[2]近年来，中国的援助总额快速增长，已成为巴布亚新几内亚的主要援助国之一。2010年12月，驻巴布亚新几内亚大使仇伯华与巴布亚新几内亚外交部秘书长迈克尔·毛伟（Michael Maue）签署《关于中国向巴布亚新几内亚政府提供无息贷款的经济技术合作协定》，以及关于提供8800万美元优惠贷款，实施巴布亚新几内亚电子政务网项目（IGIS）和社区学院远程教育网二期项目。2014年3月，中国进出口银行副行长袁兴永与巴布亚新几内亚国库部部长帕特里克·普鲁埃奇在莫尔兹比港签署优惠贷款协议，用于实施莫尔兹比港道路改造。

（一）农业技术

由于自然条件的限制，巴布亚新几内亚每年需进口大量的粮食，小麦高达2亿基那（约合6670万美元），大米3亿基那（约合1亿美元）。

为解决巴布亚新几内亚粮食匮乏问题，1997年，以福建农林大学菌草研究所所长林占熺为组长的中国食用菌专家组赴东高地省鲁法地区，实施皇竹草食用菌技术、旱稻技术援助项目。通过举办技术培训班，发展了菌草种菇，培育了"金山1号"多年生旱稻，创造了两项世界纪录，一是旱稻每公顷单季产量达8.5吨，二是播种一次可收连续收割13次，且每公顷单季产量都达到4~7吨，[3]刷新了东高地省没有稻谷种植的历史。

---

[1] 喻常森、常晨光、王学东：《大洋洲发展报告（2013~2014）》，社会科学文献出版社，2014，第305页。

[2] 喻常森、常晨光、王学东：《大洋洲发展报告（2013~2014）》，社会科学文献出版社，2014，第21页。

[3] 《林占熺：世界菌草技术之父》，《福州晚报》2007年12月12日。

巴布亚新几内亚历史与现状

2005年5月,福建省与东高地省签署《福建省援助东高地省发展菌草、旱稻生产技术项目协议书》,帮助巴布亚新几内亚建立食用菌生产示范基地,培训技术人员95人。目前,该项目已实施了2000~2005年、2007~2012年的两期援助计划,被巴布亚新几内亚媒体称为"来自中国的最好的礼物"。[①]

1998年起,广东省农牧业国际合作公司派遣5名农业技术专家,开始援助恩加省坎德普地区综合性农业研究,进行小麦、玉米、蔬菜等农作物示范种植、加工技术推广,以及养猪、养鸡等技术培训,并提供必要的种子、肥料、农药、种猪、鸡苗和生产设备等。[②] 截至2008年,共执行了六期援助计划,援建了坎德普农业试验站、面粉加工厂、两台发电机组,培育了适应性强、耐寒高产的春小麦,帮助当地人民掌握了农业机械技术,引进外来猪种,杂交优化本地猪种,为当地人民提供了适合本地生长的优质猪苗,推动了当地养猪业的发展。12月23日,驻巴布亚新几内亚大使魏瑞兴与巴布亚新几内亚国家计划与监控部秘书长利朗(Liron)签署并互换了《交接证书》,坎德普农业试验站及农业技术合作项目移交给巴布亚新几内亚。

2002年10月,湖南省农业厅与巴布亚新几内亚农业与畜牧业部签署农业技术合作谅解备忘录。随后,派遣2名水稻专家,提供杂交水稻种子,在巴布亚新几内亚政府提供的面积1公顷、灌溉条件良好的土地上试种两季水稻,并为巴布亚新几内亚培训技术人员,为期一年。

2006年9月,广东农垦同巴布亚新几内亚农业与畜牧业部在广州签署合作谅解备忘录。同年,中国政府提供了6540万美元的优惠贷款,用于执行巴布亚新几内亚国家农业发展计划。

2009年3月,中国热带农业科学院作为全国首批55家"国际科技合作基地"之一,派专家前往巴布亚新几内亚指导农业生产,一批先进的

---

① 《中国对外开放30周年回顾展》,http://kaifangzhan.mofcom.gov.cn/article/g/i/200902/20090206028635.shtml,2015年10月10日浏览。
② 饶仕军:《在巴布亚新几内亚坎德普地区的养猪经验介绍》,《广东畜牧兽医科技》2010年第2期,第50~51页。

热带农业技术和优良品种在当地"生根开花"。

2009年12月，湖北大地国际经济技术合作有限公司派出5人组成的农业技术小组，援助西高地省芒特哈根市哈根农业技术合作项目，将"扬稻6号""旱稻502号""旱稻超502号"等品种在巴布亚新几内亚试种推广成功，改变了当地人民的饮食结构，有效缓解了当地粮食紧缺的局面，巴布亚新几内亚国家电视台进行了专题报道。

（二）基础设施

中国政府投资上亿元人民币，援助巴布亚新几内亚进行工业建筑工程、民用建筑工程、公共建筑工程等设施建设。

1990年，山东青岛市第三建筑工程公司承建的援助巴布亚新几内亚藤编培训中心（含培训主楼、洗藤棚、洗藤池）项目竣工，总投资87.6万元人民币（约合16.8万美元）。

1991年6月，中国大连国际合作（集团）股份有限公司承建的援助莫尔兹比港韦盖尼区体育中心项目竣工，建筑面积2万平方米。这是中国援助巴布亚新几内亚第一个大型体育设施项目，保证了当年南太平洋运动会的使用。

1998年11月，中国政府援建的东高地省亨格诺菲村民住宅项目建成移交。

2005年，北京市政建设集团有限责任公司援建的莫尔兹比港通往中央省巴巴利利镇18.6公里的公路升级改造项目竣工，总金额320万美元。

2008年，广东建工对外建设有限公司援建的巴布亚新几内亚总督府修缮和办公人员住宅新建项目竣工。12月，由中国冶金科工集团有限公司出资2000万基那建造的通往拉姆镍钴矿的拉姆河大桥竣工。

2010年，山东国际经济技术合作公司（山东高速集团全资子公司）援建的东塞皮克省韦瓦克体育场项目竣工。

2012年10月，中国政府提供2200万基那援建的通往拉姆镍钴矿的尤亚公路竣工。11月，为迎接2015年第十五届太平洋运动会和2018年APEC会议，中国江西国际经济技术合作公司援建的巴布亚新几内亚国际会议中心项目在莫尔兹比港动工。该项目建筑面积9875平方米，总金额1.17亿元人民币（约合1900万美元），是迄今为止中国政府援助太平洋岛国最大的项目。2016年9月正式启用，成为巴布亚新几内亚新的标志性建筑。

（三）工业生产

1982年4月，广东国际经济技术合作公司派出2名专家到东塞皮克省韦瓦克藤编技术培训中心进行技术指导。在三年的时间里，使当地人掌握了25种藤家具制作技术和15种藤编制品的编织技术。

2002年5月，中国政府贴息贷款援建的巴布亚新几内亚盐业公司精盐厂建成投产。

2008年1月，威海国际经济技术合作股份有限公司援建的1330平方米的莱城市水产品加工厂和冷藏库项目交付使用，这是中国援建的第一个生产性项目，总金额360万美元。

2009年，中国政府提供9500万美元优惠贷款，在马当市太平洋渔业工业园区建立了10个大型金枪鱼加工厂。

2012年3月，中国舟山震洋远洋渔业有限公司投资2000万美元，在马当市太平洋渔业工业园区建立了水产品加工厂；5月，浙江舟山海力生集团有限公司投资923万美元，在莱城市建立了金枪鱼加工基地，年处理金枪鱼原料能力1.5万吨，产出冻、煮金枪鱼鱼柳6000吨，年产值3000万美元，经营期30年。

（四）物资援助

1998年7月艾塔佩海啸发生后，中国政府向巴布亚新几内亚政府提供了200万元人民币的物资援助。

2002年6月，北京国电华北电力工程有限公司援助了50套风/光发电装置，用于解决莫尔兹比港学校、教堂、医院的用电问题。

2004年，中国政府向巴布亚新几内亚赠送了3辆越野型警车、2辆救护车和1辆越野型公务车，价值200万元人民币。

2005年，中国政府援助东新不列颠省约克公爵群岛价值18万美元的风力发电机。

2007年，中国政府援助200万元人民币现汇，用于巴布亚新几内亚警察总署购买通信和交通设备。

七　教育领域的交流

（一）人员培训

1986年起，中国教育部每年向巴布亚新几内亚提供2个政府奖学金名额（2004年增加到4名；2008年增加到30名；2016年增至35名。）。截至2016年8月，已有300多名学生获中国政府留学奖学金，400多名政府官员受邀到中国参加各类培训。

（二）教育项目援建

2001年，中国航空工业规划设计研究院援助的莫罗贝省玛克哈姆（Marcham）国家中学项目竣工移交。该项目建筑面积9700平方米，包括教学楼和食堂各一幢、学生宿舍和教工住宅28幢。

2003年10月，中国政府援建的新爱尔兰省纳马塔奈地区两所小学竣工。

2004年2月，中国教育部副部长章新胜与巴布亚新几内亚副总理兼贸易与工业部部长艾伦·马拉特签署《关于教育领域合作的谅解备忘录》。而后，中国政府无偿援助的沃达尔大学教师公寓和学生宿舍扩建项目、巴布亚新几内亚科技大学数学与计算机系教学楼重建项目换文确认（2008年竣工移交）。

2009年11月，李克强副总理访问巴布亚新几内亚期间，签署了两国政府间的框架协议，中国政府提供2200万美元的优惠贷款，援助戈罗卡大学学生宿舍扩建项目建设。这是中国政府在巴布亚新几内亚实施的第一个优惠贷款项目。2011年7月，举行了戈罗卡大学学生宿舍第一期启用典礼、第二期至第四期奠基仪式。戈罗卡大学学生宿舍（一期）工程质量过硬，被称为"太平洋岛国地区大学校舍建设经典之作"[1]。

---

[1]《广东建工对外建设有限公司在巴布亚新几内亚》，国际商报网站，http://www.shangbao.net.cn/epaper/gjsb/243499.htm，2015年2月19日浏览。

（三）开展合作办学

2013年5月，中国教育部发文原则同意江西理工大学与巴布亚新几内亚大学筹建孔子学院，以推广汉语和传播中国文化与国学。[①]

八　文化领域的交流

1977年7月，重庆市杂技团赴巴布亚新几内亚访问演出，在当地居民中引起巨大反响。1982年7月，湖南省杂技团赴巴布亚新几内亚访问演出。1983年3月，中国文化考察组访问巴布亚新几内亚。[②] 1985年9月，山东省济南市魔术杂技小组参加了巴布亚新几内亚独立10周年庆典演出；10月，中国足球队赴巴布亚新几内亚进行访问比赛。1988年6月，中国少年儿童杂技团应邀对巴布亚新几内亚访问演出29场。1990年8月，河北省杂技团赴莫尔兹比港进行访问演出。1996年，中国杂技小组赴巴布亚新几内亚访问演出。2000年9月，山东省济南市杂技团、吕剧团应邀参加了巴布亚新几内亚独立25周年庆典演出。2002年2月，天津市华夏未来少儿艺术团赴巴布亚新几内亚访问演出。2011年7月，为庆祝两国建交35周年，广东省友好代表团及广东省艺术团到巴布亚新几内亚访问演出。2012年6月，河南省少林武术团赴巴布亚新几内亚访问演出。2015年9月，重庆市杂技艺术团应邀参加巴布亚新几内亚独立40周年庆典演出。2016年9月，广东省深圳市艺术团赴巴布亚新几内亚访问演出。

2010年9月，在中国上海举办第四十一届世界博览会期间，巴布亚新几内亚艺术团带来了充满海岛风情的表演，演员们身着草裙翩翩起舞，展示了热情奔放的民族特色。

2008年，中国著名环球旅行家、《行家》旅游杂志主编梦野到巴布

[①] 《朱虹副省长赴教育部汇报工作并争取政策、项目和资金支持》，江西教育网站，http://www.jxedu.gov.cn/zwgk/jxjydt/jyt/2013/05/20130523093251292.html，2015年2月19日浏览。

[②] 世界知识年鉴编辑委员会编《世界知识年鉴（1983）》，世界知识出版社，1983，第348页

亚新几内亚拍摄了电视片《巴布亚新几内亚：重返伊甸园》，出版了《天堂鸟的国度——巴布亚新几内亚土著之旅》一书。2009年4月，为表彰他对巴布亚新几内亚旅游文化传播所做的贡献，保莱阿斯·马塔内总督授予梦野"国家荣誉勋章"。①

九　卫生方面的交流

1987年12月，中国卫生部选派以著名中医针灸专家杜晓山为组长的针灸医疗小组赴莫尔兹比港、马当市进行交流、培训，传授中国的针灸技术。

2002年4月，两国签订《关于中国向巴布亚新几内亚派遣援外医疗队的议定书》。10月，由重庆市卫生局承派的中国首批医疗队10名医护人员赴莫尔兹比港总医院开展医疗援助工作。此后，每两年派遣一批医疗队。重点开展疟疾、登革热等流行疾病的救治工作。截至2015年1月，中国政府共派出七批援外医疗队，共计70人次。② 在众多援助国和国际组织中，中国是目前唯一向巴布亚新几内亚长期提供人力资源援助的国家。

2002年起，中国政府决定每年向巴布亚新几内亚无偿提供价值约30万元人民币（约合3.6万美元）的药品和医疗器械。2004年赠送了两辆救护车，并提供价值500万元人民币（约合60万美元）的药品和医疗器械，帮助巴布亚新几内亚防治艾滋病。2006年赠送了10万美元的抗疟疾药物。2008年，为海湾省多拉玛（Taurama）医院捐赠了13万美元的药品和医疗器械。截至2013年9月18日，中国政府已向巴布亚新几内亚捐赠了13批抗艾滋病药品和器械、抗疟疾药品以及其他日常药品和医疗器械。

2010年4月，中国政府援建巴布亚新几内亚东新不列颠省桑蓬（Sampun）地区乡村诊所项目举行交接仪式。③ 12月，针对霍乱疫情在巴

---

① 《环球旅行家梦野荣获巴布亚新几内亚国家荣誉勋章》，搜狐网站，http：//sh.sohu.com/20090511/n263896025.shtml，2015年2月9日浏览。
② 《援外医疗队派遣情况一览表（1963.4～2012.12）》，中国援外医疗队派遣50周年网站，http：//news.cntv.cn/special/yuanwai/index.shtml，2016年12月27日浏览。
③ 医疗人才网站，http：//www.hylrc.com/，2015年5月10日浏览。

布亚新几内亚全国蔓延，中国红十字会提供了5万美元的捐款。2014年9月，东海舰队"和平方舟"号医院船抵达莫尔兹比港进行人道主义医疗服务。

十 军事方面的往来

进入21世纪前后，两国军事领导人之间的互访十分频繁。巴布亚新几内亚国防部部长彼得·瓦伊恩（Peter Waieng, 1999.5）、基尔罗伊·吉尼亚（2001.7）、马修·古巴戈（Matthew Gubag, 2005.9）、鲍勃·达达埃（2008.5）、费边·伯克（2013.1），以及国防军司令彼得·伊劳准将（2009.6）、吉尔伯特·托罗波准将（2016.10）陆续访问了中国；中央军委副主席、国务委员兼国防部部长迟浩田上将（2002.9）、中央军委委员、中国人民解放军总参谋长陈炳德上将（2009.10）、中国人民解放军副总参谋长吴铨叙上将（2000.7）等访问了巴布亚新几内亚。

2002年8月，中国政府向巴布亚新几内亚国防军提供了2名军官培训名额。2004年起，培训名额增加到每年5名。

2003年，中国国防部向巴布亚新几内亚国防军提供了200万元人民币的军援项目。2005年，为国防军陶洛马军医院改扩建项目援助40万美元。2007年12月提供了300万元人民币的军用物资援助，加强国防军建设。截至2009年2月，中国累计向巴布亚新几内亚军方提供了6批共计2000万元人民币（约合293万美元）的后勤军用物资。2013年2月提供了200万美元的军事援助，用于采购装甲车、运兵车和制服等。

2010年8月，中国人民解放军海军副参谋长冷振庆少将率领由"郑和"号远洋训练舰与"绵阳"号导弹护卫舰组成的远航训练编队抵达莫尔兹比港。这是两国建交以来，中国海军舰艇编队首次访问巴布亚新几内亚。

大事年表

约 5 万年前	巴布亚新几内亚南部莎糊大陆开始有人居住，他们是最早、最古老的巴布亚人。
约 9000 年前	巴布亚人进入磨制石器时代，开始了原始农业和家畜饲养业，成为世界上最早的农业文化之一。
3500 年前	巴布亚人在探寻新陆地过程中，逐渐散布到新不列颠岛、新爱尔兰岛以及所罗门群岛中的部分岛屿。
1511 年	葡萄牙探险家弗朗西斯科·塞拉诺在赴摩鹿加群岛途中首次发现新几内亚岛。
1526 年	葡萄牙探险家若热·德·梅内塞斯登上新几内亚岛西北部，将该地命名为巴布亚。
1528 年	西班牙探险家阿尔瓦洛·德·萨维德拉在考察了新几内亚岛北部海岸，将其命名为"黄金岛"。
1545 年	西班牙探险家奥尔蒂斯·德·雷特斯登上新几内亚岛西北海岸，将该地命名为新几内亚。
1606 年	西班牙探险家路易斯·韦兹·德·托雷斯考察了巴布亚半岛东部和东北部海岸，发现了东部海域中的路易西亚德群岛。
1606 年	荷兰航海家威廉·詹茨考察了新几内亚岛东南

	部海岸。
1616 年	荷兰航海家雅各布·勒·梅尔和威廉·斯考滕发现阿德默勒尔蒂群岛、新不列颠岛、新汉诺威岛和新爱尔兰岛等。
1643 年	荷兰航海家阿贝尔·塔斯曼考察了新几内亚岛，发现了利希尔群岛。
1699 年	威廉·丹皮尔沿新几内亚岛北海岸向东航行，为新不列颠岛命名，绘制了新爱尔兰岛和新不列颠岛的海岸线。
1767 年	英国航海家菲力普·卡特利特发现约克公爵群岛、卡特利特岛，并为阿德默勒尔蒂群岛命名。
1768 年	法国航海家路易斯·安托万·德·布干维尔发现布干维尔岛。
1793 年	法国航海家丹尼斯·德·特罗布里恩、安托万·布吕尼·当特尔卡斯托分别发现了特罗布里恩群岛和当特尔卡斯托群岛。
1847 年	罗马天主教圣母会传教士在伍德拉克岛建立了巴布亚新几内亚境内第一个传道站。
1871 年	俄国生物学家尼古拉·米克吕霍·麦克莱成为第一位进入巴布亚新几内亚的科学家。
1873 年	英国航海家约翰·莫尔兹比在巴布亚半岛南部海岸探险航行时，将发现的天然良港命名为莫尔兹比港。
1874 年	伦敦传道会传教士威廉·乔治·劳斯夫妇在莫尔兹比港附近的哈努阿巴达村建立了传道站，成为新几内亚岛传教中心。
1875 年	意大利科学家卢伊季·达尔伯蒂斯赴巴布亚湾一带进行科学考察。

1875 年	基督教新教卫理公会传教士乔治·布朗在约克公爵群岛建立中心传道站。
1875 年	英国皇家海军舰艇"挑战者"号在远洋科学考察时，同行的科学家对马努斯岛西部进行了为期一周的科学考察。
1877 年	英国政府委派阿瑟·戈登为西太平洋高级专员，辖区包括新几内亚岛东部。
1877 年	伦敦传道会传教士詹姆斯·查默斯夫妇在苏奥建立传道站。
1880 年	德国政府支持银行家阿道夫·冯·汉泽曼成立新几内亚公司，在南太平洋地区发展种植园经济。
1882 年	法国天主教圣心会传教士路易斯·安德烈·纳瓦尔在新不列颠岛东部马图皮特建立传教中心。
1882 年	德国政府派人到俾斯麦群岛建立种植园，迈出了在南太平洋地区殖民扩张的第一步。
1883 年	法国政府派军队占领新几内亚岛的东南部，并改名为新爱尔兰。但旋即退出。
1884 年 11 月 3 日	德国政府宣布新几内亚岛东北部为德国领地，并命名为威廉皇帝领地。
1884 年 11 月 6 日	英国宣布新几内亚岛东南部以及南纬 8°以南珊瑚海中各岛屿为英国的保护地，统称为英属新几内亚领地。
1884 年	德国鸟类学家和人种学家奥托·芬斯克沿新几内亚岛东北海岸、塞皮克河进行考察，并负责开拓德国的保护地。
1885 年 4 月	英、德两国发表联合声明，新几内亚岛东半部以马勒山脉的山脊为界，南北分属于英国和德国。

341

1885年5月	德国政府授权新几内亚公司管理德属新几内亚领地，成为巴布亚新几内亚第一个欧洲殖民政府的管理机构，古斯塔夫·冯·厄尔岑任第一任专员。
1885年8月	英国西太平洋高级专员在英属新几内亚领地建立殖民政府机构，彼得·斯克莱奇利被任命为第一任特派专员。
1885年	法国天主教圣心会传教士詹姆斯·格里芬·韦尔瑞和意大利的萨尔瓦托·加斯巴拉、尼古拉·马可尼到尤尔岛开展传教活动。此后，这里成为新几内亚岛传教总部。
1886年	德国路德教派传教士约翰·弗莱尔在辛邦建立了第一个传道站和学校。
1886年	德国将俾斯麦群岛与威廉皇帝领地统称为德属新几内亚领地。
1888年	英属新几内亚领地以行政官代替特派专员，威廉·麦格雷戈被任命为第一任行政官。
1888年	中国人以劳工的形式首次进入巴布亚新几内亚，揭开了当地华人的历史。
1888年	米西马岛采金业起步，揭开了巴布亚新几内亚黄金开采的历史。
1890年	英属新几内亚领地政府通过招募斐济人和所罗门岛民，成立了武装警察队伍。
1891年	卫理公会传教士威廉·布罗米洛等在当特尔卡斯托群岛、路易西亚德群岛开展传教活动，并在多布岛建立了传教总部。
1891年	伦敦传道会传教士查尔斯·阿贝尔在夸托岛创办传道站。
1895年5月	英国与荷兰缔结条约，正式划定英属新几内亚

	领地与荷属新几内亚领地以东经 141°为分界线。
1896 年	德国植物学家卡尔·劳特巴赫深入马当内地和拉姆山谷进行考察。
1899 年 4 月	德国政府接管德属新几内亚领地行政管理权，冯·贝宁森被任命为第一任总督，将行政中心设在赫伯特肖赫（今称科科波）。
1899 年 11 月	英、德两国签署《柏林条约》所罗门群岛中的布干维尔岛、布卡岛等成为德属新几内亚领地的一部分。
1905 年 11 月	澳大利亚联邦政府接管英属新几内亚领地统治权。
1906 年 9 月	澳大利亚联邦议会通过《巴布亚法》，英属新几内亚领地改称澳属巴布亚领地。
1909 年	澳大利亚与德国边界委员会重新树立了澳属巴布亚领地和德属新几内亚领地界标。
1910 年	德属新几内亚领地首府由赫伯特肖赫迁往拉包尔。
1914 年 9 月	澳大利亚皇家海军占领拉包尔，接管了德属新几内亚领地。
1920 年	根据《凡尔赛条约》，澳大利亚取得了原德属新几内亚领地的委任统治权。而后，联邦议会通过《新几内亚法》，成立了文官政府。
1929 年 1 月 3 日	拉包尔城 3000 多名雇工举行大罢工。这是巴布亚新几内亚历史上第一次工人罢工事件。
1932 年	澳大利亚联邦议会修改《新几内亚法》，新几内亚委任统治地成立立法委员会和政务委员会。
1937 年 5 月	拉包尔火山喷发，导致 507 人死亡，拉包尔城

	被摧毁，澳属新几内亚委任统治地首府迁往莱城。
1939年	华人救济会在拉包尔成立，广东籍华人陈秉达任主席。
1940年5月	澳属巴布亚领地政府组建巴布亚步兵营。
1941年年底	科科波附近村民组织"狗"运动，反抗澳大利亚的统治。
1942年1月	日军占领拉包尔，被日军建成西南太平洋战场指挥中心和重要的海空军基地。
1942年2月	日军占领布干维尔岛，被日军建成"南进"太平洋的基地。
1942年2月	澳属巴布亚领地和澳属新几内亚委任统治地合并成立军政府。
1942年3月	日军占领新几内亚岛东北部海岸重镇莱城、萨拉莫阿、韦瓦克，并将韦瓦克建成新几内亚岛上最大的空军基地。
1942年5月	珊瑚海海战。这是历史上航空母舰之间的首次交锋，日本海军遭受重创，中止了对莫尔兹比港的进攻。
1942年7月~1943年1月	巴布亚半岛战役，美澳盟军粉碎了日军从陆路攻取莫尔兹比港的战略意图。
1943年3月	俾斯麦海海战，美澳盟军切断了日军对新几内亚岛守军的补给。
1943年6月~1944年7月	新几内亚战役，美澳盟军收复了新几内亚大部分失地，打开了通向菲律宾的道路。
1943年10月12日起	美澳盟军开始对拉包尔机场和港口实施持续轰炸行动。
1943年11月至1944年3月	布干维尔岛战役，盟军将整个俾斯麦群岛置于航空火力控制之下。

1945 年 9 月 6 日	日军第八方面军司令官今村均和海军东南方面舰队司令官草鹿任一在拉包尔向澳军第一军军长弗农·斯特迪中将投降。
1945 年 10 月 30 日	杰克·基思·默里被任命为巴布亚和新几内亚第一任行政官，开启了澳属巴布亚和新几内亚领地文官统治的历史。
1946 年 12 月	联合国大会决议由澳大利亚托管统治原德属新几内亚领地。
1949 年 7 月	澳大利亚联邦议会通过《巴布亚和新几内亚法》，将澳属巴布亚领地和新几内亚托管地合并为巴布亚和新几内亚领地。
1951 年 1 月	北部区拉明顿火山突然喷发，造成 2942 人不幸遇难，北部区首府哈加图拉遭到破坏，被迫迁至波蓬德塔。
1951 年 9 月	巴布亚和新几内亚领地的行政地位由分区转为区；高地地区分为东部高地、南部高地和西部高地 3 个区；三角洲区并入海湾区。至此，巴布亚新几内亚下设塞皮克、马努斯、莫罗贝、布干维尔等 15 个管理区，奠定了独立后各省区划分的基础。
1951 年	澳属巴布亚和新几内亚领地召开一院制议会，成立立法委员会。
1951 年	新几内亚政府重建太平洋岛屿团，隶属于澳大利亚陆军。
1962 年	巴布亚新几内亚首次参加在澳大利亚珀斯举办的英联邦运动会。
1963 年	澳大利亚联邦议会修改《巴布亚和新几内亚法》，宣布废除原欧洲白人控制的巴布亚和新几内亚领地一院制议会。

1963 年	澳属巴布亚和新几内亚领地成立行政学院。
1964 年 3 月	澳属巴布亚和新几内亚领地举行首次大选，选出了以土著巴布亚人和新几内亚人为主体的新议会。
1965 年	巴布亚新几内亚大学在莫尔兹比港成立。
1966 年	由海湾区、东部高地区、南部高地区和西部高地区4区的部分地区析置钦布区；塞皮克区分成东塞皮克区和西塞皮克区；新不列颠区分成东新不列颠区和西新不列颠区。
1966 年	基督教联合民主党（后改名为联合民主党）成立。
1967 年 6 月	领土国家党（后改称联合党）在莫尔兹比港成立。
1967 年 6 月	迈克尔·索马雷等创立巴布亚新几内亚联盟党（简称潘古党）。
1967 年	莱城高等技术教育学院（巴布亚新几内亚科技大学前身）成立。
1967 年	戈罗卡师范学院（戈罗卡大学前身）成立。
1968 年 3 月	巴布亚和新几内亚领地举行第二届众议院选举，约翰·吉斯当选为议长。
1968 年 7 月	全民党创立。
1968 年	艾伯特·毛利·基基发表《基基，万年人生》，标志着巴布亚新几内亚新文学正式兴起。
1969 年	新几内亚政府宣布开采布干维尔区潘古纳铜矿，由此引发了布干维尔第一次危机。
1969 年 5 月	新不列颠岛东部的托莱人在拉包尔举行示威游行，要求脱离澳大利亚的统治，实现国家独立自主。

1969 年	巴布亚和新几内亚领地主办第三届南太平洋运动会。
1970 年 11 月	巴布亚新几内亚华人朱利叶斯·陈创建人民进步党。
1970 年 11 月	安东·帕拉奥、汤姆·莱希等创建联合政治协会（后改称统一党）。
1970 年	文森特·艾里发表了巴布亚新几内亚的第一部长篇小说《鳄鱼》。
1971 年 3 月 11 日	巴布亚和新几内亚领地升格为自治领，改名为巴布亚新几内亚。
1971 年 7 月 1 日	巴布亚新几内亚开始使用新国旗。
1972 年 3 月	巴布亚新几内亚举行第三届众议院选举，巴里·霍洛韦当选为议长。第一次组成由本地人控制的中央政府，迈克尔·索马雷任部长首脑。
1972 年	潘古纳铜矿建成投产，成为当时世界上最大的露天铜矿之一。
1973 年 1 月	巴布亚新几内亚国防军正式建立。
1973 年 7 月	盖勒瓦·夸拉拉创建自由巴布亚运动。
1973 年 11 月	新几内亚航空公司成立。
1973 年 12 月 1 日	巴布亚新几内亚实行内部自治。
1973 年	由南部高地区和西部高地区的部分地区析置恩加区。
1974 年	国家首都区从中央区分离出来，单独设区。
1974 年 12 月 1 日	澳大利亚联邦政府宣布对巴布亚新几内亚托管统治结束。
1975 年 1 月	巴布亚新几内亚自治政府国防、外交与外贸部部长艾伯特·毛利·基基访问中国。
1975 年 4 月 19 日	巴布亚新几内亚开始发行国家货币——基那。

1975 年 8 月 15 日	巴布亚新几内亚众议院通过《巴布亚新几内亚独立国宪法》。
1975 年 8 月	中国贸易代表团访问巴布亚新几内亚。
1975 年 9 月 1 日	布干维尔单方面宣布独立，成立所谓的"北所罗门共和国"。
1975 年 9 月 16 日	巴布亚新几内亚正式宣告独立，迈克尔·索马雷为首任总理，约翰·吉斯为首任总督。
1975 年 10 月 10 日	巴布亚新几内亚成为联合国第 142 个成员国。
1975 年	迈克尔·索马雷发表《萨那传记》，标志着巴布亚新几内亚自传文学达到顶峰。
1976 年 8 月 9 日	布干维尔宣布取消独立，并更名为北所罗门省。
1976 年 10 月 11 日	迈克尔·索马雷总理应邀访问中国。次日，签署《中华人民共和国与巴布亚新几内亚独立国关于建立外交关系的联合公报》，两国正式建立外交关系。
1976 年	巴布亚新几内亚首次以观察员身份出席东南亚国家联盟外长会议。
1977 年 3 月 1 日	托尔·洛科洛科任巴布亚新几内亚第二任总督。
1977 年 7 月	中国重庆杂技团赴巴布亚新几内亚访问演出。
1977 年 8 月	巴布亚新几内亚召开第二届国民议会。
1977 年 8 月	巴布亚新几内亚主办第八届南太平洋论坛年会，与会 12 国首脑决定设立 200 海里专属经济区。
1977 年	澳大利亚总理约翰·马尔科姆·弗雷泽访问巴布亚新几内亚，双方发表《联合公报》和关于防务的《联合声明》。
1977 年	巴布亚新几内亚与澳大利亚签订《贸易和商

	业关系协定》。
1977 年	迈克尔·索马雷总理访问日本。
1978 年 9 月	巴布亚新几内亚副总理兼初级工业部部长朱利叶斯·陈访问中国。
1978 年 11 月	巴布亚新几内亚正式加入《洛美协定》。
1978 年	米尔恩湾省首府由萨马赖迁往阿洛陶，北所罗门省首府从索哈诺迁往阿拉瓦。
1979 年 6 月	印度尼西亚总统哈吉·穆罕默德·苏哈托访问巴布亚新几内亚。
1980 年 1 月	日本首相大平正芳访问巴布亚新几内亚。
1980 年 3 月 11 日	朱利叶斯·陈成为巴布亚新几内亚第一位华人总理。
1980 年 5 月	国务院副总理李先念应邀访问巴布亚新几内亚。
1980 年 7 月	巴布亚新几内亚主办第三届南太平洋艺术节。
1980 年 8 月	巴布亚新几内亚国防军协助瓦努阿图政府平定吉米·斯蒂芬叛乱。
1980 年 11 月 1 日	中国驻巴布亚新几内亚大使馆正式开馆。
1981 年 1 月 1 日	巴布亚新几内亚颁布实施《国民雇佣法》。
1981 年 5 月	巴布亚新几内亚副总理兼民航与运输部部长艾姆巴基·帕尔马·奥库克访问中国。
1981 年	巴布亚新几内亚以观察员身份出席不结盟国家和政府首脑会议。
1982 年 7 月	湖南省杂技团访问巴布亚新几内亚。
1982 年 8 月	巴布亚新几内亚召开第三届国民议会，巴布亚新几内亚联盟党赢得大选，迈克尔·索马雷任第三任总理。
1983 年 3 月 1 日	金斯福德·迪贝拉任巴布亚新几内亚第三任总督。

1983 年 3 月	中国文化考察组访问巴布亚新几内亚。
1983 年 6 月	中国与巴布亚新几内亚签署《中华人民共和国政府与巴布亚新几内亚独立国政府技术合作协定》。
1983 年 6 月	中国首任常驻巴布亚新几内亚大使赴任。
1984 年 8 月	巴布亚新几内亚国民议会大厦竣工。
1985 年 1 月	日本首相中曾根康弘访问巴布亚新几内亚。
1985 年 2 月	巴布亚新几内亚副总理兼教育部部长帕亚斯·温蒂访问中国。
1985 年 3 月	帕亚斯·温蒂创建人民民主运动党。
1985 年 4 月	中共中央总书记胡耀邦访问巴布亚新几内亚。
1985 年 4 月	迈克尔·索马雷总理访问英国、联邦德国、意大利。
1985 年 7 月	迈克尔·索马雷总理访问日本。
1985 年 9 月	山东省济南市魔术杂技小组参加了巴布亚新几内亚独立 10 周年庆典演出。
1985 年 10 月	中国足球队赴巴布亚新几内亚进行访问比赛。
1985 年 11 月 21 日	帕亚斯·温蒂任巴布亚新几内亚第四任总理。
1986 年 3 月	托尼·西亚古鲁等创建民族促进联盟。
1986 年 10 月	巴布亚新几内亚与印度尼西亚签订《相互尊重、友好与合作条约》。
1986 年起	中国教育部每年向巴布亚新几内亚提供 2 个政府奖学金名额（2014 年增加到每年 30 个）。
1986 年	文森特·艾里创建人民行动党。
1987 年 6 月	巴布亚新几内亚成为东南亚国家联盟和睦与合作条约签字国。
1987 年 7 月	巴布亚新几内亚召开第四届国民议会。
1987 年	巴布亚新几内亚发现首例艾滋病患者。此后，艾滋病在当地迅速蔓延。

1988 年 3 月	巴布亚新几内亚与所罗门群岛、瓦努阿图三国总理签署美拉尼西亚族三国"先锋集团"合作原则声明及公民互免签证协议。
1988 年 4 月	巴布亚新几内亚驻中国大使馆正式开馆。
1988 年 6 月	中国少年儿童杂技团赴巴布亚新几内亚访问演出。
1988 年 7 月 4 日	拉比·纳马柳任巴布亚新几内亚第五任总理。
1988 年 9 月	山东省济南市与莫尔兹比港市建立友好城市关系。
1988 年 11 月	弗朗西斯·欧纳组建"布干维尔共和军",由此引发了布干维尔第二次危机。
1988 年	迈克尔·索马雷总理访问日本。
1988 年	西部省奥克泰迪铜矿建成投产,成为世界第八大铜矿。
1989 年 1 月	金斯福德·迪贝拉总督访问日本。
1989 年 3 月 1 日	伊格内休斯·基拉奇任巴布亚新几内亚第四任总督。
1989 年 9 月	台湾与巴布亚新几内亚签订贸易协定。
1989 年	西塞皮克省更名为桑道恩省。
1990 年 2 月 27 日	塞雷·艾里任巴布亚新几内亚第五任总督。
1990 年 3 月	巴布亚新几内亚国民议会议长丹尼斯·扬访问中国。
1990 年 5 月 17 日	布干维尔宣布独立,成立"布干维尔共和国"及"临时政府",巴布亚新几内亚陷入内战状态。
1990 年 5 月	拉比·纳马柳总理访问美国。
1990 年 7 月	在第十四届奥克兰英联邦运动会上,草地保龄球项目为巴布亚新几内亚赢得首枚金牌。
1990 年 8 月	河北省杂技团赴莫尔兹比港进行友好访问演出。

1990年9月	恩加省波格拉金矿建成投产，并成为世界顶级金矿之一。
1990年10月	拉比·纳马柳总理再次访问美国。
1990年11月	塞雷·艾里总督访问日本。
1990年12月	中国与巴布亚新几内亚签署《中华人民共和国政府与巴布亚新几内亚独立国政府经济贸易合作谅解备忘录》。
1991年2月	南高地省海迪斯气田开始投产。这是巴布亚新几内亚第一个气田项目。
1991年4月	中国与巴布亚新几内亚签订《关于促进和保护投资的协定》。
1991年4月	拉比·纳马柳总理访问中国。
1991年5月	赛雷·艾里总督访问中国。
1991年6月	中国政府援建的莫尔兹比港韦盖尼区体育中心项目竣工。
1991年7月	巴布亚新几内亚国民议会修正不信任案，规定议员在议会对政府连续提出不信任案的间隔时间由原来的6个月延长至18个月。
1991年9月	巴布亚新几内亚主办第九届南太平洋运动会。
1991年11月18日	维瓦·科罗维任巴布亚新几内亚第六任总督。
1991年12月	拉比·纳马柳总理访问法属新喀里多尼亚。
1991年	巴布亚新几内亚成为东南亚国家联盟观察员。
1992年6月	南高地省库土布油田正式投产。这是巴布亚新几内亚第一个油田项目。
1992年7月	巴布亚新几内亚召开第五届国民议会，人民民主运动党胜出，帕亚斯·温蒂再次出任总理。
1992年11月	《中华人民共和国外交部与巴布亚新几内亚外交部关于建立官员磋商制度的谅解备忘录》正式签订。

1992 年	巴布亚新几内亚成为不结盟运动成员国。
1993 年 1 月	巴布亚新几内亚副总理兼财政部部长朱利叶斯·陈访问中国。
1993 年 7 月	巴布亚新几内亚与所罗门群岛、瓦努阿图组成美拉尼西亚先锋集团。
1993 年 8 月	巴布亚新几内亚国民议会议长比尔·斯卡特访问中国。
1993 年 11 月	巴布亚新几内亚加入亚太经济合作组织。
1994 年 7 月	巴布亚新几内亚副总理兼财政部部长朱利叶斯·陈访问中国,签订了《中华人民共和国政府与巴布亚新几内亚独立国政府关于对所得避免双重征税和防止偷漏税的协定议定书》。
1994 年 7 月	巴布亚新几内亚成为东南亚国家联盟地区论坛成员。
1994 年 8 月 30 日	朱利叶斯·陈任巴布亚新几内亚第七任总理。
1994 年 9 月	塔乌鲁火山与伏尔甘火山同时喷发,摧毁了拉包尔城80%的建筑,东新不列颠省首府被迫迁往科科波。
1994 年 11 月	比尔·斯卡特创建人民全国代表大会党。
1994 年 12 月	巴布亚新几内亚与所罗门群岛签署遣返条约。
1995 年 5 月	巴布亚新几内亚与台湾签署联合公报,成为第二个与台湾"相互承认"但无正式"邦交"的国家。
1995 年 9 月	巴布亚新几内亚主办第二十六届南太平洋论坛年会。
1995 年 11 月	中国海外工程总公司中标中央省柏瑞那至海湾省马拉拉瓦的公路项目,成为进入巴布亚新几内亚工程承包市场的第一家中国国有企业。
1995 年	朱利叶斯·陈总理访问日本。

1996年6月9日	巴布亚新几内亚成为世界贸易组织第120个成员国。
1996年7月	国务院副总理钱其琛访问巴布亚新几内亚，两国签署《关于巴布亚新几内亚在中国香港特别行政区保留名誉领事协定》《中华人民共和国政府与巴布亚新几内亚独立国政府贸易协定》《中华人民共和国政府与巴布亚新几内亚独立国政府渔业合作协定》《关于中国向巴布亚新几内亚政府贴息优惠贷款框架协议》《中华人民共和国政府与巴布亚新几内亚独立国政府经济技术合作协定》《关于中国政府同意帮助巴布亚新几内亚政府建立亨格诺菲村民住宅的换文》等。
1996年8月	迈克尔·索马雷创建国民联盟党。
1996年12月	中国杂技小组访问巴布亚新几内亚。
1996年	北所罗门省恢复原名布干维尔省，首府从阿拉瓦迁往布卡。
1996年	朱利叶斯·陈总理访问日本。
1996年	圣言学院升格为圣言大学。
1997年1月	巴布亚新几内亚与斐济签署贸易协定。
1997年3月	中国与巴布亚新几内亚签署《关于中国香港特别行政区与巴布亚新几内亚互免签证协定》。
1997年4月	美国常驻巴布亚新几内亚大使到任。
1997年7月	巴布亚新几内亚召开第六届国民议会，人民全国代表大会党胜出，比尔·斯卡特出任第八任总理。
1997年7月	巴布亚新几内亚与所罗门群岛签订《边界基本协议》。

1997年11月20日	西拉斯·阿托帕尔任巴布亚新几内亚第七任总督。
1997年12月	比尔·斯卡特总理访问所罗门群岛。
1997年10月10日	巴布亚新几内亚政府与布干维尔反政府力量签署《伯恩哈姆停火协议》，布干维尔武装冲突步入和平发展轨道。
1997年	新爱尔兰省利希尔金矿建成投产，迅速成为世界第三大金矿。
1997年	太平洋基督教学院升格为太平洋安息日大学。
1998年1月	莫尔兹比港证券交易所成立，成为南太平洋地区两家证券交易所之一。
1998年1月	巴布亚新几内亚政府与布干维尔反政府力量签署《关于布干维尔和平、安全与发展的协议》（即《林肯协议》），布干维尔重新归属巴布亚新几内亚。
1998年2月	西拉斯·阿托帕尔总督访问英国。
1998年4月30日	巴布亚新几内亚政府与布干维尔反政府力量签署持久停火协议，交战双方最终实现全面停火。
1998年5月	巴布亚新几内亚国民议会议长约翰·蓬达里访问中国。
1998年6月	山东省与东塞皮克省结成友好关系。
1998年6月	比尔·斯卡特总理访问印度尼西亚。
1998年7月17日	桑道恩省北部艾塔佩遭遇海啸袭击，造成2200多人罹难，6000多人无家可归。
1998年7月	美国国务卿马德琳·科贝尔·奥尔布赖特访问巴布亚新几内亚。
1998年9月	比尔·斯卡特总理访问美国。
1999年6月	约翰·蓬达里创建巴布亚新几内亚先驱党。

1999年7月5日	斯卡特政府与台湾当局签署所谓的"建交"公报，中国政府对此提出强烈抗议。
1999年7月14日	梅克雷·莫劳塔任巴布亚新几内亚第九任总理。
1999年7月21日	梅克雷·莫劳塔总理发表声明，宣布前任政府与台湾当局签署的所谓"建交"公报无效。
1999年10月	澳大利亚总理约翰·温斯顿·霍华德访问巴布亚新几内亚，双方签署为期五年的《发展合作协议》。
1999年12月	巴布亚新几内亚与国际货币基金组织达成援助协议。
2000年5月	巴布亚新几内亚国民议会议长伯纳德·纳罗柯比访问中国。
2000年5月	福建省与东高地省结成友好关系。
2000年9月	梅克雷·莫劳塔总理访问澳大利亚。
2000年9月	山东省济南市杂技团、吕剧团应邀参加巴布亚新几内亚独立25周年庆典演出。
2000年11月	巴布亚新几内亚国民议会通过《政党行为规范法案》，对议员跳党、议员投票权等作出明确规定。
2000年11月	巴布亚新几内亚主办第九届美拉尼西亚先锋集团经济与贸易官员会议。
2000年	巴布亚新几内亚政府颁布《环保法》。
2001年1月	巴布亚新几内亚中华总会在莫尔兹比港成立，广东籍华人刘陈玉梅任名誉主席，北京籍华人倪玉梅任主席。
2001年5月	梅克雷·莫劳塔总理访问中国。
2001年8月30日	巴布亚新几内亚政府与布干维尔各派政治力量签署《布干维尔和平协定》，标志着长达12

	年之久的布干维尔战争最终结束。
2001年9月	巴布亚新几内亚副总理兼林业部部长迈克尔·奥吉奥访问中国。
2001年11月	全国政协主席李瑞环访问巴布亚新几内亚。
2002年2月	天津市华夏未来少儿艺术团赴巴布亚新几内亚访问演出。
2002年3月	巴布亚新几内亚国民议会通过《布干维尔省法案》，宣布布干维尔内部实行自治。
2002年4月	西拉斯·阿托帕尔总督赴英国出席伊丽莎白二世女王执政50周年庆典。
2002年5月	山东中鲁远洋渔业公司与巴布亚新几内亚签订《入渔协议》，填补了两国在渔业合作方面的空白。
2002年8月	巴布亚新几内亚召开第七届国民议会，国民联盟党胜出，迈克尔·索马雷任总理。
2002年8月	澳大利亚总理约翰·温斯顿·霍华德访问巴布亚新几内亚。
2002年8月起	中国每年向巴布亚新几内亚国防军提供2名军官培训名额（2004年起增加到5名）。
2002年9月	中央军委副主席、国务委员兼国防部部长迟浩田访问巴布亚新几内亚。
2002年10月	巴布亚新几内亚成为西太平洋论坛成员国。
2002年11月	中国政府首次派遣医疗队赴莫尔兹比港总医院开展医疗援助工作。
2002年12月	迈克尔·索马雷总理访问澳大利亚。
2002年	梅克雷·莫劳塔创立巴布亚新几内亚党。
2003年2月	巴布亚新几内亚国防军与法国驻新喀里多尼亚部队进行联合军事演习。
2003年4月	巴布亚新几内亚主办第三届太平洋岛国论坛议

	长会议。
2003 年 6 月	巴布亚新几内亚主办第十五届太平洋司法会议。
2003 年 7 月	西拉斯·阿托帕尔总督应邀访问中国。
2003 年 7 月	巴布亚新几内亚国防军随澳大利亚和新西兰主导的"地区援助部队"进入所罗门群岛维持治安。
2003 年 7 月	巴布亚新几内亚加入《太平洋岛国自由贸易协定》、《太平洋紧密经济关系协定》。
2003 年 8 月	迈克尔·索马雷总理访问新西兰。
2003 年 9 月	巴布亚新几内亚主办第二十一届大洋洲和太平洋申诉专员地区会议。
2003 年 10 月	迈克尔·索马雷总理访问泰国。
2003 年 10 月	马来西亚总理马哈蒂尔·穆罕默德访问巴布亚新几内亚,双方发表联合公报。
2003 年 11 月	朱利叶斯·陈出任太平洋岛国论坛名人小组组长。
2003 年 12 月	巴布亚新几内亚主办太平洋岛国央行行长会议。
2003 年 12 月	韩国海军舰艇编队访问巴布亚新几内亚。
2003 年	迈克尔·索马雷总理访问日本。
2004 年 2 月	迈克尔·索马雷总理访问中国,两国发表《联合新闻公报》。
2004 年 6 月 29 日	保莱阿斯·马塔内任巴布亚新几内亚第八任总督。
2004 年 7 月	所罗门群岛总理艾伦·凯马凯扎访问巴布亚新几内亚,双方签署《两国关系框架条约》《基础边界协定》等。
2004 年 11 月	巴布亚新几内亚前外交部部长约翰·卡普廷当

	选为非加太集团秘书长。
2004 年	巴布亚新几内亚主办第十六届美拉尼西亚先锋集团大会。
2005 年 1 月	巴布亚新几内亚政府批准《布干维尔宪法》。
2005 年 2 月	迈克尔·索马雷总理访问日本。
2005 年 3 月	所罗门群岛总理艾伦·凯马凯扎访问巴布亚新几内亚，两国签署《发展合作协定》。
2005 年 4 月	迈克尔·索马雷总理访问新喀里多尼亚、所罗门群岛和瓦努阿图。
2005 年 4 月	迈克尔·索马雷总理出席第二届亚非峰会和纪念万隆会议 50 周年大会，并访问了印度尼西亚。
2005 年 4 月	巴布亚新几内亚宣布承认中国完全市场经济地位。
2005 年 5 月 17 日	原"布干维尔共和军"领袖弗朗西斯·欧纳宣称自己是"布干维尔岛之王"，定国名为"梅卡穆伊王国"。
2005 年 5 月	美军医疗舰"迈尔西"号访问马当省。
2005 年 6 月 15 日	布干维尔自治政府正式成立，布干维尔人民代表大会党领袖约瑟夫·卡布伊当选为自治政府主席。
2005 年 6 月	中国与巴布亚新几内亚签署《关于出入境动植物检疫和食品安全的合作谅解备忘录》。
2005 年 7 月	巴布亚新几内亚与澳大利亚、印度尼西亚、马来西亚、新加坡、新西兰在澳大利亚达尔文市以北海域举行代号"卡卡杜 7"的联合军事演习。
2005 年 10 月	巴布亚新几内亚主办第三十六届太平洋岛国论坛首脑会议。

2005 年	巴布亚新几内亚主办第五届南太平洋旅游组织大会及组织部长理事会会议。
2006 年 2 月	保莱阿斯·马塔内总督访问新西兰。
2006 年 5 月	迈克尔·索马雷总理访问日本。
2006 年 9 月	海南省与东新不列颠省结成友好关系。
2006 年 10 月	保莱阿斯·马塔内总督访问中国。
2006 年	约翰·蓬达里、戴维斯·史蒂文创立人民党。
2007 年 1 月	中国—巴布亚新几内亚友好联合会在莫尔兹比港成立,上海籍侨胞施松龄任主席。
2007 年 3 月	国务院副总理曾培炎访问巴布亚新几内亚。
2007 年 3 月	巴布亚新几内亚女性体育委员会主席兼奥委会副主席维图·阿帕纳·迪诺荣获国际奥委会颁发的妇女与体育世界奖。
2007 年 4 月	韩国在巴布亚新几内亚建立木薯生物燃料项目,巴布亚新几内亚成为世界上最早生产生物燃料的国家之一。
2007 年 8 月	巴布亚新几内亚召开第八届国民议会,国民联盟党再次胜出,迈克尔·索马雷连任总理。
2007 年 8 月	巴布亚新几内亚女子足球队在第十三届南太平洋运动会中夺得冠军。
2007 年 11 月	热带飓风"古巴"引发巴布亚新几内亚东部地区暴雨成灾,造成 153 人死亡,数千人无家可归。
2007 年 11 月	中国与巴布亚新几内亚签署《关于中国旅游团队赴巴布亚新几内亚旅游实施方案的谅解备忘录》,巴布亚新几内亚成为中国公民出国旅游目的地。
2008 年 1 月	威海国际经济技术合作股份有限公司援建的莱城市水产品加工厂和冷库项目交付使用,这是

	中国援巴布亚新几内亚第一个生产性项目。
2008 年 1 月	所罗门群岛总理戴维·德里克·西库阿访问巴布亚新几内亚。
2008 年 3 月	巴布亚新几内亚与法国、澳大利亚、新西兰、汤加、瓦努阿图六国在法属新喀里多尼亚附近举行"南十字座 2008"联合军事演习。
2008 年 3 月	澳大利亚总理陆克文访问巴布亚新几内亚,双方发表《莫尔兹比港宣言》。
2008 年 4 月	保莱阿斯·马塔内总督访问所罗门群岛。
2008 年 7 月	中国电工设备总公司获得东高地省扬开坝趾水电站总承包项目,标志着中国在南太平洋地区电力工程市场实现零的突破。
2008 年 7 月	库科早期农业遗址被联合国教科文组织批准为世界文化遗产。
2008 年 7 月	迈克尔·索马雷总理访问英国。
2008 年 8 月	在第十三届北京残奥会上,弗朗西斯·孔帕翁获得男子 100 米 T46 级银牌。这是巴布亚新几内亚在奥运会、残奥会历史上获得的首枚奖牌。
2008 年 9 月	巴布亚新几内亚获得第三届澳式橄榄球国际杯比赛冠军。
2008 年 11 月	巴布亚新几内亚主办第十六届非加太集团—欧盟联合议会大会。
2009 年 1 月	巴布亚新几内亚主办太平洋岛国论坛领导人特别会议。
2009 年 1 月	新西兰总理约翰·基访问巴布亚新几内亚。
2009 年 3 月	巴布亚新几内亚奥委会秘书长奥维塔·拉菲莉亚荣获国际奥委会颁发的妇女与体育世界奖。
2009 年 4 月	迈克尔·索马雷总理访问中国、日本、菲律宾

	和澳大利亚，并与中国签署《经济合作协定》。
2009 年 5 月	巴布亚新几内亚与印度尼西亚共同成为珊瑚金三角倡议国。
2009 年 9 月	巴布亚新几内亚主办第二届太平洋金枪鱼论坛。
2009 年 9 月	新西兰总督阿南德·萨特亚南德访问巴布亚新几内亚。
2009 年 11 月	国务院副总理李克强访问巴布亚新几内亚。
2009 年 11 月	中国政府提供 2.94 亿元人民币优惠贷款援助，扩建戈罗卡大学学生宿舍。这是中国政府在巴布亚新几内亚实施的第一个优惠贷款项目。
2009 年 12 月	湖北省大地国际经济技术合作有限公司将"扬稻 6 号""旱稻 502 号""旱稻超 502 号"等品种在巴布亚新几内亚试种、推广成功。
2010 年 1 月	巴布亚新几内亚正式取消原木出口业务。
2010 年 3 月	印度尼西亚总统苏西洛·班邦·尤多约诺访问巴布亚新几内亚。
2010 年 4 月	迈克尔·索马雷总理访问新西兰。
2010 年 6 月	迈克尔·索马雷总理访问中国。
2010 年 6 月	帕维斯·帕卡普创建社会民主党。
2010 年 8 月	中国海军舰艇编队首次访问巴布亚新几内亚。
2010 年 9 月	中国铁建股份有限公司所属电气化局承建莫尔兹比港"远景城"超市项目竣工，是太平洋岛国地区最大的超级市场。
2010 年 11 月	美国国务卿希拉里·克林顿访问巴布亚新几内亚。
2011 年 2 月 25 日	迈克尔·奥吉奥任巴布亚新几内亚第九任总督。

2011年7月	广东省友好代表团、艺术团赴巴布亚新几内亚访问演出。
2011年8月2日	彼得·奥尼尔当选为巴布亚新几内亚第十一任总理。
2011年9月	国务院副总理回良玉访问巴布亚新几内亚。
2011年9月	新几内亚航空公司与航线航空公司合并,成为太平洋岛国地区最大的航空公司之一。
2011年10月	彼得·奥尼尔总理访问澳大利亚。
2011年10月	所罗门群岛总理丹尼·菲利普访问巴布亚新几内亚。
2012年1月26日	巴布亚新几内亚退役上校约拉·萨萨发动军事政变,自任国防军司令。次日,兵变被平息。
2012年1月	唐·波利创建胜利、传统与实力党。
2012年5月	巴布亚新几内亚增设吉瓦卡省和赫拉省。
2012年5月	迈克尔·奥吉奥总督赴英国出席伊丽莎白二世女王登基60周年庆典活动。
2012年6月	河南省少林武术团赴巴布亚新几内亚访问演出。
2012年8月	巴布亚新几内亚召开第九届国民议会,人民全国代表大会党胜出,彼得·奥尼尔连任总理。
2012年9月	彼得·奥尼尔总理访问中国。
2012年11月	英国王储查尔斯王子访问巴布亚新几内亚。
2012年11月	彼得·奥尼尔总理访问澳大利亚。
2012年11月	巴布亚新几内亚主办非加太集团太平洋岛国领导人特别会议。
2012年12月	拉姆镍钴矿项目建成投产,成为迄今为止中国企业在太平洋岛国地区最大的投资援助项目。
2012年	西部省首府由达鲁迁往基永加。
2013年2月	巴布亚新几内亚国民议会通过关于延长"政

	治稳定期"的法案，规定新政府成立 30 个月内，任何人不得在议会内发起针对总理的不信任投票。
2013 年 3 月	彼得·奥尼尔总理访问日本。
2013 年 3 月	泰国女总理英拉·西那瓦访问巴布亚新几内亚，签署《泰国—巴布亚新几内亚洽谈合作备忘录》。
2013 年 4 月	澳大利亚首位女总督昆廷·布赖斯访问巴布亚新几内亚。
2013 年 5 月	澳大利亚首位女总理朱莉娅·艾琳·吉拉德访问巴布亚新几内亚，双方签署《新伙伴关系联合宣言》。
2013 年 5 月	彼得·奥尼尔总理访问所罗门群岛。
2013 年 6 月	彼得·奥尼尔总理访问印度尼西亚。
2013 年 7 月	澳大利亚总理陆克文访问巴布亚新几内亚。随后，彼得·奥尼尔总理进行回访，双方签署《区域居住协议》。
2013 年 8 月	彼得·奥尼尔总理访问新西兰。
2013 年 10 月	巴布亚新几内亚国民议会议长西奥多·佐伦诺克访问中国。
2013 年 11 月	彼得·奥尼尔总理访问中国。
2014 年 5 月	世界最大的液化天然气项目在南高地省正式投产。巴布亚新几内亚开始成为亚太地区重要的液化天然气出口国。
2014 年 6 月	彼得·奥尼尔总理访问日本。
2014 年 7 月	日本首相安倍晋三访问巴布亚新几内亚，双方发表《新时代全面合作伙伴关系》共同声明。
2014 年 7 月	广东省友好暨医疗代表团访问巴布亚新几内亚。

2014 年 10 月	澳大利亚总理托尼·阿博特访问巴布亚新几内亚。
2014 年 12 月	中国港湾工程有限责任公司巴布亚新几内亚公司承建的莱城港潮汐码头一期工程竣工，成为太平洋岛国地区现代化程度最高的码头。
2015 年 1 月	彼得·奥尼尔总理访问澳大利亚。
2015 年 3 月	澳大利亚总理托尼·阿博特访问巴布亚新几内亚。
2015 年 5 月	印度尼西亚总统佐科·维多多访问巴布亚新几内亚。
2015 年 6 月	彼得·奥尼尔总理访问英国、比利时、法国。
2015 年 7 月	巴布亚新几内亚主办了第十五届太平洋运动会。
2015 年 9 月	巴布亚新几内亚主办了第四十六届太平洋岛国论坛会议。
2015 年 9 月	迈克尔·奥吉奥总督访问中国。
2015 年 9 月	重庆市杂技艺术团应邀参加巴布亚新几内亚独立40周年庆典演出。
2015 年 10 月	彼得·奥尼尔总理访问日本。
2015 年 10 月	巴布亚新几内亚参加了在新西兰南岛举行的"南方卡提波 2015"九国联合军事演习。
2016 年 4 月	巴布亚新几内亚参加了在印度尼西亚巴东港海域举行的"科摩多（komodo）2016"十六国联合军事演习。
2016 年 5 月	广东省深圳市与莫尔兹比港市缔结为友好交流城市。
2016 年 7 月	彼得·奥尼尔总理访问中国。
2016 年 9 月	中国政府援建的巴布亚新几内亚国际会议中心项目正式启用，是迄今为止中国政府援助太平

	洋岛国最大的项目。
2016年9月	广东省深圳市艺术团赴巴布亚新几内亚访问演出。
2016年9月	巴布亚新几内亚参加了在澳大利亚达尔文市海域举行的"2016卡卡杜"海上联合军事演习。

参考文献

[1] 中国经济网站,http://www.ce.cn/。

[2] 环球万国 > 国家索引 > 巴布亚新几内亚,http://country.huanqiu.com/papua_new_guinea/politics。

[3] 大洋洲 > 巴布亚新几内亚,http://www.36ak.com/baike/a6/g4/。

[4] 中华人民共和国商务部网站,http://www.mofcom.gov.cn/。

[5]《巴布亚新几内亚国民议会》,中国人大网站,http://www.npc.gov.cn。

[6]《国外议会知识——巴布亚新几内亚》,四川人大网站,http://www.scspc.gov.cn/html/zls_80。

[7] 中华人民共和国驻巴布亚新几内亚大使馆经济商务参赞处网站,http://pg.mofcom.gov.cn/。

[8] 中国国际渔业博览会网站,http://www.seafare.com.cn/。

[9] 中国水产网站,http://www.zgsc123.com/。

[10] 中国国际贸易促进委员会网站,http://www.ccpit.org/xiangguanlianjie/guowai.htm。

[11] 联合国网站,http://www.un.org/zh/。

[12]《巴布亚新几内亚国家概况》,中华人民共和国外交部网站,http://www.fmprc.gov.cn/mfa_chn/gjhdq_603914/gj_603916/dyz_608952/1206_608978/。

[13]《巴布亚新几内亚》,中国对外开放30周年回顾展宣传网站,http://kaifangzhansb.mofcom.gov.cn/huigu/exhibition/show_5.jsp?place=&fenqu=&stat=611。

[14] 商务培训网站, http://training.mofcom.gov.cn/jsp/sites/site?flag=0。

[15]《巴布亚新几内亚木材合法性管理体系》, 国家林业局政府网站, http://www.forestry.gov.cn/portal/main/s/235/content-515190.html。

[16]《巴布亚新几内亚独立国林业概述》, 中国林业网站, http://www.forestry.gov.cn/portal/main/map/sjly/babuyaxinjineiya/papua%20new%20guinea01.html。

[17]《巴布亚新几内亚国家概况及签证须知》, 中创世博（北京）国际博览集团网站, http://www.ciexpo.net/cnt.php?id=152。

[18] 布干维尔岛的历史, https://en.wikipedia.org/wiki/History_of_Bougainville。

[19] 澳洲旅游网站>巴布亚新几内亚, http://au.bytravel.cn/v/30/。

[20]《巴布亚新几内亚渔业情况》, 山东省海洋与渔业信息网站, http://www.hssd.gov.cn/index.asp。

[21]《日军精锐师团的最后去向》, http://club.china.com/data/thread/5688138/2736/21/16/0_1.html。

[22] 巴布亚新几内亚医疗卫生概况, http://globserver.cn/。

[23]《巴布亚新几内亚矿业简报》, 2013年4月19日, http://blog.sina.com.cn/s/blog_50c61beb0102e2l4.html。

[24] 朱志群:《逐鹿南太平洋岛国: 中国外交新思维及其瞻望》, http://blog.sohu.com/people/!cGhhcG9seDhmcTlAc29odS5jb20=/186567216.html。

[25] 巴布亚新几内亚的国民议会成员, http://en.wikipedia.org/wiki/Category:Members_of_the_National_Parliament_of_Papua_New_Guinea。

[26]《巴布亚新几内亚落地生根的成功华人》,《福建侨报》, http://www.sogou.com/websnapshot。

[27] 老照片: 日军第十八军在新几内亚的投降, http://blog.sina.com.cn/s/blog_4e594dcb0100md39.html。

[28] 世界主要港口介绍，http：//article.bridgat.com/guide/trans/port/port.html。

[29]《世界概览——巴布亚新几内亚》，美国中央情报局网站，https://www.cia.gov/library/publications/resources/the-world-factbook/geos/pp.html。

[30]《研究报告：中国在巴布亚新几内亚的投资机会与风险分析》，http：//hen1.ccpit.org/Contents/Channel_2118/2015/0811/478832/content_478832.htm。

[31]《世界黄金发展史》，黄金博物馆网站，http：//www.gold-zhaoyuan.com/museum/shownews.asp? id=1924。

[32] 巴布亚新几内亚银行网站，http：//translate.baiducontent.com/transpage? cb=translateCallback&ie=utf8&source=url&query=http%3A%2F%2Fwww.bankpng.gov.pg%2Fabout-us%2Fhistory%2F&from=en&to=zh&token=&monLang=zh。

[33] 巴布亚新几内亚教育部网站，http：//www.education.gov.pg/QL_History/index.html。

[34] 巴布亚新几内亚——高等教育，http：//education.stateuniversity.com/pages/1169/Papua-New-Guinea-HIGHER-EDUCATION.html。

[35] 日本外务省网站，http：//www.mofa.go.jp/announce/announce/2011/2/0210_01.html。

[36] 巴布亚新几内亚的政治，https：//en.wikipedia.org/wiki/Politics_of_Papua_New_Guinea。

[37] 2012年巴布亚新几内亚大选结果，http：//en.wikipedia.org/wiki/Papua_New_Guinean_general_election,_2012。

[38] 巴布亚新几内亚国防军，http：//fanyi.baidu.com/transpage? query=https：//en.wikipedia.org/wiki/Papua_New_Guinea_Defence_Force&source=url&ie=utf8&from=auto&to=zh&render=1。

[39] 韩锋、赵江林：列国志《巴布亚新几内亚》，社会科学文献出版社，2012。

[40] 高建中、舒启全：《巴布亚新几内亚》，成都科技大学出版社，1994。

[41] 王晓民：《世界各国议会全书》，世界知识出版社，2001。

[42] 王晓凌：《南太平洋文学史》，安徽大学出版社，2006。

[43] 〔德〕波斯尔斯韦特：《各国（地区）教育制度》（下），西南师范大学出版社，2011。

[44] 金海龙、田小彪：《中外民俗概论》，哈尔滨工程大学出版社，2012。

[45] 张宏儒、康春林、吴恩远：《二十世纪世界各国大事全书》，北京出版社，2005。

[46] 刘金质、梁守德、杨淮生、王杰、王炳元、李石生等：《国际政治大辞典》，中国社会科学出版社，1994。

[47] 赵尊敬：《走近七百三十种语言 域外散记》，华文出版社，2007。

[48] 王晓方：《世界农业科技发展概览》，中国农业科学技术出版社，2005。

[49] 张　越：《拉包尔风云》，外文出版社，2010。

[50] 宋宜昌：《燃烧的岛群》，山东人民出版社，2010。

[51] 粟明鲜：《南太平洋祭》，中国文史出版社，2011。

[52] 饶戈平、张献：《国际组织通览》，世界知识出版社，2004。

[53] 赵振愚：《太平洋战争海战史》，海潮出版社，1997。

[54]《各国概况——美洲　大洋洲部分》，世界知识出版社，1990。

[55] 〔澳〕P. 比斯库普（P. Biskup）等：《新几内亚简史》，广东化工学院《新几内亚简史》翻译组译，广东人民出版社，1975。

[56] 〔澳〕黛安娜·豪利特（Diane Howlett）：《巴布亚和新几内亚地理》，中山大学地理系经济地理教研室译，商务印书馆，1974。

[57] 洪汉净：《火山预测与预警》，地震出版社，2013。

[58] 王伯恭：《中国百科大辞典》，中国大百科全书出版社，1999。

[59] 黄建军：《世界知识手册》，南海出版公司，1991。

[60] 沈记兴、张秋生、高国荣：《澳大利亚》，社会科学文献出版社，

2014。

[61] 许崇德：《中华法学大辞典·宪法学卷》，中国检察出版社，1995。

[62] 《对外投资合作国别（地区）指南——巴布亚新几内亚》，商务部国际贸易经济合作研究院编著，2015。

[63] 黄力民：《日本帝国陆海军档案》，九州出版社，2012。

[64] 张凌云等：《世界旅游市场分析与统计手册》，旅游教育出版社，2012。

[65] 熊复：《世界政党辞典》，红旗出版社，1986。

[66] 石门等：《世界各国简介精选（北美大洋洲卷）》，远方出版社，2005。

[67] 高放：《万国博览——美洲大洋洲卷》，新华出版社，1998。

[68] 《世界各国和地区渔业概况》（上册），海洋出版社，2002。

[69] 《中国农村统计年鉴（2013）》，中国统计出版社，2013。

[70] 李国玉、金之钧等：《新编世界含油气盆地图集》（下册），石油工业出版社，2005。

[71] 葛华勇：《国际金融组织治理现状与改革》，中国金融出版社，2013。

[72] 世界知识出版社编《世界知识年鉴（1989~1990）》，世界知识出版社，1990。

[73] 世界知识出版社编《世界知识年鉴（1991~1992）》，世界知识出版社，1992。

[74] 王成家：《世界知识年鉴（2003~2004）》，世界知识出版社，2003。

[75] 世界知识年鉴编辑部编《世界知识年鉴（2005~2006）》，世界知识出版社，2006。

[76] 世界知识出版社编《世界知识年鉴（2009~2010）》，世界知识出版社，2010。

[77] 世界知识出版社编《世界知识年鉴（2012~2013）》，世界知识出版社，2013。

[78] 钱其琛：《世界外交大辞典（上册）》，世界知识出版社，2005。

[79] 金涛：《世界地理全知道》，百花洲文艺出版社，2012。

[80] 韩锋、刘樊德：《当代澳大利亚——社会变迁与政治经济的新发展》，世界知识出版社，2004。

[81] 陈文寿：《华侨华人新论》，中国华侨出版社，1997。

[82] 周南京：《世界华侨华人词典》，北京大学出版社，1993。

[83] 《中国外交概览（1988）》，世界知识出版社，1988。

[84] 王家瑞：《当代国外政党概览》，当代世界出版社，2009。

[85] 杨元恪、陈有进：《世界政治家大辞典》（上册），人民日报出版社，1993。

[86] 《世界军事年鉴——各国军事概况》，解放军出版社，2013。

[87] 喻常森、常晨光、王学东：《大洋洲发展报告（2013～2014）》，社会科学文献出版社，2014。

[88] 〔美〕盖伊主编《自治与民族　多民族国家竞争性诉求的协调——布干维尔岛及其民族、自治和分离的辩证性》（亚斯·戈海、安瑟尼·雷根），张红梅等译，东方出版社，2013。

[89] 商务部、国家发展和改革委员会、外交部关于发布《对外投资国别产品指引（2011版）》的通知。

[90] 仲崇连：《多元文化语境下巴布亚新几内亚传统音乐文化的教学研究》，南京航空航天大学硕士学位论文。

[91] 胡传明、张帅：《美中日在南太平洋岛国的战略博弈》，《南昌大学学报（人文社会科学版）》2013年第1期，第51～57页。

[92] 张康生：《巴布亚新几内亚的生物多样性与文化多样性：保护、冲突、制约因素和调和》，《AMBIO—人类环境杂志》1995年第4期，第231～236页。

[93] 单长进、庄妍：《巴布亚新几内亚油气勘探开发现状及投资环境分析》，《国际石油经济》2013年第3期，第67～71页。

[94] 王晓凌：《巴布亚新几内亚新文学的兴起》，《淮北煤炭师范学院学报（哲学社会科学版）》1993年第3期，第92～96页。

[95] 陈欢：《一个新的黄金工业国：巴布亚新几内亚》，《沈阳黄金学院

学报》1996 年第 1 期，第 97~99 页。

[96] 周小明：《巴布亚新几内亚的矿产及投资机会》，《国际经济合作》1994 年第 8 期，第 60~61 页。

[97] 雷芳、张志兵：《南太平洋岛国现代化研究》，《当代教育理论与实践》2011 年第 9 期，第 157~159 页。

[98] 王莹：《近代移民对巴布亚新几内亚发展的影响》，《湖北第二师范学院学报》2009 年第 3 期，第 58~60 页。

[99] 王兴斌：《各国旅游管理体制评述》，《旅游调研》2008 年第 3 期。

[100] 王晓凌：《南太平洋文学初探》，《江淮论坛》2005 年第 2 期，第 118~123 页。

[101] 周莉、唐慧兰：《巴布亚新几内亚的卫生资源概况》，《中国卫生经济》1997 年第 2 期，第 62~63 页。

[102] 马祖毅：《南太平洋新兴的英语文学》，《外国文学》1990 年第 5 期，第 78~84 页。

[103] 喻常森：《试析 21 世纪初美国对太平洋岛国的援助》，《亚太经济》2014 年 5 期，第 67 页。

[104] 高凡：《巴布亚新几内亚的医疗制度走向私有化》，《国外医学（卫生经济分册）》1995 年第 12 卷第 1 期（总第 45 期）。

[105] 夏宗明：《巴布亚新几内亚医疗保健制度》，《国外医学（卫生经济分册）》1994 年第 2 期。

[106] 陈艳云、张逸帆：《日本对南太平洋岛国的政府开发援助》，《世界近现代史研究》2013 年第 10 期，第 181~195 页。

图书在版编目(CIP)数据

巴布亚新几内亚历史与现状/卢庆洪编著. --北京：社会科学文献出版社，2017.4
ISBN 978-7-5201-0362-6

Ⅰ.①巴… Ⅱ.①卢… Ⅲ.①巴布亚新几内亚-概况 Ⅳ.①K961.3

中国版本图书馆 CIP 数据核字（2017）第 031791 号

巴布亚新几内亚历史与现状

编　著／卢庆洪

出 版 人／谢寿光
项目统筹／张晓莉
责任编辑／张晓莉　崔　鹏

出　　版／社会科学文献出版社·列国志出版中心（010）59367200
　　　　　地址：北京市北三环中路甲29号院华龙大厦　邮编：100029
　　　　　网址：www.ssap.com.cn
发　　行／市场营销中心（010）59367081　59367018
印　　装／三河市尚艺印装有限公司

规　　格／开　本：787mm×1092mm　1/16
　　　　　印　张：24.75　插　页：0.5　字　数：370千字
版　　次／2017年4月第1版　2017年4月第1次印刷
书　　号／ISBN 978-7-5201-0362-6
定　　价／89.00元

本书如有印装质量问题，请与读者服务中心（010-59367028）联系

▲ 版权所有 翻印必究